시지각 향상과 좌우 뇌력향상훈련으로
21일 만에 끝내는

실용속독
훈련교본

시지각 항상과 좌우 뇌력항상훈련으로 21일 만에 끝내는

실용속독훈련교본(요한복음을 중심으로)

2009년 8월 10일 초판 1쇄 인쇄
2009년 8월 15일 초판 1쇄 발행

    지은이 강시원
    펴낸이 박영호
    펴낸곳 도서출판 솔로몬

  등록번호 제 16-24호
    등록일 1990년 7월 31일

        주소 : 서울시 동작구 사당3동 207-3 신주빌딩 1층
        TEL : 599-1482 FAX : 592-2104
        직영서점 : 596-5225

        ISBN : 978-89-8255-433-9 03230

Copyright ⓒ 2009, 강시원
이 책은 저작권법에 따라 보호를 받는 저작물이므로 무단전재와 복제를 금지합니다.
이 책 내용의 일부 또는 전부를 사용하려면 반드시 저작권자와 솔로몬 출판사의 서면 동의
를 받아야 합니다.

＊정가는 뒷표지에 있습니다.
＊잘못되거나 파손된 책은 구입하신 서점에서 교환하여 드립니다.

시지각 향상과 좌우 뇌력향상훈련으로

21일 만에 끝내는

실용속독 훈련교본

강시원 지음

솔로몬

실용속독훈련

1Day 복식호흡과 시력회복을 위한 눈 운동

1-2. 눈 체조(긴장과 이완을 반복하여 근육을 풀어주고 강화시키는 훈련) _ 025
1-3. 시력 회복을 돕는 간단한 눈 지압 _ 026

2Day 원근 조절운동과 시력회복을 위한 이론

2-2. 시각 _ 031
2-3. 시력이 흐려진 눈을 회복시킬 수 있는가? _ 032
2-4. 눈의 구조 _ 033
2-5. 신경생리학에서 말하는 안구운동 _ 034
2-6. 눈의 기능 _ 035
2-7. 도서소개 : 당신의 눈도 1.2가 될 수 있다 _ 038

3Day 명시점 집중 훈련의 중요성과 인간의 시지각 능력

3-2. 1000만 가지 이상의 색을 구별할 수 있는 것은 오직 인간뿐! _ 044
3-3. 명시점과 선명도 _ 048
3-4. 명시점과 그 주변의 시각능력 _ 049

4Day 빠른 안구운동과 독서의 방해요소 제거

4-2. 속독의 방해요소: 속으로 발음하기, 손가락으로 가리키기, 회귀와 되읽기 _ 055
4-3. 얼마나 빠르게 읽을 수 있는가? _ 057

5Day 시폭확대훈련과 시력보호 환경 만들기

5-2. 시폭확대훈련: 한 줄의 글을 두 번에 나누어 찍어보는 훈련 _ 063
5-3. 눈의 긴장을 풀어주는 환경 만들기 _ 064

6Day 시폭확대 훈련

6-2. 눈 건강과 식품 _ 069
6-3. 신체해부학적 개념의 안구운동 _ 075

7Day 주변시야 확대훈련

7-2. 주변시야 확대훈련: 종합 집중력 쉬트 1 _ 079
7-3. 발음연습표 _ 081
7-4. 문장 발음연습표 _ 082

8Day 파동 속독 심상훈련

8-2. 파동 속독 심상 훈련(5, 10, 15, 20, 25, 30줄 안구 이동) _ 085
8-3. 파동 속독 심상 훈련 방법 _ 086
8-4. 파동 속독 훈련 준비! _ 087
8-5. 심상속독 원리: 상상, 인간이 가진 커다란 자산 _ 088
8-6. 시각 정보 처리 과정 _ 086

9Day 우뇌향상훈련과 독서의 의미 : 스마일 이미지(얼굴엔 미소, 마음엔 사랑가득)

9-2. 파동속독훈련: 우뇌향상훈련: 각종 상징들 _ 097
9-3. 우뇌 훈련프로그램 만들기 _ 102
9-4. 독서란 무엇인가 _ 103

10Day 독서의 다양한 방법과 종류

10-2. 독서의 방법과 종류 _ 110
10-3. 독서법의 중요성과 세 가지 방법론 _ 111
10-4. 인격성숙을 위한 독서법과 전문지식을 얻기 위한 독서법(독서의 이유) _ 112
10-5. 효과적인 독서법 _ 114
10-6. 책의 종류별 독서방법 _ 117

11Day SQ3R 독서법과 실용독서의 기술

11-2. SQ3R 독서법 (Survey, Question, Read, Recite, Review) _ 120
11-3. SR 시스템 학습법 _ 124
11-4. 핵심만 골라 읽는 실용독서의 기술, 공병호 박사의 독서론 _ 127

12Day 속독의 다양한 이론과 속독능력을 위한 과제

12-2. 정독과 속독은 서로 다른 것인가? _ 134
12-3. 빨리 읽는 것과 빨리 이해하는 것과의 차이 _ 135
12-4. 독서의 다양한 이론과 훈련 _ 138

12-5. 속독의 다양한 방법과 훈련 _ 144
12-6. 속독의 역사 _ 145
12-7. 속독능력향상을 위한 과제 _ 147

13Day 이해력, 집중력, 몰입의 원리

13-2. 이해력을 높이려면 _ 152
13-3. 집중력을 높이려면 _ 153
13-4. 집중력을 높이는 음악 _ 155
13-5. 몰입의 원리 – 푸 –우 –욱！빠져 버리는 것이다. _ 156
13-6. 잠재력을 일깨우는 몰입 5 단계 _ 160

14Day 어휘력 훈련

14-2. 어휘력 훈련 _ 164
14-3. 어휘력 훈련 1 사자성어 뜻 익히기 _ 166
14-4. 어휘력 훈련 2 우리말 관용어 _ 169
14-5. 어휘력 훈련 3 속담, 관용구 _ 170
14-6. 어휘력 훈련 4. _ 172

15Day 어휘력 훈련과 독서에 미치는 영향

15-2. 어휘력 훈련: 십자퍼즐 _ 178
15-3. 어휘력이 독서에 미치는 영향 _ 183

16Day 기억과 그 과정

16-2. 기억이란 무엇인가? _ 188
16-3. 기억의 과정 _ 199

17Day 기억법의 종류

17-2. 기억법의 종류 _ 204

18Day 기억법의 실제 활용

18-2. 기억법의 실제 활용 _ 214
18-3. 기억의 메커니즘(해마, 심내사전) _ 225
18-4. 기억은 어떻게 저장되고 재생되는 것일까? _ 227
18-5. 뇌의 기능은 분명 후천적인 노력과 훈련에 의해 좋아질 수 있다. _ 228
18-6. 단기기억과 장기기억의 차이 _ 230
18-7. 가짜기억(전생의 기억?) 뇌 메커니즘 찾았다 _ 231
18-8. 기억력 감퇴 막는 해마세포 증강법 _ 233
18-8. 심내사전, 워킹메모리 _ 239

19Day 기억용량 증가 훈련(좌우 뇌력 향상 훈련)

19-2. 에빙하우스의 망각곡선 _ 244
19-3. 기억력 증진 훈련 _ 248
19-4. 기억력을 좋게 하는 생활습관 _ 249
19-5. 기억용량 증가 훈련(좌우 뇌력 향상훈련) _ 253

19-6. 뇌력 향상을 위한 과제 _ 255
19-7. 두뇌력 키워주는 생활자극법 _ 257

20Day 좌우 뇌력을 향상 시키는 다양한 방법

20-2. 뇌력을 향상 시키는 다양한 방법 _ 266

21Day 창의력 개발 훈련

21-2. 창의력 개발 _ 280
21-3. 창의성 기법(creativity techniques)이란 _ 289
21-4. 마인드맵을 학습도구로 사용하자 _ 291

부록 #1 파동속독을 위한 심상훈련 쉬트 _ 296
부록 #2 요한복음 312
부록 #3 속독 점검표 _ 370

이 교재는 21일 동안 훈련을 통해 바른 독서 자세와 효과적인 속독법을 가르치고, 습관화하여 실제 학습과 각종 시험에 유익하게 하고자 편집한 것입니다.

왜 21일 인가 하며는 잘못된 습관이나 자세는 하루아침에 바뀌지 않는다.
우리 뇌는 충분히 반복되어 시냅스가 형성되지 않는 것에는 저항을 일으킨다.
새로운 습관이나 자세를 만들기 위해서는 21일간 의식적인 노력을 기울여야 한다.
21일은 대뇌피질에 있던 생각이 뇌간까지 내려가는데 걸리는 최소한의 시간이다.
생각이 뇌간까지 내려가면 그때부터는 심장이 시키지 않아도 뛰듯이 습관적으로 행하게 된다.
자동차를 배울 때도 마찬가지다. 처음에는 굉장히 서툴지만 시간이 지나면 음악도 듣고, 옆 사람과 대화도 나눌 수 있다.

 21일은 뇌에 새로운 회로가 만들어지고, 그것이 안정되게 자리를 잡는 기간에 해당하는 것이다. 우리 전통문화 속에 아이를 낳고 삼칠일 동안 금줄을 치고 몸조리를 하거나, 21일 정성을 드리는 풍습이 있다. 우리 선인들은 새로운 체제로 변화하는데 필요한 시간을 체험을 통해 알고 계셨던 것이다.

출처: **뇌를 알면 행복이 보인다**

병마개의 톱니가 21개인 이유

우리가 흔히 접하는 왕관마개(병뚜껑)의 톱니수가 몇 개인지 알고 있습니까? 크기에 상관없이 21개로 되어 있다고 합니다. 병마개는 1892년 미국의 농부였던 페인타 부부가 발명한 이후로 모양이나 톱니 수가 한 번도 바뀌지 않았다고 합니다.

그런데 이 병마개의 톱니수가 21개인 것은 수학적인 계산으로 이루어졌습니다. 페인타 부부는 삼각형의 꼭짓점을 찍어서 톱니를 만들었는데 이것을 일곱 번 해서 21개의 톱니가 되었습니다. 이 숫자가 가장 합리적이고 완벽한 숫자라고 합니다.

삼각형의 세 꼭짓점은 가장 안정된 중심입니다. 이 꼭짓점(톱니수)의 수가 21개의 톱니수보다 적으면 헐거워서 마개가 너무 쉽게 따지는 단점과 함께 공기가 통과해서 내용물의 부패를 초래할 수가 있고, 21개보다 톱니수가 많으면 너무 단단해서 마개를 따는 데 어려움이 있습니다. 톱니 수가 21개일 때 병 속의 내용물이나 공기가 새지도 않고 병을 따는 데도 가장 적당하다는 것이지요.

이 교재는 초등학생을 대상으로 비교적 쉽게 쓰지마는 교사들이 읽고 지도할 수 있도록 가능한 모든 이론들의 근거와 인용하는 글이나 이미지의 출처를 정확하게 밝히고자 했습니다. (간혹 출처가 불분명 하거나 원본을 찾을 수 없는 경우는 생략하기도 했습니다) 특별히 속독훈련이 과학적이며 실용적이라는 사실을 뇌과학 자료와 함께 기술하여 더 많은 사람들에게 다가가기를 원했으며 국민 모두가 배워서 우리나라의 경쟁력에 조금이라도 도움이 되었으면 하는 바람입니다.

이런 식으로 책이 구성되어 있습니다. 반드시 읽고 지나가십시오!

21번의 훈련으로 분당 2,3천자의 독서능력을 갖는 다는 것은 꿈같은 이야기지만 결코 꿈이 아닌 철저한 훈련의 결과일 뿐이다. 개인의 능력에 따라 다르겠지마는 이후에 진도가 계속 느려지는 사람이 있는가 하면, 완만하기는 하지만 몇 년이고 계속 진도가 늘어가는 사람이 있을 수 있다. 또 실제 훈련은 안하고 책만 읽어보고 나중으로 미루다가 끝내 속독을 이루지 못하는 그런 사람도 있을 수 있다.

이 책의 목표는 단시간에 분당 2,3천자의 독서능력을 갖게 하는데 있는 것이 아니라 효율적인 독서의 습관을 몸에 지니게 하여 매일 책읽기를 즐겨하고 계속적으로 독서능력을 발달시켜 나가는데 있다.

속독은 빠르고 정확한 시력과 글을 이해하는 능력, 그리고 기억력을 필요로 하는 독서의 기술이다.
과거 전통적인 속독훈련이 인간의 시지각 능력을 높이는 훈련만 한다는 오해를 받기도 했지만 이것은 속독훈련에 있어서 첫 단계만 배우고 만 사람들의 오해일 뿐이다.

속독은 3박자를 필요로 하는 기술이다.
첫째가 빠른 시지각 능력의 향상이고
둘째가, 이해력의 향상훈련이고
셋째가, 기억력 향상 훈련이다.

시지각 훈련은

21일만 철저하게 훈련해도 2,3천자 수준으로 끌어 올려 진다. - 굳이 이 책이 아니더라도 정속독 훈련 프로그램을 사서 집에서 훈련해도 그 정도 수준으로 올라 간다 - 그러나 이 정도는 아직 글줄단위로 읽는 수준이다. 문단단위로 찍어 볼 수 있는 능력은 더 많은 시간이 걸리고, 쪽 단위로 찍어 볼 수 있는 능력은 더 많은 시간이 걸린다. 문제는 훈련을 중단하고 그 정도로 만족한다는 것이다. 그래서 생각해 낸 것이 심상훈련이다. 버스를 타고가든지 아니면 쉬는 시간이든지, 잠자기 전이든지 언제든지 마음만 먹으면 할 수 있는 것이 이 심상훈련이다.

둘째 이해력의 향상훈련은

평소 책을 통해 쌓은 지식과 삶의 경험이(주변지식) 이해의 깊이와 폭을 결정하지만 여기에 지능과 집중하는 능력이 결정적인 역할을 하게 된다.

평소 책을 통해서 단어의 뜻이 파악되어야 하지만, 어휘력을 높이기 위해 사자성어와 순수 우리말이나 글을 먼저 배우는 것도 한 방법이다. 한자어가 70% 이상인 우리글의 경우는 의외로 어휘력을 쉽게 높일 수 있다.

여기에 집중력을 길러야 한다. 누구든지 좋아하는 일이나 글은 쉽게 집중한다. 집중하고 이해하는 것은 두뇌의 메커니즘과도 관련이 있다. 스스로 중요하다고 생각해야 더 집중되고 기억이 잘된다.

셋째 기억력 향상 훈련은

우리의 지능과도 관련이 있지만 훈련만으로도 얼마든지 높일 수 있다. 우리의 지능이 더 높아지지 않아도 이미 갖고 있는 지능만을 계발해도 지금보다 100배는 더 잘 기억할 수 있는 것이 우리 두뇌의 현실이고, 또 기억법의 실제이다. 다만 정확한 방법으로 확실한 훈련을 거부한 채 엉덩이로 오래 앉아 있는 시간만이 왕도인양 가르치는 것과 또 비효과적인 방법으로 학습하여 좋지 않는 결과가 나타난 것을 운명인양 받아들이라는 그런 가르침과 전통이 우리 자신들을 망친다는 사실을 기억해야 한다.

아울러 우리 두뇌를 활성화 시키고 좌우 뇌력을 향상시키는 방법들을 알아야 하고 자신에 맞는 것을 선택해서 꾸준하게 훈련해야 한다,

무엇보다도 이 모든 것들이 일상적인 훈련으로 되지 않는다면 언젠가는 퇴보하고 소멸될 수 있다는 사실을 기억해야 한다.

여기에 나오는 모든 훈련은 일상에서 가능하도록 조직되었다.

복식호흡은 24시간 해야 하되 안 되면 내 의식이 살아있는 경우는 항상 해야 한다. 돈이 든다거나 힘이 든다거나 하지 않는다. 왜 달랑 조끼 두벌 받고 일주일 훈련에 600만원씩 내는가? 평소 내 호흡에서 20% 산소만 더 공급되어도 무슨 일이 일어날지 아는가? 600만원 그 이상의 가치가 있기 때문이다.

책을 1시간 읽었거나, 영화를 한편 봤으면 나의 눈은 혹사당한 것이다. 당연히 눈의 피로를 풀어 주어야 한다. 날 잡아서 할 일이 아니라 매일 매시간 신경 쓸 것이 우리 눈이다.

속독은 기술이다. 매일 하면 늘고 완벽해 진다. 그러나 훈련만 하면 지겹고 힘들어지기 마련이다. 21차 훈련을 마친 뒤에는 매일 신문을 스케밍의 방법으로 읽어보자. 시간도 절약되고 중요한 정보는 하나도 빠짐없이 읽고, 그리고 중요한 단어나 숫자는 기억법을 활용하여 아예 외워 버리면 - 훈련의 지겨움 대신에 재미와 지식만이 남는다.

성경은 속독하기에 가장 좋은 책이다.
짧은 문장은 잠언서가 적격이고, 약간 긴 문장이나 내용파악과 전체의 요약을 위해서는 요한복음과 창세기가 좋다. 성경에는 시도 있고 역사서도 있고 서신서도 있다. 모든 책이 속독하기에 좋다.

기억법도 생활 속에서 활용되어야 한다.
같은 반 학생의 핸폰번호, 직장인의 핸폰, 생년월일, 중요한 기념일 등을 외워보자.
책을 읽은 뒤에는 반드시 요약하고 마인드맵으로 정리하자.
내가 정리한 마인드맵은 두 배의 기억효과가 있다.
특히 내 직업이나 전공과 관련 있는 사항은 내 밥줄인 만큼 확실히 해 두어야 한다.
이 모든 것을 평소에, 일상적인 삶 가운데서 해야 한다.

감사의 글

　우리의 가정은 천국의 모형이며 우리 자녀들의 보금자리요 안식처입니다. 이곳에서 2-30년 동안 먹고 입고 자라면서 배웠습니다. 그리고 학교에 들어가서 16년이란 긴긴 시간을 배웠습니다. 그리고 교회 주일학교에서도 10년 이상을 배웠습니다. 학교가 학문을 가르치는 곳이라면 가정과 교회는 신앙과 인격을 가르치는 곳인데 - 정말 열심히 가르치고 배운 것 같은데 그것이 무엇인지 모르겠습니다.

　막상 내가 한 아내의 남편이 되고 3자녀의 부모가 되어보니 너무도 준비 없이 된 느낌입니다. 공부하라고 다그치고 점수 높으면 칭찬하고 좋은 대학만 들어가면 영광이라고 가르쳤지 사실 우리 자녀들에게 본을 보이지 못했으며, 인격과 신앙과 삶에 대해 가르칠만한 지침도 없고 교본도 없었습니다.

　그러나 문득 정신을 차리고 보면 이건 아니라는 생각이 듭니다.
　우리의 무너진 공교육을 다시 세우고, 우리 자녀들을 바른 신앙의 사람으로 길러내어 이 민족과 세계를 이끄는 지도자가 되게 해야 하며, 그것의 기초가 되는 가정과 교회의 교육을 세워 본바탕을 바르게 해야 한다는 것입니다. 이것이 가정과 교회교육의 사명이라고 생각합니다.

　우리 자녀들이 그저 공부나 잘하여 좋은 대학 들어가고 좋은 직장 들어가게 하여 남들 위에서 군림하며 편히 살게 하고자 하는 것이 아닙니다. 그럴 것이면 이런 수고를 할 필요는 없습니다. 공부 잘하게 하는 방법은 얼마든지 있기 때문입니다.

그런 식으로 공부를 하고 높이 올라간 자들이 하는 일들이 오늘 우리 사회를 이 지경으로 만들었습니다. 배금주의, 한탕주의, 음란과 타락과 부정은 이 시대를 나타내는 주요한 키워드가 되었습니다. 가진 자는 그것을 지키기 위해 담을 더 높이 둘러치고, 자기만을 위한 도구와 기회로 삼아 탐욕스럽게 살아가며, 없는 자는 상대적 박탈감으로 인해 절망하며, 어디를 봐도 희망이 보이지 않기에 이 사회를 증오하며 그것을 폭발시킬 마음을 키워만 갑니다.

높은 자는 낮은 자를 사랑해 주고 섬기며, 낮은 자는 높은 자를 존경하고 따르는 모습은 그저 꿈같은 애기일 뿐입니다. 그러나 우리는 그런 사람을 원하고 그런 사회를 만들어 가고자 합니다.

재상이 되어 나라를 다스린 다니엘의 신앙과 능력과 성실함, 총리가 되어 만민과 자기 동족을 살린 요셉의 탁월함과 하나님 앞에서 정직한 마음, 그리고 구국의 에스더, 홍왕케 하는 자 느헤미아 등, 우리가 본받아야 할 위인들은 수없이 많기만 합니다.

그중 젊은 나이에 선별되어 교육을 받았으며, 단지 신앙이라는 이유 하나만으로 이 모든 특혜를 벗어 던지려했던 하나님을 향한 일편단심의 마음, 그리고 하나님의 지혜를 얻어 총리가 되고 삼대에 걸친 왕을 섬기면서도 흠이 없던 인물 다니엘을 생각하여 우리 자녀들을 그렇게 교육하고자 합니다.

과거 어려웠던 시절 그저 원만하고 안전하게 살기만을 바랐던 탓인지 하나님이 주시는 어떤 꿈도 간직하지 못한 체, 아니 그런 꿈 한 자락도 잡아보지 못한 체 살아가는 사람들이 너무나 많습니다. 우리가 어느 시대를 살더라도 변하지 않는 절대의 진리가 있습니다. 우리 자녀들이 그 진리를 붙잡고 - 나 하나의 안일함을 위하여 끝없이 변절하고, 자신의 안위만을 위하여 몸을 숨기는 비겁자가 아닌 - 헌신과 섬김으로 민족과 세계를 이끄는 능력 있는 지도자가 되기를 원하기 때문입니다.

이러한 필요 때문에 다니엘 영재교육원을 만들었으며 영재교육원의 핵심 교육이 신앙과 실력과 인격인데 실력을 쌓기 위한 핵심 도구로 이 실용속독을 가르칩니다.

필자는 학문이 짧고 경험과 재주가 일천하여 늘 부족함과 갈증을 가지고 있는 필부에 불과한데 주변의 기도와 도움으로 대학원을 마치고 또 개척교회의 어려움 가운데 아내의 내조로 인하여 여러 학문을 접할 수 있었습니다. 그렇게 얻어진 작은 결실중 하나가 바로 이 실용속독이라는 책인데 뜻밖에 반응이 좋아서 출판하게 되었습니다.

졸고를 귀히 보아 주시고 기쁜 맘으로 출판해 주신 솔로몬 출판사의 박 영호 사장님과 전체적인 윤곽을 수차례 수정하면서 애를 서준 강인구 집사님과 각종 이미지와 자료를 사용하도록 허락해준 분들께 감사를 드립니다.

가능한 한 모든 이론의 근거와 출처를 밝혀 이 책을 교본으로 삼아 가르치는 분들이 참고하고 인용하는데 도움이 되고자 했으며 혹 출처가 불분명하지만 꼭 필요하다고 생각되는 자료는 원저자에게는 심히 송구스러운 마음을 갖고 그대로 사용했습니다. (나중에라도 출처가 밝혀지면 수정해 올리겠습니다)

한량없이 부족한 사람을 충성 되이 여기시어 귀한 직분을 주시고, 여러 가지로 모나고 부족한 사람을 다듬으시고 보듬어 주시어 하늘의 별처럼 귀히 여기시는 주님께 한없는 감사와 영광을 올려 드립니다.

2009년 2월 26 다니엘 영재교육원

강 시원 목사

복식호흡과 시력회복을 위한 눈 운동

1. 복식호흡과 단전호흡
1-2. 눈 체조(긴장과 이완을 반복하여 근육을 풀어주고 강화시키는 훈련)
1-3. 시력 회복을 돕는 간단한 눈 지압

목표
1. 복식호흡의 중요성과 그 방법을 배우고 익힌다.
2. 눈 운동의 중요성과 방법을 배우고 익힌다.

결과
일상 생활에서 복식호흡을 하고 눈 운동을 한다.

1 복식호흡과 단전호흡

복식호흡은 흉식호흡(胸式呼吸)에 대비되는 말입니다. 흉식호흡은 횡격막이 큰 변화가 없이 가슴만 불려서 숨을 들이마시고 내쉬는 것을 말하고, 복식호흡은 숨을 들이마실 때 횡격막이 아래로 내려가면서 배가 불룩해지고 숨을 내쉴 때 횡격막이 위로 올라가면서 배가 들어가는 호흡을 말합니다.

복식호흡이 흉식호흡보다 폐활량도 많고 건강에도 좋다는 것은 누구나 다 아는 사실입니다.

사람들은 아기일 때는 복식호흡을 하지만 차츰 나이가 들어가면서 흉식호흡을 합니다.

특히 몸이 아프거나 긴장되어 있고 마음이 산란한 경우 더욱 얕은 흉식호흡을 합니다.

보통 사람들도 아주 깊게 이완된 상태에서는 자연스럽게 복식호흡을 합니다.

복식호흡을 하게 되면 첫째는 실질적인 가스교환량이 커지므로 산소농도가 풍부한 깨끗한 혈액의 순환이 왕성해지므로 두뇌활동을 많이 하는 고시생, 각종수험생, 직장인 등에 있어 기억력과 집중력이 놀라울 정도로 좋아집니다.

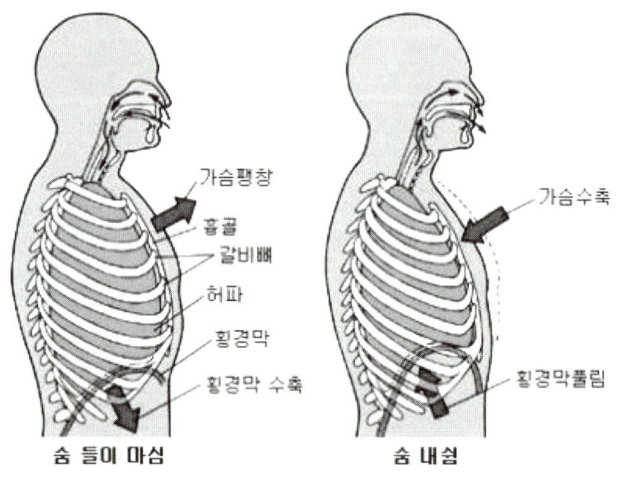

수면시간을 4시간이내로 줄이고도 항상 머리가 맑으며 피로감을 모르게 되어 항상 심신이 상쾌합니다.

둘째로, 복식호흡을 하게 되면 호흡이 깊어지고 뱃심(복강내압력)이 생기므로 마음이 평온하고 느긋해지며, 매사에 생각이 긍정적이며 적극적이 됩니다. 행동에 여유와 자신감이 생깁니다.

이는 복식호흡이 혈액순환을 왕성하게하고, 긴장을 이완시켜, 자율신경의 실조를 방지하기 때문입니다. 부교감신경의 활성화를 통해 스트레스로 인한 교감신경의 긴장을 완화하여 자율신경의 활성화를 통해 스트레스로 인한 교감신경의 긴장을 완화하여 자율신경의 균형을 회복시키는 결과입니다.

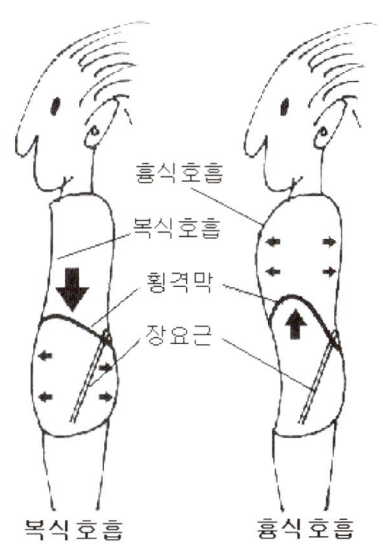

따라서 자율신경의 지배하에 있는 복강내 모든 내장기관, 각종 분비선, 심장박동, 혈압조정 등의 기능이 강화되므로 질병을 모르고 피로하지 않으며 혈색이 좋고 활기찬 생활을 하게 됩니다.

어깨를 늘어뜨리고 복식호흡을 하며 등과 가슴을 곧게 편 자세로 슬퍼하거나 초조해하는 사람은 없습니다. 반면에 거친 숨을 내쉬며 어깨를 올린 채 얕은 호흡을 되풀이 하면서 냉정함을 유지하는 사람도 없습니다.

깊은 호흡을 통해 우리의 마음이 평온함과 감사로 채워지면 저절로 마음에 여유가 생겨 사소한 일에 흔들리는 일도 없어지며, 주위사람을 배려하는 따뜻한 말도 건넬 수 있게 되는 것입니다.

✱ 그 이유 – 서양의학적 관점

예컨대 분당 호흡량이 다같이 6,000㎖인 A와 B를 비교하여 보면 복식호흡에 익숙한 A의 경우 분당 호흡수가 10회 라면 실질적으로 환기에 작용한 용적은 6,000㎖-(150㎖×10회)=4,500㎖가 됩니다.

스트레스에 빠져 흉식호흡에 크게 의존하는 B의 경우 호흡수가 많아지므로 분당 호흡수를 20회 정도로 가정해도(실제는 훨씬 더 많음) 6,000㎖-(150㎖×20회)=3,000㎖가 실직적인 환기에 쓰이게 됩니다.

즉 1분 동안만 해도 실질적인 환기량(가스교환량)이 4,500㎖-3,000㎖=1,500㎖ 라는 커다란 차이를 보이는 것입니다.(우리의 호흡은 쉼 없이 계속하므로 양자의 가스교환량의 차이는 평생 동안 승수적으로 벌어지게 되는 것입니다.) 결과적으로 A는 B의 경우보다 상대적으로 유기물의 산화작용(스테미너를 만드는 일)이 증가하고, 혈액내 이산화탄소 기타 노폐물을 배출시키는 능력이 뛰어나게 되어 피로감에 빠지지 않고 두뇌활동과 신체저항력이 현저하게 강화되는 것입니다.

평상시 인체가 소비하는 산소량의 25%를 「뇌」가 소비합니다. 그러므로 뇌의 활동이 많은 여러분에 있어서는 산소필요량이 폭발적으로 증가하므로 복식호흡의 중요성이 특별히 강조되는 것입니다.

복식호흡을 하게 되면 마음이 느긋해지고 평온해지며, 생각이 긍정적, 적극적으로 바뀌며 행동에 여유가 생기고 자신감이 넘치게 됩니다. 산소농도가 풍부한 깨끗한 혈액의 순환이 왕성해지므로 심신이 건강해지며 두뇌에 집중력이 좋아지며 매사에 피로를 모르며 활기찬 생활을 하게 됩니다. 〈복식호흡용 조끼를 판매하는 사이트의 글을 참조함〉

✳✳ 단전호흡(丹田呼吸)

단전에는 上,中,下 세 가지가 있는데 그 정확한 위치에 대해서는 설이 분분합니다.
이 세 단전 중에서 가장 중요한 것은 하단전입니다. 대체로 하단전은 배꼽의 세 치 아래라고 보면 무난한데 우리가 흔히 단전이라고 말할 때는 하단전을 가리킵니다.

단전호흡은 복식호흡의 일종이지만 일반적인 복식호흡과는 다른 특수한 호흡법이라고 할 수 있습니다. 일반적인 복식호흡이 배 전체가 들어왔다 나갔다 하는데 비해 단전호흡을 하면 배꼽 아래 부분만 들어왔다 나갔다 합니다.
즉, 복식호흡은 숨을 배로 끌어 들였다가 내쉬지만 단전호흡은 숨을 단전에까지 끌어 들였다가 내쉽니다. 물론 어떤 호흡법을 하더라도 공기는 허파에만 들어가는 것이지 배나 단전에 들어가지는 않습니다. 여기서는 대기 중의 기를 끌어들이는 것을 말합니다.

단전호흡을 할 때 단전에 무리하게 힘을 주는 것은 빠른 시간 내에 효과를 볼 수 있을지는 모르지만 장기적으로는 그다지 바람직하지 않습니다. 그래서 무리하게 단전에 힘을 주지 않고 대신 의식만 자연스럽게 단전에 모으는 것이 좋습니다.
일단은 코로 숨을 들이 쉬면서 단전에 힘을 모은 후 잠시 호흡을 정지합니다. 이것을 기식이라고 하는데 수련을 오래 할수록 호흡의 전체 길이가 길어지게 됩니다. 다시 호흡을 입으로 천천히 뱉어내는데 들이쉬는 숨보다는 내 쉬는 숨이 더 길어야 합니다. 물론 숨을 다 뱉어 내지 말고 약간 남겨놔야 합니다. 이것을 잔기법이라고 합니다.

단전호흡까지는 못하더라도 복식호흡은 몸에 배게 훈련을 해야 혹 나중에라도 필요하다고 생각되면 쉽게 단전호흡법을 익힐 수 있게 됩니다.
이런 호흡법이 불가에서는 또는 인도의 요가나 우리나라의 국선도에서 사용하는 호흡법과 거의 유사해서 조금은 조심스럽습니다. 호흡은 자연스러운 것이고 누구나 할 수 있는 것입니다. 가능하면 우리 신체건강에 더 좋고 유익한 그런 호흡법을 배워서 바르게 호흡하는 것도 중요한 일이라고 생각됩니다.

특히 폐활량을 늘리는 것이 건강의 지름길이라 생각됩니다.

특별히 복식호흡이나 단전호흡은 심신을 안정시켜서 두뇌를 활성화 시키고 정신을 집중하는데 상당한 도움이 됩니다. 똑 같은 시간을 투자해서 능률을 높이려면 좀 투자해서 제대로 배워볼 만한 가치가 있습니다.

** 호흡의 실제

1. 똑바로 앉거나 서서 코로만 숨을 들이키되 배에다 숨을 저장한다는 마음으로 배를 크게 부풀린다.. 이때 가슴이나 어깨를 들썩거리지 않는다. 오직 배와 허리를 부풀려서 숨을 많이 들이키는 데 역점을 둔다.(횡격막이 배 아래쪽으로 내려오면서 허파 깊숙이 숨이 들어가고 나간다)

2. 다 들이켰으면 배꼽 밑에 자기 집게손가락 하나만큼 밑에 단전이 있다고 생각하고 거기에 힘을 모으고 잠깐 숨을 멈춘다.

3. 천천히 배를 원상태로 되돌리며 숨을 입으로 내뱉는다. 숨을 내뱉는 시간은 들이키는 시간보다 3배 이상 길게 한다. 길수록 좋다. 이때 단전에 힘을 약간 주고 숨을 약간 남긴다는 마음으로 입으로 내쉰다. 이를 다문 채 입술만 약간 벌린 뒤 아주 천천히 숨을 몰아낸다.

매 수업이 시작되면은 자동으로 복식호흡(또는 단전호흡)을 하고 있어야 합니다.
별도의 지시가 없더라도 항상 복식호흡중이여야 합니다.
가능하며 의식이 있는 모든 시간에는 복식호흡을 해야 하며 잠자는 중이라도 복식호흡이 가능하도록 훈련을 해야 합니다. 이것이 습관이 되려면 최하 21일간은 의식 속에서라도 이 호흡을 해야 합니다.

1-2 눈 체조(긴장과 이완을 반복하여 근육을 풀어주고 강화시키는 훈련)

1단계

약 50cm의 거리를 두고, 정중앙의 흑점을 10초 정도 뚫어지라고 응시하다가 좌우 맨 끝단의 두 흑점을 10초정도 동시에 응시하기를 10회 반복한다.

2단계

정중앙의 흑점을 10초 정도 뚫어지라고 응시하다가 상하 맨 끝단의 두 흑점을 10초 정도 동시에 응시하기를 10회 반복한다.

3단계

- 수평으로 ∞를 그리기: 1시방향의 맨 끝점에서부터 7시 방향으로 ∞를 10회 그립니다.
- 수직으로 ∞를 그리기: 1시방향의 맨 끝점에서부터 7시 방향으로 ∞를 10회 그립니다.

1-3 시력 회복을 돕는 간단한 눈 지압

천응(天應)혈 : 눈썹에서 2~3mm 내려간, 안쪽 뼈가 조금 패인 곳

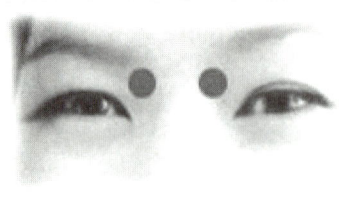

[효과] 근시, 원시, 난시, 시신경 위축, 망막염, 안면신경마비 등...

[방법] 엄지손가락을 좌우의 천응에 갖다 대고, 나머지 손가락은 활모양으로 구부려 이마 위에 놓습니다. 엄지손가락으로 원을 그리듯이 천응을 누르면서 문지른다. 누르는 횟수는 하나, 둘, 셋, 넷, 다섯, 여섯의 6박자를 1회로 하여 6번 반복합니다. 지압을 실시하는 동안 눈을 감고 안구를 손가락으로 직접 문지르거나 압박하지 않도록 주의합니다.

정명(睛明)혈 : 눈과 코 사이의 작게 패인 곳

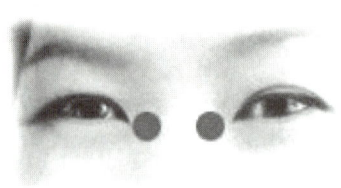

[효과] 근시, 원시, 난시, 시신경 위축, 망막염, 안면신경마비 등...

[방법] 엄지손가락과 검지를 좌우의 정명에 대고 엄지와 검지로 코를 잡고 압박하면서 문지릅니다. 먼저 아래쪽으로 한 다음 다시 위쪽으로 상하 리듬에 맞춰 6번씩 6회를 반복합니다.

사백(四白)혈 : 눈에서 3Cm 정도 아래. 좌우의 검지와 중지를 코에 갖다 대고 중지만 뗀 상태에서 검지가 닿는 곳

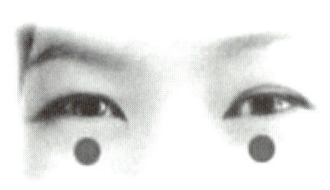

[효과] 근시, 노안의 예방과 결막염이나 안면신경통 등......

[방법] 아래턱에 엄지손가락으로 고정하고 검지로 급소를 누른 후 안쪽에서 바깥쪽으로 6회, 바깥쪽에서 안쪽으로 6회씩 교대로 돌리면서 문지릅니다. 사백은 근시예방과 노안의 진행을 늦추는데 효과가 있습니다.

태양(太陽)혈 : 눈꼬리와 눈썹의 중간 높이에 있는 움푹 패인 곳. 관자놀이

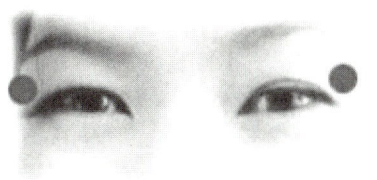

[효과] 근시, 원시 등의 시력저하를 예방, 편두통, 안면 신경통 등...

[방법] 엄지손가락을 세우고 나머지 손가락을 가볍게 쥐고, 엄지손가락으로 관자놀이를 누르면서 검지의 측면으로 눈 가장자리의 위쪽과 아래쪽을 비빕니다. 위쪽은 눈썹의 처음 부분과 끝 부분까지 비비고 아래쪽은 눈의 안쪽에서 눈초리 쪽으로 비빕니다. 36회를 실시합니다.

풍지(風池) : 귓불 뒤쪽에 조금 튀어 나와 있는 뼈의 아래쪽과 목 뒤 가운데 부분의 잔머리가 난 곳에서 조금 위를 연결한 선의 중간점.

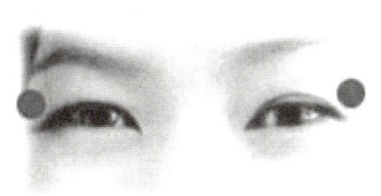

[효과] 근시, 원시, 노안 그 밖의 모든 눈에 관한 병과 전두통, 고혈압 등...

[방법] 귓불의 바로 뒤쪽에 유양돌기라고 하는 딱딱하고 크게 튀어 나온 부분이 있습니다. 그 뼈의 아래와 목 뒤의 잔머리가 있는 곳에서 조금 (엄지손가락의 가로 폭만큼) 위로 올라간 곳을 이은 선의 중간에 있는 것. 양손의 엄지를 사용하여 뒷목을 조르는 기분으로 쓸어내린다. 머리도 맑아지고 눈의 피로도 풀리며 목의 뻐근함도 가신다.

〈출처: tong.nate.com/sdabhj/7676696〉

실용속독훈련(학습 60분, 연습 60분을 기준으로 합니다)

✱✱ 눈 지압 준비!

구령과 함께 자세를 바르게 한다.

손바닥을 세게 비벼서 열이 나도록 한다. 뜨거워진 손바닥을 눈을 감은 채 눈동자 위에 댄다.

1. 천응(天應)혈 누르기 1-10회, 아니면 1부터 8까지 체조 구령으로 해도 됨.
2. 정명(睛明)혈 누르기 1-10회
3. 사백(四白)혈 누르기 1-10회
4. 태양(太陽)혈 누르기 1-10회
5. 풍지(風池)혈 누르기 1-10회

바로! 라는 구령과 함께 모든 동작을 정리하고 자세를 바르게 한다.

기본자세

눈에 지압을 하기위해서 손을 깨끗이 씻은 다음 몸에 힘을 빼고 바른 자세로 앉습니다.

눈 지압을 실시할 때는 반드시 눈을 가볍게 감고 시행하도록 합니다.

안구를 손가락으로 직접 비비거나 세게 압박하지 않습니다.(주의)

매일 실시하는 것이 좋으며, 독서하기 전, 그리고 끝난 후에 하는 습관을 들이면 매우 좋습니다.

손바닥을 강력하게 비빈다음 열이 나면 손바닥을 눈에 갖다 댑니다.

지압부위에 따라 엄지나 검지 집게손가락을 사용하되 다른 물건은 사용하지 않습니다.(꽈샤를 사용할 경우는 반드시 전문가에게 바로 배워 사용해야 합니다)

지압할 때의 유의점

그냥 누르고 문지르기 보다는 침을 놓는 방향으로 눌러야 효과가 증대된다. 그냥 문지르기, 정면으로 압력을 가하기, 비스듬(45도)하게 전후좌우로 누르기 등 다양한 방법이 있는데, 잘 모르면 누르면서 문지르면 된다.

눈 체조는 확실히 배워서 공부하다가 눈이 피곤하면은 잠간 쉬면서 할 수 있는 운동입니다.

속독훈련시 기본적으로 해야 하는 운동중에 하나입니다.

수업 시작시 첫 번째로 하는 이유는 눈 지압법을 확실히 익혀서 필요할 때마다 할 수 있게 하며, 평소 습관이 되게 하고자 함입니다.

명시점 집중훈련과 시력회복운동을 위한 이론

2. 명시점 집중 훈련(안 근육 이완 훈련)
2-2. 시각
2-3. 시력이 흐려진 눈을 회복시킬 수 있는가?
2-4. 눈의 구조
2-5. 신경생리학에서 말하는 안구운동
2-6. 눈의 기능
2-7. 도서소개 당신의 눈도 1.2가 될 수 있다

목표
* 일상생활중에서 복식호흡을 하고 눈 운동을 한다.
1. 명시점 훈련의 중요성과 방법.
2. 시력은 회복될 수 있다는 자신감.
3. 눈에 대한 기본적인 이론.

결과
1. 매일 원근조절운동을 10분정도 3회 이상 실시한다.
  이 운동을 통하여 실제 눈을 회복한 예가 있다.
2. 눈을 중요하게 생각하고 관리한다. 필요하면 영양제를 섭취한다.

2 시점 집중훈련

일명 흑점훈련으로 알려져 있는 시력개선 안구운동입니다.

속독훈련에서도 집중력을 길러주고 눈 근육을 긴장 이완 시킬 수 있는 훈련으로 검은 원이 그려져 있는 스티커 5개만 있으면 어디서든지 시간이 나는 대로 할 수 있는 안구 근육운동입니다.

1. 약 1-2미터 거리에서 가운데 흑점을 십 초간 뚫어져라 바라봅니다. 초점을 모아볼 때 눈 근육이 상당히 긴장 합니다.
2. 좌우에 있는 두 흑점을 동시에 봅니다. 이때는 초점이 풀어진 상태가 되고 좀 멍해 보입니다만 눈 근육은 힘이 안 들어가서 쉬기에 좋습니다. 역시 10초정

도 합니다.
3. 1번과 동일하게 실시합니다.
4. 상하에 있는 두 흑점을 동시에 봅니다. 이때도 역시 초점이 풀어진 상태가 되지만 상하로 시폭을 확대하기는 좀 어렵기에 간격은 좌우 폭의 1/2로 합니다. 역시 10초정도 합니다.
5. 이렇게 상하좌우로 하기를 10회 정도 하되 하루 3회 정도 해줍니다.
   눈을 좀 많이 쓰시는 분 같으면 하루 일과 중 틈나는 대로 흑점훈련을 하시면 됩니다.
* 사무실에 창문이 있어 밖을 볼 수 있다면 한시간당 10분정도는 멀리 내다보는 것이 좋습니다.

2-2 시각

시각계는 환경에 관한 정보 중에서 모양, 색, 공간적 관계 등 눈에 보이는 정보를 제공해 주는 구조의 모두를 포함하고 있다. 청각과 마찬가지로 시각도 거리를 두고 떨어져 있는 물건에 대한 감각이란 점이 특징적인 것이며 주로 환경의 공간적 분석을 하는 것으로 아주 풍부한 정보원이라는 것은 의문의 여지가 없다.

정보를 중추신경계에 전달하는 모든 구심성 섬유 중에는 약 1/3 이 2 개의 신경에 존재하고 있다. 시각정보를 얻는 데는 일정한 파장의 빛이 필요하다. 특히 감각되는 대상이 망막 위에 선명한 상을 맺으려면 그 대상은 눈에서 일정한 거리만큼 떨어져 있어야 한다. 건강한 눈에서 이에 대한 최소거리 (근점거리) 는 약 8 cm 이다 (근점거리는 나이를 먹을수록 커진다). 물체는 모두 빛의 일부를 흡수하고 일부를 반사한다. 환경내에 있는 가시물체의 거의가 태양빛을 반사함으로써 간접적인 광원이 되는 것이다

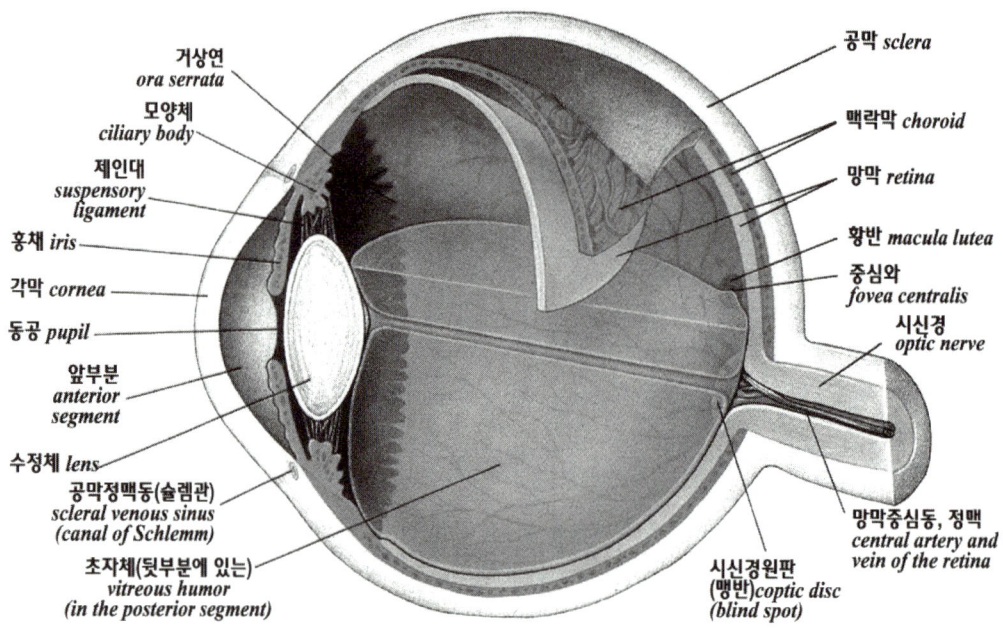

2-3 시력이 흐려진 눈을 회복시킬 수 있는가?

눈에는 수정체라는 기관이 있는데 카메라의 렌즈에 해당되는 역할을 합니다. 수정체가 포착한 영상은 유리체를 통과하여 망막에 영상을 맺게 되는데 망막은 사진기의 필름과 같다고 생각하면 될 것입니다.

물체가 멀거나 가까우면 카메라의 렌즈를 조절해서 초점을 잡듯이 우리 눈은 수정체의 모양을 바꾸어 그 거리를 조절하게 되는데 이것을 돕는 것이 바로 모양체 근육이라는 것입니다. 독일의 헬름홀쯔박사의 이론에 따르면 모양체 근육이 쇠퇴하면 다시는 회복할 수 없다는 것입니다. 고로 한번 원시나 근시가 되면 영원히 그래야 된다는 이론으로 대부분의 안과 의사들이나 안경업자들이 지지하는 이론이기도 합니다.

반면 안과의사인 베이츠 박사는 초점거리를 조절하는 것은 모양체 근육이 아니라 안구를 움직이는 6개의 안 근육으로 , 이것을 움직여서 안구 전체의 모양을 바꾸어 초점을 조절한다는 것입니다. 즉 약해진 안 근육을 적절하게 운동시켜 회복시키기만 하면 시력은 충분히 좋아질 수 있다는 것입니다.

미국의 저명한 안과의사인 페퍼드 박사와 일본의 다가와 박사, 오기박사도 이 이론에 근거해 시력이 회복될 수 있음을 주장하고 있습니다.

여기에 발 빠른 비즈니스맨은 시력회복센타를 개설해 0.3정도의 1.0까지 끌어 올리는데 1주일에 5번씩 6개월 정도의 훈련으로 500 만 원 정도의 비용을 요구한다고 합니다.

필자의 생각으로는 눈은 좋아진다기보다는 점점 더 나빠져 가는 것이 현실이기에 시력강화운동을 매일 실시하고 눈에 필요한 영양소를 적절히 공급하면 죽을 때까지 눈 때문에 병원가거나 안경 쓸 일이 없다고 봅니다. 종종 금식이 끝난 후 시력이 회복되신 분들이나, 좋은 영양제를 2년 정도 먹고 나서 극심한 난시를 벗어나 안경을 벗어 던진 의사분도 보았습니다. (의학박사 김 진선 씨의 간증)

2-4 눈의 구조

눈은 매우 중요한 감각 기관으로 주변 세상에 관한 정보를 모아 뇌로 보낸다. 단세포동물의 안점에서 부터 고등동물의 눈에 이르기까지 그 구조는 다종다양하다. 빛의 강약 및 파장을 감지하는 기관으로, 단순히 명암만을 감지하는 것에서 부터 빛의 방향을 알아내는 것, 또한 물체의 상을 인지할 수 있는 것까지 3단계가 있다. 그런데 이 3단계는 모두 시세포라는 감각세포가 있고, 빛에 의하여 변화를 받는 물질을 함유하고 있다. 뇌에서 정보가 처리되어 볼 수 있는 모든 상을 만들어 낸다. 눈알은 약간 불룩한 공 모양이며, 실제로 보이는 부분은 홍채와 눈동자, 각막뿐 이다. 눈알은 공막이라고 하는 단단한 외피로 덮인 액체-충전구 이다. 공막의 앞부분

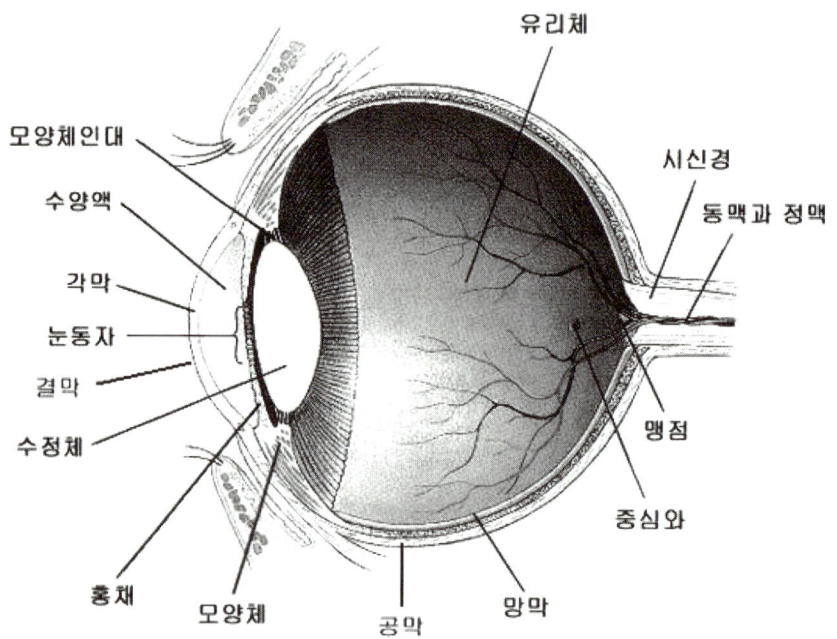

인 각막은 투명하게 깨끗하여 빛이 눈알로 들어오게 한다. 각막의 뒤는 홍채이며 중심에 눈동자가 있다. 눈에 들어오는 빛은 눈동자가 수정체를 지나서 눈알 뒤쪽의 망막에 닿는다. 망막의 빛-민감 세포가 신경 자극을 시신경을 거쳐서 뇌에 보낸다. 눈알의 나머지 부분은 머리뼈 안쪽에 들어 있다. 눈의 근육이 눈을 제자리에 지탱시켜 주면서 눈알의 운동을 조절한다.

2-5 신경생리학에서 말하는 안구운동

① 단속성 운동 *saccadic movement* : 시선을 옮길 때의 운동으로 급속한 움직임과 느린 움직임이 서로 반복하면서 새로운 시선으로 향한다.
② 추적운동 *pursuit movement* : 움직이는 물체에 대해 시선을 맞추려고 움직이는 운동
③ 미로성 운동 *labyrinthine movement* : 머리가 기울어져도 안구의 위치는 움직이지 않는 것으로 시야가 흔들리는 것을 방지하는 운동 (전정동안잔사궁에 의해서)

이다.

④ 융합운동 fusion movement : 두 눈의 운동은 항상 외계의 대상에 하나로 융합하는 것처럼 협동운동을 한다. 가까운 대상을 볼 때는 두 눈의 시축이 그 물체에서 교차하는 운동으로서 수렴 ⁽폭주⁾ convergence 이라고 한다. 이것을 발산 divergence 이라 한다.

수렴에 필요한 노력에 의하여 대상의 원근감이 생긴다고 한다. 무한히 먼 곳을 볼 때는 두 눈의 시축은 평행으로 되는데 이것이 평행으로 되지 않을 경우를 사시 strabismus 라고 한다. 프리즘을 한 눈 앞에 놓으면 인공적 사시로 되지만 사시의 경우에도 대상이 하나로 보이도록 안구운동이 일어나는 것이다.

2-6 눈의 기능

20 세기 초, 뉴욕시의 윌리엄 호레이쇼 베이츠라는 박사의 출현으로 단순한 치료 뿐 아니라, 완치도 가능 하다는 것을 실증했다.

베이츠 박사의 주장의 핵심은 - 다른 거리의 물체가 보이는 것은 수정체가 변화하는 것이 아니라 안근이 변화하기 때문이라는 데 있다.

1) 눈은 그 부대적인 안근의 힘을 빌어서 안구를 변화 시키고, 여러 가지 물체에 대해서 눈을 조절한다.
   ① 눈은 두개골의 우묵한 곳에 위치하고,
   ② 지방질의 충전물이 쿠션역활을 수행하면서
   ③ 안구를 지지하고 있으며
   ④ 6 개의 근육 즉 양쪽에 제각기 한 개씩, 상하에 한개씩, 뒤의 두개는 그 일부가 안구의 정상 부근에 달렸다.
   ⑤ 처음 4 개의 筋을 直筋, 나머지 2 개를 斜筋이라 한다.

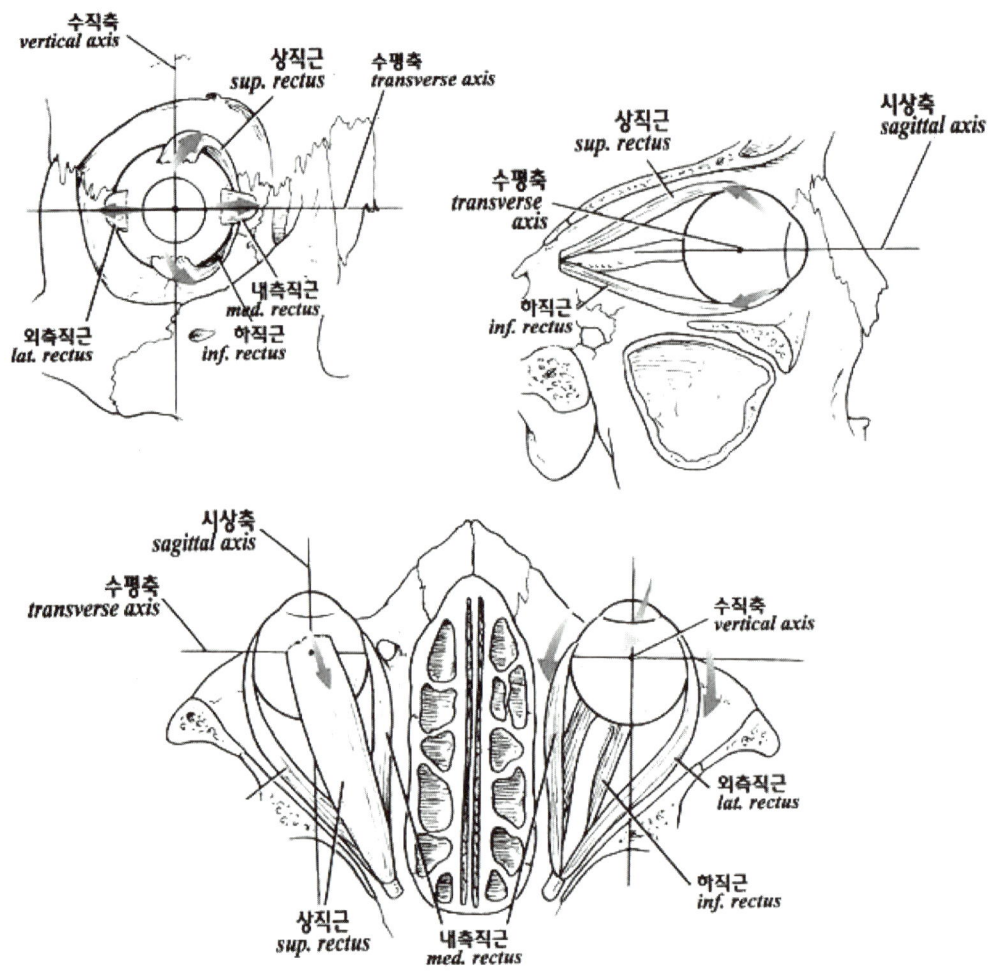

2) 눈이 원거리에 초점을 맞출 때는;

이 4개의 직근이 잡아당기는 힘으로 긴장이 증대되고, 그 때문에 안구는 평평한 모양이 되어 전후 길이는 짧아지고, 양쪽길이는 길어진다. 반대로 독서라든가 근거리의 사물을 볼 때는; 사근의 활약으로 안구가 단단히 조이면서 전후는 길게, 양쪽은 짧아진다.

3) 이와 같이 인간의 시력이라는 것은 필요에 따라서 직근(원거리)과 사근(근거리)이 균형을 이루면서 그 기능을 수행하고 있다.

4) 눈의 질환은 ;

한마디로 눈의 근육을 긴장시키는 데에서 비롯된다. 이를테면, 시력을 저하시키는 나쁜 습관이나 만성 피로, 전신쇠약이나 장시간의 적정거리, 그밖에 신경을 초조하게 하는 것 등, 갖가지 이유로 눈의 근육을 긴장시키는 데서 생기는 것이다.

5) 굴절이상: 무한히 먼 물체의 상이 망막 위에 생기지 않는 경우 부정시 ametropia 라고 한다.

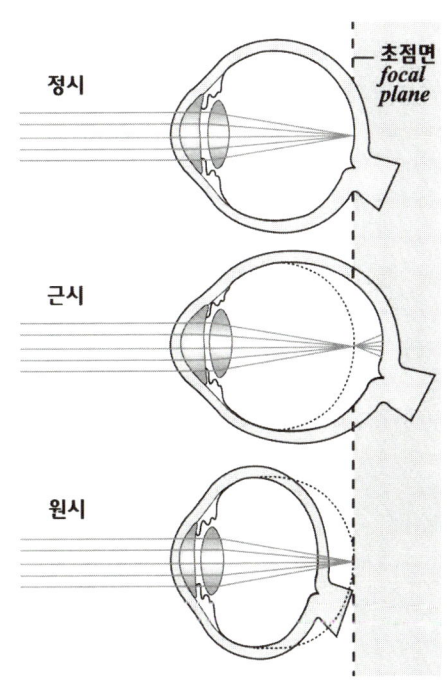

- 근시: 근시는 망막보다 앞에 상을 맺는 것을 말하며 근시 (안) myopia 라고 한다. 근시에는 안축이 지나치게 긴 경우 (축성 근시) 와 각막, 수정체 등의 곡률이 너무 큰 경우 (굴절성 근시) 가 있지만 후자는 드물며 오목렌즈로 보정한다.
- 원시: 원시는 망막의 뒤에 상이 생기는 것을 말하며 원시 (안) hyperopia 라고 한다. 원시는 안축이 지나치게 짧은 경우로 어느 정도 원근순응력에 의해 보정된다. (가성원시). 유아는 작기 때문에 원시지만 6 살에 정시로 된다. 원시는 볼록렌즈로 보정한다.

[원시증상] 직근이 습관적인 긴장 상태에 빠져든 경우.
[근시증상] 그 긴장이 사근에 생긴 경우는 근시증상을 일으킨다.
[난시증상] 또 긴장이 다른 원인으로 인해 각막에 일그러짐이 생기고, 눈의 구조 등이 균형을 이루지 못하여 생기는 것이 이른바 난시다. 이처럼 시력 하나만을 보아도 눈을 지배하는 2 개의 근육, 직근과 사근의 균형에 의해서 물체를 포착한 초점이 정확하게 망막 상에 맺혀 또렷하게 사물을 볼 수 있게 된다.

눈에 안 좋은 음식

미네랄과 비타민이 들어 있지 않은 음식은 눈에 해롭다. 술과 커피, 담배, 홍차, 설탕, 정제된 밀가루와 화학보존제가 첨가된 식품이다.

이중 특히, 담배, 커피, 홍차 등은 눈에는 독약과도 같다. 또한 사탕이나 케이크, 아이스크림, 콜라 등도 눈에는 나쁜 음식들이다. 이런 단 음식을 섭취한 다음날 아침에 눈을 살펴보면 설탕이 시신경으로부터 비타민 복합제를 지나치게 많이 빼앗아 간 것을 알 수 있다.

그중에서 정제된 백설탕은 눈에 유난히 나쁜 음식이다. 이 정제 설탕은 어른에게나 아이에게나 근시를 증가시키는데 이는 설탕이 눈의 건강을 유지해 주는 칼슘을 갉아먹기 때문이다.

2-7 도서소개 : 당신의 눈도 1.2가 될 수 있다

해럴드 페퍼드: 캐나다 태생으로, 시카고 안과대학 졸업 후 뉴욕에서 개업하여 미국 안과계에 확고한 지위를 구축한 의학박사. '눈'이라는 중요한 기관이 안경에만 의존할 수밖에 없다는 것에 의문을 품고, 베이츠 박사의 안근론(眼筋論) 연구를 평생의 과제로 삼았다. '시력은 회복되지 않는다'는 통설을 뒤엎는 안근론을 기초로 하여 치료를 실시, 혜택을 입은 환자가 수십만 명에 이른다. 극도로 나쁜 시력도 정상적인 시력으로 되찾아주는 페퍼드 박사의 '눈훈련법'은 안경을 벗게 하는 '혁명적인 눈치료법'으로 평가받고 있다.

제1장 편견을 버리고, 안경을 벗어라
당신의 눈은 생각보다 나쁠 수 있다
불가능을 가능으로 만든 베이츠 박사
베이츠 이론대로, 반드시 눈은 좋아진다.
직근과 사근의 긴장완화로 눈의 굴절 이상을 고친다
80세가 되어도 싱싱한 눈을 가질 수 있다
▶ 꼭 알아야 할 눈의 정체
3개의 막과 6개의 근육에 의해서 움직인다
'시신경' 과 '시중추' 의 작용 없이는 사물을 볼 수 없다
시력의 비밀은 균형에 있다
정상적인 눈은 항상 깜박이고 있다
깜박임은 안근을 단련하는 운동이다
눈은 매초 40의 이미지를 포착한다
멍청하게 주시하면 긴장이 생긴다
한 곳을 계속 주시하는 경우, 피로가 더욱 크다
시점이동은 절대 필요하다
매는 왜 인간의 8배나 되는 날카로운 시력을 가졌는가
태양광선에 눈을 노출시키면 강화할 수 있다

제2장 눈에 대한 잘못된 상식 바로잡기
정신이 혼란해도 눈의 긴장을 불러일으킨다
수면으로 긴장이 제거되지 않는다
분노나 슬픔도 눈이 나빠지는 원인이 된다
감기에 걸리면 눈도 병에 걸린다
긴장의 요인은 주변에 가득하다
이상을 불러일으키고 있는 자기 자신
부모의 부주의가 자식을 '안경의 포로' 로 만든다
두통을 일으키는 원인은 정말 '눈' 에 있을까?
두통을 일으킨다고 곧 안경을 끼는 것은 위험하다
점안과 세안에 있는 무서운 해
TV. 영화. 독서는 눈의 피로를 가중시킨다

독서가 눈에 해롭다는 것은 거짓이다
너무 멀리서 TV를 보는 것도 눈에 해롭다
영화관람시 눈을 올바로 사용하면 지치지 않는다
거울 면으로 반사되는 빛은 눈에 피로감을 준다
책상과 의자가 불균형일 때, 근시를 유발한다
눈을 올바로 사용하지 않으면, 자동차 사고를 부를 수 있다
값싼 선글라스는 눈에 해롭다

제3장 페퍼드 박사의 효과 만점의 5가지 기초훈련
나의 눈은 근시일까? 우선, 자신의 증상을 제대로 파악하라
〈눈실험 테스트1 근시〉 〈눈실험 테스트2 난시〉
〈눈실험 테스트3 원시〉 〈눈실험 테스트4 노안〉
〈눈실험 테스트5 백내장〉 〈눈실험 테스트6 녹내장〉
'5대 기초훈련' 의 실시로 안근을 편안하게
〈5대 기초훈련법〉
1개월 훈련으로, 안경도수를 5할 약하게 할 수 있다

제4장 근시에서 이렇게 탈출하라
망막에 도달하기 전에 상을 맺는 근시, 이렇게 탈출하라
근시인 사람은 밤운전을 가급적 피한다
강도의 근시는 우선 안경의 도수를 낮추어라
안경을 낀다는 콤플렉스가 평생 따라다닐 수 있다
증상을 알면 원인을 제거할 수 있다
〈근시를 완치시키는 5가지 훈련〉

제5장 난시도 눈훈련으로 극복이 가능하다
난시가 심하면 격렬한 두통이 뒤따른다
난시는 각막의 일그러짐과 뒤틀림에 원인이 있다
눈의 긴장완화와 휴식으로 난시 증상도 가벼워진다
빈혈증도 난시의 원인이 될 수 있다

〈난시를 완치시키는 3가지 훈련〉

제6장 원시, 3개월이면 극복된다
원시는 가까운 곳을 볼 때 '조절력'을 요한다
조절근이 긴장상태에 있으면 원시를 유발한다
안경을 끼고 있으면 '안근위축'을 일으킨다
시력이 나쁜 사람이라도 3개월이면 낫는다
〈원시를 완치시키는 4가지 훈련〉

제7장 노안이 되어도 1.2를 유지할 수 있다
노안은 가까운 물체의 초점이 망막 뒤쪽에 맺히는 현상
45세를 경계로 생리상의 변화가 생긴다
몸의 쇠퇴와 함께 눈의 기능도 저하된다는 이해가 필요
40세를 넘으면 좋은 습관을 가질 것
〈노안을 완치시키는 6가지 훈련〉

제8장 기존 방법으로는 사시를 치료할 수 없다
한 눈의 시선이 목표 외의 방향을 향하고 있는 것이 '사시'
사시에 걸린 유아 앞에서 심한 동작은 금물
한쪽 눈으로 보려는 습관은 사시 치료에 도움이 안 된다
공포나 신경 충격도 사시의 원인이 된다
어떠한 사시도 완치가 가능하다
〈사시를 완치시키는 3가지 훈련〉

제9장 백내장?녹내장, 조기발견이 중요하다
백내장 수술 뒤에 원시가 되는 것이 보통이다
안근긴장이 수정체를 혼탁케 하여 백내장을 유발
고뇌나 비탄은 수개월 내에 백내장을 일으킨다
백내장에 걸리면 무엇보다 공포심을 버릴 것!
〈백내장을 완치시키는 2가지 훈련〉
녹내장에 걸리면 정서 안정, 숙면을 취한다
수술로는 망막상의 변화를 고칠 수 없다
5가지 훈련으로 곧바로 효과를 올릴 수 있다
〈녹내장을 완치시키는 2가지 훈련〉

명시점 집중훈련의 중요성과 인간의 시지각 능력

3. 명시점 집중 훈련
3-2. 1000만 가지 이상의 색을 구별할 수 있는 것은 오직 인간뿐!
3-3. 명시점과 선명도
3-4. 명시점과 그 주변의 시각능력

목표

* 일상생활중에서 복식호흡을 하고 눈 운동을 한다.
명시점 집중훈련의 중요성과 인간의 시지각 능력이 얼마나 대단한지 안다.
실제 이 훈련을 하면 마음이 안정되고 집중하는 능력이 생긴다.

결과

명시점 집중훈련으로 마음이 안정되고 집중하는 능력을 배양한다.

3 명시점 집중 훈련

종이가 뚫어지고 검은 점이 창이 되어 우주를 바라본다는 마음으로!

좌에서 우로 점 하나 하나를 천천히 읽어 나가되 한 점을 약 3초정도 뚫어지라고 바라본 후 즉시 다음 점으로 이동합니다. 지금은 점으로 표시되었지마는 나중에 단어나 구 또는 하나의 의미단어가 될 수 있습니다.

① 1줄씩 읽되 중요한 것은 점 하나도 빠짐없이 철저하게 읽는 다는 것과
② 완벽하게 해석해 낸다는 것입니다.
③ 물 흐르듯이 자연스럽게 다음 칸으로, 다음 줄로 이동해 나갑니다. (121개, 363초)
　(독서 습관을 이렇다고 마음속으로 다짐하고 아예 이렇게 정해 놓는 것입니다)

정 자세에서 종이와 눈과는 90도가 되게 하고 고개는 움직이지 말고 눈동자만 움직여서 점들을 하나씩 하나도 빠짐없이 읽어 나갑니다.

＊ 돕는 말: 가운데 검은 점을 성냥개비의 머리를 꼽아놓은 것이고, 내 눈에서 레이저 광선이 나오는데 현재 내 레벨로는 정확하게 3초 동안을 집중해야 불이 붙습니다. 훈련을 통해 내 레벨이 높아지면 2초, 1초로 줄어 들것이고 나중에는 0.01초만 봐도, 즉 번개같이 빠르게 지나가도 불이 붙는 그런 때가 올 것입니다

이것이 가장 기본이 되는 훈련입니다. 집중력이 생기고, 마음이 안정되며, 시력이 강화되어 물체를 정확하게 보는 습관이 생깁니다.
　신문이나 잡지에서 특정 단어나 특정 정보검색을 위해 초스피드로 흩어 읽기는 훈련도 합니다만(나중에 여러 형태로 읽는 훈련을 합니다), 여기서는 이 훈련이 기본이 됩니다.
　이 훈련을 정확하게 해 놓지 않으면 흩어 읽기나 건너뛰면서 읽기, 대각선으로 읽기 등 대단히 빠른 속도로 읽기는 하지만 지문을 정확하게 읽어내지 못하게 됩니다. 즉 전체의 내용은 어림잡을 수 있지만 세세하게 파악하는 능력이 결여됩니다. 실전속독은 정속독을 가장 기본으로 훈련하여 몸에 배게 한 다음에 필요에 따라 속도를 더 빠르게, 혹은 숙독으로 완전히 분해해 버리거나, 혹은 명상하면서 느낌을 가지고 서서히 읽는 훈련을 겸하여 합니다.

제대로 이 훈련을 하신분이라면 지금쯤 눈이 좀 시리고 피곤할 것입니다. 이런 때는 눈 지압과 눈 체조가 필요합니다. 또 명상에 잠길만한 편안한 그림(자연풍경 사진 종류)을 보면서 눈을 쉬게 하는 것도 괜찮습니다.

3-2 1000만 가지 이상의 색을 구별할 수 있는 것은 오직 인간뿐!

대부분의 포유류동물은 색을 구분할 수 없으며 그중 색을 구분할 수 있는 동물은 인간과 원숭이류 뿐이라고 한다.

동물의 눈에는 어둡고 밝은 것을 구분하는 간상세포는 많지만 색깔을 구분하는 원추세포는 수가 절대적으로 부족하므로 인간과 원숭이류를 제외한 모든 동물들은 색맹이라고 봐야 한다.

내셔널 지오그래픽지는 북극 지방에 사는 순록이 계절의 변화에 따라 눈의 구조와 색깔을 바꾼다고 전했다. 노르웨이와 영국의 연구팀에 따르면 순록의 특이한 눈 전환은 극지방의 강렬한 빛 때문에 생겨난 적응 기제로, 순록의 눈을 관찰한바 겨울에 획득한 순록 눈은 빛에 갖다 대면 푸른빛을 머금고, 반면 여름에 얻은 순록 눈은 노란색이었다.

노르웨이 팀의 극지방 생물학자 스토깐은 순록들이 눈을 전환시키는 이유로 계절 변화에 따른 태양광 상태 변화를 꼽았다. "눈의 구조와 색깔을 살펴보면 각 계절에 각각 알맞은 방식으로 빛을 받아들이기 위해서라는 것이다." 빛이 많다면 추상체가 작용하여 물체를 선명하게 보이도록 하겠지만 어두운 겨울에는 빛과 어둠을 구분하고 물체가 어디에 있다는 것을 감지하는 것이 더 중요하기에 겨울철에 순록들은 추상체를 잠시 쉬도록 하는 특별한 반응이 생긴 것이다. 간상체로 알려진 망막 내 수용기는 어두운 겨울에도 물체를 감지할 수 있게 해주고, 추상체는 빛이 많은 환경에서 많은 도움을 준다는 것이다.

쥐를 가지고 북극의 급격한 빛의 변화를 체험하게 했더니 쥐의 눈은 "완전히 파괴" 되었다. 반면 순록, 북극곰, 북극여우 같은 동물들은 급격하고 강력한 빛의 변화에도 끄떡없었다고 한다. .

사람의 한쪽 눈은 1억 3000만개의 빛 수용기를 가지고 있다.

하나의 수용기는 적어도 1초당 5광자(빛의 에너지 묶음)를 흡수 할 수 있는데 보통 사람의 눈은 1000만 가지 이상의 색을 구별할 수 있다. 빛 수용기는 불과 1초동안에 수십억 가지의 정보를 담은 장면을 매우 정밀하게 해독할 수 있다.

빛의 강도와 사물의 근접정도에 따라 눈동자의 크기가 조절된다는 것은 이미 알려진 사실이다. 밝을수록, 사물이 가까이 있을수록 눈동자의 크기는 작아지지만, 나에게 흥미롭고 관심 있는 무언가를 읽게 되는 경우는 눈동자는 커지고 더 많은 빛이 들어갈 수 있도록 반응하게 된다.

망막의 빛 수용기에 의해 해독된 복잡한 이미지는 시신경을 따라 두뇌의 시각영역, 즉 후두엽에 전달된다. 책에 있는 흥미로운 정보를 찾아 페이지를 훑도록 눈에게 지시하는 것은 후두엽이다. 실제 독서가 일어나는 부분인 것이다.

우리 눈에 대한 놀랄만한 새로운 사실들을 알고, 이러한 과학적인 지식의 토대위에 신념을 갖고 우리의 시 지각을 훈련시킨다면 그 기능은 분명히 향상된다는 사실이다.

간상세포 [桿狀細胞, rod cell] : 눈의 망막(물체의 상이 맺히는 곳)에서 빛을 감지하는 세포.

　강도가 약한 희미한 빛 속에서 흑백 TV의 화면과 같은 어스름한 영상을 감지한다. 간상세포는 눈의 안쪽에서 멀어질수록 많이 분포한다. 바깥 부분(간상세포에서 광선이 들어가는 곳으로부터 가장 멀리 있는 부분)은 마치 매우 얇은 동전을 쌓아놓은 것같이 얇은 원판으로 되어 있으며, 이 원판에 빛을 감지하는 색소(이것을 로돕신이라고 함) 분자가 붙어 있다. 간상세포 내부에는 이 세포가 사용하는 에너지를 생산하는 미토콘드리아와 세포핵, 그리고 쌍극세포(雙極細胞)라고 하는 신경세포와 간상체를 연결해주는 구조물들이 존재한다. 빛을 흡수하는 원판에 붙어 있는 로돕신(rhodopsin)은 감광성(感光性) 보랏빛 색소로서 옵신이라는 단백질과 비타민A가 산화되어 만들어진 카로티노이드 레티날의 화합물이다. 로돕신이 많을수록 희미한 불빛 속에서 더 잘 볼 수 있다. 로돕신은 빛을 받으면 옵신과 레티날로 분해되는데 합성되는 속도와 분해되는 속도가 합성되는 속도보다 빨라, 이렇게 되면 로돕신이 적어진다. 사람의 눈은 빛에 적응이 되어 눈이 부시지 않는데 이러한 현상을 명순응(明順應)이라 한다. 희미한 불빛에서는 로돕신이 적게 분해되므로 파괴보다 합성이 더 많아서 로돕신이 많아지게 되어 희미한 불빛 속에서 사물을 더 잘 볼 수 있게 되는데, 이러한 현상을 암순응(暗順應)이라 한다. 비타민A를 너무 적게 섭취하게 되면 로돕신을 만들 수 없게 되므로 희미한 불빛에서 잘 볼 수 없는 야맹증(夜盲症)이 생긴다. 만약 비타민A결핍이 오랫동안 계속되면 간상체는 회복될 수 없는 손상을 받을 수도 있다.

원추세포 [圓錐細胞, cone cell] : 척추동물 눈의 망막에 있는 빛에 민감한 뉴런.

　색조감각과 물체의 형태를 뚜렷하게 감지하는 역할을 한다. 원추세포는 간상세포보다 길이도 짧고 수적으로도 적기 때문에 조도가 낮은 어두운 곳에서는 제 기능을 발휘하지 못한다. 따라서 암순응보다는 명순응을 담당하며 대부분 눈의 중심에 있는 황반에 집중되어 있다. 황반에는 황반중심오목(fovea)이 있고 간상세포는 거의 없는 반면, 망막의 바깥쪽에는 원추세포가 없다. 갑자기 불이 들어왔을 때 원추세포에서 일어나는 전기적 변화는, 뇌의 후두엽으로 가는 시신경까지 신경충격으로 전달된다.

색의 사전적 의미: 빛의 스펙트럼(분광)의 조성차에 의해서 성질의 차가 인정되는 시감각의 특성.

색은 시각의 기본적 요소 중 하나로 빛이 눈에 들어와서 색지각을 일으키게 된다. 눈의 망막에는 원추세포 · 간상세포라는 두 종류의 시세포가 있는데, 태양이나 전등과 같은 밝은 조명 밑에서는 원추세포가 작용하여 색지각을 만들고,

달빛과 같은 어두운 조명 밑에서는 간상세포가 작용하여 흑백사진과 같은 무채색의 시각을 만든다.

빛을 프리즘을 사용하여 각 파장으로 나누면,
파장이 짧은 쪽부터 남보라 · 파랑 · 청록 · 초록 · 연두 · 노랑 · 귤색 · 주황 · 빨강의 차례로 배열되어 무지개색이 된다.

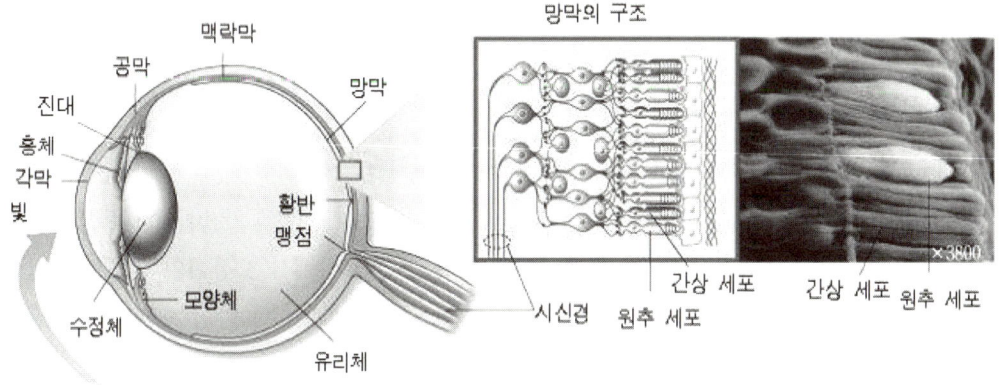

시각의 성립 과정: 빛 → 각막 → 수정체 → 유리체 → 망막(시세포) → 시신경 → 대뇌(시각중추) → 시각

3-3 명시점과 선명도:
대중 보면 대중 이해하고 정확하게 보면 정확하게 이해한다.

우리 두 눈에는 명시점이 있는 데 이곳에 정확하게 상이 맺혀져야 물체나 글이 선명하게 보인다. 명시점이란 물체 및 문자의 상을 눈의 해부학적 용어로 풀이된 중심와(fovea)에 모아주는 행위이다. 이곳에 문자 상이 맺어질 때 100%의 이해도를 나타낸다. 시/지각집중력이란 이 명시점이 맺어지도록 대상을 향해 정확하게 시선을 집중하는 과정을 말한다.

안구의 생리적 구조와 기능을 분석해 본 결과 우리의 두 눈에는 중심와 또는 명시점이 있다는 것이 발견되었고, 이곳으로 시야의 내용이 시점이 되어 상으로 맺어질 때에 그 선명도가 100%의 형상을 이룩하게 되어, 문자의 식별과 판독이 가능해 진다. 이곳은 안구의 뒤쪽 망막에 점과 같은 크기 - 바늘 끝이 종이를 뚫어서 만든 크기, 대략, 지름이 약 1/3mm의 크기-의 형태를 갖추고 있다. 이곳에 글자의 상이 맺어질 때 독서의 의미가 파악되는 진정한 의미의 독서행위가 이뤄진다. 이점을 조금만 벗어나도 시력은 약화되어 상의 선명도가 절반이하로 떨어지게 된다. 이때에는 문자의 형태만 파악되고 정확한 의미 지각이 어려워지게 된다.

이러한 시력의 종류는 명시점의 시력과 준 명시점의 시력, 주변 시각의 시력으로 나뉜다. 시선의 각도가 0°이고 상의 선명도가 100%인 명시점의 시력과, 상의 선명도가 45%정도인 시선 1°밖에서 3°사이의 준명시점의 시력, 30%의 시상의 선명도를 갖고 시선의 각도가 3°밖의 상을 갖는 주변시각의 시력으로 구분된다.

속독학습은 준 명시점의 시선이나, 주변시각의 시선에 놓여있는 시상을 0° 위치인 명시점의 시선으로 이끌어 들이는 과정의 훈련이다. 우리가 타고난 원래의 안구행동은 이를 위해서 고정적인 멈춤의 행동과 미세한 행동의 움직임, 좌우로 움직여 주는 행동, 전후로 움직여주는 행동 등을 하고 있다. 이러한 모든 순간적으로 움직이는 행위들은 시상을 명시점인 0°위치로 이끌어 들이기 위해서 수행한다고 파악되고 있다.

독서란, 눈과 마음의 이중적 구조의 통합에서 나타내는 행위이기 때문에, 이 양자의 흐름을 조화롭게 할 때 속독기능은 잘 나타낼 수 있다. 명시점으로 글씨나 문자 및 글줄을 이끌어 들이지만, 모두가 읽어지고 이해되는 것은 아니다. 이해도를 높이기 위해서 정신 집중력이 반드시 따라야 한다. 정신 집중력의 향상을 위한 개발훈련은 독서교육의 핵심중의 핵심이다. 이 정신과정을 공학적 개념인 정신메커니즘으로 상정할 때 교육이 가능해 진다.

출처: 박화엽의 체험 속독방법론

박화엽: 서울대 교육학 박사, 서울대학교 사범대학 부설 교육 행정연구소 전임강사, 서원대학 교수, 미국 University of Southern California, 캐나다 University of British Columbia 교육심리학 및 독서교육학 박사과정수학

저서: 독서능력을 길러주는 실험독서방법, 속독교육, 실험독서방법의 교수법; 독서개발, 과학적 속독법등이 있다.

3-4 명시점과 그 주변의 시각능력

'시야' 란 바로 한 점을 주시하였을 때 눈을 움직이지 않고 볼 수 있는 범위로써, 시선방향에 있는 것이 가장 뚜렷하게 보이는 것을 중심시야, 주변에 있는 것이라도 불완전하지만 상의 존재를 알 수 있는 것을 주변시야라고 합니다.

시야의 범위는 시선의 각도로 나타내며 시야의 넓이는 흰색이 가장 넓고, 파랑, 빨강(노랑), 녹색의 순으로 좁아지는데, 주변시야가 발달되지 않아서 주변을 볼 수 있는 시각이 제한되었거나 당뇨병의 합병으로 주변시야가 소실되었을 경우 이런

사람이 운전을 할 경우에는 사고를 많이 낸다고 한다.

반면 너무 주변시야가 발달해서 본질적인 것을 잘 보지 못하면서 늘 주변만을 바라보는 다소 불안정하게 생각되는 사람들도 있다.

> 어떤 사람이 예수님을 따르고 싶다고 고백했을 때, 예수님은 "손에 쟁기를 잡고 뒤를 돌아보는 자는 하나님의 나라에 합당치 아니하니라"(62절)고 말씀하셨습니다. 주님의 말씀의 논점은 그 사람의 가족을 말하는 것이 아니라(61절) 그의 초점을 지적하신 것입니다. 뒤에 남겨둔 것들을 돌아보고 있는 동안에는 우리는 앞으로 나아갈 수가 없습니다.

우리는 목표에 눈의 초점(중심시야)을 맞추고 있으면서도 주변 시야 덕분에 주위를 인식할 수 있다. 목표를 바라보는 초점만 흩뜨리지 않는다면 주변시야는 사물을 폭넓게 보고 생각할 수 있는 기회가 되는 셈이다.

우리 눈은 망막에 1억 3000만개의 빛 수용기를 가지고 있어 양 눈을 합치면 2억 6000만개에 이른다. 여기서 선명하게 초점이 잡히는 부분에 사용되는 것은 20%에 불과한 반면 주변 시야에 80%가 사용된다. 즉 2억 6000만개의 빛 수용기 가운데서 2억 800만개 이상이 주변시야에 작용한다.

왜 이런 엄청난 양의 수용기가 주변 시야에 할당되고 있는가? 대부분의 사건들이 눈의 초점을 벗어난 주변 영역에서 일어나기 때문이다. 필요한 것을 찾거나 위험에서 도망가기 위해서는 두뇌가 주변에서 일어나는 모든 변화를 지각해야 하는데, 이것이 생존에 필수적임은 말할 나위가 없다.

> 주변 시각은 주변 (peripheral) 시각을 (독점적이지는 않아도) 상당히 필요로 하고 방향과 자기 운동을 감지하는 데 사용된다. 책을 읽으면서 복도를 잘 걸어갈 때, 우리는 초점 및 주변 시각의 병행 처리 능력들을 효과적으로 활용하고 있는 것인데, 이는 마치 도로 표지판을 읽으면서(초점 시각) 길 중앙으로 차를 전진시키는 (주변 시각) 것과 같다. 전자는 말초 시각을 꽤 사용한다. 항공기 설계자들은 조종사의 초

점 시각이 특정 채널들에서 표시되는 계기 정보들을 지각하는 일로 과도하게 부하되는 동안 주변 시각을 활용하여 안내 및 경고 정보를 제공하는 방법들을 다루어왔다 (Stokes, Wickens, & Kite, 1990).
[인용 문헌 : 곽호완, 김영진, 박창호, 남종호, 이재식 공역. (2003). 공학심리학, 제3판. 시그마프레스.]

속독에서 중요한 것은 명시점과 관계있는 중심시야(초점시각) 이다. 중심시야는 항상 중심와와 관련되는데, 세부 처리와 형태 재인에 필요하다.

책을 볼 때 우리 시야에는 이미 책의 펼쳐 논 페이지 전체가 들어와 있지만(주변시야의 영역) 우리 뇌가 읽었다고 생각하는 부분은 중심시야를 통과한 이미지나 글줄이다. 주변시야로 들어온 이미지나 글은 실제로 재인한다거나 재생하는데 어려움이 따른다. 혹 암시나 최면의 방법으로 주변시야로 들어온 대상을 어렵게 기억해 내기도 하지만 학습이나 실제 생활에 있어서 이런 방법들은 거의 사용하기가 불가능하기 때문이다.

속독에 있어서 시폭 확대훈련이 있는데 이 훈련을 상당기간 한 사람이거나 속독을 한 사람의 경우는 시폭이 넓어서 한줄 정도의 글은 한 번에 읽어 들인다.

그럼 이 시폭은 초점시야가 넓어진 것인가? 아니면 주변시야가 활성화 된 것인가?

시폭확대훈련을 한 사람은 당연히 중심시야가 넓어진 것으로 생각할 것이고, 주변시각 활성화 훈련을 한 사람은 당연히 주변시각이 활성화 되었다고 할 것이다.

둘 다 답이 될 수 있지만 실제 속독 전문가의 안구를 고속카메라로 촬영한 결과 책을 속독으로 읽을 때 안구가 우주 미세하게 진동하면서 글을 읽어 낸다는 것이다. 즉 중심시야를 사용하되 안구를 약간씩 움직여서 각 단어나 이미지에 대해 명시점을 만들어 가면서 읽는 다는 표현이 더 정확하다는 것이다.

실제 시폭이 확대된 사람은 전방 180도 정도를 주변시각으로 사용가능하되 보통 사람보다 훨씬 더 정밀하게 관찰이 가능하다는 것과 중심시각도 정면을 응시했을 경우 좌우 각 10자 이상을 한 번에 읽을 수 있게 된다.

속독달인들이 한쪽분량을 1-3초 안에 사진 찍듯이 볼 수 있는 이유는 주변시각과 중심시각을 적절히 이용하기 때문이다. 주변시각으로는 한 번에 읽어 들이면서 그 중심시각으로는 글의 핵심 되는 요지를 찾아 읽어 내기에 가능한 것이다. 문제가 된다면 전체의 요지나 핵심은 파악할 수 있지만 글의 세부사항을 파악하기에는 어렵다는 것이다. (물론 속독의 달인들은 제외하고 보통 사람들이 속독을 배웠을 때 하소연 하는 얘기이다)

이 단계에서 중요한 훈련은 글을 읽을 때 명시점을 두고 하나하나를 읽어 나가는 훈련이다.

그 다음으로 하는 훈련이 주변시야를 활성화 시키는 시폭확대 훈련으로 눈의 중심시야와 주변시야를 동시에 훈련시키는 안구훈련이다.

빠른 안구운동과 독서의 방해요소 제거

명시점 이동훈련을 통하여 독서의 방해요소를 제거하고,
빠르게 안구를 움직일 수 있는 근육으로 단련시킨다.

4. 명시점 이동 훈련
4-2. 속독의 방해요소: 속으로 발음하기, 손가락으로 가리키기, 회귀와 되읽기.
4-3. 얼마나 빠르게 읽을 수 있는가?

목표

* 일상생활중에서 복식호흡을 하고 눈 운동을 한다.

1. 의미없는 부호를 빠른 속도로 읽음으로 우리 눈의 근육을 단련시킨다.
2. 속독의 방해요소를 제거한다.
3. 안구를 빠르게 움직이는 훈련을 한다.

결과

1. 지치고 쇠약해져 있는 우리 눈의 근육을 회복시킨 후 단련시킨다.
우리 시력은 우리가 생각한 그 이상으로 대단한 능력을 가지고 있습니다.
2. 빠르게 읽는 것은 속독의 기본입니다.
처음에는 1줄에 1초가 걸리지만 점점 훈련을 거듭하면 0.1초에 한 줄 까지 가능합니다.
15줄 까지가 가능한 줄 단위 목표입니다.

4 명시점 이동훈련

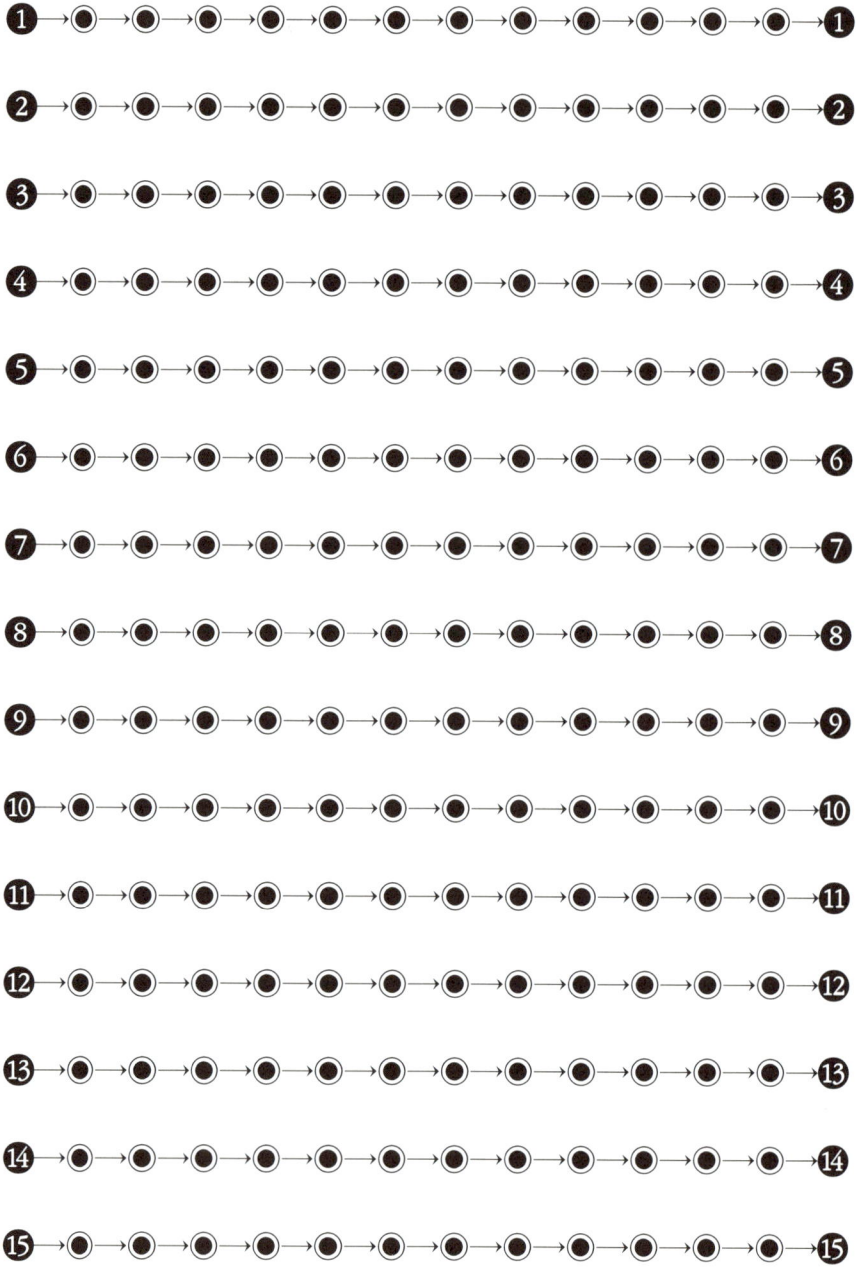

이 단계에서는 주변시야를 이용해서 대충 흩어보는 것이 아니라 명시점을 사용하여 정확하게 점 하나 하나를 보면서 다음으로 이동하는 훈련입니다.

이 단계의 명시점 훈련에서 중요한 점은

① 정확하게 하나도 빠트리지 않고 본다
② 순간적으로 이동하는 능력을 배양한다
③ 1줄 단위로 본다(여기서는 속도를 빠르게 하는데 의의가 있습니다)
④ 물 흐르듯이 자연스럽게 줄 단위를 이동 시킨다.

요령: 좌측 ❶에서 출발하여 우측 ❶까지 보되 ❶사이에 있는 점들은 꿰뚫고 지나 간 다는 느낌을 가지고 읽습니다.

처음에는 원활하게 눈동자가 안 움직여도 계속 훈련하면 근육이 활성화 되어서 빠르게 움직일 수 있게 됩니다. 처음 눈이 따갑고 시리고 아퍼도 포기 할 것이 아니라 눈의 피로를 풀어주고 영양제를 공급하면서 이 훈련을 통과해야 속독이 됩니다.

단지 눈의 속도만을 빨리해주는 것처럼 별로 의미 없어 보이지마는 이 훈련을 통해 고쳐지는 독서의 방해요소들이 있습니다.

4-2 속독의 방해요소: 속으로 발음하기, 손가락으로 가리키기, 회귀와 되읽기

속으로 발음하기

읽고 있는 단어를 입속으로 말하거나 옹알거리는 제 현상을 가리켜 속발음이라고 하는데 이런 경향은 유아기 때 보고-말하기에 의해 형성된 습관 때문입니다.

속발음을 하면서 책을 읽으면 속발음 때문에 빨리 읽지는 못하지만 중요한 단어나 개념을 큰소리로(실제가 아니라 입안에서) 발음함으로써 그 정보를 뚜렷하게 기억하는데 도움을 얻을 수도 있습니다. 그러나 굳이 속발음이 아니더라도 기억하거나 생각을 깊이 하는 더 좋은 방법들이 있기에 속발음이 꼭 필요하다고 말할 필요는 없다고 봅니다.

속발음을 하냐 마냐 고민 할 필요 없이 그냥 명시점 이동훈련을 따라하다 보면 속발음도 고쳐지고 회귀나 되읽기 습관도 고쳐집니다.

손가락으로 가리키기

이는 집중력과 초점을 유지하는데 도움을 준다. 나중에 고급단계로 들어갈 때 심상으로 훈련할 때 잘 안되면 손가락을 움직이면서 하면 그런 문제가 극복되기도 한다.

여기서 문제 삼는 것은 그런 습관은 유아기 때 생긴 습관이라는 것이다. 간혹 성인이 되어서도 손가락으로 짚어 가면서 읽는 경우가 있는데 왜 그러는지는 모르겠다. (잘 안보여서 글자를 찾으려고 그러거나, 아니면 줄이 틀려질까봐 그러는 것이라고 생각했을 뿐이다)

회귀

회귀는 자신이 놓쳤거나 잘못 이해했다고 느끼는 단어, 구 또는 문장으로 의식적으로 돌아가서 다시 읽는 것을 말한다. 많은 독서가들은 자료를 완벽하게 이해하기 위해서는 (이해하지 못한 부분이 있으면) 그 부분으로 되돌아가야 한다고 느낀다.

그러나 의식적 회귀에 관한 연구들에 의하면, 자료를 잘 이해하기 위하여 어떤 단어나 부분으로 되돌아 갈 필요가 있다고 확신하는 사람들에게 회귀를 허용하지 않아도 이해력에 큰 차이가 없다는 보고가 나왔다. 이는 이해력 자체가 아니라 두뇌의 능력에 대한 확신이 문제라는 것이다.

되읽기

되읽기는 일종의 시각적 발작 현상으로, 방금 읽은 단어나 구로 무의식적으로 돌아가는 현상을 말한다. 되읽기를 하고 있는 당사자는 그런 사실을 거의 깨닫지 못한다고 한다.

이 두 가지 모두 일반적으로 불필요한 습관들로 한줄 당 눈의 정지 횟수를 늘려 독서 과정을 더디게 한다.

명시점 훈련에서 의미 없는 흑점을 사용하는 이유는 회귀와 되읽기 습관을 제거하고 속발음할 시간을 주지 않기 위해서이다. 흑점을 되돌아가서 볼 이유가 없는 것은 그냥 무의미한 기호라고 생각하기 때문이다. 만일 특별한 이미지를 사용해서 훈련을 하게 되면 독서자의 평소 습관대로 그 의미가 무엇인지 확인하기 위해 또 되돌아가는 습관이 되살아난다.

4-3 얼마나 빠르게 읽을 수 있는가?

속독의 요체는 빠르게 읽고 빠르게 해석하는 데 있다.

빠르게 읽기 위해서는 안구의 순간이동과 시폭확대 능력이 필요하고 두뇌의 지각능력이 빨라야 하며 여기에 어휘력을 기반으로 한 이해력과 집중력과 몰입하는 정신력이 있어야 가능하다. 가장 쉽고 빠르게 효과를 볼 수 있는 것이 시각훈련으로 단시간 내에 2-5배의 독서능력을 얻을 수 있다. 독서의 방해 습관만 제거해도 속도가 빨라지는데 명시점 집중 훈련을 겸해서 2달 정도만 습관을 들이면 3-10배는 빨라진다.

> 제 1차 세계대전 중 공군 기술자들은 수많은 조종사들이 비행할 때 먼 곳의 비행기를 식별할 수 없음을 알게 되었다. 생과 사의 기로에 놓인 아슬아슬한 공중전에서 이것은 분명히 심각한 장애였으므로 기술자들은 해결책을 찾기 시작했고, 그들은 타키스토스코프라 불리는 장치를 고안해 냈다. 그것은 커다란 화면에 아주 짧은 순간동안 영상을 비추어 주는 장치였다. 이 장치를 통해 아군과 적군의 비행기 모습을 크게 오랜 시간동안 보여 준 다음, 크기를 줄이는 동시에 영상의 각도를 변경시키면서 점점 노출시간을 단축 시켰다. 놀랍게도 훈련을 받으면 일반인도 500분의 1초라는 짧은 시간에 점과 같이 작게 보이는 비행기들을 식별할 수 있게 되었다.

이처럼 믿을 수 없는 속도로 사물을 볼 수 있다면, 독서속도 또한 극적으로 향상될 거라는 추론 하에 그들은 이 능력을 독서방법에 적용시켜 보기로 했다. 단어나 영상을 500분의 1초에 인식할 수 있다면 1분 동안 읽을 수 있는 예상 독서량은 60초 X 500단어 = 3만 단어가 된다. 이는 한 권의 책의 분량이다. 그러나 타키스토 스코프훈련을 마친 학생들은 몇 주를 보내고 난 뒤 불만을 터뜨리게 된다. 훈련이 끝나고 얼마 가지 않아서 대다수가 이전 속도로 되돌아갔기 때문이다.

이 훈련법의 실패 원인은 관찰의 기본 법칙, 즉 무언가를 정확하게 보기 위해서는 눈이 그 사물과 관계를 지속적으로 맺고 있어야 한다고 보는 관점에서 찾을 수 있다.

여기서 밝혀진 혁명적인 사실은 독서를 가능하게 하는 제 1요인은 눈이 아니라 '두뇌' 라는 점이다.

타키스토스코프 : 순간노출기. 피험자에게 광고카피나 패키지를 1/1,000초에서 매우 짧은 시간에 되풀이 제시하여 ㉠순간적 인지범위 ㉡순간적으로 본 후의 인지능력 ㉢카피의 어느 부분이 최초로 주목되는가 ㉣레이블, 브랜드 등에 대한 인지용이성이나 주목률 등을 측정한다.

속독을 잘하려면 다음 4가지 과제를 완수해야 한다.

① 정신을 집중한다.
집중력을 계속 유지 하려면 정신이 맑아야 하며 체력도 뒷받침이 되어야 한다. 두뇌에 충분한 산소 공급을 위해서 깊은 심호흡, 또는 복식호흡이 필수적이다.

② 빠르게 읽는다. 시력의 향상 없이는 불가능하다.
빠르게 읽기 위해서는 안구가 빨리 움직여야 되는데 훈련을 통해 눈 근육이 반사적으로 움직여야 하고 윤활유가 잘 나와서 눈이 뻑뻑하지 않아야 한다. 눈 지압, 눈

체조, 원근 조절을 통한 눈 근육의 긴장과 이완을 통해 눈의 피로를 즉시 풀어 줘야 한다. 여력이 된다면 눈에 좋은 영양제를 먹는 것도 센스.

③ 읽는 글의 의미를 빠르게 파악한다.

그러기 위해서는 어휘력을 길러야 하고, 주변지식들이 풍부해야 하며, 이해력이 뛰어나야 한다. 결국 두뇌의 종합적인 능력향상이 필요하다.

④ 읽은 내용의 의미를 잘 정리해서 기억해야 한다.

아무리 좋은 내용을 학습했어도 기억하지 못한다면 헛일이 되기 쉽다.

작업메모리의 용량은 7 ± 2개정도이고 주로 논리를 담당하는 좌 뇌의 기억용량은 적고 쉽게 피곤해 한다. 오직 우뇌의 기억용량만이 무제한적이고 쉽게 지치지 않는다. 좌 우 뇌를 다 사용하기만 하면 우리의 기억능력은 10배 이상으로 늘어난다.

그러기 위해서 논리적인 내용은 완벽하게 이해하는 습관을 들이고 단편적인 지식들은 이미지화해서 기억하는 방법을 배워야 한다. 특히 마인드맵은 아주 효과적이다.

시폭확대훈련과 시력보호 환경 만들기

시폭을 확대해서 한 번에 읽어 들이는 범위를 넓혀주고,
평소에 눈을 잘 관리하는 환경을 만들고 살아가야 한다.

5. 시폭확대 훈련
5-2. 시폭확대 훈련: 한 줄의 글을 두 번에 나누어 찍어보는 훈련
5-3. 눈의 긴장을 풀어주는 환경 만들기

목표
*. 일상생활중에서 복식호흡을 하고 눈 운동을 한다.
1. 시폭을 확대해서 한 번에 읽어 들이는 범위를 넓혀주어야 한다.
2. 평소에 눈을 잘 관리할 수 있도록 환경을 만들어야 한다.

5 시폭확대훈련

1. 줄 단위로 읽어 나가되 가운데 한 점을 선택한 후 밑으로 읽어 나갑니다.
   처음에는 3점, 다음은 5점 다음은 7점 이렇게 늘려나가면서 한 줄이 한 눈에 다 보일정도로 연습합니다.

5-2 시폭확대훈련: 한 줄의 글을 두 번에 나누어 찍어보는 훈련

시폭확대 훈련이란 : 우리 눈이 볼 수 있는 범위를 넓히기 위해 하는 안구훈련으로 간상세포 및 추상세포를 개발하여 활자를 눈으로 읽어 들이는 폭을 넓히는 작업입니다.

정통 속독의 경우 단어의 병렬처리와 함께 두 줄 보기, 세 줄 보기, 뒤에서 앞으로 읽기등의 훈련으로 초스피드한 속독을 추구하지만 우리 실용속독에서는 우리 두뇌의 순차적인 정보처리와 정확한 이해를 위해 - 읽는 방법과 훈련도 순차적인 훈련만 실시합니다. (다양한 훈련 방법과 내용을 소개는 하지만 권장하지 않습니다)

또 속도에 있어서도 정통속독의 경우 분당 3만자 이상을 넘어가지마는 본 실전속독에서는 보통 3,000자, 숙달된 경우 5,000자 까지 만을 권합니다. 인간의 두뇌가 경이롭고 불가사의 하지마는 읽는 것으로 끝나지 않고 완전히 이해하고 기억하는 문제는 시간상 제약과 한계가 있기 때문입니다. 정말 중요한 것은 분당 3,000자 이상이면 읽는 속도가 문제가 아니라 배경지식과 어휘력이 뒷받침 되어 얼마나 이해할 수 있으며 또 읽은 것을 얼마나 정확하게 기억하느냐가 문제이기 때문입니다.

이 단계에서는 이 훈련을 통하여 다음의 유익을 얻을 수 있습니다.
1) 눈이 볼 수 있는 폭을 넓힌다.
2) 안근운동이 활발해지고 안구에 힘과 탄력이 생긴다.
3) 안구의 움직임이 유연해지고 회전도 빨라진다.
4) 180도 이내의 물체 움직임을 쉽게 식별할 수 있다.

5-3 눈의 긴장을 풀어주는 환경 만들기

1. 눈의 초점을 힘 있게 모아주는 훈련과 함께 초점을 풀어서 이완시키는 훈련

1미터 전방의 벽에 흑점을 그린 후 집중하면 시력이 모아지고 눈의 근육들이 긴장을 하게 된다. 약 3-5초정도 보다가 이번에는 아주 먼 곳을 쳐다보는데 이때 시선을 먼 곳에 두며는 눈과 주변의 근육이 풀어지고 긴장이 풀리면서 편안한 상태로 된다. 시선이 약간 멍한⑵상태, 또는 넋을 놓고 있는 것처럼 보이지만 눈의 근육은 이완되어 있어 제일 편한 상태가 된다. 이렇게 긴장과 이완을 반복적으로 운동하되 틈날 때 마다 해주면 눈 건강에 아주 좋고 시력이 쉽게 떨어지지 않게 된다.

2. 야간에 독서나 공부 할 때는 이중조명이 좋다.

공부할 때는 이중 조명을 이용하는 것이 좋다. 방 전체를 밝게 조명하고 앉은 위치에서 왼쪽 조금 뒤쪽에 스탠드를 놓아 그림자가 책을 가리지 않게 한다. 주위가 밝으면 책에서 눈을 떼었을 때, 밝기가 다른 불빛으로 인해 눈에 피로를 줄여준다.

3. 컴퓨터를 사용 할 때도 수시로 눈을 쉬게 하라.

1시간 정도 근거리 작업을 했다면 5~10분 정도는 먼 곳을 바라보며 눈의 조절 근육을 풀어주는 것이 좋다. 그리고 PC를 사용할 경우 모니터에 메모지 등을 붙여 '눈 깜빡하기!, 멀리보기!' 등의 멘트를 수시로 보며 PC작업 중 의식적으로 눈을 자주 깜박이거나 멀리 보는 습관을 들이는 것이 좋다.

4. 사무실 안에서는 가습기 사용

에어컨이나 기타 냉방장치를 가동할 경우에는 공기 중의 습기가 냉각기를 통과하는 중에 쉽게 물이 되어 흐르는 만큼 실내의 공기는 건조하게 된다. 이때 우리 눈 안의 눈물을 마르게 해 눈의 건조감을 야기한다. 눈이 건조해지면 각종 눈 질환을 야기할 수 있으므로 가습기를 사용하는 것이 눈 건강을 위해 좋다. 한마디로 습도가 적당해야 우리 몸에 좋다는 애기이다.

5. 컴퓨터, TV 시청은 밝은 곳에서

컴퓨터를 하거나 TV를 볼 때 불을 전부 끄는 사람이 있다. 아마도 화면에 좀 더 집중하고 영화관 분위기도 내기 위해서일 것이다. 그러나 사실 어두운 곳에서 화면을 보게 되면 화면에서 나오는 빛에 따라 밝기가 급격하게 변하므로 눈은 쉽게 지치고 피곤하게 된다. 그렇다고 방을 환하게 해 놓고 영화구경하는 것도 무드를 타는데

는 방해가 된다. 이럴 경우는 방에 조금 약한 조명을 한 채로 화면이 있는 곳에 부분 조명을 동시에 설치하는 것이다.

화면 근처의 조명은 눈의 피로감을 덜어주고 근시도 예방해준다. 그러나 조명이 직접 화면을 향하게 하는 것은 좋지 않다. 이는 시력을 감퇴시키고 눈꺼풀 처짐과 떨림 현상, 충혈 등 자율신경계의 변화를 일으킬 수 있다. 물론 형광등으로 조명을 하는 것은 피해야 한다. 형광등의 조명과 TV조명이 만나는 경우 간혹 떨림 현상이 일어나서 2시간 정도 시청하고 나면 눈이 극심한 피로를 느끼기 때문이다.

책상 앞에 스탠드를 둬 간접적으로 빛이 비치도록 하고 어깨 뒤쪽에서 형광등 불빛이 오게 하는 것이 바람직하다.

6. 휴식 시 조명은 약하게

낮 시간 동안 눈은 아주 어두운 곳보다는 약간 어두운 정도의 장소에서 편안함을 느낀다. 직장이나 학교, 집에서 쉴 때는 빛이 덜 들어오도록 커튼이나 블라인드를 사용하면 눈의 피로감도 사라질 뿐더러 편안함을 느끼며 휴식을 취할 수 있다.

7. 눈에 잡티 들어가면 물로 씻어라

야외활동을 하다보면 눈에 먼지 등 잡티가 들어가는 예가 심심찮게 있다. 이럴 때 대다수 사람들은 눈을 비빈다. 그러나 이는 눈 건강에 매우 치명적인 행위다. 잡티를 빼기 위해 눈을 비비다보면 연한 각막에 상처를 입힐 수 있고 이는 각막염 등 다양한 안질환으로 발전할 수 있다. 이 때문에 잡티가 들어가면 인공눈물을 안구에 삽입해 눈물이 흐르게 함으로써 잡티를 빼거나 흐르는 물로 씻고 눈을 떴다 감았다를 반복해 잡티를 빼내도록 하자.

시폭 확대 훈련

6. 시폭확대 훈련: 한 줄의 글을 한 번에 찍어보는 훈련
6-2. 눈 건강과 식품
6-3. 신체해부학적 개념의 안구운동

목표

한 줄의 글을 한 번에 찍듯이 보는 훈련
하루아침에 되는 것은 아니지만 될 때까지 훈련해야 한다.
항상 좌에서 부터 우로 하나도 빠짐없이 읽어 나가되
- 속도가 빨라지면 줄 단위로 읽어진다.
(고속 카메라로 촬영한다면 역시 좌에서 - 중간으로 - 우측으로 명시점이 이동되면서
찰나간에 읽어 들인 것이지 주변시야를 이용해서 한 번에 본다는 의미는 이닙니다.)

6 시폭확대훈련:
한 줄의 글을 한 번에 나누어 찍어보는 훈련(일명 통줄읽기 훈련)

글줄이 길 경우에는 통줄로 읽기가 어렵지만 2단 형식으로 글줄이 배치되었을 경우는 통줄로 읽어 들일 수 있습니다. 내 시폭이 확대되어서가 아니라 글 폭이 짧기 때문입니다. 실제로 넓은 글줄을 대하기 어렵습니다. 신문이나 책들도 읽기 좋고 편집하기 좋게 글 폭이 모두 짧기 때문입니다. 그래도 이 단계에서는 시폭을 확대하는 훈련이기에 이 정도의 글 폭은 한눈에 본다는 의지를 가지고 훈련해 주시기 바랍니다.

방법은: 줄 단위로 스마일 표시 세 개를 한꺼번에 보는 연습입니다. 눈동자를 전혀 안 움직이고 보면 주변시야가 확대되고, 좌측이미지부터 우측이미지로 순간에 흩어 보는 것은 명시점 이동훈련이 되는데 이 단계에서는 한 번에 한 줄을 찍어보되 전체를 보는 훈련입니다.

이 훈련을 통해서 시폭이 확대되는 것은 틀림없는 사실입니다. 다만 명시점이 확대 된 것인지, 아니면 주변시야가 활성화 되어 한 번에 찍어보는 능력이 생긴 것인지는 과학적으로 밝혀지지 않았습니다. 필자가 짐작으로 말하기도 조심스럽습니다만, 명시점이 확대됨과 동시에 주변시야도 활성화 되어야 속독이 된다고 봅니다.

6-2 눈 건강과 식품

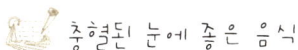
충혈된 눈에 좋은 음식

눈의 충혈은 니아신이나 비타민 A의 결핍에서 오는 경우가 대부분이다. 따라서 눈동자를 맑고 깨끗하게 유지하기 위해서는 무엇보다 비타민 A, B, C, E 와 단백질 섭취가 필수적이다. 특히 비타민 B군이 결핍되면 심한 경우 안구 근육 마비까지도 일어날 수 있으므로 주의한다.

눈의 충혈을 막으려면 가공하지 않은 견과류, 즉 호두나 땅콩, 해바라기씨, 참깨, 잣 등을 많이 먹도록 한다. 이외 보리나 귀리, 미나리, 당근, 배추와 참외, 딸기, 살구도 건강한 눈을 유지하는데 좋다.

부은 눈에 좋은 음식

눈대가 비만한 사람들이 눈꺼풀이 자주 부어오른다. 또 알코올과 커피, 수면 부족도 눈꺼풀을 붓게 하는 주요인이다. 이때는 우선 부어 오른 부분을 부드럽게 마사지하거나 탈지면에 아이 로션이나 비타민 E 오일을 적신 뒤 10~15 분가량 바르도록 한다.

눈꺼풀이 붓고 피로를 느끼면 휴식을 취하는 것이 좋다. 우선 가급적 소금섭취를 줄이도록 한다. 음식물로는 닭고기, 연어, 보리, 완두, 귀리, 쌀 등이 좋으며 부추, 양파 등의 채소도 눈 부위의 부기를 가라앉히는데 효과적이다. 또 매일 비타민 B6를 섭취하면 붓는 것을 막을 수 있다.

눈가에 주름을 줄이는 음식

눈가의 주름은 시력이 나빠 눈을 자주 찌푸리거나 깜빡거리는 사람에게 많이 생긴다. 또 보통 수분과 전해질의 균형이 피부를 팽팽하고 탄력적으로 만드는 작용을 하는데, 이러한 성분이 부족한 경우에도 눈가의 주름이 생기게 된다. 이밖에 갑상선과 부신피질의 이상으로도 눈 주위에 주름이 잡힌다. 여성들 중엔 눈가의 잔주름을 없애기 위해 아이크림이나 재생 크림을 바르는 경우가 많다. 하지만 이런 방법보다 비타민 섭취로 훨씬 효과를 볼 수 있다. 비타민 A와 C, E는 특히 눈과 눈 주위 건강에 효과적이다.

눈의 주름을 줄이는 음식으로는 간, 달걀, 당근, 호박, 우유, 땅콩, 과일 등이 있다.

눈이 좋아지는 음식

비타민 A가 부족하면 눈이 이물감을 느끼며 쉬 피로하며 통증을 느끼게 되는 안구 건조증과 야간에 잘 안 보이는 '야맹증'을 불러일으킬 수 있으며 '야맹증'에는 소나 닭의 간이 좋다. 비타민 A는 냉이나 호박, 사과 등에 많으며 동물의 간에도 많이 들어있다.

속눈썹이 눈을 찔러 자주 충혈 되고 눈물이 나는 경우, 한방에서는 폐와 비장이 약해진 까닭으로 본다. 이때는 국화차를 마시면 증세를 완화시킬 수 있다. 노란 국화잎을 말려 차로 끓여 마시는 방법이다. 꽃이 자잘한 노란 국화를 '감국'이라는 이름으로 시중에서 팔고 있으므로, 이것을 사다가 소쿠리에 담아 흐르는 물에 잘 씻은 다음 널

• 눈에 좋은 5분 안체조

1.
어떤 특정한 물체에 초점을 맞추지 않은 채로 눈을 가볍게 뜬다.

2.
눈을 꽉 감은 채로 하나 둘 셋 숫자를 센다.

3.
눈을 최대한 크게 부릅뜬 채로 하나 둘 셋 숫자를 센다.

4.
얼굴은 고정시킨 채로 양쪽 눈의 시선을 고정시켜 하나 둘 셋 숫자를 센다.

어 말려서 보관해 뒀다 눈이 충혈 되고 눈물이 나면서 아플 때 20g을 물 5백cc에 넣은 후 물이 절반으로 줄 때까지 달여 수시로 마시면 효과를 볼 수 있다.

감자도 눈에 좋다. 특히 알레르기성 결막염으로 눈이 짓무르고 눈곱이 끼며 충혈될 때 효과적이다. 생감자와 껍질을 벗기고 눈을 따낸 후 강판에 갈아 컵에 담아두면 밑에 앙금이 가라앉고 위에 붉은 물이 뜨게 되는데, 붉은 물을 따라 버리고 앙금만 먹는다. 하루에 중간크기의 감자로 만든 앙금을 한 개 공복에 먹으면 된다. 먹기 어려우면 요구르트나 우유에 타서 마셔도 된다.

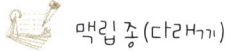 맥립종 (다래끼)

보통 '다래끼'라 불리는 눈병은 눈두덩의 살 안에 갑자기 고름이 고이는 것.
한방에서는 맥립종(麥粒腫)이라 한다. 눈 안쪽이나 바깥쪽에 생길 수 있고 짧은 시간에 붓는 것이 특징으로 한번 나기 시작하면 되풀이해서 나기 쉽다.
한방에선 △매운 음식을 많이 먹거나 △과음 후 △체했을 때 △기름진 음식을 먹었을 때 좋지 않은 열이 눈 주위의 경락에 뭉쳐 다래끼가 난다고 설명한다.

아침에 다래끼가 생길 경우 전날 뭘 먹었는지 생각해보면 이 설명에 고개가 끄덕여질 듯.
다래끼가 잘 생기는 아이는 배가 고파도 뜨거운 음식을 먹지 않는 것이 좋다.
또 아이에게 음식을 너무 맵게 해주지 말아야 하며, 패스트푸드 음식을 주지 않도록 한다.

애주가 가운데 "술로 몸이 허약해질 거야"라며 안주로 기름진 고기를 많이 먹는 사람이 있다. 다래끼가 가끔 생긴다면 안주로 고기 뿐 아니라 신선한 채소나 과일을 많이 먹는 것이 좋다. 술을 마시면서 안주로 고기만 먹으면 다래끼 뿐 아니라 간 질환이 생기기 쉬우므로 주의해야 한다.

물체의 시공간적 특성을 처리하는 신경기제 규명

(서울=뉴스와이어) 2008년 07월 01일 -인간 두뇌의 시각 피질은 물체를 인식할 때 색이나 모양 등 시각적 특징 뿐 아니라 이동궤적 같은 시공간적(spatiotemporal, 時空間的) 특성도 함께 처리한다는 사실이 국내 연구진들에 의해 세계 최초로 규명되었다.

교육과학기술부는 연세대 김민식(金民植, 45세) 교수와 이도준(李道俊, 37세) 교수 연구팀이 인간의 측두엽 아래에 위치한 시각 영역이 물체의 시각적 특징과 함께 시공간적(spatiotemporal, 時空間的) 연속 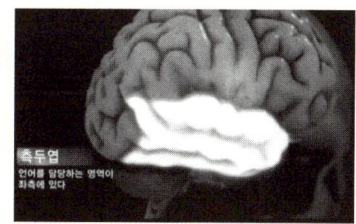 성에 민감하게 반응한다는 사실을 새롭게 규명했다고 밝혔다.

인간이 사물을 인식할 때는 시각적 특징과 시공간적 특징을 모두 고려하게 되는데 그 중 시각은 인간의 뇌 기중 중에서 가장 많이 연구된 주제이기도 하다. 하지만 물체의 시공간적인 정보가 뇌에서 어떻게 처리되는지는 거의 알려진 바가 없다.

특히 색, 모양, 형태 같은 시각 정보는 뇌의 아래 부분인 **복측**(ventral, 腹側) 신경경로를 통해 처리되고 공간적인 정보는 뇌의 윗부분인 배측(dorsal, 背側) 신경경로에서 처리되는 것으로 알려져 있다.

시공간적 연속성이 배측 경로에서 처리되거나 두 경로가 수렴된 후에 처리될 것을 예상할 수 있다. 그러나 시공간 연속성이 물체 인식에 직접적으로 끼치는 영향을 감안할 때 시공간 정보는 이보다는 훨씬 더 초기의 시각 피질에서부터 처리될 가능성도 있다.
이를 검증하기 위해 김민식-이도준 교수 연구팀은 정상인들에게 두 개의 똑같은 얼굴 사진을 시공간적 연속성이 있는 조건과 없는 조건에서 연달아 제시하고 기능성 자기공명영상장치(functional magnetic resonance imaging, fMRI)를 사용하여 뇌 활동을 관찰하였다.

그 결과, 복측 경로의 시각피질은 두 개의 똑같은 사진이 시공간적으로 연속성을 갖는 조건에서만 혈류량 감소를 보였다. 즉, 시각피질은 시각적으로 똑같더라도 시공간 연속성이 없으면 두 사진을 '다른' 것처럼 처리하는 것이다.

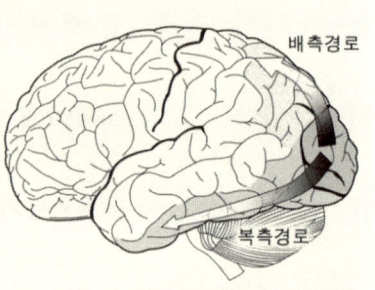

이러한 결과는 지금까지 알려져 왔던 것과는 달리 복측 시각피질이 시각적 특징뿐만 아니라 이동궤적 같은 시공간적 특징도 함께 처리하고 있음을 의미한다. 역동적인 환경 속에서 우리 눈의 망막에 맺히는 물체의 색, 크기, 모양 등은 물체가 이동하거나 관찰자가 움직일 때마다 시시각각 변하게 된다.

그러나 뇌 시각 메커니즘이 정보처리 초기 단계에서부터 시공간적인 정보를 시각적인 특징들과 함께 처리하고 있기 때문에 우리는 불안정하거나 뒤죽박죽인 세상을 경험하지 않게 되는 것이다.

이번 김민식 교수팀의 연구는 뇌신경의 기능적 이해뿐만 아니라 인공 시각을 개발하는데도 커다란 시사점을 줄 것으로 보인다. 복잡한 환경 속에서 목표물을 정확하게 추적하는 능력은 생태학적으로 타당한 시각 체계가 갖추어야 할 핵심적인 요소이기 때문이다.

이번 연구는 교육과학기술부가 추진하고 있는 21세기 프론티어 연구개발 사업인 "뇌기능활용 및 뇌질환 치료기술 개발 사업단(단장 김경진)"의 지원을 받아 수행 중인 뇌인지 연구 결과로 과학 분야의 세계적인 권위지인 미국국립과학원학술지(Proceedings of the National Academy of Sciences, PNAS) 7월 1일자에 게재됐다.

출처: 뉴스(08-07-01)

6-3 신체해부학적 개념의 안구운동

(1) 고정운동: 시야의 특정부위에 시선을 고정시키는 안구운동.

① 수의 고정운동(voluntary fixation): 대뇌 전두안영역 - 전두개막로(frontotectal tract) - 시개전방영역(pretectal area) - 안구운동핵의 경로. 전두안영역에 손상을 입으면 한 대상에 시선을 고정할 수는 있으나 이를 바꿀 수 없음.

② 불수의 고정운동(involuntary fixation): 시각피질 19영역 - 후두개막로(occipitotectal tract) - 시개전방영역 혹은 후두-상구(superior colliculus)-안구운동핵. 양측성으로 19영역이 파괴되면 눈을 고정할 수 없어 시야가 흐려짐.

(2) 도약운동과 추적운동: 움직이는 물체에 시선을 고정하는 안구운동.

① 도약운동(saccadic movement): 한 점에 고정되어 있던 시선이 이웃 점으로 갑자기 이동하는 안구운동. 한 점에서 150-400ms동안 고정되어 있다가 다음 10-80 ms에 걸쳐 그 시선의 각도에 따라 미세도약에서 커다란 도약까지 나타날 수 있음.

② 추적운동(persuit movement): 움직이는 속도가 50 o/s이하로 천천히 움직이는 물체를 시선이 따라갈 때의 안구운동.

(3) 공액운동과 축변위운동

① 공액운동(conjugate movement): 두 눈이 같은 방향으로 움직이는 안구운동. 안구운동핵과 중뇌, 뇌교 망상핵군이 관여.

② 축변위운동(vergence movement): 두 눈이 거울상으로 움직이는 안구운동. 가까운 물체를 볼때는 두눈이 한군데로 모이고(폭주운동, convergence movement), 멀리 볼 때는 두눈이 서로 멀어짐(발산운동, divergence movement).

(4) 안구운동의 측정 및 진탕: 안구운동은 전기동안도로 측정.

① 독서와 안구운동: 한줄에서 다음 줄로 넘어갈 때는 큰 도약운동이 있고 이후 줄을 따라 오른 쪽으로 읽어가면서 작은 도약과 고정운동을 되풀이. 어려운

부분이 있으면 역방향으로 도약하였다가 다시 진행.

② 안구진탕(nystagmus): 달리는 차창 밖으로 풍경을 내다볼 때 눈은 서서히 차의 진행방향과 반대방향으로 추적운동을 하다가 시각의 범위를 벗어나며 재빨리 달리는 방향으로 도약운동이 일어나고 다시 천천히 추적운동을 하는 과정을 되풀이 하는데 이를 optokinetic nystagmus라 함. 안구진탕의 방향은 도약운동의 방향으로 한다.

눈은 꽤 정확하게 미세하고 규칙적인 점프를 한다. 눈은 하나의 고정점에서 다른 고정 점으로 옮겨가는 식으로 움직이는데, 대게 한 번 점프할 때마다 한 단어 이상을 읽는다. 즉 눈이 종이 위를 부드럽게 움직이는 것이 아니라 한두 개의 단어를 처리하기 위해 잠시 멈췄다가 점프하고, 멈췄다가 점프하는 과정을 되풀이하며 왼쪽에서 오른쪽으로 옮겨간다.

이렇게 눈이 움직이다가 잠깐 멈추는 동안 정보가 흡수된다. 이런 정지 기간이 독서 시간의 대부분을 차지한다. 정지 시간은 0.2초에서 1.5초까지 지속될 수 있기 때문에, 이 시간을 줄임으로써 독서속도를 즉각적으로 향상시킬 수 있는 것이다.

주변시야 확대훈련

7. 주변시야 확대훈련. 수리 집중력 쉬트 1
7-2. 주변시야 확대 훈련. 종합 집중력 쉬트 1
7-3. 발음 연습표
7-4. 문장 발음 연습표

목표

1. 주변시야의 개념을 알고 확대하는 훈련을 한다.
2. 주변시야 확대훈련 쉬트를 통해 매일 연습한다. 게임으로 해도 좋다.
처음에는 3분 이상 걸리지만 시야가 확대되면 30초안에 할 수 있게 된다.
다양하게 문제유형을 바꿔서 연습한다.
홀수만 찾기, 짝수만 찾기, 2의 배수, 3의 배수, 1-30사이의 지정한 숫자 .

결과

30초에 60까지 찾아 낼 때 까지 매일 한번이상 연습한다.
복사한 후에 조나 팀을 짜서 아니면 가족끼리 시합을 하면 재미있게 진행할 수 있다.

7 주변시야 확대훈련: 수리 집중력 쉬트 1

7-2 주변시야 확대훈련: 종합 집중력 쉬트 1

지금까지의 훈련은 명시점을 약간씩 움직이면서 하는 훈련인 반면 이 단계의 훈련은 한 번에 전체를 보면서 필요한 기호나 이미지를 찾는 훈련입니다. 물론 주변시야만 확대되는 이점이 있는 것이 아닙니다. 집중력도 생기고 분별력도 생기고 실행능력도 생깁니다.

훈련쉬트가 익숙해져서 쉽다고 생각되며는 인터넷 사이트나 관련 프로그램을 통해 훈련을 해 볼 수도 있습니다.

방법: 시간을 카운트 다운할 수 있도록 준비한 다음

① 1-60까지 숫자를 찾아냅니다.
② 2의 배수, 혹은 3의 배수를 찾습니다.
③ 60부터 1까지 거꾸로 찾습니다.
④ 종합쉬트의 경우 알파벳, 한자요일, 가나다라 등을 찾게 합니다.

주변시야 확대 게임(?): 매번 숫자 배치가 달라집니다.
http://clic-clac.jp/game/shunkanshi/shunkanshi.html

쉽다고 생각할 것이 아니라 얼마나 빨리 찾는가를 확인해 봐야 합니다.

7-3 발음연습표

각 난 닫 랄 맘 밥 샀 앙 잦 찾 캌 탙 팦 핳
갸 냔 댠 랼 먐 뱝 샤 양 쟛 챷 캭 탹 퍞 햫
거 넌 던 럴 멈 법 섯 엉 젓 첯 컼 턷 펖 헣
겨 녀 뎐 렬 몀 볍 셧 영 졋 쳧 켴 텱 폂 혛
곡 논 돈 롤 몸 봅 솟 옹 좆 촟 콬 톹 퐆 홓
굑 논 돈 룔 묨 뵵 숏 용 죶 쵺 콬 툩 푶 횽
국 눈 둔 룰 뭄 붑 숫 웅 줏 춧 쿸 퉅 풒 훟
귝 눈 둔 률 뮴 븁 슛 융 즁 츩 큭 퉅 퓹 휭
극 는 든 를 믐 븝 슷 응 즛 츷 킄 틑 픒 흫
긱 닌 딛 릴 밈 빕 싯 잉 짖 칯 킼 틷 핖 힣
객 낸 댄 랠 맴 뱁 샛 앵 잿 챗 캑 탵 퍅 행
겍 넨 덴 렐 멤 벱 셋 엥 젯 쳇 켁 텥 펙 헹

　성우나 연기자만 좋은 목소리가 필요한 것이 아니다. 좋은 음성은 맑고 울림이 풍부하며 힘이 있는 음성을 말한다. 누구나 좋은 음성을 타고나지만 나쁜 습관. 부주의한 발성법. 얕은 호흡법. 발성기관의 허약 이러한 문제가 나쁜 목소리를 만든다. 목소리가 나쁘다면 발음과 발성훈련을 해서 자기 목소리를 다듬을 필요가 있다.

7-4 문장 발음연습표

1. 간장 공장 공장장은 강 공장장이고 된장 공장 공장장은 장 공장장이다.
2. 강낭콩 옆 빈 콩깍지는 완두콩 옆 빈 콩깍지이고 완두콩옆 빈 콩깍지는 강낭콩 옆 빈 콩깍지이다.
3. 한양 양장점 옆에 한영 양장점 한영 양장점 옆에 한양 양장점
4. 작년에 온 솔장수는 헌 솔장수이고 금년에 온 솔 장수는 새 솔 장수이다.
5. 장롱 농장 농장장은 홍 농장 농장장이고 홍 농장 농장장은 장롱 농장 농장장이다.
6. 멍멍이네 꿀꿀이는 멍멍해도 꿀꿀하고 꿀꿀이네 멍멍이는 꿀꿀해도 멍멍한 다.
7. 저 골목을 지나가는 상장수가 새 상장수냐? 헌 상장수냐? 상장수와 상만 보고 새 상장수인지 헌 상장수인지 알 수가 없구나.
8. 저기 저 말뚝이 말 맬 말뚝인지 말 못 맬 말뚝인지 말이 없으니 말 주인은 말없이 서서 말을 못 매고 있다.
9. 눈 오는 날에 눈에 눈이 들어가니 이것이 눈물인지 눈물인지 몰라 눈물과 눈물을 흘리면서 눈물과 눈물을 닦는다.
10. 앞집 창살 쌍창살 뒷집 창살 쌍창살 앞집 창살 뒷집 창살 모두가 쌍창살이다.
11. 내가 그린 기린 그림은 잘 그린 기린 그림이고 네가 그린 기린 그림은 못 그린 기린 그림이다.

파동 속독 심상훈련

8. 파동 속독훈련(15줄 안구 이동)
8-2. 파동 속독 심상 훈련(5, 10, 15, 20, 25, 30줄 안구 이동)
8-3. 파동 속독 심상 훈련 방법
8-4. 파동 속독 훈련 준비! 파동속독훈련 구호
8-5. 심상속독 원리: 상상, 인간이 가진 커다란 자산
8-6. 시각 정보 처리 과정

목표

1. 물 흐르듯이(물결의 파장이 진동을 일으키듯이) 자연스럽게 시점을 이동해 나가는 훈련을 한다.
2. 심상훈련의 이론과 실제적인 연습을 통해 숙달시킨다.
3. 시각정보가 어떤 과정으로 처리되는 지를 알아본다.

결과

1. 파동속독 쉬트를 통해 1초당 10줄 이상이 가능할 때까지 훈련한다.
2. 심상속독 훈련을 언제든지 어디서든지 해본다.

8. 파동 속독훈련(15줄 안구 이동)

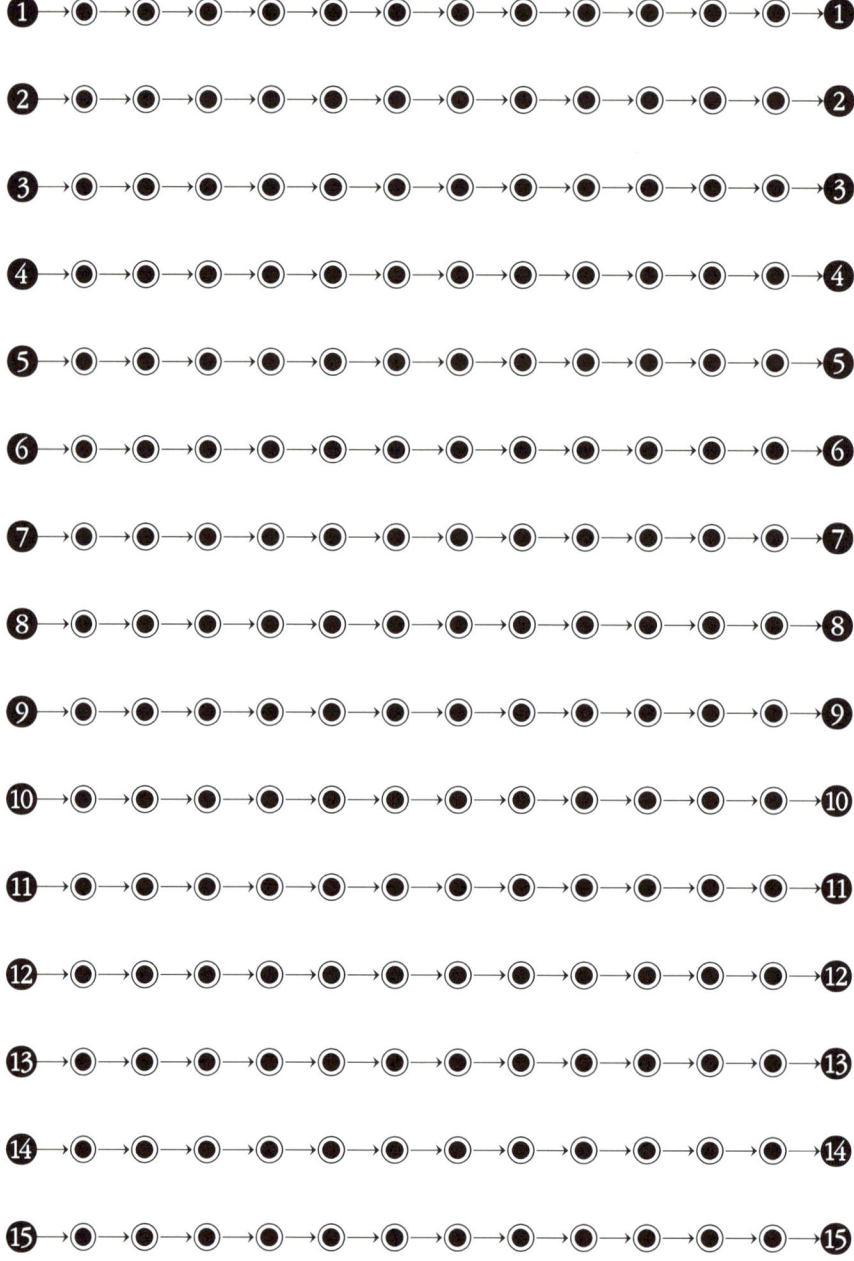

8-2 파동 속독 심상 훈련(5, 10, 15, 20, 25, 30줄 안구 이동)

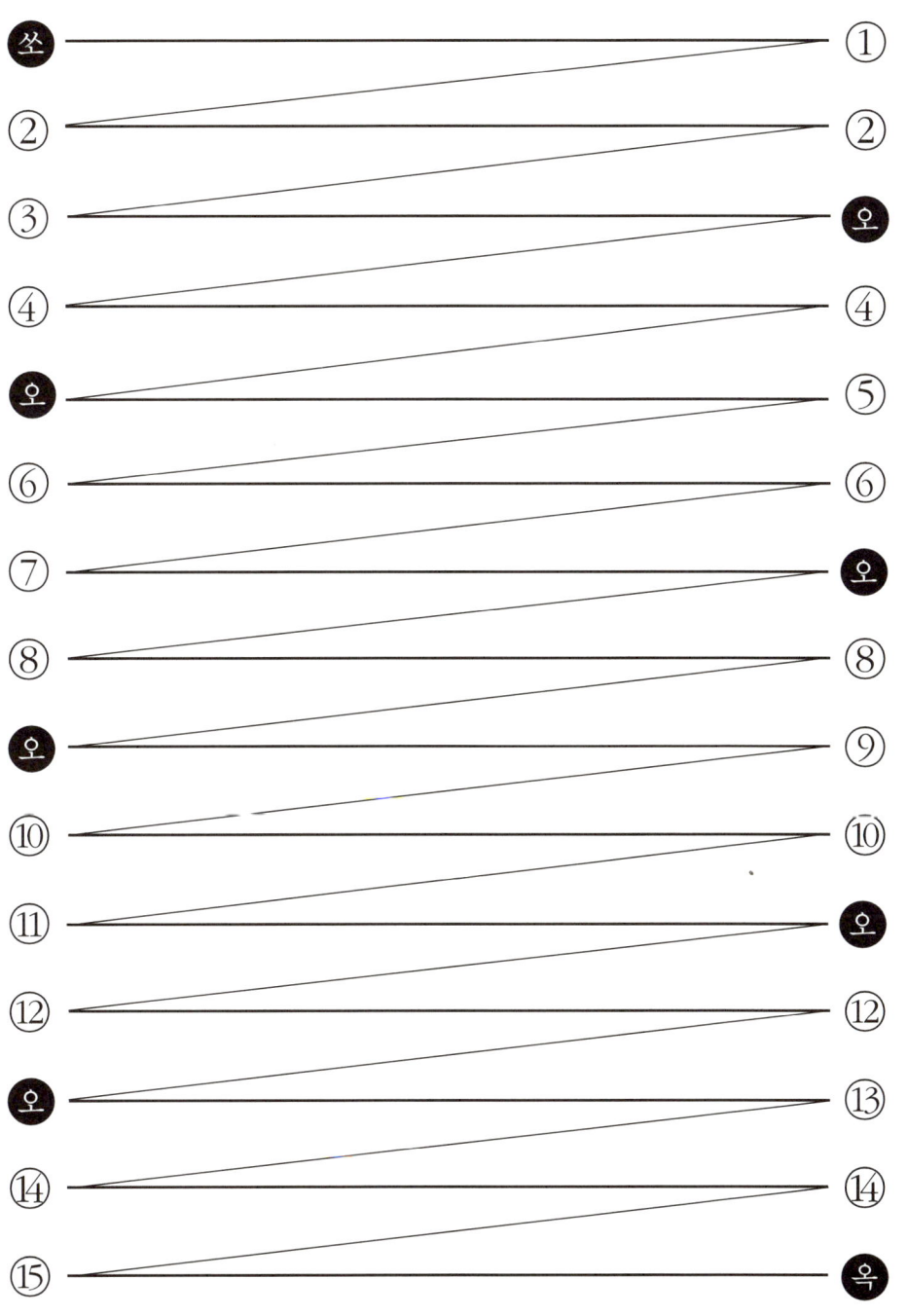

8-3 파동 속독 심상 훈련 방법

1. 번호를 따라 읽어 가되 "쏘 - 오 - 옥" 읽는 것이 내 머리에 들어 왔다고 생각하고 읽습니다.
2. 처음에는 느리더라도 정확하게 하는 훈련을 합니다.
3. 3초안에 - 1줄부터 - 15줄 까지 읽는 훈련을 100회 이상 합니다.
4. 눈을 감고 마음속에서 똑 같은 훈련을 실시합니다. 머릿속에 위 그림을 그린 후 눈으로 따라 읽습니다. 처음에는 1초에 5줄을 읽습니다. 역시 100회 이상 훈련을 한 후에 다음 단계로 넘어 갑니다.
   5줄 훈련이 안된 상태에서 10줄로 넘어가는 것은 아무 의미도, 효과도 없습니다.
5. 4단계가 되면 10줄에 도전 합니다. 역시 100회 이상 훈련을 한 후, 다음 단계로 넘어 갑니다.
6. 5단계가 되면 15줄에 도전 합니다. 15줄이 가능하면 이미 상당한 수준에 올라 있습니다. 계속 20줄에, 다음 25줄에, 다음 30줄까지 도전을 해서 쪽 당 1초에서 3초 사이에 완독하는 것을 목표로 합니다.
7. 글이 쉬운 경우는 쏙(1초), 중간정도면 쏘 - 옥(2초), 난해하면 쏘 - 오 - 옥(3초) 정도의 시간을 염두에 둡니다.
8. 빨리 읽는 다고 그 읽는 속도만큼 이해력이 높아지는 것은 아닙니다. 이해력을 높이기 위해서는 어휘력 훈련을 겸하여 해야 하고 무엇보다도 집중하는 습관, 몰입하는 습관을 가져야 합니다. 여기에다 기억력 훈련과 겸하여 사고력, 추리력, 창의력, 발표력 등 종합적인 훈련을 해서 종합적인 지적인 능력을 늘려 나가야 합니다.

쉬트를 보면서 눈동자를 움직이는 안구훈련에 비해 눈을 감고 심상으로 하는 훈련은 시간이 나면 어디서나 언제나 가능한 훈련입니다. 실제 안구훈련으로 1초에 30줄을 읽기란 많은 훈련과 댓가를 치러야 하지만 심상훈련은 눈도 안 아프고, 돈도 안 들고, 시간도 절약하면서 더 능률적으로 할 수 있는 훈련입니다. 심상으로 이 훈련이 되면 실제로도 됩니다. 비록 눈을 감고 하지만 눈동자는 여전히 움직이고 있으며 눈에 전혀 무리가 가지 않는 정말 놀라운 훈련입니다.

8-4 파동 속독 훈련 준비!

① "자세를 바르게" 구령을 붙이면 모두 "바르게" 복창한 후 자세를 바르게 앉습니다.
② "인사" 하면 모두 "열심히 하겠습니다" 인사를 합니다.
③ 선창자가 번호를 낭독하면, 모두 눈으로 따라 1-15까지 줄 단위로 읽어 나갑니다.
④ 참석인원의 수에 따라 10-15회 정도 실시합니다.

파동속독훈련 구호(구결)

사랑과 믿음으로 충만한 내 마음은
바다같이 넓고 깊어 다 담지 못할 것이 없도다.

시선은 정확하고 분명하여 밝은 태양 같고
마음은 집중하고 몰입하니 명경지수 같아라!

이 마음이 시선과 함께 하나의 초점이 되어
한 줄, 두 줄, 열다섯 줄을 한 번에 정독하고

한 문장이, 한 단락이 의미로 파악되어
한 쪽, 두 쪽 책전부가 내 안에 쏘옥들어왔도다.

8-5 심상속독 원리: 상상, 인간이 가진 커다란 자산

상상의 힘, 그랜드 슬램을 이루다

'한판승의 사나이' 이원희 선수. 2004 아테네 올림픽 금메달에 이어, 2006년 도하 아시안게임 남자 유도 금메달까지 결국 그랜드 슬램을 달성해 낸 그에게는 독특한 훈련법이 있다고 한다. 바로 이미지 트레이닝이라 불리는 상상훈련이다. 그는 하루 종일 틈틈이 이미지 트레이닝을 한다. 매트에 앉아 홀로 상념에 잠겨 있는 듯한 이원희 선수를 본다면 십중팔구 이 이미지 훈련 중일 것이다.

남들이 보면 앉아서 쉬는 것처럼 보일지도 모르지만, 가만히 앉은 그의 뇌 속에서는 시합영상이 쉴 틈 없이 지나간다. 상대선수가 어떤 기술로 들어올지, 그때 나는 어떻게 대처할지 끊임없이 그린다. 바로 머릿속에서 상대 선수와 실제 시합을 하고 있는 것이다. 잠잘 때에도 유도 하는 꿈을 꾼다니, 그는 무의식중에도 홀로 훈련에 몰입할지 모를 일이다.

우리는 예전에 해본 것을 다음에 하게 되면 익숙함을 느낀다. 뇌의 입장에서 보면 기억이 남아 있는 것인데, 상상에 의한 것도 그것이 강렬하게 입력된 정보라면 뇌는 실제와 마찬가지로 기억한다. 그래서 실제 처음 접하는 상황이 오더라도, 뇌는 마치 전에 겪어본 듯한 기억의 잔재를 떠올리게 된다. 현실에서 접하지는 않았지만, 머릿속으로 이미 뇌는 해보았기 때문이다.

시각정보는 인간은 외부로부터 받아들이는 정보의 70~80%를 차지한다. 이는 두 뇌영역 중 시각이 차지하는 부분이 그만큼 크다는 것을 증명한다. 재미난 것은 실제 두 눈을 통해 보는 것과 단지 상상하는 것과 별반 차이가 없다는 사실이다. 단지 눈을 감고 상상하는 것만으로도 시각인지를 할 때 발현되는 후두엽의 시각중추에서 반응이 일어난다. 생생한 상상을 할수록 그 반응 또한 커진다. 물론 뇌 과학적 측면에서 깊숙이 들어가면 조금은 다르지만, 기본적으로 우리의 뇌는 상상과 현실을 구분 짓지 못한다. 우리 뇌의 재미난 특징이다.

상상의 힘, 몸의 근육을 통제하다

미국 클리블랜드병원 신경과학자 광 예 박사는 아주 특별한 연구를 한다. 바로 '마음을 이용한 근력 키우기.' 저명학술지에 게재된 실험은 다음과 같다. 피험자는 팔을 특정한 부위에 올려놓은 후 마음속으로만 근육을 강하게 수축시키는 상상 훈련을 했다. 각 훈련 시간은 10~15분 정도로, 총 50회 정도를 반복하면서 매 10초 정도씩 마음속으로 명령을 내렸다.

4개월간의 훈련을 거친 결과, 젊은이와 노인들 모두 15% 정도의 근육이 강화된 놀라운 결과가 나타났다. 웨이트 트레이닝을 통한 근육강화방법이 아니라, 두뇌에서 근육으로 전해지는 신호를 '의식'의 힘으로 가능케 한 셈이다. 이의 바탕에 '상상'이란 인간의 정신작용이 커다란 몫을 했음을 두말할 필요가 없다.

뇌의 운동피질 영역은 몸의 근육을 직접 통제한다. 하지만 기술을 습득하는 일은 단순히 근육만을 사용하는 것은 아니다. 광 예 박사의 연구는 운동피질을 비롯한 두뇌 영역으로부터 의식적인 활동을 관장하는 고등 수준에 이르기까지 다양한 두뇌기능 강화에 있다. 몸을 단련함으로써 근육이 강화되는 방식이 아닌 그 근육을 단련하는 고등의식을 상상을 통해 강화하는 것이다. 상상이란 정신적 작용이 육체의 변화를 초래하게 하는 것이다.

상상, 인간이 가진 커다란 자산

눈을 감는 것은 너무나 단순한 동작이지만, 뇌의 입장에서는 커다란 변화를 초래한다. 외부의 정보는 몸 전체에 뻗어있는 감각수용기를 통해 뇌 속에 종합적으로 모이는데, 오감 중에 가장 큰 영역을 차지하는 것이 바로 '시각'이기 때문이다. 실제로도 뇌에서 시각영역이 차지하는 비율이 가장 많고, 그 체계 또한 치밀하게 발달되어 있다.

시각영역은 뇌의 뒷면 아랫부분인 후두엽(Occipital Lobes)이라 부르는 영역에 자리하는데, 이 영역은 보는 것과 색깔, 모양, 움직임 등 보이는 것을 해석하는 역할을 한다. 우리가 눈을 감는다는 것은 인간이 받아들이는 외부 정보의 70~80%에 해당하는 시각정보를 차단하는 것을 의미한다. 바꾸어 말하면, 인간의 뇌에서 가장 큰 영역을 차지하는 시각부분의 활동이 현저하게 줄어들게 되는 것이다.

눈을 감는 이 단순한 행동 하나가 뇌에게는 새로운 환경을 만들어 주는 셈이다. 눈을 감고서 의식을 놓치게 되면 바로 잠을 자게 되지만, 그 상태에서 무언가를 떠올리게 되면 뇌에 새로운 변화가 일어난다. 그것이 마치 실제처럼 느껴질 만한 강렬한 영상이라면 뇌의 반응도 그만큼 커진다.

상상은 인간이 가진 커다란 자산이다. 잘 활용하면 우리의 삶에 많은 영향을 미친다. 많은 예술가들이 자신들에게 있어 영감이 최고의 무기라 말한다. 모르긴 몰라도 그들에게는 예술이라는 것이 그들이 그리는 머릿속 상상의 영감을 단지 투영해 놓는 것뿐일지 모른다.

이미 나의 뇌 속에서는 다 이루어져 있는 것을 살아가는 세상 속에 보이는 것으로 내어놓는 것이다. 대부분의 사람들은 현실세계가 99%이지만 어떤 사람들에게는 그 반대일 수도 있을 것이다.

인간의 뇌는 너무나 경이롭다. 지구상에 존재하는 생명체 중 인간만큼 상상의 나래를 펼 수 있는 존재는 없다. 인간에게 있어 상상이 보다 중요한 것은, 그 상상을 현실 속에서 구현하는 창조성이 있기 때문이다. 오늘날 인류가 이룩한 문명이라는 것 또한 그 상상에서 출발했다. 반도체, 자동차, 비행기, 로켓 등 이 모든 것이 우리의 뇌 속에서 비롯된 것이다. 눈을 감고 상상의 나래를 펼치면 새로운 세상이 보인다.

출처: 브레인(두뇌 과학 잡지)

실제 안구운동을 통해 1-3초당 30줄의 글을 읽기란 그리 쉽지 않다. 눈도 뻑뻑하고 아프며 강한 집중력을 요구하기 때문이다. 그러나 눈을 감고 심상으로 이 훈련을 하면 눈이 아프거나 눈물 나는 일이 없다. 눈을 감은 채로 눈동자가 움직이기 때문이다.

이 훈련의 좋은 점은 쉬트가 없이 단지 상상만으로 가능하기에 버스를 타고 가는 중이거나, 아니면 잠자리에 들기 전에도 할 수 있다는 것이다.
그래서 그런지 얼마 안가서 15줄을 독파하고 좀 더 노력하면 하면 30줄까지 너끈하게 읽어낼 수 읽게 되는 것이다.

그동안 여러 훈련을 했지마는 안구 운동은 이것으로 귀결된다. 지금부터는 매일 별도의 지시가 없더라도 본문의 파동속독훈련을 하면 된다. 일단 습관이 되면 안 해도 되는 것은 일반 도서를 읽을 때 이 방법으로 속독이 가능하기 때문이다. 적어도 21일 이후에는 책을 보면서 속독훈련을 심화하는 실전에 들어가는 것이다.

8-6 시각 정보 처리 과정

시각정보가 수정체를 통과하여 망막에 도달하면 시각적 경험은 시작된다.
간상세포(rod cell:1억 2천만 개)와 원추 세포(cone cell:6백만 개)로 알려진 광수용체가 빛의 파장과 강도를 감지한다.
이러한 raw data는 뇌가 이해하는 언어인 신경 자극(neural impulses)으로 전환시킨다.
원추 세포는 색지각(color vision)을 책임지며 빨강, 노랑, 파랑 빛에 더욱 예민하다.
인간은 망막에서 어떤 색깔의 신호가 가장 강하기 때문에 물체가 어떤 색깔을 갖고 있다고 보고 있다. 즉 빨간 물체로부터 들어오는 파장은 빨강 원추 세포의 광지각을 synchronize 하고 활성을 강화시켜 빨강이라는 강한 신호를 뇌로 보낸다.
뇌는 이런 강한 신호를 노랑, 파랑의 약한 신호들과 비교하여 그 물체가 빨간색이라고 결론을 내린다. 간상세포는 시력이 좋지 않지만 광도가 낮은 빛에 민감하고 어두울 때의 시력의 부분을 담당한다. 아마 원시 시대에 야간에 사냥을 하기 위해서 더 필요했을 것이다.

간상세포와 원추 세포는 그림을 단지, 명암, 색깔의 독립적인 점들로 이루어진 영역으로 본다. 특수한 형태의 원추 세포가 색을 구별하는 능력이 모자라거나 상실한 것이 부분 혹은 완전 색맹의 원인이다. 간상세포와 원추 세포에 의해 발생된 신경 신호는 시신경 통로를 통해 뇌의 시지각 처리 센터로 간다. 인간의 눈은 외부 세계를 스냅 사진처럼 찍어서 뇌의 도움 없이도 이미지를 색깔, 빛의 방향 등에 따라 분배된 수백만의 작은 정보 덩어리로 나눈다.

눈에서 뇌간(brain stem)을 거쳐 대뇌 피질로 가는 주 경로가 두 가지가 있다.
즉 GSP(Geniculo Striate Pathway)와 TPP(TectoPulvinar Pathway)이다.
TPP는 눈이 자극을 향해 방향을 돌리게 하는 역할을 한다. 즉 TPP는 인간이 보고자 하는 부분 이외의 모든 것을 무시하게 해준다. (Attentional Specificity)
TPP가 보고자하는 특징의 물체를 감지하면 GSP는 실제로 보게 해준다.

GSP는 시상(Thalamus)의 LGB(Lateral Geniculate Body)에서 시작된다.
LGB는 Parvo cell과 Magno cell로 구성된다.
빠른 처리 과정인 Magno cell은 운동, 위치, 공간 구조 정보를 처리하는 반면, 천천히 정보르 처리하는 시스템인 Parvo cell은 정지된 물체와 색깔에 대한 정보를 처리한다.
즉 Parvo 시스템은 빨리 움직이는 차가 무슨(What) 색인지를 보고 Magno 시스템은 차가 얼마나(How) 빨리 움직이는지를 본다.

이러한 차가 달리는 정보를 조각내어서 다시 통합하여 연속적으로 지각하도록 하는 것은 대뇌 피질(Cerebral Cortex)에서 담당하고 있으며 이 때 소뇌(Cerebellum)와 같이 작업한다.

하버드 의대의 Livingston 교수는 난독증 환자의 뇌에서 정상인보다 Magno cell 층이 훨씬 더 작고 무질서 했다고 보고했다. 이러한 사실은 다음 image가 들어오기 전 한 image를 깨끗이 지우는 뇌의 능력을 억제하여 이미지가 중첩되기도 하고, 둘 사이에 깨끗이 공백 없이 오가기도 하여 글자가 어른거리고 튀어 흩어지기도 하는 것을 설명해 줄 수 있다.

(이러한 현상에 의한 난독증을 Perceptual Dyslexia, 즉 Irlen Syndrome 이라고 부른다)

시상(thalamus)에서 처리된 시각 정보는 후두엽(occipital libe)으로 보내진다. 여기서 신호는 V_1으로 알려진 시각 피질 영역(visual cortex region)에 도달한다. 이 영역은 시각 체계에서 비서와 같은 역할을 하여서 신호들을 뇌 전체에 분산되어 있는 색, 모양, 크기, 방향 등 한가지의 특징을 구분하기 위해서 특화된 30개 이상의 분리된 영역으로 배당한다.

일차 시지각 피질(primary visual cortex)은 module로 구성되어 있고, 각 module 안의 신경 세포들은 시야의 한 작은 부위의 특수한 양상을 분석한다. 즉, 어떤 module들은 감지된 상의 각각의 조각들을 처리하고 또 다른 module 들은 시야 내에서의 움직임이나 방향과 같은 특징에 반응한다. 예를 들면, 단지 어떤 신경 세포는 수직 방향으로 orientation되어 있기 때문에 그림에서 수직스트로크에만 반응하는 것이다.

그러나 각각의 module로부터의 정보가 통합되기 전까지는 인간은 아직도 벽 위에 있는 그림을 감지할 수 없다. 연속적인 pattern을 만들기 위해서는 각각의 퍼즐의 조각들이 꿰매어 맞춰져야 한다.

이러한 과정은 visual association cortex에서 시작되는데 여기서 물체가 무엇인지(What: Temporal Lobe), 어디에 있는지(Where: Parietal Lobes)에 대한 자료를 첨가한다.

색깔, 질 모양에 대한 정보는 측두엽(Temporal Lobe)에서 다루고 자세한 공간적 내용은 두정엽(Parietal Lobe)에서 다룬다.

결과를 좀 더 통합적으로 분석하기 위해서 뇌의 최고의 영역인 전두엽(Frontal Lobe)로 보내진다. 여기에서 최종적으로 정보가 처리되면 벽 위에 그림을 보고 있는 자신의 몸을 의식하게 된다.

그러나 시각 통로는 일방 통행이 아니다.

뇌의 고위 영역에서 시각 피질의 낮은 영역에 있는 신경 세포로 시각 자극을 역방향으로 보낼 수 있다.

사람은 마음의 눈(Mind eye)으로 볼 수 있는 능력을 갖고 있다. 즉, 시각적 자극이 없어도 지각 경험을 가질 수 있다.

전두엽에서 이러한 심상을 떠올리게 하면 후반부의 visual association cortex, parietal cortex, visual cortex 역시 심상에 맞게 활성화가 일어난다.

인간의 뇌가 최고위 인지처리 센터인 전두엽에서 거꾸로 후반부의 시각 피질로 상당한 양의 신경 연결망을 내보내고 있기 때문에 가능한 일이다.

그리고 이러한 최고위 영역인 전두엽은 보고 있는 그림 중 한 곳에만 집중을 하도록 명령을 내려 그곳만 관심을 갖도록 할 수 있다.

사람은 마음의 눈(Mind eye)으로 볼 수 있는 능력을 갖고 있다. 즉, 시각적 자극이 없어도 지각 경험을 가질 수 있다. 전두엽에서 상상으로 시점이동 훈련을 하면 심상에 맞게 우리의 시각도 활성화 되고 두뇌와 신체도 반응을 하도록 고안되어 있는 것이다.

9 Day

우뇌향상훈련과 독서의 의미

9. 파동속독훈련: 우뇌향상훈련: 스마일 이미지
9-2. 파동속독훈련: 우뇌향상훈련: 각종 상징들
9-3. 우뇌 훈련프로그램 만들기
9-4. 독서란 무엇인가

목표
1. 우뇌향상훈련의 다양한 방법과 자신에게 맞는 방법을 찾아 적용한다.
2. 독서란 무엇인가?

결과
백문이 불여일견이고 백견이 불여 일행이라!
우리 자녀들의 좌우 뇌력을 향상 시키기 위해서는
게임을 소개하듯이 흥미있게 가르치고 제안을 해야 합니다.
하다보면 자연스럽게 좌우 뇌력이 계발되고 향상되어 나가는 것입니다.

9 파동속독훈련: 우뇌향상훈련

스마일 이미지(얼굴엔 미소, 마음엔 사랑가득)

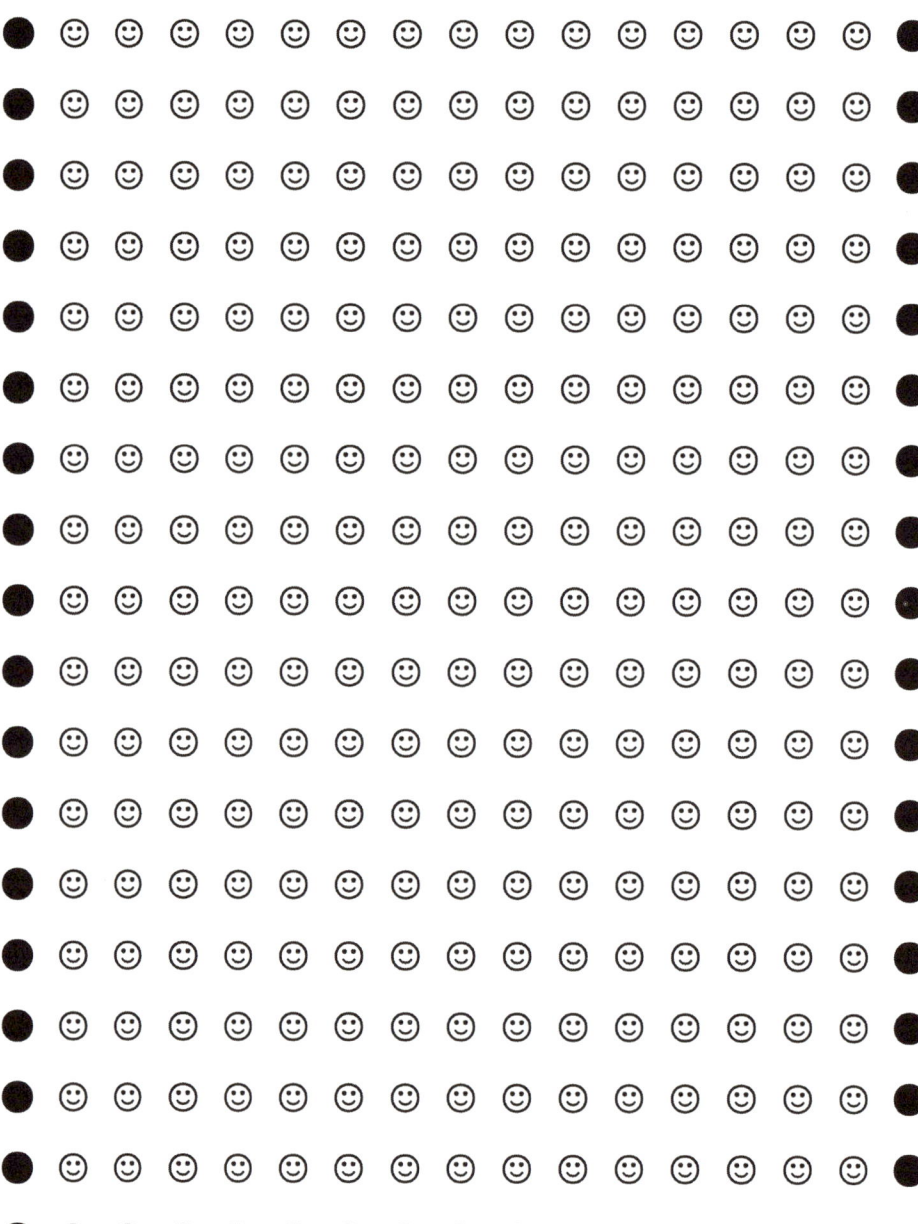

9-2 파동속독훈련: 우뇌향상훈련: 각종 상징들

속독은 고도의 정신 집중력과 시지각능력을 필요로 합니다. 그래서 인지 하다보면 쉽게 피곤하고 눈은 쉽게 충혈 되고 눈물이 납니다. 얼굴도 긴장되고 찡그리고요!

과정이기에 감내 할 만합니다만 얼굴을 찡그리면 생각은 날카로워지지만 전체를 보는 안목은 낮아집니다. 또 미소 지으면서 해야 더 집중되고 자발적인 협력이 생겨납니다.

마음엔 사랑을 품고 얼굴엔 미소를 지으며 시지각 훈련을 합시다.

이미지를 보고 읽을 때는 우뇌가 작동됩니다. 여기 있는 기호들은 말 그대로 각종 상징들입니다. 하나하나가 의미를 가지고 있기에 읽으면서 마음속으로는 번개같이 그 의미를 떠올리는 훈련입니다. 생각보다 어렵습니다. 반대로 글줄을 읽으면서 문장단위로 의미로 파악하는 훈련, 이미지(상징)로 파악하는 훈련이 있습니다. 한글 특수문자를 빌어서 사용한 것으로 많은 내용을 나타내는 이미지로는 다소 부족한 감이 있습니다만 훈련이라고 생각하시고 열심히 해주시기를 부탁드립니다.

실제로 우뇌가 향상됩니다. 즉 뇌력이 높아진다는 것입니다.

대뇌에는 약 140억 개, 그리고 소뇌에는 1천 억 개 정도의 신경세포가 있으며, 척수와 연결되는 연수 등을 포함하면 1천 수백억 개의 신경세포가 두개골 안에 자리 잡고 있다. 이들 신경세포들은 태아가 태어날 때에 이미 세포분열이 완결된 상태이기 때문에 사람의 일생 중에는 그 수가 더 이상 늘지 않는다.

그런데 이 신경세포들은 제각기 정해진 수명이 있어서 보통 성인의 경우 하루에 50만~1백만 개 정도 죽어가는 것으로 추정되고 있다. 결국 천수를 누리고 사망해도 두뇌의 신경세포들 중 80% 이상은 그대로 남는다고 한다. 뇌생리학자들의 연구에 의하면, 두뇌의 신경세포 하나가 죽으면 그 옆에서 활동을 하지 않고 있던 다른 세포가 깨어나 죽은 세포의 일을 대신하는 식으로 뇌의 활동이 이루어진다고 한다. 인간 두뇌의 신경세포 중 90% 정도는 평소에 활동을 하지 않는다. 이런 의미에서 사람은 죽을 때까지 두뇌의 10% 정도밖에 활용하지 못한다고 한다.

현재까지의 연구에 의하면 인간의 뇌는 무한한 잠재력을 가지고 있고, 집중력의 근원도 뇌에서 나온다고 한다. 뇌는 사용할수록 젊어지므로 두뇌의 지속적인 사용이 필요하고 두뇌에 자극을 계속 주어야 한다. 또한 같은 종류의 자극만 계속 주면 뇌의 특정 부위만 활동하므로 자극이 주어지지 않는 다른 부위는 노화 속도가 빨라진다고 알려져 있다.

우뇌의 뛰어난 능력

1981년 우뇌 연구로 노벨상을 수상한 미국의 로저 스페리 박사의 발견에 의하면 우뇌는 그 기억용량에 있어서 좌뇌의 1천배이다. 이러한 우뇌를 활용하면 매일 200단어 이상 암기가 가능하다. 그래서 스위스의 언어학자 요한의 경우 116개국을 마스터하는데 1개 국어당 3주를 넘지 않았다. 그리고 고고학자 슐리만도 영어를 배우는데 6개월, 기타 언어를 마스터하는데 3주를 넘지 않았다고 한다. 속독력에 있어서도 우뇌는 좌뇌의 400배로 좌뇌를 사용할 때 분당 500자인데 비해 우뇌는 분당 최고 20만 자까지 볼 수 있다고 한다. 연산 능력에 있어서 우뇌는 좌뇌의 300배로 좌뇌를 사용할 때 10분이 걸리는 미적분 문제를 우뇌를 사용할 때 2-3초면 풀 수 있다. 그리고 정보처리능력에 있어서 우뇌는 좌뇌에 비해 1천배인데 이는 좌뇌가 직렬 방식인데 반해 우뇌는 병렬식이기 때문이다. 이렇게 우뇌의 능력이 뛰어난 것은 좌뇌가 논리적 틀인데 비해 우뇌는 무한대에 가까운 상상력과 이미지를 담는 그릇이기 때문이다.

좌우 뇌의 역할

뇌에는 좌뇌와 우뇌가 있는데 좌뇌의 기능은 주로 지식, 판단력, 사고력을 지배하므로 논리뇌, 언어의 뇌 혹은 지성뇌라고 불린다. 좌뇌에서는 주로 언어, 문자, 기호, 분석, 계산, 이해, 추리, 판단, 구성, 입체 인식(우뇌와 동일), 논리적 사고를 담당한다. 그리고 우리 몸의 우반신의 운동기능과 시야를 담당한다. 좌뇌는 오감의 느낌을 언어로 저장한다. 그래서 유아들은 짠맛은 알지만 '짜다' 는 말을 하지 못한다. 또 '짜다' 는 말을 못 알아들어도 짠 것에 대해서 알고 있다.

우뇌의 기능은 음악, 회화, 도형, 색체, 이미지, 비언어적 관념, 공간인식, 입체 인식, 상상과 창조, 비논리적 감정 등을 담당한다. 요약하면 초고속 대량 기억기능, 이미지화 기능, 초고속 연산기능, 공진, 공명기능이라고 말한다. 주로 오감의 느낌을 주관하되 오감의 느낌을 느낌 자체로 기억한다. 자율신경기능을 지배하고 우주파동과 연결된다. 우뇌는 흔히 재능 인을 만들어 낸다. 뇌발달이 완성되는 6세까지 오감의 능력을 길러주면 대부분 재능인을 만들어 낼 수 있다.

이 양뇌의 역할을 실험해 보았는데 매우 흥미로운 결과가 나타났다. 이 연구는 간질병 환자들을 대상으로 실험중 발견된 것이다. 좌우 뇌의 뇌량이 잘린 경우에 오른 쪽눈에 노랑색을 보여주고 물으면 대답하는데 대신에 같은 색을 예제에서 골라내라고 하면 고르지 못한다. 반대로 왼쪽눈에 노랑색을 보여주고 물으면 무슨 색인지는 몰라도 같은 색을 예제에서 골라낸다. 이처럼 서로 다른 기능을 가진 양뇌는 상호 보완을 통해 하나로 활동하고 있다. 예를 들어 대화시 우뇌가 이미지를 생각하고 어떤 상상을 하면 좌뇌가 이를 언어로 번역하여 전달한다. 그러므로 우뇌가 무엇을 생각할 수 있는가 하는 것이 그 사람의 창조력이다.

뇌의 구분과 특징

크게 대뇌와 소뇌로 나누고, 대뇌는 대뇌피질(신피질), 대뇌변연계(구피질), 뇌간과 뇌량으로 구성되어 있다. 뇌간은 간뇌, 중뇌, 뇌교, 연수로 구성된다. 또한 뇌는 좌우로 나뉘어 있고 이를 이어주는 역할을 하는 것이 뇌량이다. 소뇌는 주로 운동기능을 주관한다. 소뇌 장애가 있으면 현기증, 손가락 떨림, 자세균형유지 불가현상이 나타난다.

인간을 인간되게 만들어 준 뇌신경 세포는 참으로 신비하다. 뇌연구의 역사는 기껏 300년밖에 안되었다는 것을 생각하면 이 분야의 미래가 밝은 편이다. 우리 뇌의 기억량은 약 1000억 비트로 백과사전 500권 분량에 속한다. 사고력의 능력은 뉴런이 맡고 있는데 우리 뇌속의 뉴런은 약 2000억개 정도로 이는 은하계의 별만큼 많은 숫자이다. 그래서 뇌속에서는 뉴런간의 혼선 가능성이 있게 된다. 한번 생각을 하게 될 때 하나의 뉴런이 다른 20만개의 다른 세포와 연결된다. 대략적으로 두뇌는 100조개의 타세포와 연결이 가능하므로 순간적으로 혹은 장기적으로 혼선을 일으킬 수 있는 것이다.

이 세포는 음식물과 수면을 통해 유지된다. 이 세포는 다른 세포와 관계를 맺기 위해서 뉴런이라는 돌기물이 있는데 1입방mm에 무려 10만개나 들어 있다. 이 뉴런은 사방팔방으로 그 손을 뻗어 이웃세포와 연결된다. 뇌는 약 1000억 비트의 정보를 수용한다. 이 정도의 양은 30권 전후의 500배에 해당한다. 이 뉴런은 3세에 7-80%, 8세면 90%이상 형성된다.

그리고 뇌에서는 낮은 출력이지만 전기를 일으켜 작동한다. 우리 뇌 전체에서 사용되는 전기량은 약 20와트 정도로 형광등 하나 정도를 켤 수 있다. 이렇게 전기를 일으키는 것은 화학작용을 통해 가능하다. 뇌는 사고하고 느끼고 행동하는데 인체내의 산소중 4/1이상을 사용한다. 그리고 우리 몸의 단백질의 30-40%정도를 뇌에서 사용한다. 뇌는 1초당 10만 번의 화학적 상호작용을 하므로 뇌가 쉬지 않으면 당연히 피로를 느끼게 된다.

이러한 뇌는 21세를 기준으로 뇌세포가 죽어가기 시작한다. 무려 매일 1만 개 이상 사라진다. 얼른 보면 이 숫자가 많은 것 같지만 전체에 비하면 많지도 않다. 죽어가는 세포가 1주일에 7만개, 1년에 350만개, 죽을 때 까지 2억 개의 세포를 잃는다. 그러나 2천억 개의 뇌세포에 비하면 아무것도 아니다. 문제는 남아 있는 뇌세포를 어떻게 사용하느냐에 있다.

이렇게 남아 있는 세포를 잘 활용하려면 세포를 활성화 시켜야 한다. 뇌와 몸은 매우 밀접한 관계를 가지고 있다. 신체의 일정부위를 사용하지 않으면 뇌안에 어떤 부위가 축소된다. 반대로 그 신체를 사용하면 뇌의 수축된 부분이 회복된다. 그래서 근육강화운동이나 피부를 만져주는 것을 통해서 뇌를 활성화 시킬 수 있다. 특별히 지능을 발전시키는 것은 다른 어떤 것보다 생각하는 것을 통해서 가능하다. 이것은 뇌가 공상과 상상, 그리고 경험의 영역을 같이 처리하기 때문이다. 다시 말해 뇌는 공상으로 움직이는 것과 실제 인간이 움직이는 과정을 같은 종류로 처리한다. 예를 들어 실제로 피아노를 치는 것과 공상으로 치는 것에서 뇌는 같은 역할을 하는 것이다. -그래서 아무리 공상으로 많이 쳐도 손가락의 실력은 늘지 않지만 뇌안에서 느끼는 것은 실제로 치는 것과 거의 비슷하게 느끼는 것이다.

우리의 뇌는 우리의 몸을 통해서 배운다. 뇌는 한번 배운 것들을 잘 기억했다가 다음에 사용할 때는 뇌 스스로 조절한다. 예를 들어 뇌가 우리의 무의식을 관장하고 있는 경우를 찾아보자. 우리가 계단을 오를 때 제일 윗 계단이 없는 줄 모르고 발을 높이 들었다가 내리면 우리 몸이 균형을 잡지 못하여 깜짝 놀란다. 이것은 우리가 아무 생각이 없이 계단을 오르는 것 같아도 이미 뇌는 계단을 오를 때 계단의 높이와 발의 움직임을 계산하고 있다는 것을 알 수 있다. 그 외에도 어느 날 갑자기 손이나 발이 잘린 사람들은 자신의 잘린 다리가 간지럽고 아프다고 느끼는데 이것도 뇌가 잘린 손발을 통해서 배웠던 자료가 살아 있어서 생기는 일이다.

출처: 글레도만 박사의 영유아 학습관련 130가지 원리

9-3 우뇌 훈련프로그램 만들기

1. 냄새를 맡아보고 이야기 해 보도록 한다.
2. 맛을 보고 여러 가지 맛에 대하여 이야기해 보게 한다.
3. 눈으로 한 번 본 것을 기억하게 한다. - 30초간 보여준 후 그리게 한다.
4. 책을 읽고 다음 내용을 꾸며보게 한다. - 한 컷의 그림이나 4컷 만화로 그리게 한다.
5. 많이 안아주고 보듬어 주는 스킨쉽을 많이 해준다.
6. 상대방을 도와주는 훈련을 한다.
7. 음악을 많이 들려주고 연주하고 노래를 불러보게 한다.
8. 어떤 모양이나 모습을 신체를 통해 표현해 보도록 하는 활동을 많이 시킨다.
9. 상대방의 감정을 읽어보는 훈련을 한다.
10. 깊이 명상을 하게 한다 - 잔연의 소리를 들려주고 멘트를 따라 상상하도록 한다.
11. 친구들과 어울려 놀게 한다.
12. 귀로 듣고 표현하게 한다.
13. 프로젝트 훈련을 한다.

14. 좌측 신체를 많이 쓰도록 한다.

9-4 독서란 무엇인가

독서란 다음과 같은 7단계를 거쳐 이루어지는 과정이다.
1. 인지: 문자에 대해 인식하는 것. 물리적 의미의 독서가 시작되기 직전의 단계이다.
2. 동화: 글자에서 반사된 빛이 눈으로 가서 시신경을 거쳐 두뇌로 전달되는 과정.
3. 내적 통합: 기본적 이해에 해당하는 단계로서 읽고 있는 모든 정보를 다른 정보와 적절하게 연결시키는 것.
4. 외적 통합: 지금까지 알고 있던 사전지식을 지금 읽고 있는 새로운 지식과 통합하고 적절하게 연결하는 과정으로, 결합. 분석. 비평. 감상. 선택. 거부 등이 포함된다.
5. 저장: 정보를 저장하는 단계. 대부분의 사람들은 두 시간짜리 시험에 필요한 내용을 거의 다 외우고 시험장에 들어가지만 제대로 기억해 내지 못하다가 시험이 끝나고 나서야 필요했던 내용을 기억해 내는 경우가 흔하다. 즉 단순한 저장만으로는 부족하며 회상(재생)이 되어야 한다.
6. 회상: 필요한 정보를 필요할 때 저장된 기억 속에서 끄집어내는 것.
7. 의사소통: 정보가 최종적으로 사용되는 과정. 의사소통은 말하는 것, 쓰는 것뿐만이 아니라 예술, 춤, 그 밖의 다양한 창조적 표현까지 포함한다. 또한 중요함에도 종종 소홀히 다루어지는 인간의 기능, 즉 사고 역시 여기에 포함된다. 사고는 끊임없는 통합과정이다.

이러한 독서의 정의에 비추어 볼 때 활자를 인식하고, 동화하고, 이해하고, 저장하고, 회상하고, 의사소통하는 법을 배운 학습자들은 이러한 문제들 뿐 아니라 좀 더 일반적인 학습 문제들을 쉽게 해결할 수 있게 될 것이다.

독서 습관에 불붙이는 최적의 방 꾸미기

• **책상** 〉〉 창을 등지고 입구를 향하게 책상은 아이가 책을 읽을 때 가장 오래 머무르는 곳이다. 그만큼 가장 신경 써서 배치해야 할 부분. 대부분의 가정에서 책상은 벽 쪽으로 붙여놓는 경우가 많은데, 이 경우 오히려 좁은 공간에 갇혀 있다는 느낌을 받게 되어 시간이 흐를수록 답답함을 느끼게 된다. 그렇기 때문에 집중력이 떨어지고 책을 오래 붙잡고 있기 어려워지는 것이다.

책상을 놓을 때는 창을 등지고 입구 쪽을 향하게 하는 것이 좋다. 이때 책상은 밝은 톤의 나무 제품이라면 더욱 안정감을 느낄 수 있어 책을 읽기 수월하다. 의자와 책상의 높이는 책상 속에 다리가 편안하게 들어갈 수 있을 정도로 맞추고, 허리를 굽히지 않은 상태에서 바르게 앉아 책을 보도록 지도해야 한다.

• **조명** 〉〉 빛이 약한 백열전구와 스탠드로 후천적으로 시력이 저하되는 아이들을 살펴보면 가장 큰 원인 중 하나가 바로 조명이다. 아이가 독서를 하는 곳의 조명은 매우 중요하게 고려되어야 한다. 조명이 지나치게 강하거나 약할 경우 모두 눈을 피곤하게 만들 수 있기 때문이다.

아이가 공부하는 공간은 형광등보다는 상대적으로 빛이 약한 백열전구를 사용하는 것이 좋겠다. 특히 책을 읽을 때는 책상 스탠드를 함께 사용하는 것이 좋은데, 눈의 피로를 덜어주는 것은 물론이고 집중력을 높이는 데 도움이 된다. 스탠드는 불빛이 책에 바로 가도록 두지 말고 약간 비스듬하게 비추는 것이 눈의 자극을 최소화한다. 책과 스탠드 사이 높이는 37cm 정도가 적당하다.

• **가구** 〉〉 최소의 가구만, 통일된 배색으로 책장이나 책꽂이를 아무렇게나 배치하지 말고 한쪽으로 모아 높은 순서대로 놓도록 한다. 가구가 들쑥날쑥하면 산만한 느낌을 주기 때문에 독서에 방해가 된다. 독서를 하는 장소에는 최대한 가구를 줄이는 것이 좋다. 가구 자체를 줄일 수 없다면 무늬와 색상을 통일해 단정한 느낌으로 연출해야 한다. 특히 TV와 컴퓨터는 책 읽는 것을 방해하는 대표적인 요인이므로 독서 공간에서 눈에 띄지 않게 비치해두어야 하겠다.

• 벽지 >> 심플한 녹색이나 베이지톤 포인트 벽지나 빨강, 파랑 등이 많이 섞인 벽지는 아이 방을 예쁘게 꾸며줄 수 있다는 점에서 자주 사용되지만 독서할 때는 눈을 피곤하게 만들고 정서적으로도 혼란스러움을 초래한다. 독서를 할 책상이 있는 쪽은 무난하고 심플한 한 가지 톤&무늬의 벽지를 선택하는 것이 좋다. 색상은 눈의 피로를 덜어주는 연한 녹색이나 베이지톤이 적당하다.

출처: 한우리독서논술(www.hanuribook.or.kr)

정상적인 시력을 가진 사람의 경우 한 줄의 글을 읽기 위해서는 좌에서 우로 눈동자를 많이 움직여야 정확하게 글을 읽어 들일 수 있습니다. 이 경우 독서를 많이 하면 눈이 충혈 되고 많이 피곤해 합니다. 그러나 시폭확대 훈련을 일정기간 해서 시폭이 확대 된 사람은(한 줄의 글을 두 번 나누어 읽더라도) 눈동자가 좌우로 움직였다기보다는 약간 흔들렸다 할 정도로 움직여서 한 줄의 글을 한 번에 읽어 들입니다. 남들이 5시간 읽을거리를 2-3십분, 혹은 한 시간 안에 읽기에 피곤할만한 시간은 안 되지만, 실제로 눈동자를 많이 움직이지 않고 바른 자세로 독서하기에 덜 피곤한 것은 사실입니다.

속독의 달인들이 글을 줄 단위로, 페이지 단위로 찍어서 읽는다고 하지만 사실 고속카메라로 촬영을 해보면 미세하게 눈동자가 떠는 것을 보게 되는데 이것은 좌에서 우로 글을 읽어 들이되 거의 눈동자가 움직였다고 표현하기 보다는 떨었다고 할 정도로 그 움직임이 미세하면서도 빠르게 줄 단위로 읽어 내려간다는 것입니다. 주변시야로는 전체를 한번에 훑어 읽으면서도 중심시야를 사용하여 글의 핵심을 읽어 들인다는 것입니다.

일명 파동속독, 또는 수직속독이란 표현을 씁니다만 이 속도가 빨라지면 한쪽 분량의 글을 내용의 수준에 따라 3초 내지는 거의 1초안에 읽어 들이게 됩니다.

외국에서는 이것을 포토리딩 이라고 합니다. 국내에도 약간 소개 되었지마는 속독을 이렇게 표현하는 것은 속독기술을 극찬하기 위해서이든지, 아니면 뇌의 메커니즘을 모르고 그저 훈련만 하면 사진처럼 찍는 것으로 속독을 그렇게 할 수 있는 것처럼 오해한데서 비롯된 말입니다.

혹 초능력을 가진 사람이나 특별한 재능이 있는 사람의 경우는 그것이 가능할 수도 있겠지마는 훈련받지 않는 보통 사람의 경우는 사진 찍듯이 1, 2초간에 본 내용을 정확하게 다 기억해 내기가 어렵다는 것입니다.

다만 그것이 가능하게 보이는 이유는 주변시야를 통해 한 번에 흩어 읽으면서 중심시야로는 그중에 핵심단어나 구절을 뽑아낼 수 있기 때문입니다. 제목과, 주제 그리고 각장의 소제목들을 통해 이미 내용을 어림잡은 상태에서 전체를 신속하게 읽어가기에 책을 다 읽고 난후 전체를 간략하게 요약해 내는 능력이 생긴 것입니다. 어떤 중요한 대목을 재생하기는 어려워도 재인 하거나 ○, ×로 분별하는 것까지는 가능합니다. 또 평소에 자주 봐서 그 내용을 알고 있는 경우는 초스피드로 읽어 낼 수 있습니다. 특히 성경을 자주보시는 분들에게는 아주 탁월한 효과를 가져다줍니다.

그러나 시험을 보는 식으로 문제를 내며는 어려워집니다. 이런 식의 속독으로는 고시를 치르거나 각종 시험을 준비해야 하는 자녀들에게 많은 도움을 주지 못합니다. 물론 속독을 안 배운 사람보다야 정식으로 배운 사람이 더 유리하고 더 좋은 것은 분명합니다. 다만 이런 한계 때문에 속도는 정통 속독에 비해 1/10도 안 되는 턱없이 느린 속도이지만, 분당 3,000자를 넘어가면서도 정독수준의 해석능력을 기르고자 실용속독훈련을 만들어 낸 것입니다.

실용 속독은 시지각 훈련부터 틀립니다. 2 줄, 3 줄 읽기, 역순 읽기, 단어의 병렬처리 등 두뇌의 비순차적인 처리에 시간을 조금이라도 소요하는 것을 허락하지 않습니다. 방사선으로 읽거나 T자 형태로 위에 두세 줄 읽고 그냥 밑으로 흩어 읽기 훈련도 하지 않습니다.

우리 눈의 주변시야를 사용하지 않고 철저하게 명시점을 활용한 독서의 방법을 훈련합니다. 그래서 속도는 늦지만 순차적인 해석과 기억에는 도움이 됩니다. 속도는 일반 독서와 정통속독의 중간정도 이지만 그 해석은 정독보다 더 세밀하다고 봐도 됩니다.

왜 그럴까요?

우리의 시지각 능력은 놀라울 정도로 빠릅니다. 훈련만 받으면 찰나 간에 물체를 식별해 냅니다. 모양이나 색깔, 크기 등은 즉각적으로 인지합니다. 그러나 의미 있는 텍스트의 경우는 거의 모든 경우 대뇌에서 해석을 해야 합니다. 이해하는 과정을 거쳐야 한다는 것입니다. 분당 3,000자만 넘어가도 눈이 빨리 못 읽어서 문제가 아니라 우리 뇌가 다 소화하지 못해서 문제가 됩니다. 그래서 나중에는 정보의 유입량을 조절하느라고 속도를 줄이는 즐거운 현상(?)이 일어납니다.

특정한 단어나 이미지를 검색할 경우에는 초고속으로 읽어 들여도 분별이 가능하지만 일반 독서의 경우는 분당 5,000자 이상을 눈으로 읽어 들이고 - 두뇌로 이해하는 것은 거의 초인적인 능력이 없으면 불가능 하리라 봅니다. 그래서 분당 5,000자를 넘는 시지각 훈련은 하지 않습니다.

가끔 정통속독을 가르치시는 분이나 속독의 달인들을 보면 삼가 존경하고 고개가 숙여집니다. 다만 그분들의 방법대로 하지 않는 이유는 제 능력이 뒤 따르지 못하기 때문이며, 두뇌개발에 더 비중을 두었기 때문입니다.

독서의 다양한 방법과 종류

10. 파동 속독훈련(15줄 명시점 이동 훈련, 6줄 심상훈련)
10-2. 독서의 방법과 종류
10-3. 독서법의 중요성과 세 가지 방법론
10-4. 인격성숙을 위한 독서법과 전문지식을 얻기 위한 독서법(독서의 이유)
10-5. 효과적인 독서법
10-6. 책의 종류별 독서방법

목표
1. 독서의 다양한 방법과 종류를 파악하고 자신에 맞는 방법을 적용한다.
2. 책의 종류별 독서방법을 파악하고 적용한다.

10 파동 속독훈련
(15줄 명시점이동 훈련, 7줄 심상훈련)

① 파동속독 쉬트를 보면서 100회 실시
② 심상으로 7줄 훈련을 합니다.

1-2 독서의 방법과 종류

구분	종류(방법)	비고
책을 읽는 정도, 횟수	소독: 조금만 읽기	
	다독: 많이 읽기	
	부분독: 일정부분만 읽기	
	스키밍: 흩어 보면서 필요한 부분만 숙독하기	정보검색, 신문 잡지
소리의 유무	음독: 소리 내어 읽기	암기 또는 집중하기 위해서 읽을 때
	묵독: 소리 내지 않고 읽기	
	낭독: 남이 잘 듣도록 큰 소리로 읽기	
책을 읽는 속도	서독: 천천히 읽기	이해도를 높이거나 부담 없이 읽을 때
	정독: 보통의 속도로 읽기	
	속독: 빨리 읽기	
내용의 이해	스케닝: 전체의 줄거리와 맛을 아는 정도로	정보검색, 신문 잡지
	정독: 집중해서 읽기	교과서, 전공서적
	숙독: 철저하게 읽기	시험대비, 전공서적
	석독: 내용을 분해하면서 읽기	전공서적
	종합독: 내용을 종합해가면서 읽기	학과공부 이해,
	정통속독: 전체의 줄거리를 아는 정도	정보검색, 신문 잡지
	실용속독: 정독하는 수준이나 그 이상	교과서, 전공서적, 시험대비
주제와 관련	보통의 경우: 1권	
	신토피칼 독서: 두 권 이상	
	논문, 강연을 위해서: 10권 이상	
기타	SQ3R 독서법, SR시스템 독서법	각종 고시공부, 자격시험 등등
	클로스 리딩(Close Reading)	
	5W 속독법	
	매인 아이디어법, 토픽 센텐스, 키워드 읽기	

독서에 대해 많은 이론들이 있는 것은 사실입니다. 독서의 기술(모티머 J.애들러 외 지음, 민병덕 옮김 / 범우사)이란 책에서는 독서의 기술을 크게 4가지 단계로 나누어, 초급독서, 점검독서, 분석독서, 그리고 독서의 완성이라고 할 수 있는 '신토피칼 독서'를 말하는데 신토피칼 독서란 동일 주제에 대하여 2종 이상의 책을 읽는 것을 말하는데, 앞 단계의 독서방법들이 전제가 되어야 한다고 말하고 있다.

10-3 독서법의 중요성과 세 가지 방법론

목회자 사이에 널리 알려져 있는 백금산 목사님의 독서 방법론은 우리 학생들에게도 매우 유용할 것으로 보인다. 저자는 "책 읽는 방법을 바꾸면 인생이 바뀐다"는 저서를 통해 자신의 독서법을 가르쳐 주고 있다.

독서는 그 목적에 따라 방법이 달라질 수 있는데 인격수양과 전문분야 습득, 유희적 측면 등 목적에 따라 각각 독서법이 달라야 한다고 한다.

저자 백금산 목사님은 모티머 애들러의 독서법을 참고해 기본적으로 초급단계인 개관독서법과 중급인 분석독서법, 고급단계인 종합독서법을 제시한다.

1) 개관독서법

골라읽기와 대충읽기로, 부족한 시간에 쫓기는 현대인들에게 자투리 시간을 활용해 중요한 책의 핵심을 파악하는 방법이다.

2) 분석독서법

한 권의 책을 어떻게 나의 것으로 만들 수 있는가에 대한 것으로, 먼저 책의 주제와 구조를 파악하라는 것이다. 책의 전체를 흐르는 키워드를 캐치하고 그 키워드를 떠받치는 글의 구조를 파악하는 것이 우선이다. 그리고 그 책의 주제와 내용을 나만의 언어로 풀어 쓰거나 예를 들 수 있어야 제대로 이해된 것이라고 할 수 있다. 마지막으로 이해한 내용을 그대로 받아들일 것이 아니라 저자의 주장에 대한 찬성과 반대표를 분명히 던지라고 한다. 이렇게 함으로써 독자는 자신의 사상과 주관을 더욱 뚜렷이 할 수 있으며 한 단계 진일보한 지식확장의 묘미를 맛볼 수 있다.

3) 종합독서법
독서법의 최고봉으로 한 가지 주제를 중심으로 관련 책들을 다양하게 읽으며 한 분야를 파고들어가는 방법

10-4 인격성숙을 위한 독서법과 전문지식을 얻기 위한 독서법(독서의 이유)

1) 인격성숙을 위한 독서법
한 권의 책을 마스터하라. 1604년에 태어난 김득신은 책 한 권을 만 번씩 읽었다고 한다. 세종대왕은 백독백습이라 하여 백번 읽고 백번 쓰는 독서법으로 태종의 사랑을 받았다고 한다. 세계적인 설교가인 스펄전은 천로역정을 백 번이라 읽었으며 이는 그의 설교 전반에 영향을 미쳤다고 한다.

단, 한 권의 책을 마스터하기에 앞서 중요한 것이 양서이냐 아니냐 하는 것이다. 책의 종류에 따라 시대적인 전도자나 지식인이 될 수 있으며 사회주의자나 전체주의자가 될 수 있음을 명심해야 한다.

세상에는 수많은 분야가 있으며 그 분야에는 분명 최고의 달인들이 존재한다. 무술에는 고수가 있으며 음악에는 악성이 있다. 미술계에는 거장이 있으며 바둑에는 입신의 경지가 있다. 지난 역사는 이러한 달인들에 의해 도약하고 발전해 왔다.

세계 최고의 반열에 오를 수 있는 해법은 독서를 통해 최고의 스승을 만나는 것이다.

종교개혁자인 루터와 칼빈의 영적 스승은 1000년 전 교부시대에 생존했던 어거스틴 이었으며 20세기 최고의 설교자인 로이드존스는 18세기 조나단 에드워즈를 스승으로 삼았다. 이들은 한 명의 스승을 정한 후 그들이 남긴 역작들과 문헌들을 파고들었으며 한 시대를 풍미한 거인들의 엑기스를 자신의 것으로 고스란히 흡수했다는 것이다.

2) 전문지식을 얻기 위한 독서법

한 분야의 전문가가 되기 위해서는 어떻게 해야 하나? 백금산 목사님은 한 분야의 전문가가 되기 위해서 굳이 박사학위나 여타 학위를 받으러 가는 것은 소모적인 일이며 해당 분야의 전문서적을 다독하는 것만으로도 충분하다고 주장한다.

일본 최고의 저널리스트인 다치바나 다카시는 한 주제를 갖고 책을 쓸 때는 큰 주제의 경우 500여권, 작은 주제는 100여권을 읽는다고 한다. 그의 관심사는 일반 소설뿐 아니라 뇌연구와 공산주의, 법률서적 등 다방면이며, 그 대부분의 분야에서 전문가의 식견을 갖고 있다고 한다. 평균 100권에서 500권을 책을 읽었다니 그럴 만 하다고 생각한다.

종교와 인문, 사회과학분야에서 명저를 내놓고 있는 앨빈 토플러도 그의 3부작인 '미래쇼크'는 359권, '제3의 물결'은 534권, '권력이동'은 580권의 책을 참고했다고 한다. 물론 10분의 여유가 부족한 현대인들에게 이만한 분량의 책을 읽는다는 것은 거의 현실적으로 불가능하다.

백금산 목사님의 경우는 그 대안으로 골라 읽기와 속독을 추천하는데, 짧은 시간을 투자해 책의 핵심과 원하는 바를 뽑아내는 골라 읽기와 특수한 훈련을 통한 속독을 통해 전문가의 반열에 오를 수 있음을 힘주어 말하고 있다.

10-5 효과적인 독서법

첫 번째로 독서할 시간을 반드시 내야한다

돈을 벌었을 때 다 쓸 만큼 쓰고 나서 나중에 남은 돈으로 저축한다는 것은 현실적으로 어려운 일이다. 다른 일 다 하고 시간이 남으면 독서를 하겠다는 것도 이와 마찬가지로 매우 어려운 일이다. 다시 말해 독서를 할 때는 반드시 시간을 정해놓고 독서를 해야 한다. 독서를 당장 안 한다고 해서 큰 일이 생기는 것이 아니기에 우선순위에서 자꾸 뒤로 밀려날 수밖에 없다. 이를 방지하기 위해서는 매일 또는 일주일에 몇 번이라도 일정한 시간에 독서하는 시간을 정해두어야 한다.

독서목록을 정해놓고 목록에 따라 읽어 가도록 한다.

고전 문학 작품 뿐 아니라 분야별 신문 기사, 신문 사설, 과학 잡지, 평론, 기행문, 판타지 소설, 심지어는 인터넷에 올라온 블로거 뉴스 등 다양한 분야의 글을 모두 접해보는 것이 좋다. 음식을 먹을 때 편식을 하면 결국 영양실조에 걸릴 수밖에 없듯 글도 특정 분야의 글만 치우쳐서 읽게 되면 정신적인 영양실조에 걸릴 수밖에 없게 될 것이다.

독서를 한 후 그 글을 읽은 느낌이나 요지 등을 반드시 기록하도록 한다.

책이나 어떤 글을 대충 읽고 그냥 잊어버리는 학생들이 많다. 그러나 제대로 된 독서를 하려면 책을 읽은 후에 반드시 요약정리를 해두고 다른 책의 내용과 비교 평가를 해보도록 한다. 또한 자신의 생각을 기록하는 것도 잊지 않도록 한다. 그러면 독서를 통해 종합력, 분석력 등을 키우는데 도움이 많이 될 것이다.

효과적인 독서방법을 익히고 실천하도록 한다.

책을 읽고 거기에 포함된 중요한 내용을 뽑아낼 수 있는 능력은 공부를 잘 하는데 있어서 매우 중요한 능력이다. 책을 읽는 목적은 최대한의 속도로 문장이나 단어를 '읽어내는 것'이 아니라 자신에게 필요한 내용을 이해하고 뽑아내는 것이라고 할 수 있다. 하버드 대학의 하버드 독서 센터(Harvard reading center)에 있는 페리 박사는 대학 1학년 학생 1500명에게 30장 분량의 역사책을 읽게 하고, 20분 후에 자신들이 읽은 내용에 대해 기술하도록 하였다. 그 결과 단지 15명의 학생들만이 기본적인 주제에 대해서 이해하고 있었고, 앞의 내용을 뛰어 넘어서 마지막 문장에 있는 요약을 확인한 것을 15명뿐이었다고 한다. 이것은 사람들이 수동적이고 기계적인 방법으로 책을 읽는다는 것의 단편적인 예이다. 어떻게 하면 독서를 통해 우리가 원하는 최대의 효과를 거둘 수 있을까?

책을 읽을 때 책의 종류에 따라 읽는 목적, 읽는 속도, 방법이 달라져야 한다.

자신이 읽는 목적이 무엇인지 분명히 하고 거기에 걸맞은 독서법을 사용해야 한다. 혹시, 교과서는 건성으로 대강 읽고 만화책을 뚫어져라 열심히 읽는 것은 아닌지 자신의 독서습관을 돌아보자. 이것은 책읽기에만 적용되는 것이 아니라 공부를 하는 방식으로도 이해할 수 있다. 이 방법을 사용하면 짧은 시간 내에 많은 내용을 이해할 수 있게 된다. 물론 오랜 동안의 연습이 필요하다. 시험공부를 앞두고 가장 먼저 해야 할 일은 정해진 시험범위의 교과서 본문을 읽는 것이다. 교과서를 바탕으로 시험공부를 할 때도 다음의 방법을 적용하여 공부한다면 좋은 결과를 얻을 수 있을 것이다. 효과적인 독서의 기술을 살펴보도록 하자.

① 전체적으로 훑어보기

책을 읽는 첫 번째 단계는 전체적으로 한 번 훑어보는 것이다. 공부할 내용을 자세히 읽기 전에 전체적인 흐름과 윤곽을 파악한다. 이것은 예습의 요령도 되므로 중요한 독서 기술이다. 책을 통해 얻을 수 있는 것들과 이 책을 통해 자신이 알아야 할 것들이 어떤 것일지 알 수 있다. 구체적인 방법은 제목, 차례, 각 단원의 큰 제목, 작은 제목, 요약을 훑어보는 것이다. 특히 각 장의 큰 제목과 작은 제목은 대개 그 장에 있는 내용의 핵심이다. 훑어보기를 반복하면 학습내용의 전체적인 맥을 잡게 된다. 좀 더 상세한 내용을 알고 싶을 때는 굵은 글씨로 강조된 부분만 읽어보거나 그림, 표, 그래프를 주의해서 살펴보면 된다. 마치 멋진 경치를 멀리서 감상하는 과정이라고 생각하면 된다.

② 궁금증을 떠올리면서 읽기

전체적으로 훑어보기를 하고 난 후 스스로 호기심을 발동시켜 머릿속에 의문점들이 떠올리는 단계이다. 내가 조금이라도 알고 있는 것과 전혀 모르는 것을 구분할 수 있어야 하고 꼭 기억해야 하는 중요한 개념은 무엇인지 생각해 봐야 한다. 목차나 차례에 있는 제목들을 질문으로 바꾸어 보는 것도 좋은 방법이다. 예를 들면, "이것이 무슨 뜻이지, 나는 모르고 있는 것인데, 이것이 책에서는 어떻게 설명되어 있지?"와 같은 질문을 스스로에게 던지는 것이다. 내용을 읽기 전에 질문에 대한 답을 나름대로 생각해보면 내용이 더욱 머리에 쏙쏙 들어오게 된다.

③ 전체적인 줄거리와 요점 파악하면서 읽기

영화를 다 보고 나서 머릿속에 기억나는 것은 배우들의 대사 하나 하나라기 보다는 전체적인 줄거리나 아주 멋진 장면들이다. 책을 읽을 때도 마찬가지로 단어가 아니라 전체적인 줄거리를 충실히 이해하며 읽어야 한다. 읽을 때는 자신이 스스로에게 질문한 것들의 답을 찾는 자세로 읽어야 한다. 수동적인 자세가 아닌 능동적이고도 적극적인 자세로 글을 읽어야 한다. 전체적인 산의 배경 그림을 머릿속에 두고 그 산속의 나무도 하나씩 살펴보는 것이다. 읽을 때에는 중요한 부분이라고 생각되는 구절에 반드시 밑줄을 긋도록 한다. 노트에 중요한 부분을 따로 정리를 해두어도 좋다. 읽으면서 자기 나름대로의 생각이 있으면 여백에 기록을 해두도록 한다. 자신만의 참고서를 만드는 과정이라고 할 수도 있다.

④ 제대로 이해했는지 다시 한 번 돌아보기

공부를 위해 보는 책이라면 읽고 이해하는데서 끝나서는 부족한 감이 있다. 특히 시험을 준비하는 경우라면 나중을 대비해서 읽고 이해한 내용을 기억해야 한다. 황소는 여물을 한꺼번에 삼키지 않고 여러 번 되새김질을 하여 소화시킨다. 마찬가지고 책을 읽고 이해가 됐으면 잠시 고개를 들고 방금 읽은 내용을 자신의 말로 되새겨 보는 것이 필요하다.

⑤ 중요한 부분 요약정리

이제까지 설명된 방식으로 책을 읽었다면 지금 이 순간은 그 책에 대한 이해가 가장 높은 때이다. 독서하는 동안 요점을 노트에 간단히 적어 놓는다면 시간이 지난 후, 잊어버린 내용을 찾기 위해 책 전체를 뒤질 필요가 없을 것이다.

이처럼 독서에도 기술이 있다. 독서의 기술은 어느 날 갑자기 익혀지는 것이 아니다. 꾸준한 연습을 통해 자신의 몸에 배도록 했을 때 독서의 달인이 되어있는 자신의 모습을 발견하게 될 것이다.

10-6 책의 종류별 독서방법

• 문학 작품을 읽을 때
책 속의 등장인물을 바르게 파악합니다. : 주인공의 성격은 어떠한가?
책 내용을 바르게 파악합니다. : 문학 작품이 나에게 주는 감동은 어떤 것인가?
이 글은 나의 생활에 어떤 점에서 깨우침을 주는가?

• 위인전을 읽을 때: 전기의 주인공을 바르게 파악합니다.
어렸을 때의 생활상은 어떠했는가?
어떤 고생과 어려움을 참고 견디며 살아왔나?
나는 이제부터 어떻게 생각하고 살아야 하겠는가?

전기의 주인공이 존경받게 된 점이 무엇인지 생각해 봅니다 :
그 인물이 오늘날까지 존경받고 있는 이유는 무엇인가?
그 인물이 살았을 당시와 오늘날을 비교해 보면서 오늘날 우리는 어떤 점을 본받아야 하나?
그 인물은 언제, 어디서, 어떤 일을 하며 빛을 남겼는가?

• 역사책, 과학책 등을 읽을 때

새로 밝혀진 사실은 무엇인가?

지금까지 모르고 있던 새로운 사실이나 지식을 깨달은 점은 무엇인가?

• 도감, 사전류를 읽을 때

새로운 지식과 정보를 찾아봅니다.

: 백과사전이나 국어사전에서 찾은 내용으로 나는 무엇을 알게 되었는가?

내가 찾은 정보나 지식을 독서록 같은 데에 기록하고 있는가?

조사한 내용을 보고할 수 있도록 적습니다.

: 내가 찾은 내용을 발표하거나 설명할 수 있는가?

참고서를 사용해서 언제나 나 스스로 새로운 것을 찾아낼 수 있는가?

• 잡지류를 읽을 때

목차를 잘 보고 읽습니다.

: 잡지의 목차와 차례를 잘 보고 읽고 싶은 내용을 찾을 수 있는가?

목차를 보고 이 달에 어떤 내용과 읽을거리가 있는 가를 알 수 있는가?

담긴 내용을 고루 읽습니다.

: 잡지 속에 담긴 여러 종류의 글을 읽도록 힘썼는가?

잡지 속에 담긴 내용 중에 어떤 내용이 나에게 가장 감명을 준 글인가?

SQ3R 독서법과 실용독서의 기술

11. 파동 속독훈련(15줄 명시점 이동 훈련, 9줄 심상훈련)
11-2. SQ3R 독서법 (Survey, Question, Read, Recite, Review)
11-3. SR 시스템 학습법
11-4. 핵심만 골라 읽는 실용독서의 기술, 공병호 박사의 독서론

목표
SQ3R 독서법과 실용독서의 기술을 익힌 다음,
이중 자신에게 맞는 방법을 적용해 본다.

11 파동 속독훈련
(15줄 명시점이동 훈련, 9줄 심상훈련)

① 파동속독 쉬트를 보면서 100회 실시
② 심상으로 9줄 훈련을 합니다.

11-2 SQ3R 독서법 (Survey, Question, Read, Recite, Review)

미국 학자인 로빈슨(Robinson, Francis Pleasant)이 1941년 처음 소개한 읽기 모형으로 읽기 수준을 향상시키기 위해 대학생들의 학습 방법으로 고안된 것인데, 대학뿐만 아니라 중고등학교 단계의 학생들에게도 효과적인 학습 방법으로 적용될 수 있는 모형이다.

1) 훑어보기(Survey)
글을 자세히 읽기 전에 제목이나 소제목, 차례, 삽화, 처음과 끝 부분 등 글 전체를 훑어보고 그 대강의 내용을 짐작해 보는 단계

2) 질문하기(Question)
훑어보기한 내용을 바탕으로 제목이나 소제목, 강조된 어구를 질문의 형식으로 바꾸어 보는 단계로, '훑어보기'와 거의 동시에 이루어진다.

3) 자세히 읽기(Read)
글을 읽어 나가면서 내용을 자세히 확인하고 파악하는 단계로, 질문하기 단계에서 품었던 질문에 대한 답을 찾는 데 주의를 기울이고, 새로운 의문점이나 궁금한 점 등을 메모해 두는 단계

4) 되새기기(Recite)

지금까지 읽은 내용들을 마음속으로 정리하고, 글쓴이가 글을 쓴 동기나 목적, 그리고 글의 핵심 내용이 무엇인지를 생각해 보는 단계

5) 다시 보기(Review)

글 전체의 내용을 정리하는 단계로, 글의 내용을 다른 사람에게 이야기해 보거나, 글의 내용에 자신의 SQ3R이란 효과적으로 독서를 하기 위한 5가지 절차로 미국의 심리학자 로빈슨(H. M. Robinson)이 제시한 방법이다.

우리가 글을 읽는다고 해서 그것을 다 기억할 수 있다고 말하기는 어렵다. 읽는 동안 다른 생각을 할 수도 있고 소음에 정신을 쓰거나 흥분할 수도 있으며 방해를 받기도 한다. 이러한 장애를 해결하기 위해 고안한 학습법이 바로 SQ3R 독서법이다. 학습방법이란 그냥 안다고 다 되어지는 것이 아니라 방법을 몸에 익힌 사람만이 제대로 사용할 수 있기에 최근에는 기술이라는 말을 잘 사용하는 것 같다. 학습방법은 기술이다. 학습 기술을 배우고 그것을 몸에 익혀야 제대로 사용이 가능한 것이다.

많은 학자들이 학습효과를 증대시키기 위한 연구를 했는데 다음 방법은 공부를 잘 하는 학생들이 일반적으로 사용하는 방법일 뿐 아니라 공부를 잘 못하는 학생들에게 그 방법을 가르쳤을 경우, 그들의 학업성취도를 크게 향상시켜주는 훌륭한 학습방법이라는 것이 이미 임상으로 밝혀졌다.

저자는 효과적인 독서 모형이론으로 제시 한 것이지만 책을 읽고 공부를 해야 하는 모든 사람에게 있어서는 훌륭한 학습이론이 되기에 전공서적을 읽을 때나 고시공부법으로도 잘 알려져 있다.

이 절차는 SQ3R법이라고 불리는데,
'개관질문⇒읽기⇒암기⇒재검토'의 5단계로 이루어진 학습전략이다.

이것은 훑어보기(Survey), 질문하기(Quesstion), 자세히 읽기(Read), 되새기기(Recite), 다시보기(Review)'의 5단계이다. 각 단계 별 특징은 다음과 같다.

1) 첫 단계, 개관하라.

개관은 전반적인 줄거리 파악이다. 장이나 절의 제목이 내용을 가장 잘 압축하여 표현하고 있다 세부사항에 주목하지 않는다.

첫째, 먼저 서문을 읽는다.
둘째, 목차를 읽는다. 각 장, 절 소제목을 파악해야 할 것이다.
셋째, 각 장의 소제목과 그 소제목 밑의 문장을 몇 줄 읽어본다. 이 일은 꽤 시간이 걸리고 귀찮은 일일 수도 있지만 그 책의 전반적인 경향과 전체 적인 체계를 이해하기 위해서는 꼭 해야 하는 일이다.
넷째, 요약이 되어 있다면 개관할 때 그 요약을 읽어보아야 한다.

개관 없이 책을 읽는다는 것은 한반도 가보지 않은 울창한 숲 속으로 지도도 없이 들어가 는 것과 같다. 충분히 개관하는 것은 시간 낭비가 아니라 그에 대한 충분한 보상을 준다는 것 또한 많은 연구에 의하여 밝혀졌다.

영화를 볼 때 그 내용을 조금이라도 알면 전혀 재미없는 그런 영화가 있지만, 괜찮은 영화는 기본적인 정보나 구성을 알고 봐야 이해가 되고 더 재미있는 그런 영화가 있다. 아니면 두세 번 더 보든지!

우리가 학습을 위해 보는 책은 결코 쉬운 책이 아니다.

2) 두 번째 단계, 질문하라.

저자는 왜 이렇게 말하고 있는가? 왜 이런 현상이나 결과가 나왔는가? 글을 읽어보면서 우리가 할 수 있는 질문의 종류는 다양하다. 확실한 것은 질문을 함으로서 우리는 그 책을 읽음으로서 답을 찾고자 하는 욕구가 생긴다. 그런 질문들이 학습 의욕을 높이고 우리의 학습에 목표를 갖게 한다는 것이다.

질문은 우리로 하여금 지금 공부하고 있는 것, 알고 싶은 것에 대하여 자꾸 생각하도록 만들므로 학습을 돕는 역할을 한다. 또한 질문에 대한 답으로서 읽는 내용은 그냥 외운 것 보다 훨씬 오래 기억 된다. 질문하는 방법을 기르기 위해서는 공부하는 모든 과제에서 의문을 제기하는 연습을 열심히 해보고 그 의문들을 간단히 적어본다. 이렇게 할 때나 읽어 가는 도중에 자연히 많은 의문이 생기고, 그 의문을 중심으로 책을 읽게 된다.

3) 세 번째 단계, 읽어라.

많은 학생들은 책을 읽는 것이 공부의 첫 단계라고 생각하지만 그것은 잘못된 생각이다. 읽기란 개관에 의하여 이미 어느 정도 내용을 파악하고 질문에 답하기 위한 검색과정이다. 공부를 위해 읽은 교과서는 소설 읽듯이 읽어서는 안 된다.

첫째, 의문의 답을 찾는 자세로 적극적이며 능동적으로 정신을 집중하여 읽어야 한다.

둘째, 저자가 강조한 부분에 특히 신경을 쓰며 읽어야 한다. 중요한 용어와 개념이 전체 문장과 어떤 관련이 있는지를 완전히 이해하고 파악하도록 해야 한다.

셋째, 본문만 읽지 멀고 표, 기타 그림들도 빼놓지 말고 보아야 한다. 이런 것들은 의도적으로 그곳에 삽입해 둔 것이니 소홀이 넘겨서는 안 된다.

4) 네 번째 단계, 암기하라.

실험에 의하면 어떤 글을 읽은 직후에도 사람들은 겨우 50%밖에 기억하지 못하였고 하루가 지난 후에는 25~30%밖에 기억하지 못하였다. 2주일이 지난 후에는 10%밖에 기억하지 못하였다. 그리고 암기를 하지 않은 집단이 단 하루 동안에 망각한 양이 암기를 한 집단이 63일 동안 망각한 양보다도 더 많다고 한다. 암기를 잘 하기 위해서는 소제목을 단위로 하여 암기하라. 한 소제목 밑의 내용을 기억해 보면 암기하는 것이 가장 효과적이다.

암기는 귀찮고 시간이 오래 걸리는 일이지만 그것의 효과는 대단하다. 기억량을 증가시켜 주고, 앞으로의 시험 준비를 위하여 따로 외울 필요가 없으므로 결과적으로 시간을 절약하게 된다.

5) 다섯 번째 단계, 재검토하라.

재검토란 교과서 공부의 마지막 단계이며, 재음미하는 단계이다. 앞서 공부한 장이나 절의 제목을 훑어보면서, 그 제목들이 무엇을 다루고 있으며, 서로 어떤 연관을 가지고 있는지를 자문자답해 가면서 각 제목하의 내용을 다시 되새겨 보는 것이다. 시험보기 전까지는 재검토를 3~4번해야 한다. 첫 번째 재검토는 공부를 끝낸 직후에 한다. 이때는 공부한 내용의 주요한 부분을 암송해 보고 부족한 부분을 다시 암기를 하는 시간이다. 마지막 재검토는 시험보기 전에 한다. 여기에서도 주로 암기를 한다. 첫 번째의 재검토와 마지막 재검토 사이에 한 두 번의 재검토를 더 하면 좋다. 이때는 암기가 아니라 주로 중요한 부분을 다시 읽는 일을 하게 된다.

11-3 SR 시스템 학습법

R시스템학습법은 책 한권을 3단계에 걸쳐 총 10회 독파하면 책 내용이 전부 머릿속에 정리돼 각종 고시나 자격시험에 합격할 수 있다는 독서방법으로 세계적인 석학들이 연구 발표한 각 두뇌학과 심리학에 기반을 둔 과학적인 학습법이다.

SR시스템학습법은 이해하거나 외우려고 하지 말고 학습을 스트레스 없이 그저 게임 하듯이 즐겁게 지속하게 되면 저절로 이해되고 기억으로 승화되어 엄청난 실력이 쌓이게 되는 학습법이다. 1단계는 쾌속단계, 2단계는 고속단계, 3단계는 초고속단계로 학습을 하게 된다. 단계마다 학습방법이 변화가 있어 단조로움을 극복할 수 있게 된다. 또한 단계마다 학습속도가 변화하며 더 빨라지기 때문에 학습이 더 즐거우며 학습속도가 빨라질수록 집중력은 더 높아지게 된다.

SR시스템학습의 원리 요약

1단계는 연반추 (Soft Review)
연반추란 부드럽게 반추하는 것을 말한다. 연반추는 학습자료를 스트레스 없이 편하게 복습하는 것으로서 반복학습의 효율을 높이는 학습 원리이다.

2단계는 시스템 속해(Systematic Rapid Comprehension)
시스템속해란 단순한 속독이 아니라 학습단계가 점진됨에 따라서 학습의 속도가 가속도로 빨라지며 이는 빠른 이해를 기반으로 하는 학습 원리이다.

3단계는 집중-분산 학습(Concentrated-Distributed Study)
집중-분산 학습이란 단번에 학습 자료를 이해하고 기억하려고 하는 것이 아니라 시간 간격을 두고 반복하면서 이해하고 기억하는 학습 원리를 말한다.

1단계 연반추(soft review) 원리

1단계(3회 독파)
① 연필(또는 샤프펜슬)로 모르는 단어나 중요 단어(핵심어) 밑줄 긋기를 하며 책을 편하게 읽어나간다.
② 책 내용이 이해되지 않더라도 그냥 가벼운 마음으로 물 흐르듯 앞으로 읽어나가라 - 그래야 두뇌가 스트레스를 받지 않고 밑줄 친 핵심어들이 머리에 정리된다.

1단계의 연반추 학습은 즐거운 마음으로 책 내용이 자연스럽게 두뇌에 스며들 때까지 놀아 가면서 하는 단계이다. 책 내용을 머릿속에 자연스럽게 부드럽게 저장하는 과정이다.

1단계 연반추 학습의 3차례 독서 시간은 책 한권을 재래식방법대로 공부하는 것보다 짧다.

가장 중요한 것은 이해하려고 애쓰지 말라는 것이다. 너무 애쓰면 두뇌에 주름이 잡히는데 머리가 피곤해져 정보 받기를 거부한다는 것이다. 바로 이 점이 연반추 학습의 포인트이다.

세 차례 밑줄 긋기를 하면서 읽으면 이 밑줄핵심어가 자신도 모르게 두뇌에 깊이 새겨진다는 것이다.

2단계 시스템 속해(Systematic Rapid Comprehension) (2회 독파)
① 형광펜으로 핵심어 중의 핵심어, 즉 '진핵어'를 표시해나가며 책 읽는다." 이 단계에서 책을 읽는 속도는 기존 공부법의 3~4배 더 빨라진다"고 한다.
② 이 단계에선 웬만한 교양서적은 그냥 이해가 되고 머릿속에서 정리가 된다.
  이렇게 형광펜으로 진핵어 표시하는 학습으로 책을 2차례 독파한다.

3단계 집중-분산 학습(Concentrated-Distributed Study) (5회 독파)
① 연필로 밑줄 그은 핵심어와 형광펜으로 표시한 진핵어를 중심으로 책을 5차례 속독 속해한다.
  "이 단계가 되면 공부의 즐거움에 빠지며 책을 읽어나가는 속도가 얼마나 빨라지는지 스스로 놀라게 된다. 만약 이 학습법을 체득한 뒤 자녀들에게 전수하면 공부하는 재미에 푹 빠지게 돼 스스로 학습이 가능해진다"고 한다.
② 이렇게 책 한 권을 10회 독파하는 속도는 기존 공부법의 3회 독파 속도보다 더 빠르다고 한다. 그런데 더욱 중요한 것은 재래식 공부법으론 3차례 독파조차 의지력이 강한 극소수만이 수행할 수 있는 끔찍한 일이지만, 이 학습법으론 "웬만하면" 10차례 독파가 즐겁게 진행될 수 있다는 점이다. 이 학습법의 핵심 포인트이다.

기존의 학습방법은 단조로움-권태-역겨움의 단계로 나아간다. 서울대 김원중 박사는 서울대생의 99%가 "학습은 지겹다"라는 응답을 했다고 말했다. 기존의 학습법은 학습을 지나치게 공격적인 태도로 해 왔다. 너무 완벽하게 정복하려고 하기 때문에 스트레스가 배가되고 피로가 갈수록 더해질 수밖에 없는 것이다. 그러나 SR시스템학습법의 물 흐르는 학습은 보물찾기하듯 편한 학습을 하여 효과는 극대화된다.

〈출처 : 저자 임성룡씨의 글에서〉

11-4 핵심만 골라 읽는 실용독서의 기술, 공병호 박사의 독서론

이 책은 책을 빨리 읽고, 핵심 내용을 파악한 다음, 그것들을 멋지게 이용하는 방법을 소개한 책. 모두 다섯 개의 장으로 이루어져 있으며, 프롤로그에서는 책읽기의 의미와 중요성에 관한 내용을 담고 있다.

핵심만 골라 읽는 실용 독서의 기술 - 공병호

1년에 10여 권의 책을 집필하고 300회 이상의 기업체 강연을 다니는 공병호 박사는 매일 새벽 3시에 일어나 하루를 준비한다. 이렇게 왕성한 활동에도 불구하고 그는 국내외 출간된 신간들을 거의 모두 읽어낸다. 이 책은 그가 어떻게 이런 일들을 해낼 수 있는지 그가 스스로 자신의 독서 습관들을 관찰해 핵심 비결들을 모은 것이다.

그는 역사와 철학 등의 인문서 들을 비롯한 폭넓은 독서를 하고 있다. 하지만 이 책의 재미는 특히 '실용서'에 관한 노하우를 모았다는 데에 있다. 시간이 없는 직장인들, 하지만 미래를 준비하기 위해 반드시 귀한 책 한 권을 골라 읽어야만 하는 직장인들을 위해 그는 '좋은 실용서를 빨리 골라 제대로 읽어내는' 지침을 제시하고자 이 책을 썼다고 한다.

1부 '실용독서의 힘' 에서는 왜 실용서를 읽어야 하는지, 실용서는 왜 실용적으로 읽어야만 하는지를 설명한다.

자신이 가지고 있는 재능을 남김없이 계발하기 위해서, 그리고 다른 사람의 경험에서 귀한 가르침을 얻기 위해서 독서를 어떻게 생활할 것인지 근본적으로 한 번 더 생각해볼 만한 문제들을 꺼내고 있다.

- 경험만으로는 충분하지 않다 - 문제 해결 능력은 정보와 경험의 체계화 능력이다.(책이 중요함)
- 주어진 재능을 남김없이 계발한다— 저자와 대화하면서 사업 아이디어를 발견하라.
- 기회를 읽는 힘을 기른다 - 책을 통해 미래를 내다보는 식견을 기른다.
- 창조력에 방아쇠를 당긴다 — 모든 혁신은 눈에서 시작된다.
- 위대한 인물이 겪은 시련에서 배운다 — 독서를 통해 고난을 이겨낼 수 있는 힘을 기른다.
- 닮고 싶은 인물을 철저히 연구한다 — 독서를 통해 멋진 역할 모델을 찾는다.
- 상상력과 공감력을 키운다 — 개인의 일대기를 다룬 작품들은 역경 극복의 조언자 역할을 한다.
- 인간경영의 노하우를 배운다 — 사람을 바라보는 시각은 끊임없이 교정 받거나 검증받아야 한다.
- 정보의 선별 능력 - 이 시대의 핵심은 정보를 선별하는 속도와 정확성이다
- 어느 때든 훌쩍 떠날 수 있는 행복- 독서는 언제, 어디서나 물리적인 시간과 공간을 벗어나게 해준다.

2부 실용독서 준비하기
독서법을 스스로 점검하는 순서다. 그리고 책을 재미없게 만들어버리는 나쁜 독서 버릇을 교정하고 오래 책을 읽을 수 있는 좋은 버릇으로 정비하는 것까지가 포함되어 있다.

- '왜'에 답하라
- 의욕과 의지를 점검하라 - 인생의 목표를 정하고 독서의 지평을 넓힌다.
- 야심과 야망을 점검하라 - 정상을 향한 정복욕이야말로 독서를 이끌어 가는 원초적인 힘이다.
- 항상 보물찾기를 하라 - 언제, 어디서나 무엇이든지 읽고 정보를 구하라.
- 잠시 동안이라도 선입견을 비우라- 배움과 창조의 자세를 습관화하여 시너지 효과를 얻는다.
- 의도적으로 읽는 시간을 만들어라- 신문을 읽는 것처럼 책읽기를 가볍게 여긴다.
- 쌓아두어라 - 구입한 다음에 눈에 잘 띄는 곳에 책을 쌓아둔다.
- 독서 습관을 체크하라

3부 실용독서 실천하기
- 좋아하는 장르부터 시작하라
- 몇 권의 책과 항상 함께 하라
- '수직' '수평' 독서를 병행하라 - 수평독서를 하면 잠재의식속에 귀한 정보를 축적하게 됨.
  - 수직독서란 특정주제에 대해 여러 권의 책을 읽고 주제에 대한 지식의 깊이를 더해가는 독서법.
- 수량 목표를 세우고 읽는다 — 데드라인을 정하고 몇 권을 읽겠다는 목표를 정한다.
- 언제, 어디서나 읽자
- 관점을 바꾸어보라 - 빡빡한 일상에서 틈새를 찾아 독서에 시간을 배정하라.
- 가볍게 대하라- 책과 가까이 하기 위해서 책에 대한 경건함 같은 것을 느끼지 마라.
  책을 바닥에 펼쳐놓기, 책잡기, 밑줄 꽉꽉 긋기 등등 대표적인 행동 - 작가의 노고는 존중해야 하지만 권위에 주눅들 필요는 없다.
- 뽑아서 읽으라 — 처음부터 끝까지 다 읽으려 하지 말고 필요한 정보만

골라 읽어라.
- 마크업을 적극적으로 활용하라 - 중요한 정보나 가치가 있는 정보는 다양한 색깔로 표시하기.
- 제대로 읽어라 - 무엇을 얻고 싶은지 뚜렷한 목표의식을 갖는다. 속독을 하되 skip & scanning으로 중요한 정보를 놓치지 마라.
- 질문을 던지면서 읽으라 - '내가 어떻게 생각하느냐' 가 중요하다.
- 자신의 목적과 필요에 맞추라 - 자신의 목적과 필요에 따라 책을 재구성한다.
- 이따금 느슨하게 천천히 하라 - 자서전을 읽을 때는 몇 가지 질문을 하라. - 긴장을 풀고, 천천히 읽어야 할 책이 있다.

4부 실용독서 끝맺기
책 한 권을 읽고 나서 어떻게 소화하느냐에 대한 대답이다. 머릿속에 책에 대해 그려보고, 여백에 정리를 해보고 혹은 독자 서평을 써보는 등 적극적인 방법으로 정리하라.
- 체크된 부분을 훑어본다 - 체크된 부분을 중심으로 전체를 확인한 후 마무리한다.
- 머릿속에 생생하게 그려둔다 - 오랫동안 기억하기 위해 책을 덮고 머릿속으로 책의 내용을 정리하기.
- 여백에 중요 내용을 정리해 두라
- 독자 서평을 이용하라 - 독서가 끝나면 가벼운 글쓰기를 시도한다.
- 오픈 시스템을 만들어라 - 책을 통한 배움과 컴퓨터를 통한 배움의 차이를 주목하자.
- 독서법도 개선의 대상이다 - 나만의 독서법을 계발한다.
- 독서의 지평을 부단히 확대하라 - 비즈니스 독서는 시장에 대한 이해로 통하는 지름길이다.

5부 활용법
평소에 독서는 독서, 일은 일, 이렇게 분리하여 생활했던 사람들에게 신선한 내용이 될 것이다. 독서를 어떻게 일과 공부의 아이디어 창고로 연결시킬 수 있는지 흥미진진하게 살펴본다.

- 병렬적으로 프로젝트를 추진한다 — 프로젝트로 파일 화하고 독서와 연결 짓는다.
  (중대한 과제나 사업화 가능한 아이디어를 체계적으로 정리)
- '우연히 발견하는 능력'을 키운다 — 폭 넓은 분야의 독서로 '우연히 발견하는 능력'을 키운다.
- 아이디어를 생산한다 — 언제, 어디서나 아이디어를 찾고 구한다.
- 고객을 읽는다 — 고객을 읽으려면, 미래를 읽어야 한다.
- 만들어간다 - 어떤 것부터 배워야 할지 생각을 정리하라.
- 가슴을 데워라 - 독서를 통해서 의욕과 의지, 그리고 열정을 재충전하라.
- 그릇을 키운다 — 독서를 통해 성숙된 삶을 경영한다.

공병호 박사의 독서 8계명

1. 세상이 아무리 바뀌어도 지식의 원천은 역시 책이다.
2. 본전 생각으로부터 자유로워야 한다.
3. 2퍼센트 내외의 핵심은 저자 서문, 목차, 결어 및 초기의 핵심 장에 숨어 있다.
4. 구입한 즉시, 혹은 24시간 내에 책의 핵심 부분을 읽는다.
5. 책은 **무자비하게 대하라**
6. 중요한 문장이나 내용은 펜으로 마음껏 표기하라
7. 중요한 내용이 담긴 페이지의 모서리를 다양한 방식으로 접어라
8. 인상 깊게 읽었던 책은 가까운 곳에 두고 이따금 펴보라 〈공병호의 자기경영노트 중〉

출처: 핵심만 골라 읽는 실용독서의 기술, 공병호, 21세기북스

글을 이해하는 것은 먼저 어휘력이 가장 중요한 위치를 차지하지만 집중력이나 두뇌의 지능도 중요하다. 어휘력이 풍부하고 지능이 있으면 어려운 학습도 따라 갈 수 있고, 어려운 책도 소화해 낼 수 있다. 그러나 기억력이 부족하면 앞의 내용이 무엇인지 머리에 남지 않는 그런 경우가 생긴다.

어떤 것은 아주 생생하게 기억해서 적어 낼 수 있는 그런 종류의 기억이 있는 가 하면 또 어떤 것은 힌트나 암시를 주었을 경우에 생각이 나는 기억이 있다. 기억이 더 희미한 경우에는 참인가 거짓인가만을 겨우 구별할 수 있을 정도의 정보만을 기억하는 경우도 있다.

각자 독서의 필요와 방법차이로 다른 결과가 나올 수도 있지마는 순전히 기억력과 집중력의 부족 때문에 정보가 재생되지 않고 겨우 재인되는 그런 경우도 있게 된다.

속독의 다양한 이론과 속독능력을 위한 과제

12. 파동 속독훈련 (15줄 명시점 이동 훈련, 11줄 심상훈련)
12-2. 정독과 속독은 서로 다른 것인가?
12-3. 빨리 읽는 것과 빨리 이해하는 것과의 차이
12-4. 속독의 다양한 이론과 훈련
12-5. 속독의 다양한 방법과 훈련
12-5. 속독의 역사
12-6. 속독능력향상을 위한 과제 (시폭확대, 순간이동, 집중력, 기억력, 몰입의 원리)

목표
1. 속독의 다양한 이론을 이해하고 장단점을 평가할 수 있어야 한다.
2. 속독능력향상을 위한 과제가 무엇인지 알고 자신의 취약점을 개선하고 보충할 수 있는 방법들을 찾아내어 실행해야 한다.

12 파동 속독훈련
(15줄 명시점이동 훈련, 11줄 심상훈련)

① 파동속독 쉬트를 보면서 100회 실시
② 심상으로 11줄 훈련을 합니다.

12-2 정독과 속독은 서로 다른 것인가?

　개념을 어떻게 정의 하느냐에 따라 다르겠지마는 보통의 경우 정독은 반드시 천천히 읽는 서독이라고 생각합니다. 아마 대충 읽는 그런 방식에 반대되는 의미로 이 단어를 사용했거나, 전철이나 짬이 나는 시간에 책을 읽는 그런 자투리 환경이 아닌 반듯한 책상에 앉아 독서 시간을 내서 읽는 다는 뭐 "정식으로 읽는다"는 그런 의미도 있는 거 같습니다. 그러나 정독은 "천천히 읽는 것이다"는 정의는 없습니다. 정독이란 자신이 충분히 이해할 수 있는 속도로 읽는 것을 말하는 것으로 틈새 시간에 읽든, 아니면 빠른 속도로 읽든지 간에 충분히 내용을 소화하면서 읽는 방식을 말하는 것입니다.

　속독은 말 그대로 매우 빠르게 책을 읽는 방식을 말합니다. 속독도 가르치는 사람마다 그 방법과 내용이 다르지만 크게 두부류로 나눌 수 있습니다.

　하나는 지금까지 대부분의 속독학원이 가르치고 훈련하는 방식인데 특별한 재능을 가진 사람이외에는 세밀하게 훑고 이해하기 보다는 전체의 감을 잡는 방식으로 읽는 것입니다. 글의 제목이나 주제를 대충 파악하면서 글의 전체를 이해하는 방식으로 속독을 하기에 분당 1만자를 넘어가는 초고속 속독이긴 하지만 이런 식으로 속독을 배워놓으면 세밀하게 시험문제를 낼 경우엔 정답을 찾기가 어렵기에 한두번 겪어본 사람들은 여기에서 속독을 포기하게 됩니다. 아마도 그래서 이렇게 좋은 방법이 우리 국민들에게 전달되지 못했다고 생각합니다.

필자의 경우는 학생들뿐만이 아니라 국민전체가 이 속독의 방법을 배워 책을 읽으면 이것이야말로 국가적인 자원이라고 생각하는 사람입니다. 욕심 같아서는 유치원과 초등학교에 정규과목으로 정해 놓았으면 하는 바람이 있습니다.

다른 하나의 속독은 실용적인 속독법으로 속도도 빠르지만 책의 내용을 아주 세밀하게 훑어가면서 이해하는 방식을 취한다는 것입니다. 분당 3-5천자의 경우는 얼마든지 가능하다는 것입니다.

물론 그러기 위해서 몇 가지 훈련을 병행해야 하는데 속독훈련시 반드시 시폭의 확대와 순간이동능력을 배양하고, 이미지 훈련을 통해 기억력과 이해력을 높혀야 하며, 집중하고 몰입하는 그런 수준에 도달하면 그 이상도 가능하다는 것입니다.

뿐만 아니라 이런 방식으로 속독 훈련을 했을 경우는 책의 종류와 독서의 필요에 따라 얼마든지 그 방법을 조절 할 수 있게 됩니다. 빨리 읽거나 정보검색을 위해서라면 분당1만자를 훨씬 넘는 속도로 읽어 나갈 수 있기 때문입니다.

12-3 빨리 읽는 것과 빨리 이해하는 것과의 차이

많은 사람들이 오해하는 것 중의 하나는 천천히 글을 읽으면 더 이해가 잘 될 것이라는 생각이다.

이웃 일본의 다카하시 겐이치로 등은 책 읽기의 기본 방침을 슬로 리딩의 실천으로 주장하는 것이다.

이런 유의 인물들은 대개 속독훈련에 실패했거나, 아님 속독이 무엇인지 정확하게 모르는 사람들이다. 현대작가 중에서 가장 부지런한 독서가인 오에 겐자부로도 속독은 신뢰성이 매우 낮은 독서법으로 절대 권장할 것이 못 된다며 슬로 리딩을 주장한다.

   일리가 없는 것은 아니지만 과연 늦게 읽으면 잘 이해되고 빨리 읽으면 이해가 덜 되는 것인가?
   속독을 배우지 않는 사람이라면 과연 그러겠지만 그것은 속독을 모르기에 하는 소리이다. 속독은 시지각 능력을 계발시켜 읽는 속도만 빠르게 하는 것이 아니라 기억력 집중력을 배양하고 어휘력을 높여 단위 시간당 독서능력을 높여서 실제 독서 속도를 빨리 하는 기술이다.

   슬로리딩을 주장하는 사람이 있는가하면 공병우 박사처럼 핵심만 골라 읽는 실용속독을 주장하는 사람도 있다.

과회상 [過回想, reminiscence]
학습 직후보다도 일정한 시간이 경과한 후에 더 많이 생각해 낼 수 있는 현상.

기억개선·잠재적 기억이라고도 한다. 학습 직후에 배운 내용을 가장 많이 기억하는 것이 보통이고, 시간이 지나감에 따라 잊어버려 생각해내기가 어렵게 된다. 그러나 기억재료와 그 밖의 조건에 따라서는 학습 직후보다도 어느 정도 시간이 지난 후에 재생(再生)이 잘되는 경우가 있다. 이 현상을 실험적으로 실증한 사람은 P.B.밸러드인데, 그 결과는 학습 후 2~3일에 최대의 과회상을 나타내고, 또 성인보다도 아동에 많이 나타나며, 학습의 정도가 불완전할 때, 또 재료가 흥미 있는 것에 나타나는 것으로 되어 있다. 그러나 학습 수분 후에 나타나는 것도 있었고, 수주일 후에 나타나는 것도 있었다. 재료도 무의미어(無意味語) 등 흥미가 없는 말에 나타나는 예도 있었다.
과회상이 일어나게 되는 원인에 대하여 학습활동은 그 직후에 금지작용이 일어나기 때문에 직후의 재생이 억제된다는 설과, 학습 후에 배운 내용을 정리하고 조직해야 하는 시간이 있어야 하므로 직후에는 기억해 내는 일이 유리하지 않다는 설이 있다.

재생(再生): 〈심리나 독서의 경우〉이미 경험하거나 학습한 정보를 다시 기억해 내는 일.

재인(再認): 시간적으로 앞뒤에 있는 둘 이상의 표상이 동일한 개념, 곧 동일한 대상에 관한 표상으로 종합되는 일. 힌트나 암시를 주었을 경우 생각나는 정보

이해(理解): ①사리(事理)를 분별(分別)하여 해석(解釋)함 ②깨달아 알아들음

명시점과 뇌의 메커니즘 - 보이는 것은 원추세포와 간상세포의 협력작용

인간이 무엇인가를 제대로 읽기 위해서는 망막 중심에 있는 황반의 중심와라는 극도로 미세한 부분에 초점을 맞춰야 한다.

이 부분(중추 시야)에만 정밀하게 사물을 볼 수 있는 원추 세포가 집중적으로 존재하며, 그 주변부에는 감도가 훨씬 떨어지는 간상세포만 있기 때문이다.

원추세포는 감도는 좋지만 수가 적다. 약 600만 개뿐으로, 1억 2,000만 개를 가지고 있는 간상세포의 5퍼센트에 지나지 않는다.

대충 훑어 볼 때 문자를 읽는 작업은 물론 원추세포가 중심 활동을 담당하지만, 그 사이에 나머지 95퍼센트의 간상세포가 놀고 있는 것은 아니다.

나름대로 주변의 고단위의 정보를 뇌에 보내고 있으며, 그것이 뇌의 인지과정에 중요한 역할을 하고 있다는 사실이 여러 가지 실험을 통해 밝혀졌다. 그러므로 깊이 있게 의미를 파악할 수는 없더라도 한번 훑어보는 행위로 인해 의식하지 못하고 있는 사이에 많은 정보가 자동적으로 입력되고 있는 셈이다. (원추 세포로 책 한 줄을 읽을 때, 사실은 간상세포를 활용하여 몇 줄을 한꺼번에 훑어보고 있다는 사실이 실험을 통해 확인되었다)

12-4 독서의 다양한 이론과 훈련

스키밍 기술

스키밍이란 중요하지 않은 것, 꼭 읽어야 할 필요가 없는 것을 건너뛰는 독서 기술을 의미한다. 스키밍이란 말은 우유 위의 막을 걷어낸다는 의미의 영단어 스킴(skim)에서 유래했다. 마치 갈매기가 바다 위의 먹이를 쪼아 먹기 위해 해면을 스치며 날아다니는 것처럼 페이지의 표면을 읽는 방법이다. 다시 말해 전체적으로 살핀 다음 자신에게 중요하다고 생각되는 부분을 골라 숙독하는 미국의 대표적 속독 기술 이다.

주제와 별 관련이 없는 부분이나 내가 찾고자 하는 중심내용을 이해시키기 위해 예를 들어 설명하거나 부가적인 내용일 경우에는 건너뛰어도 상관없다. 특히 하나의 주제를 가지고 여러 권의 책을 동시에 참고할 때 이미 독자가 알고 있는 내용이라면 또 읽을 필요가 없다.

보통 신문이나 잡지를 읽을 때 처음부터 관심있는 부분만 찾아 읽기도 하지만 보통은 전체를 훑어 보다가 흥미로운 기사가 있으면 더 집중해서 읽기 마련이다. 간단하게 말하면 스키밍 기술이란 전체를 가볍게 훑어보다가 내가 찾는 내용이 나오면 그 부분만큼은 숙독하여 읽는 기술을 말한다.

단계별 스키밍 방법

① 우선 책 제목부터 먼저 읽은 후, 서론을 읽어야 한다. 혹 서론이 길다면 처음 문장만큼은 반드시 읽어 보도록 한다.
② 제목, 소제목도 반드시 읽어야 한다. 제목 자체가 그 글의 요점을 말하는 것이기 때문이다
   만일 제목들 간의 연결이 잘 안 되었다면, 스키밍을 너무 빨리 한 것이다.
③ 책에 사진, 도표, 그래프 등이 나와 있으면, 이것과 연결된 설명, 내용 등도 함께 읽는다.
④ 만일 제목이나 소제목이 없는 문장이 있다면, 보통 문단의 첫 문장을 읽도록

한다.

스캐닝(Scanning 훑어 읽기) 기술

스캐닝은 잡지, 신문, 정부의 보고서 등 최신 문헌과 웹사이트를 체계적으로 훑어보고 관련 정보를 찾는 작업을 말한다. 2차대전 당시 미국의 군사정보 기관에서 처음 개발해 '스캐닝하기, 추려내기, 재검토하기' 기법으로 알려지기 시작했으며, 지금은 각국의 정부와 기업에서 정보검색의 방법으로 널리 활용되고 있다.

독서의 방법으로 스캐닝 기술이란 글의 전체를 파악하는 독서 기술로 그냥 처음부터 끝까지 가벼운 마음으로 훑어서 보듯이 읽는 것을 말한다. 이렇게 읽으면 자세하게는 파악하지 못하지만 전체를 아울러 보는 시각을 갖게 되고 어느 한곳에 집중하여 문맥을 놓치거나 나무만 보고 숲을 보지 못하는 실수를 줄이게 된다.

이런 독서의 기법은 어떤 질문이나, 문제, 이슈, 정보를 놓고 그것에 대한 답을 찾아내는 것이다.

스캐닝을 할 때에는 주제가 무엇인지, 서론이 무엇인지, 결론이 무엇인지 등에 대한 질문은 염두에 두지 말고 찾으려는 답에 집중해야 한다.

단계별 스캐닝방법

① '자신이 찾고 있는 것이 무엇인가?'를 확실히 한다.
② 문제에 따라 어떤 형식, 어떤 답이 나오리라는 것을 예측해 본다.
③ 읽을 자료를 구분 지어 정리 정돈한 후, 수집할 자료나 질문에 필요한 정보 등이 정리가 되어 있다면, 그때는 글자마다 자세히 읽는 것이 아니라 필요 없다고 생각되는 부분은 건너뛰도록 한다.
④ 찾고 있는 정보를 찾은 후에는 그것으로 끝내지 말고 다시 확인하고 읽어본다.

클로스 리딩(Close Reading)

'클로즈 리딩(close reading)'은 영국의 유명한 문학 이론가인 F. R. 리비스(Frank

Raymond Leavis)가 만들어 낸 용어이다. 그의 뒤를 이어서 미국의 신비평가들은 클로스 리딩을 높이 평가했다. 우리말로 직역하자면 꼼꼼하기 읽기, 또는 바싹 붙어 읽기, 또는 끝장(닫다, 결론을 내다)을 내어 읽기라고도 할 수 있다.

클로즈 리딩은 바싹 붙어 읽기인 동시에 '눈 박고 읽기' 이다. 동시에 활자로는 표현되지 않은 숨은 뜻까지 속속들이 파헤치고 따져드는 읽기이기도 하다. '캐어서 따져 읽기' 도 클로즈 리딩의 조건이다.

클로스 리딩은 다른 말로 "통합하기"(consoldation) 전략이다. 미리 읽기, 읽기, 통합하기의 세 단계를 거쳐 독서를 하는 방법이다.

단계별 클로스 리딩 방법
① 미리 읽기(Pre-Reading) : 지금 읽고 있는 것이 무슨 내용인지, 그 내용의 주제는 무엇인지, 그 주제를 어떻게 설명하고 있는 지 - 스스로 질문을 만들어 낼 정도로 대강 훑어본다.
② 읽기(Reading) : 대강 훑어본 후 본격적으로 읽기를 시작하는데, 이때는 훑어 읽기를 하다가도 어디를 자세히 읽어야 하는지 알아야 한다. 또 자세히 읽다가도 필요하면 언제든지 스키밍이나 스캐닝의 기법으로 전환시킬 수 있어야 한다.
③ 통합하기(Consolidation) : 지금까지 읽은 것을 한꺼번에 정리하면서 생각하는 단계로, 지금까지 읽은 내용이 올바른 것인지, 내가 이미 알고 있는 내용이나 내 삶과는 어떻게 연관되는지 종합해 보는 것이다.

스키마 이론(Schema)

Stephen K. Reed : 스키마 (schema) 란 지식의 덩어리로, 일반적인 절차, 대상, 지각 결과, 사건, 일련의 사건, 또는 사회적 상황을 표상한다 (Thorndyke, 1984). 스키마 이론이란 이러한 지식 덩이가 기억에 부호화되어, 경험을 이해하고 저장하는 데 이용된다고 전제하는 모형들의 집단을 일컫는 말이다. 좀 쉽게 말하면 **스키마는 우리의 기억 속에 저장되어 있는 경험의 총체**이다.

스키마 이론에 의하면 의미는 글에 있는 것이 아니라 독자의 머리 속에 있으며, 독해 과정은 배경지식으로부터 글에 의미를 부여하는 과정으로 본다.

우리의 두뇌에는 저장된 기억의 덩어리가 있는데 독서와 관련하여 그 단어와 관계하는 기존의 배경 지식이나 그 단어나 문맥에 할당하는 의미를 이미 가지고 있다는 것이다. 이런 사전지식이 있는 가운데 독서를 하게 되면 이미 알고 있는 지식을 가지고 글과 문맥을 해석하게 되는 것이다. 그 단어가 어떤 의미이며 그 문맥적 상황이 무엇을 말하는지 우리는 쉽게 파악하게 된다. 그러는 중에도 독서중에 그 단어가 속하는 문맥적 환경을 파악 자신이 이미 가지고 있던 사전 지식을 바꾸기도 한다는 것이다.

5W 속독법

글을 구성하는 5W에 주목하는 것이다. 5W란 누가(who), 언제(when), 어디서(where), 무엇을(what), 왜(why) 의 다섯 W 를 중심으로 문장을 재구성하여 글의 뼈대만을 파악하면서 빠르게 읽어 나가는 방식이다. 책의 종류마다 5W 각각의 비중을 가늠하여 좀 더 비중있는 W를 중심으로 읽는다면 시간이 더 단축 될 것이다.

미국 속독의 달인인 버그는 이런 방법을 동원하여 1분 동안에 2만 5,000단어를 이해하면서 속독했다고 한다.

메인 아이디어법, 토픽 센텐스(중요문장), 키워드 읽기

거의 모든 글의 80%는 중심주제나 핵심진리를 설명하거나 부연 또는 예를 드는 경우이다. 결국 20%도 안되는 글만 메인 아이디어가 들어 있거나 토픽 센텐스(중요문장)가 포함되어 있다. 글을 읽을 때 책의 제목과 서문, 그리고 소제목과 핵심어를 보면 저자가 말하고자 하는 정보가 무엇인지 가늠하게 되는데 바로 그것을 중심으로 글을 파악하면 좀더 빠르게 글을 읽을 수 있게 된다.

존 스튜어트 밀 독서법

스튜어트 밀은 천재적인 사상가로 유명하지만 독서법으로도 유명하다. 그는 평범한 지능을 갖고 태어났지만 영국 공리주의 지도자였던 아버지 제임스 밀에게 천재 독서교육을 받은 뒤 천재적인 두뇌를 갖게 되었고 20대 중반에는 천재 사상가의 반열에 오르게 된다.

그의 독서법은 초등학교 때부터 플라톤, 아리스토텔레스, 키케로, 데카르트 같은 천재 사상가들의 저작을 열심히 읽고 소화해서 그들의 위대한 사고 능력을 자신의 것으로 만드는 독서를 말한다.
존 스튜어트 밀은 초등학교 때 다음과 같은 책들을 읽고 매일 아침마다 아버지와 깊이 있게 토론했다.

존 스튜어트 밀은 자서전에서, 초등학교 때부터 아버지로부터 이와 같은 철학 고전 독서교육을 받았던 덕택에 또래들보다 최소한 25년 이상을 앞서 나갈 수 있었다고 고백했다.

시카고대학은 큰 주목을 받지 못한 대학이였는데 대학자체에서 존스튜어트밀식 독서(철학책 100권)를 달달외우게 해야지만 졸업을 해준다는 과제로 시카고 대학생들은 존스튜어트밀식 독서를 해내게 되었고 그후 시카고대 출신 노벨상 수상자등 많은 인재들을 배출하게된다.

독서 방법은 다음의 4단계를 따른다.
1. 먼저 철학 고전 저자에 관해 쉽게 설명한 책을 읽는다. 이런 책들은 도서관이나 서점에 가면 많이 있다. (개념- 뿌리들1, 2, 철학 에세이,소피의 세계 ,러셀의 "철학의 여러문제", 미키 기요시의 "철학입문 " 윌 듀란트"철학이야기", 러셀의" 서양의 지혜")
2. 철학 고전을 통독한다. 이해가 잘 되지 않더라도 그냥 읽는다. 소리 내어 읽으면 더욱 좋다.
3. 정독을 한다. 이해가 되지 않는 부분을 만나면, 어느 정도 이해가 가능할 때까지 몇 번이고 소리내어 읽을 것을 권한다.

4. 노트에 중요 구문 위주로 필사를 하면서 통독한다. 필사는 철학 고전 독서의 핵심이라 할 수 있다.

   필사를 통해 철학 고전 저자의 사고 능력을 조금이나마 내 것으로 만들 수 있기 때문이다.

   그리고 필사를 하면 몇번이고 정독할 때도 이해 불가능하던 구절들이 한순간에 이해 될 수 있다.

초급 과정 철학 고전 독서 목록 1
1. 초급 1단계 : 파이돈(범우사), 논어(홍익출판사), 맹자(홍익출판사)
2. 초급 2단계 : 프로타고라스(범우사), 노자(범우사), 장자(범우사), 손자(범우사), 시학(문예출판사), 묵자(홍익출판사)
3. 초급 3단계 : 니코마코스 윤리학(서광사), 한비자(한길사)
4. 초급 4단계 : 의무론(서광사), 최고선악론(서광사), 방법서설(문예출판사)

중급 과정 : 철학 고전 독서 목록 2
1. 중급 1단계 : 에우튀프론(서광사), 소크라테스의 변명(서광사), 크리톤(서광사), 프로타고라스(범우사), 손자(범우사)
2. 중급 2단계 : 소피스테스(한길사), 정치가(한길사), 한비자(한길사)
3. 중급 3단계 : 티마이오스(서광사), 영혼에 관하여(궁리)
4. 중급 4단계 : 범주론, 명제론(이제이북스)

고급 과정 : 철학 고전 독서 목록 3
1. 동양 철학 : 논어, 맹자, 순자, 노자, 장자, 열자, 묵자, 손자, 한비자, 사기 본기, 사기열전 등
2. 서양 철학 : 플라톤 - 소크라테스의 변명, 뤼시스 크리티아스 알키비아데스, 프로타고라스, 국가, 티마이오스, 스피스테스, 정치가, 필레보스

   아리스토텔레스 - 시학, 니코마코스 윤리학, 영혼에 관하여, 범주론 명제론, 소피스트적 논박,

   키케로 - 의무론, 최고선악록, 노년에 관하여 우정에 관하여,

   데카르트 - 성찰, 방법서설

출처: http://eundole.tistory.com/

12-5 속독의 다양한 방법과 훈련
: 단어의 병렬처리훈련/ 2줄, 3줄 읽기 훈련/ 역방향 읽기 훈련/ T형 읽기/ Z형 읽기/ 방사선 읽기

1) 단어의 병렬처리훈련
한꺼번에 여러 단어들을 보고 조건에 맞게 재조합해 내는 능력

2) 2줄, 3줄 읽기 훈련
말 그대로 2, 3줄을 같이 읽어 나가는 초고속 독서행위다. 필자의 경우는 단 한 줄을 읽고도 머리로 이해하고 정리하기에 바쁜 터라 이럴 여유가 없다. 몇 번 연습해 보았는데 되래 시간만 더 걸렸다.

3) 역방향 읽기 훈련
우리가 글을 읽을 때 여러 단어들을 읽어 들이지만 완전한 의미를 파악하기 위해서는 최종적인 정보를 입수해야 한다. 즉 그 시기까지는 정보를 유지하고 있어야 한다는 것이다. 두뇌가 해야 할 유일한 추가 작업은 이처럼 큰 단위의 의미 묶음을 순서대로 재배열하는 것이다. 거꾸로 읽기도 같은 작용이 가능하기에 연습하여 다음 줄을 읽기위해 되돌아 올 때도 읽으면 더 빨리 읽을 수 있다는 것이다. 필자는 연습을 덜 해서인지 순차적으로 읽을 때 보다 10배는 시간이 더 걸린다.

4) T형 읽기
한쪽의 분량을 읽을 때 처음 한 두 줄은 정확하게 읽지만 나머지는 가운데에서 맨 밑으로 내려 읽는 방법이다. 고속으로 읽을 때, 또는 단어나 특정 정보를 검색할 때 사용하는 방법이다.

5) Z형 읽기
한쪽의 분량을 읽을 때 처음 한 두 줄은 정확하게 읽지만 나머지는 맨 우측에서 사선으로 좌측 맨 밑으로 내려온 후 우측으로 읽어 끝내는 방법이다.

6) 방사선 읽기

좌측 상단에서 우측방향으로 여러 사선을 그어 읽는 방법이다. 역시 초고속으로 읽을 때, 또는 단어나 특정 정보를 검색할 때 사용하는 방법이다.

7) ∞, 나선형, 수직으로 읽기

그냥 한번 그런 방법도 있기에 경험삼아 한번만 해보면 된다.

12-6 속독의 역사

속독법의 역사에 대해서는 정확한 기록이 전래된 바는 없으나 속독으로 책을 읽은 사람들의 기록이 다소간 있기에 문헌상으로 최초의 속독가로 이율곡(1536~1584) 선생을 들 수 있다. 친구 성혼과의 대화에서 성혼이 '나는 책을 읽을 때 한꺼번에 7~8줄 밖에는 못 읽는다.' 라고 하였더니 율곡 선생은 '나도 한꺼번에 10줄 밖에는 못 읽는다.' 라고 했다는 이야기가 전해오고 있다. 그리고 유정 사명대사, 다산 정약용 선생, 신채호 선생도 속독을 하였다고 한다.

영국의 경우는 제 1차 세계대전중 비행기 조종사들의 피아군기를 식별해 내는 장지로 타키스토스코프라는 장치를 고안해 냄으로 시작되었다고 한다.

미국의 경우는 Evelyn Wood라는 여성 교육자가 속독과 그에 관련된 기능들을 체계적으로 연구했으며, 1958년까지 유타대학교의 학생들에게 1분에 5,000~6,000 단어를 읽는 것을 가르쳤다. 독서역학(Reading Dynamics)이라고 불리는 그녀의 속독법에서 가장 중요한 기술은 두 눈이 지그재그로 재빨리 책을 읽어내려갈 때 속도조정기 역할로 손을 사용하는 것이다. 1959년 워싱턴 D. C.에서 그녀는 최초의 이블린 우드 독서역학연구소를 열었다. 그 후 이러한 속독교육 센터가 많이 생겼다. 우드의 속독법은 독서속도뿐 아니라 이해와 단어 암기력을 포함하여 독서효율에 있어서 전반적인 개선에 역점을 둔다.

현재 우리나라의 경우는 크게 몇 가지로 구별된다.

첫째. 과거부터 이어져온 『정통속독』을 가르치는 학원형태로 브레인 속독(김영철 박사)과 김용진 박사의 전뇌 아카데미를 들 수 있다. (더 있는데 필자가 몰라서 아는 사람만 인용하오니 용서를!)

둘째. 1998년에 생성된 『논리속독』 프랜차이즈 형식의 학원형태의 학원으로 이상욱씨가 창안자로써 (대한논리속독 초대 이사장을 역임) 사단법인을 구성하여 전국적 사업을 추진하고 있다. 논리적 사고와 두뇌개발이라는 학습목표를 두고 1900년대 말부터 논리속독의 붐을 일으켜 지금까지 대한민국을 속독전성기 시대로 이끌었다. 논리적 사고와 정독을 우선으로 하며 논리 정속독 완성을 목표로 하고 있다.

셋째. 학교 방과 후 수업 및 교과학습 적용을 도입한 『학습속독』 과정으로 크게 나뉘고 있다. 학습속독은 논리속독의 훈련법을 바탕으로 하고 있으나 속독보다는 정독과 학과적용을 목표로 하여 속독이론의 응용으로 학습에 직접 적용, 학과목 성적향상을 도모하고 있다.

필자가 주장하는 실전속독의 경우는 브레인 속독의 창안자 김영철 박사에게 배웠지만 그 당시 영재교육에 심취해 있는 관계로 두뇌계발쪽에 치중하여 논리속독쪽에 더 가깝다고 할 수 있다. 그러면서도 3자녀를 가르치는 중에 학습에 직접 적용, 학과목 성적향상을 도모하고 있다. 그러면서도 SQ3R 독서법과 유사한 점이 많다. 실전속독의 모토는 완벽하게 읽어내되 속도는 빠르고 내용이해는 정확하며 적실하게 사용한다는 것이다.

12-7 속독능력향상을 위한 과제
(시폭확대, 순간이동, 집중력, 기억력, 몰입의 원리)

시폭확대

시폭이라 함은 일순간에 볼 수 있는 중심시야의 폭을 말하는데 훈련에 의해서 한 눈이 10-15글자까지도 가능하다고 한다. 만일 두 눈으로 한 번에 찍어본다면 20-30자 까지도 한 번에 볼 수 있다는 것이다. 이미 그 훈련방법을 기술했지마는 시폭확대 훈련을 하면 주변시야까지 넓어져서(활성화되어)글줄뿐만이 아니라 사물도 한눈에 흩어보되 정확하게 관찰하는 능력까지 길러진다.

시점의 순간이동 능력과 병렬처리 방식: 속독은 시폭만 확대된다고 되는 것이 아니다. 눈의 시선이 물 흐르듯이 자연스럽게 진행되되 찰나 간에 다음 줄로 이동해야 한다. 명시점의 순간이동능력이 배양되어야 진정한 속독이 되는 것이다. 사실 속독훈련의 절반은 여기에 할애된다고 해도 과언이 아니다.

자신이 초능력자가 아닌 이상은 글줄을 읽되 좌에서부터 우로 순차적으로 읽어 나가야 한다. 한 번에 두세 줄을 한꺼번에 읽어나가는 훈련을 하면 독서의 속도는 확실히 빨라지지만 우리 뇌가 병렬로 들어오는 정보를 처리하려면 워킹메모리를 통해 그것들을 마지막 정보가 들어 올 때까지 잠시 저장하고 조합해서 이해해야 한다는 것이다. 이것은 오히려 한줄 단위로 문장을 처리 할 때보다 속도가 늦어진다. 그렇게 하는 것보다 오히려 한 줄씩 번개처럼 읽어나가는 직렬방식이 뇌가 사고하는 데는 더 도움이 된다는 사실을 기억해야 한다. 초당 5줄 정도 읽어 들인다고 가정할 때 우리 두뇌가 그렇게 순차적으로 들어온 정보조차 분석하고 해석하는 것도 미처 따라잡지 못하는 게 현실이다. 일정기간 훈련하면 시각이 문제가 아니라 우리 두뇌의 한계가 문제라는 것을 깨닫게 된다. 그래서 생겨난 것이 논리속독이다. 두뇌를 개발하지 않으면 아무리 빨리 읽어도 무용지물이 되기 때문이다. 필자의 생각으로는 1-3초당 15줄만 읽어 들일 능력이 생기면 그때부터는 뇌력향상에 집중해야 한다는 것이다.

그리고 주변시야로 한번 흩어본 것을 뇌가 기억하리라고 생각해서는 안 된다. 우리가 대하는 정보는 그런 시각적이고 환경적인 정보가 주가 아니다. 학생들에게는 대부분 텍스트로 정보가 주어지는데 텍스트 정보는 거의 전두엽을 통해 분석하고 해석해야 하는 것이다.

뇌의 병렬처리를 훈련하는 것보다는 차라리 뇌력 향상훈련을 통해 우리의 뇌의 지각능력을 높이는 것이 더 중요하다고 본다.

집중력: 아무리 강조해도 지나치지 않다.

단언컨대 이것 하나만 있어도 웬만한 것은 해 낼 수 있다. 집중하되 아무것에나 집중하는 것이 아니라 꼭 필요하다고 생각되는 일에 집중할 수 있는 자기 통제력이 있어야 진짜 집중력이라고 할 수 있다. 전 재산을 날리면서도 도박에 빠진 사람처럼 집중의 대가가 있을 수 있을까? 마약으로 정심과 몸이 망가지면서 죽어가는 사람처럼 집중 잘하는 사람이 있을까? 사행성 오락에 빠져 파산 지경에 이른 사람처럼 집중 잘 할 수 있을까?

위 사람들은 상당히 집중을 잘 한 사람이지만 집중해서는 안 될 일에 집중한 사람들이다. 타락한 본성에 몸을 내어 맡기고 이기적이고 탐욕적인 욕심에 매여서 쉽게 그렇게 한 것이지 뼈를 깎는 고통을 감내했다거나, 안락하고 쉬운 그런 무언가를 포기하고 그렇게 한 사람들이 아니다. 집중은 올바른 통찰력을 가지고 자기를 통재하는 사람만이 가질 수 있는 것이다.

기억력

아무리 빨리 읽고 소화했어도 그것을 다시 기억해 내지 못한다면 시험을 치르는 데에는 별로 도움이 되지 못한다. 시험은 우리 인격의 됨됨이나 삶의 태도를 물어보는 것이 아니라 글의 중심 주제나 괄호 넣기, 또 함정문제를 만들어 대상자들의 점수 차를 내게 하여 순위를 매기는 데에 있다. 이런 문제를 대비하기 위해서는 읽은 내용을 기억하는 기억력과 함께 전체의 구조를 파악하고 문제에 대응하는 지능을 필요로 한다.

나 자신이 원한다고 우리 뇌가 무작정 모든 것을 기억하는 것은 아니다. 우리가 독서할 때에 워킹 메모리가 가동되는데 이 메모리는 한계가 있어서 다 기억하지 못한다. 우리가 머리가 나쁜 것이 아니라 우리 뇌의 메커니즘이 그런 것이기에 우리는 정보들을 기억하는 방법을 바꿔야 한다.

매사에 흥미를 갖고 적극적인 자세로 임해야 하며, 필요한 정보들은 이미지화해서 장기기억으로 옮겨 놔야 한다. 연상기억법등 손쉬운 기억법 등을 훈련하고 실제 사용해야 한다.

이해력, 집중력, 몰입의 원리

13. 파동 속독훈련(15줄 명시점 이동 훈련, 13줄 심상훈련)
13-2. 이해력을 높이려면
13-3. 집중력을 높이려면
13-4. 집중력을 높이는 음악
13-5. 몰입의 원리, 즐겨라!
13-6. 잠재력을 일깨우는 몰입 5 단계

목표
1. 이해력, 집중력, 몰입의 원리를 알고 실제 학습에 적용하기
2. 실생활 속에서 적용할 수 있는 방법을 찾아 실행해 본다.

13 파동 속독훈련
(15줄 명시점이동 훈련, 13줄 심상훈련)

① 파동속독 쉬트를 보면서 100회 실시
② 심상으로 6줄 훈련을 합니다.

13-2 이해력을 높이려면

어휘력이 있어야 하고 읽고 있는 책의 주제에 관한 사전 배경지식이나 경험, 그리고 추론하고 사고하는 종합적인 능력이 있으면 쉬운 문제다. 철이 철을 날카롭게 하듯이 많이 알수록 더 많이 알아지는 게 독서의 세계이다.

이해력은 종합적인 능력이라 이것만을 높이기 위한 별도의 훈련은 없지만 어려운 문장에 대한 의미파악 훈련 등이 도움이 된다.

중학생 문장이해력 세계 1위

한국 중학생의 문장 이해 능력이 전 세계에서 가장 뛰어난 것으로 조사됐다고 홍콩 언론이 2006년. 4월 4일 보도했다. 홍콩 중문대 캐서린 맥브라이드 교수가 전 세계 43개국의 15세 중학생 19만 명을 대상으로 학업성취도국제비교(PISA) 방식에 따라 독서 능력을 비교한 결과, 한 편의 문장을 읽고 뜻을 이해하지 못하는 '비문해자(非文解者)'의 비율이 한국은 1.2%(남학생 1.5%, 여학생 0.8%)로 43개국 중 가장 낮은 것으로 나타났다. 이어 핀란드(1.5%), 네덜란드(1.9%), 캐나다(1.9%), 홍콩(2.7%) 등이 비교적 낮은 것으로 나타났다.

독서능력 비교에선 한국 중학생들이 525점(1000점 만점)으로 8위에 올랐다. 547점을 받은 핀란드가 1위를 차지한 데 이어 캐나다, 네덜란드, 뉴질랜드, 호주, 아일랜드, 홍콩 순이었다. 2006년. 4월 5일

* 필자의 생각으로는 한글이 우수하기 때문에 상대적으로 우리 중학생들이 더 유리하지 않았을 까 생각한다.

1) 별도의 훈련을 하기보다는 학과 공부를 하면서, 관련서적을 읽는 것으로 이해력을 높이는 게 제일 좋을 듯 싶다.
2) 한자는 기본, 아울러 사자성어, 격언, 금언 속담, 순 우리말, 가차어, 합성어 등을 배워야 한다.
3) 여행이나 견학 등을 통해 몸으로 느끼고 배우게 한다.
4) 책을 읽는다.

세계에서 가장 빠른 새는 눈 깜짝 할 새

사람이 어떤 물체를 볼 때 빛이 각막, 수정체 유리체를 통과하여 얇은 반투명 벽지 모양의 망막에 정확히 초점을 맞춘다. 망막에는 1억 3,700만개의 감광 세포가 들어 있는데, 그 중 1억 3000만개의 명암을 식별하는 작용을 하는 막대기 모양의 세포(간상세포)이고, 700만개(또는 600만개라고도 한다)는 색과 형태를 식별하는 기능을 하는 원추모양의 세포(추상세포)로 구성되어 있다.

망막에 상을 맺힌 후 시신경으로 들어가 시속 약 480km의 속도로 대뇌 후두엽의 시각령에 전해진다. 뇌는 홍수같이 밀려드는 신호를 해석하여 사람이 본 물체가 무엇인가를 판단을 내린다. 이 모든 일을 처리하는데 0.002초 밖에 안 걸린다.

13-3 집중력을 높이려면

정신일도 하사불성이란 말이 있지만 정신을 집중하면 속도도 빨라지고 이해력도 뇌력도 높아져서 평소보다 학습능률이 높아지는 것은 어쩔 수 없는 사실이다.

대부분 공부 못하는 학생들은 집중력이 떨어진다. 머리가 좋으면 반드시 집중력이 높은 것이 아니라 집중력은 본인의 의지문제에 달려있다.

그러면 보통 사람은 어느 때에 집중력이 가장 높은가?

그거야 자신이 가장 흥미 있어 하는 일을 할 때이겠지마는 일반적으로 아침밥을 먹은 후와 저녁밥을 먹는 후다. 대부분의 공부나 작업은, 아침부터 오전까지가 최적상태인데 그 때가 체온도 낮아서(자고 일어나면 체온이 낮습니다.) 몸 상태도 상당히 쾌적하고, 집중력도 잠으로 보충 받은 상태이기 때문에 가장 좋다는 것이다.

만유인력의 법칙을 발견한 뉴턴은 약점투성이었다.

그는 달걀을 삶는다면서 끓는 물에 시계를 집어넣은 적도 있었다. 한번은 난롯불에 화상을 입은 줄도 모르고 연구에 몰입했다. 뉴턴은 불에 덴 곳을 어루만지며 하인에게 당부했다. "제발 저 난로를 좀 옮겨주게" 하인은 어처구니가 없어 작은 목소리로 속삭였다. "주인님, 난로를 옮기는 것보다 주인님이 난로에서 조금 떨어져 앉으시는 것이 어떨까요" 그러자 뉴턴은 신음처럼 중얼거렸다. "음, 그렇군" 뉴턴의 결혼식 날에도 결혼 사실을 깜빡 잊어버린 채 연구실에 홀로 남아 있었다. 또 20년 동안 준비해온 자료를 개가 물어가는 것도 모른 채 연구에 몰입했다.

약점 투성이인 뉴턴이 대학자가 된 것은 두 가지 장점 때문이었다. 그것은 '집중력'과 '낙천적 인생관' 이었다. 이 장점이 많은 약점들을 상쇄시켰다. 성공한 사람들은 보통 무서운 집중력과 낙천적 인생관을 갖고 있다. 하나님은 표정이 밝은 사람을 축복하신다.

거의 모든 게임은 집중력을 요구하고 있다. 컴퓨터 게임대신에 바둑이나 두뇌퍼즐도 도움이 된다. 그런데 이 집중력은 자기 통제력과 함께 해야 한다. 게임이나 흥미위주의 놀이를 참아내고 학습과 유용한 작업에 집중할 수 있어야 진짜 집중력이 있는 것이다.

게임은 두 세 시간 집중하면서 공부는 1시간도 못한다면 이건 집중력이 없는 것이다.

13-4 집중력을 높이는 음악

집중력, 지속력이 높은 음악
1. 베토벤 / 에그몬트 서곡
2. 바흐 / 토카타 D장조
3. 바흐 / 브란덴 부르크 협주곡
4. 비제 / 카르멘 "투우사의 아리아"
5. 헨델 / 수상음악
6. 무소르그스키 / 전람회의 그림
7. 차이코프스키 / 피아노 협주곡 제1번

기억력이 좋아지고 공부가 잘 되는 음악
1. 라벨 / 볼레로
2. 무소르그스키 / 전람회의 그림
3. 베를리오즈 / 헝가리 행진곡
4. 차이코프스키 / 슬라브 행진곡
5. 마이어베어 / 대관식 행진곡

의욕이 넘치도록 도와 주는 음악
1. 드보르자크 / 바이올린 협주곡 A단조 작품 53
2. 바르토크 / 바이올린 협주곡 제2번
3. 헨델 / 바이올린 소나타 제3번 F장조 작품 1의 12
4. 모차르트 / 교향곡 제38번 D장조 K504 "프리히"
5. 베토벤 / 교향곡 제3번 E장조 작품 55 "영웅"

긴장을 풀어 주는 음악
1. 슈베르트 / 환상곡 C장조 D760 "방랑인"
2. 베토벤 / 교향곡 제6번 F장조 작품 68 "전원"
3. 슈만 / 교향곡 제3번 E장조 작품 97 "라인"
4. 모차르트 / 플루트 협주곡 제1번 G장조 K313

머리가 맑아지는 음악
1. 모차르트 / 피아노 협주곡 제9번 E 장조 K271 "죄놈"
2. 베토벤 / 교향곡 제4번 B장조 작품 60
3. 차이코프스키 / 발레 모음곡 "백조의 호수" 작품 20
4. 하이든 / 트럼펫 협주곡 E장조 Hob Vle-1

시험 전날 긴장을 풀기 위한 음악
1. 슈베르트 / 교향곡 제8번 B단조 D759 "미완성"
2. 브람스 / 교향곡 제1번 C단조 작품 68
3. 드보르자크 / 첼로 협주곡 B단조 작품 104
4. 시벨리우스 / 교향시 "어떤 전설" 작품 9
5. 베토벤 / 교향곡 제1번 C장조 작품 21
6. 바흐 / 관현악 모음곡 제3번 D장조 BWV1068

창의력을 키워 주는 음악
1. 차이코프스키 / 발레 모음곡 "호두까기 인형" 작품 71
2. 드보르자크 / 교향곡 제9번 E단조 작품 95 "신세계에서"
3. 베토벤 / 바이올린 소나타 제5번 F장조 작품 24 "봄"
4. 모차르트 / 서곡 "코시 판 투테" K588

집중력, 지구력을 길러 주는 음악
1. 몰터 / 두 개의 트럼펫 협주곡 D장조 MS333
2. 몰터 / 트럼펫 협주곡 D장조 MS333
3. 차이코프스키 / 슬라브 행진곡 작품 31
4. 퍼셀 / 트럼펫 서곡 "인도의 여왕"

업무 능률이 배가되는 음악
1. 쇼팽 / 마주르카 17번 B단조
2. 쇼팽 / 피아노 협주곡 제1번 E단조 작품 11
3. 요한 슈트라우스 2세 / 왈츠 "남극의 장미"
4. 베토벤 / 교향곡 제6번 F장조 작품 68 "전원"

실용속독훈련(학습 60분, 연습 60분을 기준으로 합니다)

기억력을 향상시켜 주는 음악
1. 모차르트 / "피가로의 결혼" 서곡
2. 바흐 / 관현악 모음곡 제3번 D장조 BWV 1068
3. 요한 슈트라우스 2세 / 왈츠 "아름답고 푸른 도나우" 작품 314
4. 베토벤 / 엘리제를 위하여
5. 헨델 / 합주 협주곡 D장조 작품 6의 5
6. 베토벤 / 피아노 협주곡 제5번 E장조 작품 73 "황제"
7. 차이코프스키 / 피아노 협주곡 제1번 B단조 작품 23

심신의 피로를 풀어 주는 음악
1. 요한 슈트라우스 2세 / 왈츠 "빈 기질" 작품 354
2. 리하르트 슈트라우스 / "장미의 기사" 중에서 "왈츠"
3. 그리그 / "페르.귄트" 제1모음곡 작품 46
4. 헨델 / 합주 협주곡 D장조 작품 6의 5
5. 멘델스존 / 바이올린, 협주곡 E단조 작품 64
6. 비발디 / 바이올린 협주곡 "사계" 작품 8-1-4

스트레스 · 두통에 좋은 음악
1. 베토벤 / 바이올린 소나타 제5번 F장조 작품 24 "봄"
2. 베토벤 / 교향곡 제2번 D장조 작품 36
3. 슈베르트 / 교향곡 제8번 B단조 D759 "미완성"
4. 차이코프스키 / 유모레스크 작품 10의 2
5. 드보르자크 / 바이올린 협주곡 A단조 작품 53

할 수만 있다면 가능한 모든 방법을 동원해서라도 집중할 수 있도록 하자!

13-5 몰입의 원리 - 푸 -우 -욱! 빠져 버리는 것이다.

1) 뭔가 중요한 것을 놓칠까 두려워 몰입을 못하는 사람은 메모해서 잘 보이게 붙여놓고
   - 안심하고 몰입하는 습관을 들여라!
2) 가장 좋은 학습의 원리는 몰입하는 것이다. 그것을 좋아하고 즐기는 것 이상으로 더 좋은 것이 무엇이 있겠는가?
3) 영화나 소설을 읽거든 자신이 주인공이 되어 울고불고 웃고 즐거워하라.
4) 지겨운 전공서적을 읽을 때도 이것이 나의 생명줄인양 흥미를 갖고 다른 사람에게 가르칠 양으로 배워라.

폭 빠져 버리는 것이야말로 가장 자연스럽고 가장 집중력이 높고 가장 효과적인

학습이 될 것이다. 속독도 몰입해야 한다. 웬만하면 한 시간 안에 읽는 책인데 이정도 몰입하지 못해서야 무슨 일을 하겠는가? 한번 몰입하면 에너지도 많이 소비되기에 다이어트도 될 것이고, 기억도 잘 될 것이고, 속도도 빠를 것이고, 시간가는 줄 모르고 하게 될 것이다.

 책 소개 : 몰입 Think hard! – 인생을 바꾸는 자기 혁명

숨은 잠재력을 일깨우고 행복에 이르는 방법을 가르쳐주는 구체적인 지침서
이 책의 저자 황농문 교수는 30년 가까이 공학 연구에 몸담아 온 공학자며 '하전된 나노 입자 이론'으로 최우수논문상을 수상한 과학자다. 1990년부터 몰입적 사고를 하며 연구를 수행했고 그때의 경험이 그의 삶을 180°바꿔 놓았다. 저자는 몰입이 잠재된 우리의 두뇌 능력을 첨예하게 일깨워 능력을 극대화하고 삶의 만족도를 최고로 끌어올리는 방법이라고 이야기한다. 그리고 이 책에서 '왜 우리가 몰입적 사고를 해야 하는지' '어떻게 몰입으로 천재성을 끄집어낼 수 있는지'에 대해 구체적인 해답을 제시한다.
저자는 지금까지의 경험을 바탕으로 몰입의 개념과 필요성을 새로운 시각에서 정의하고 이제껏 들을 수 없었던 '몰입에 이르는 구체적인 방법'을 가르쳐준다. '생각' 자체는 눈에 보이지 않지만, 고도의 집중력을 발휘한 몰입은 확실히 눈에 띄는 생산적인 결과를 만들어낸다. 이 책은 불안과 우울을 고질병처럼 안고 사는 현대인들에게 '인생을 획기적으로 바꾸는 몰입적 사고'를 가르쳐주는 충실한 안내서가 될 것이다.

출판사 서평
스스로 뉴턴의 미분을 풀어낸 중학생부터 마이크로소프트, IBM, 3M의 몰입경영까지, 어디서든 주목받는 1%가 되게 하는, 몰입의 위대함

을 과학적으로 증명한 최초의 책!
몰입 상태에서는 자신감이 솟구치며 호기심이 극내화된다. 평소에는 어렵게만 느껴지던 어려운 문제들이 쉽게 풀리고 삶의 만족도 또한 높아진다. 이런 경험을 바탕으로 저자는 몰입 상태에서는 두뇌활동이 극대화되고 가장 빠른 속도로 사고력이 발전한다는 결론을 내렸다. 또한 그는 SBS스페셜〈몰입〉을 통해 이것이 몇몇 천재들만의 전유물이 아니라는 사실을 증명했다. 몰입적 사고로 한 번도 배우지 않은 수학 문제를 풀 수 있을까에 대한 이 실험에서, 처음으로 뉴턴의 미분 문제를 푼 학생은 문제를 받자마자 골똘히 생각에 집중한 아이였다.

몰입적 사고를 교육에 접목시키는 것은 유대인의 영재교육에서 가장 쉽게 찾아볼 수 있다. 노벨상 수상자의 23%를 차지하는 유대인들은 어려운 질문을 던지고 스스로 해결하게 하는 방식으로 교육해 어릴 적부터 사고하는 습관을 기르고, 결국에는 몰입적 사고를 할 수 있는 사람으로 만들었다. 이것은 황농문 교수의 '사고력을 높이는 질문식 학습'과도 맥락을 같이 한다.

그는 직장에서도 몰입을 적용하여 능력을 최대로 끌어올릴 수 있다고 말한다. 실제로 세계 초일류 기업 마이크로소프트와 IBM, 3M 등은 사고의 힘과 몰입의 중요성을 깨닫고 경영 일선에서 이를 실천하고 있다. 빌 게이츠가 2주 동안의 사고주간(Think week)을 갖는 것이나 IBM의 경영철학 'Think smart', 참신한 아이디어 상품의 천국 3M 등은 몰입을 통해 개인의 능력을 최고로 끌어올리고, 그들로 하여금 회사를 업계 1위로 우뚝 서게 만들었다.

1분밖에 생각할 줄 모르는 사람은 1분 걸려서 해결할 수 있는 문제밖에 못 푼다. 60분 생각할 수 있는 사람은 그보다 60배나 난이도가 높은 문제를 해결할 수 있으며, 10시간 생각하는 사람은 600배나 난이도가 높은 문제를 해결할 수 있다. 또 일을 열심히 하면 남들보다 10~20% 연봉을 더 받을 수 있을 뿐이지만 두뇌를 개발하면 남들보다 10배, 100배 연봉을 더 받을 있음은 물론 절대 따라잡을 수 없는 자기 발전을 이룰 수 있다. 주입식 교육으로 신동도 바보로 만든다고 비판받는 우리 교육이나 야근을 강제하는 직장 현실 속에서 창의

성과 사고력으로 무장한 新인재를 키우는 데 몰입만 한 기술은 없을 것이다. 저자가 제안한 잠재력을 일깨우는 몰입 5단계를 통해 자신도 발견하지 못했던 우리 안의 천재성을 끄집어낼 수 있음을 확인하게 될 것이다.
내 생애 최고의 특별한 행복으로 가는 길, "무엇인가 간절히 원할 때 몰입하라"

목차
prologue 몰입, 최고의 나를 만나는 기회
intro 몰입 상태에서 경험한 문제 해결의 순간

1장 Work Hard에서 Think Hard로 '생각'을 이동하라
세상을 바꾼 천재들의 생각법
스스로 미분을 풀어낸 중학생들
자유롭고 자연스러운 흐름, 몰입
나의 특별한 몰입 체험
무리하지 않으면서 꾸준히 공부하는 비법
Work Hard에서 Think Hard의 패러다임으로

2장 본격적인 몰입을 시도하기 위하여
몰입에 들어가기 전에 준비할 것들
완전한 몰입에 들어가는 3일간의 과정
몰입 이후에 알게 되는 것들
몰입의 즐거움과 주의할 점
천천히 생각하기의 중요성
몰입 상태에서의 문제 해결력
당신이 잠든 사이에 문제는 풀린다
세렌디피티와 꿈속에서의 영감

행복의 절정
보다 의미 있는 삶으로 이끄는 가치관의 변화

이해력, 집중력, 몰입의 원리 | 13Day

고도의 몰입에 이르는 순간 당신은 최고가 된다

3장 몰입은 뇌도 춤추게 한다
몰입의 징후
뇌과학으로 본 몰입
쾌감회로와 도파민, A10 신경, 그리고 시냅스
우리 몸은 목적을 원한다
종교가 있으면 몰입하기 쉽다
활동 위주의 몰입과 사고 위주의 몰입
능동적인 몰입과 수동적인 몰입
능동적인 몰입을 유도하는 죽음에의 통찰

4장 교육과 몰입
사고력을 높이는 학습법
창의성과 창의적 노력이란
몰입하면 정말 공부를 잘할까
천재성을 일깨우는 생각의 힘
몰입적 사고를 실천하는 유대인의 영재교육

5장 직장생활과 몰입
생각과 몰입이 최고의 경쟁력이다
몰입중인 기업들
직장에서 몰입을 적용하는 방법

6장 몰입에 이르는 다섯 단계
제1단계 | 생각하기 연습
제2단계 | 천천히 생각하기
제3단계 | 최상의 컨디션 유지
제4단계 | 두뇌 활동의 극대화
제5단계 | 가치관의 변화
당신도 몰입할 수 있다

소망하고 추구하는 것을 실현시키는 몰입적 사고

epilogue
작가소개 : 황농문 - 서울대학교 공과대학 금속공학과를 졸업하고, KAIST에서 석사/박사 학위를 취득했다. 한국표준과학연구원 선임 및 책임연구원, 미국 국립표준기술원National Institute of Standards and Technology의 객원 연구원으로 근무했고 현재 서울대학교 재료 공학부 부교수로 재직 중이다. 그는 7년 동안 절정의 몰입상태에서 수행한 연구 경험을 바탕으로 몰입적 사고가 두뇌를 최대로 활용하고 최고의 인생을 살 수 있는 방법임을 확인하였다. 실제로 그는 몰입적 사고를 생활화하여 50년 이상 아무도 풀지 못한 난제들을 해결한 것은 물론, 자신의 능력을 100% 활용하고 있다는 만족감과 지극한 행복감을 느꼈다. 그리고 여기에서 한 걸음 나아가 미래에 대한 불안과 우울을 고질병처럼 안고 사는 현대인들에게 '인생을 바꾸는 새로운 패러다임'을 가르쳐주기 위해 이 책을 집필하였다. 그는 몰입적 사고를 통해 과학자이자 교수로서 괄목할 만한 연구 성과를 이루었다. 몰입전도사이자 국내 최고의 몰입전문가로 CEO와 직장인, 학부모, 공무원 등을 대상으로 활발한 몰입 강연을 하고 있으며 창조적 기업경영과 영재교육을 위한 몰입적 사고로 각계의 주목을 받고 있다.

출처: YES 24

13-6 잠재력을 일깨우는 몰입 5 단계

1단계 20분

생각하기 마라톤처럼 몰입도 준비운동이 필요하다. 생각할 문제를 선정하고 하루에 20분씩 다섯 번, 오직 그 문제에 집중한다. 사고력에 대한 자신감이 생기는 단계.

2단계 2시간 생각하기

10km 마라톤 준비. 좀 더 어려운 문제를 선정하여 2시간 동안 생각하되, 의자에 앉아 머리를 뒤로 편히 젖히고 산책을 하듯 천천히 생각한다.

3단계 하루 종일 생각하기

하프 코스 지점이다. 직장인이나 학생은 3단계까지만 체득해도 엄청난 발전을 목격할 수 있다. 2시간 생각하기와 하루 종일 생각하기를 번갈아 가며 반복하되, 땀을 낼 수 있는 운동을 하루 한 시간씩 규칙적으로 한다. 최상의 컨디션이 유지된다.

4단계 7일간 생각하기

풀코스 도전. 고도의 몰입에 이르기 직전 단계로 난이도가 높은 문제를 일주일 동안 생각한다. 두뇌활동이 극대화되는 단계.

5단계 몰입의 절정

풀코스를 완주한 뒤 달라진 자신의 모습을 확인하는 과정이다. 지극한 행복감과 가치관의 변화를 발견할 수 있다.

어떤 산의 정상에 올라가는 데 평균 3시간이 걸린다고 하자. 만약 이 산을 30분 만에 올라가야 한다면 그야말로 지옥의 산행이 될 것이다. 그러나 4~5시간에 걸쳐 천천히 산책한다는 기분으로 올라간다면 등산은 즐거운 놀이로 변화하게 된다. 등산처럼 몰입은 적어도 3일 이상 일상의 모든 것을 잊고 오로지 풀어야 할 문제만을 생각해야 들어갈 수 있는 고도의 정신활동이다. 따라서 열심히 생각하기(Think Hard)를 실천하되 천천히 생각하기(Slow Thinking), 계속 생각하기(Keep Thinking), 깊은 생각하기(Deep Thinking)의 과정을 거쳐 생각하는 재미(Fun Thinking)를 느끼는 경지에 도달해야 한다. 그리고 이런 순서로 몰입하면 체계적으로 몰입도를 올릴 수 있고, 자신의 지적 능력을 발휘할 수 있으며, 일에 대한 재미도 느낄 수 있다. 위의 몰입 5단계는 이런 과정을 적용하여 몰입도를 올리는 방법이다. 5단계를 실천하면 스트레스 때문에 능률이 떨어지고, 능률이 떨어져 성과가 낮아지고 결국 다시 스트레스를 받게 되는 삶의 악순환을 끊을 수 있다.

일 자체가 이루고 싶은 목적이 되어야 능률도 오르고 성공할 확률도 높아진다. 공부도 마찬가지다. 공부 자체를 즐겨야 상위 1%도 되고 천재도 될 수 있다. GE 전 회장 잭 웰치는 "내 시간의 75%는 핵심 인재를 찾고 배치하는 데 썼다"고 했다. 지금 이 시대가 필요로 하는 것은 사고력과 창의력을 가진 열정적인 인재다. 몰입은 기대와 부담을 즐기고 창의적인 아이디어를 떠오르게 하여, 해야 할 일을 즐거운 일이 되게 하는 것은 물론 생산적 성과로까지 이어질 수 있도록 유도한다.

지금 해야 하는 일, 해야 하는 공부를 세상에서 가장 숭고한 목표로 만들어라. 생각하는 습관을 들이고 몰입에 이르는 단계를 하나씩 실천한다면 누구든 성공과 행복을 거머쥘 수 있을 것이다.

출처: YES 24 출판사 리뷰 인용

관련도서 책소개 *SBS스페셜 '몰입, 최고의 나를 만난다' 방영

어휘력훈련

14. 파동 속독훈련(15줄 명시점 이동 훈련, 15줄 심상훈련)
14-2. 어휘력 훈련
14-3. 어휘력 훈련 1 사자성어 뜻 읽히기
14-4. 어휘력 훈련 2 우리말 관용어
14-5. 어휘력 훈련 3 속담, 관용구
14-6. 어휘력 훈련 4. 순우리말 다음의 뜻을 밝히시오!

목표

어휘력을 단시간에 높일 수 있는 방법
학교의 학습용어의 75%는 한자어이다.
영어단어를 외우듯이 그렇게 한글을 배운다면 엄청난 어휘력을 지닐 수 있건만!

이번 기회에 국어사전도 하나 사주자.
사정이 되면 전자사전을 사서 보게하자. 확실히 달라질 것이다.

14 파동 속독훈련
(15줄 명시점이동 훈련, 15줄 심상훈련)

① 파동속독 쉬트를 보면서 100회 실시
② 심상으로 15줄 훈련을 합니다.

14-2 어휘력 훈련

 학생, 학부모, 교육 전문가 대부분 '영어는 단어가 기본' 이라는 인식 하에 영단어 외우기에 열중하지만 정작 우리말 어휘력의 중요성은 간과하고 있다. 어휘력이 부족하면 선생님의 설명과 시험 문제의 지문을 이해하지 못하고 혼자 독서하는 데 쉽게 지친다.

 학교 공부란 책을 읽고 그 속에 담긴 지식과 생각을 바르게 이해하며, 자기 생각을 말과 글을 통해 정확히 표현하는 것이다. 그러므로 학교 공부는 다양한 어휘를 마음껏 사용하는 활동이라고 해도 지나친 말이 아니다. 독서를 잘하려면 어휘력이 있어야 한다. 특히 학교 교육이 시작되는 초등학생 때 어휘력을 늘려 놓지 않으면 논술이나 수능 등 심화된 시험과 교과 과정에 맞닥뜨리게 되는 중고 과정에서는 뒤쳐지게 된다.

 우리 자녀들이 다니는 학교의 수업시간에 사용되는 어휘의 90% 이상은 한자어이다. 당연히 영어를 가르치려면 영단어를 먼저 가르쳐야 하듯, 학습을 시키려면 우리말의 어휘를 가르쳐야 하는데 초등학교 교과서에 나오는 어휘는 모두 30,000여 개에 달하며, 그 가운데 반 이상이 한자 어휘이다.

 이것을 다 가르쳐서 알게 하려면 꽤 시간이 걸리고 보통일이 아니다. 그래서 배우지 않아도 이미 알고 있는 지식을 기반으로 짐작할 수 있는 능력이 필요하다. 어휘를 추론하는 힘을 키워주면 새로운 어휘가 나오더라도 당황하지 않고 스스로 어휘를 이해할 수 있기 때문이다. 독서를 하면서 스스로 깨우치거나 사전이나 부모에게 물어서 알아가는 방법이 가장 좋기는 하지만 시간과 환경의 제약을 받게 되기에 아예 초등학교 한자를 가르치는 것이 가장 바람직하다는 것이다. 한자와 그 조어 방식을 가르치면 대략 한자 3,000자를 배우면 약 50,000만자의 단어유추가 가능하기에 어휘력 향상에 상당한 도움이 된다.

어휘력이 중요하다고 무작정 읽고 쓰게 하면 아이들은 흥미를 잃고 쉽게 지치기 마련이다.
전문가들의 조언을 빌리자면 대략 이런 수순으로 가르치는 것이 좋다고 한다.

1) Vision(상상력) - 먼저 재미있는 이야기 속에서 어휘의 뜻을 상상하며 유추하도록 한다.

2) Insight(통찰) - 학습 어휘의 90% 이상이 한자어이기 때문에 한자를 알고 이를 분석하다 보면 자연스럽게 어휘의 구성 원리를 터득하게 되며, 이때 유추와 분석의 과정을 통해 자연스럽게 그런 능력이 생긴다.

3) Variety(확장) - 하나를 배우면 열을 알듯이 같은 한자가 쓰인 어휘, 같은 주제의 어휘들을 소개하고 같이 익히도록 배치한다.

4) Application (활용)- 머리를 자극하는 퍼즐게임, 낱말 맞추기 게임등 어휘 활용 능력을 키우고, 학생 스스로 흥미를 갖도록 지도해야 한다.

14-3 어휘력 훈련 1 사자성어 뜻 익히기

街談巷說(가담항설) 佳人薄命(가인박명) 刻骨難忘(각골난망) 刻骨痛恨(각골통한)
角者無齒(각자무치) 刻舟求劍(각주구검) 感慨無量(감개무량) 甘言利說(감언이설)
改過遷善(개과천선) 擧案齊眉(거안제미) 格物致知(격물치지) 隔世之感(격세지감)
牽强附會(견강부회) 見利思義(견리사의) 犬馬之勞(견마지로) 結者解之(결자해지)
結草報恩(결초보은) 輕擧妄動(경거망동) 傾國之色(경국지색) 經世濟民(경세제민)
驚天動地(경천동지) 鷄卵有骨(계란유골) 鷄鳴狗盜(계명구도) 孤軍奮鬪(고군분투)
孤立無援(고립무원) 鼓腹擊壤(고복격양) 姑息之計(고식지계) 孤掌難鳴(고장난명)
苦盡甘來(고진감래) 高枕安眠(고침안면) 曲學阿世(곡학아세) 空前絕後(공전절후)
空中樓閣(공중누각) 誇大妄想(과대망상) 過猶不及(과유불급) 口尙乳臭(구상유취)
九折羊腸(구절양장) 舊態依然(구태의연) 群鷄一鶴(군계일학) 群雄割據(군웅할거)
窮餘之策(궁여지책) 權謀術數(권모술수) 勸善懲惡(권선징악) 克己復禮(극기복례)
近墨者黑(근묵자흑) 金科玉條(금과옥조) 金蘭之契(금란지계) 錦上添花(금상첨화)
錦衣夜行(금의야행) 錦衣還鄕(금의환향) 金枝玉葉(금지옥엽) 起死回生(기사회생)
吉凶禍福(길흉화복)

落花流水(낙화유수) 難攻不落(난공불락) 內憂外患(내우외환) 內柔外剛(내유외강)
綠衣紅裳(녹의홍상) 論功行賞(논공행상) 弄瓦之慶(농와지경) 累卵之勢(누란지세)

多多益善(다다익선) 斷機之戒(단기지계) 單刀直入(단도직입) 大驚失色(대경실색)
大器晚成(대기만성) 大聲痛哭(대성통곡) 道聽塗說(도청도설) 塗炭之苦(도탄지고)
獨不將軍(독불장군) 同價紅裳(동가홍상) 同病相憐(동병상련) 東奔西走(동분서주)
同床異夢(동상이몽) 燈下不明(등하불명) 燈火可親(등화가친) 莫逆之友(막역지우)
萬頃蒼波(만경창파) 罔極至恩(망극지은) 茫然自失(망연자실) 梅蘭菊竹(매란국죽)
孟母斷機(맹모단기) 孟母三遷(맹모삼천) 面從腹背(면종복배) 滅私奉公(멸사봉공)
明鏡止水(명경지수) 名實相符(명실상부) 明若觀火(명약관화) 目不識丁(목불식정)

目不忍見(목불인견) 武陵桃源(무릉도원) 勿失好機(물실호기) 物我一體(물아일체)
美辭麗句(미사여구)

薄利多賣(박리다매) 拍掌大笑(박장대소) 博學多識(박학다식) 博學審問(박학심문)
拔本塞源(발본색원) 傍若無人(방약무인) 背恩忘德(배은망덕) 白骨難忘(백골난망)
百年河淸(백년하청) 白面書生(백면서생) 伯牙絶絃(백아절현) 百折不屈(백절불굴)
伯仲之勢(백중지세) 百害無益(백해무익) 夫爲婦綱(부위부강) 夫唱婦隨(부창부수)
附和雷同(부화뇌동) 不問曲直(불문곡직) 非一非再(비일비재) 氷炭之間(빙탄지간)

士農工商(사농공상) 沙上樓閣(사상누각) 死生決斷(사생결단) 四書三經(사서삼경)
事必歸正(사필귀정) 殺身成仁(살신성인) 三綱五倫(삼강오륜) 森羅萬象(삼라만상)
三旬九食(삼순구식) 桑田碧海(상전벽해) 塞翁之馬(새옹지마) 先公後私(선공후사)
雪上加霜(설상가상) 騷人墨客(소인묵객) 小貪大失(소탐대실) 束手無策(속수무책)
速戰速決(속전속결) 送舊迎新(송구영신) 首丘初心(수구초심) 壽福康寧(수복강녕)
手不釋卷(수불석권) 修身齊家(수신제가) 守株待兎(수주대토) 宿虎衝鼻(숙호충비)
脣亡齒寒(순망치한)

億兆蒼生(억조창생) 言語道斷(언어도단) 嚴妻侍下(엄처시하) 如履薄氷(여리박빙)
易地思之(역지사지) 緣木求魚(연목구어) 五里霧中(오리무중) 吾鼻三尺(오비삼척)
烏飛梨落(오비이락) 傲霜孤節(오상고절) 烏合之卒(오합지졸) 溫故知新(온고지신)
外柔內剛(외유내강) 搖之不動(요지부동) 欲速不達(욕속부달) 龍頭蛇尾(용두사미)
龍味鳳湯(용미봉탕) 愚公移山(우공이산) 優柔不斷(우유부단) 牛耳讀經(우이독경)
遠交近攻(원교근공) 危機一髮(위기일발) 柔能制剛(유능제강) 有名無實(유명무실)
有備無患(유비무환) 唯我獨尊(유아독존) 類類相從(유유상종) 悠悠自適(유유자적)
隱忍自重(은인자중) 陰德陽報(음덕양보) 吟風弄月(음풍농월) 異口同聲(이구동성)
泥田鬪狗(이전투구) 離合集散(이합집산) 因果應報(인과응보) 仁者無敵(인자무적)
一擧兩得(일거양득) 一刀兩斷(일도양단) 一罰百戒(일벌백계) 一絲不亂(일사불란)

一石二鳥(일석이조) 一場春夢(일장춘몽) 一觸卽發(일촉즉발) 一寸光陰(일촌광음)
日就月將(일취월장) 一波萬波(일파만파) 一筆揮之(일필휘지)

朝三暮四(조삼모사) 縱橫無盡(종횡무진) 坐不安席(좌불안석) 坐井觀天(좌정관천)
左衝右突(좌충우돌) 晝耕夜讀(주경야독) 走馬看山(주마간산) 酒池肉林(주지육림)
竹馬故友(죽마고우) 衆寡不敵(중과부적) 衆口難防(중구난방) 指鹿爲馬(지록위마)
支離滅裂(지리멸렬) 至誠感天(지성감천) 進退兩難(진퇴양난)

此日彼日(차일피일) 千慮一得(천려일득) 千辛萬苦(천신만고) 天壤之差(천양지차)
千載一遇(천재일우) 千篇一律(천편일률) 淸風明月(청풍명월) 草綠同色(초록동색)
寸鐵殺人(촌철살인) 追(추)　落葉(낙엽) 忠言逆耳(충언역이) 取捨選擇(취사선택)

卓上空論(탁상공론) 貪官汚吏(탐관오리) 泰然自若(태연자약)

派邪顯正(파사현정) 破顔大笑(파안대소) 破竹之勢(파죽지세) 抱腹絶倒(포복절도)
飽食暖衣(포식난의) 表裏不同(표리부동) 風前燈火(풍전등화) 彼此一般(피차일반)

鶴首苦待(학수고대) 漢江投石(한강투석) 咸興差使(함흥차사) 虛張聲勢(허장성세)
螢雪之功(형설지공) 浩然之氣(호연지기) 昏定晨省(혼정신성) 弘益人間(홍익인간)
畵蛇添足(화사첨족) 會者定離(회자정리) 後生可畏(후생가외) 厚顔無恥(후안무치)
興亡盛衰(흥망성쇠) 興盡悲來(흥진비래) 喜怒哀樂(희로애락)

　지면 관계상 해석을 싣지 않았습니다만 그 뜻만큼은 알아야 합니다.
　다니엘 영재 교육원 사이트에 한글 파일로 올려져 있으니 프린트하여 익히시길 바랍니다.

14-4 어휘력 훈련 2 우리말 관용어

다음의 뜻을 밝혀라!

01 귀가 얇다
02 입이 무겁다
03 눈(이) 높다
04 마음(을) 먹다
05 마음에 들다
06 입에 맞다
07 발(이) 넓다
08 손(이) 크다
09 한잔(을) 하다
10 한턱(을) 내다
11 가슴(이) 찡하다
12 발(을) 벗고 나서다
13 골치(가) 아프다
14 굴뚝같다
15 국수(를) 먹다
16 배(가) 아프다
17 귀가 가렵다
18 얼굴(이) 두껍다
19 기(가) 막히다
20 바람(을) 피우다
21 낯(이) 뜨겁다
22 진땀(을) 흘리다
23 내 코가 석자
24 어깨가 무겁다

25 눈(을) 감아주다
26 눈에 불을 켜다
27 눈이 빠지도록 기다리다
28 바람(을) 맞다
29 눈코 뜰 새 없다
30 발등에 불이 떨어지다
31 바가지(를) 쓰다
32 비행기를 태우다
33 발목(을) 집다
34 애(를) 먹다
35 손발(이) 맞다
36 쥐도 새도 모르게
37 손(을) 보다
38 한눈(을) 팔다
39 제 눈에 안경이다
40 콧대가 높다
41 가슴이 뜨끔하다
42 간이 콩알만 해지다
43 가시 방석에 앉다
44 입에 침이 마르다
45 귀에 못이 박히다
46 눈도 깜짝 안 하다
47 날개(가) 돋치다
48 담(을) 쌓다

49 눈독(을) 들이다
50 뜸(을) 들이다
51 다리(를) 뻗고 자다
52 파김치가 되다
53 몸살(이) 나다
54 물불을 가리지 않다
55 손에 땀을 쥐다
56 코가 납작해지다
57 시치미(를) 떼다
58 허리디(를) 졸라매다
59 찬물을 끼얹다
60 한술 더 뜨다

출처: 책: 살아있는 한국어 - 관용어(편) 참조

14-5 어휘력 훈련 3 속담, 관용구

간이 부었다
거덜이 나다
걸신 들리다
경을 치다
군불을 때다
귀추가 주목되다
기가 막히다
깨가 쏟아지다
녹초가 되다
덜미를 잡히다
덤터기 쓰다
동티가 나다
들통나다
등골이 빠지다
딴전보다
피우다

부리다
딴죽걸다
떡해먹을 집안이다
떼어논 당상
뚱딴지 같다
마가 끼다
막간을 이용하다
말짱 도루묵이다
맞장구 치다
먹통 같다
물고를 내다
바가지를 긁다
박차를 가하다
반죽이 좋다
반풍수 집안 망친다
배알이 꼬인다

변죽을 울리다
본데 없다
볼장 다보다
부아가 난다
북망산 가다
비위맞추다
사설을 늘어놓다
살아 진천 죽어 용인
삼수갑산을 가다
삼십육계 줄행랑
삼천포로 빠지다
손 없는 날
시치미를 떼다
신물이 나다
심금을 울리다
쑥밭이 되다
씨가 먹히다
씨알머리가 없다
아닌 밤중에 홍두깨
아퀴를 짓다
악머구리 끓듯 하다
안절부절 못하다
알토란 같다
애가 끊어질 듯하다
액면 그대로
약방에 감초

어안이 벙벙하다
억장이 무너지다
억지 춘향
여자 팔자 뒤웅박 팔자
오지랖이 넓다
이골이 나다
인구에 회자되다
입에 발린 소리
입추의 여지가 없다
자웅을 겨루다
장사진을 치다
전철을 밟는다
쥐뿔도 모른다
직성이 풀리다
진이 빠지다
짬이 나다
초주검이 되다
태풍의 눈
터무니가 없다
토를 달다
학을 떼다
한풀 꺾이다
활개를 치다
홰를 치다
회가 동하다

* 영재교육원 사이트/속독편에 해석을 올렸습니다.

14-6 어휘력 훈련 4.
순우리말 뜻 알기; 다음의 뜻을 밝히시오!(해석을 같이 달았습니다)

가닥 : 하나로 묶이어 있거나 하나에서 갈려 나온 하나하나의 올이나 줄기

개개다 : 서로 맞닿아서 해지거나 닳아지다. 성가시게 달라붙어 손해가 되다. 손해를 끼치다.

개차반 : 개가 먹는 차반, 즉 '똥'이란 뜻. 언행이 더럽고 막된 사람.

검쓰다 : 비위에 거슬릴 만큼 몹시 거세고 쓰다. 일 따위가 마음에 들지 아니하여 언짢고 씁쓰레하다.

고명딸 : 고명은 음식의 모양과 맛을 더하기 위하여 음식위에 뿌리는 양념. 아들이 많은 집의 외딸을 의미.

고불 치다 : 꺾인 자리가 나게 접다.

고뿔 : 고뿔은 코와 불이 합쳐진 말로 감기에 들면 코에 불이 나는 것처럼 더운 김이 나온다 하여 유래.
감기를 일컫는 옛 말.

고주망태 : 고주는 술을 거르는 틀인데 여기에 망태를 올려놓으면 술 냄새가 배어 망태전체에서 술 냄새가 난다.
술을 너무 많이 마셔 정신을 차리지 못하는 상태.

고지 : 호박이나 가지 따위를 납작하게 썰거나 길게 오려서 말린 것.

괄괄하다 : 이불호청이나 옷에 풀을 먹일 때 풀기가 너무 세서 빳빳하게 된 상태.
풀기가 센 것 같이
급하고 억센 성품이나 목소리가 크고 거센 것을 이름.

나달 : 날과 달을 이르는 말. 세월

나리 : 옛날 왕자를 높여 부르던 말이었는데 시간이 흘러 정3품 이하의 당하관을 높여 부르는 말이 되었다.
일정한 직위에 있는 사람을 부르기도 하고 때로는 지위 높은 사람을 비아냥거리는 뜻으로 쓰이기도 한다.

남세스럽다 : 남에게 비웃음과 조롱거리가 될 만하다는 남우세스럽다가 준 말. 남

의 비웃음을 받을만하다는 의미.

넋두리 : 본래 무당이 죽은 이의 넋을 대신하여 하는 말. 원통한 일이나 억울한 일, 또는 불만이 있을 때, 두덜거리며 길게 늘어놓는 말. 푸념

뇌까리다 : 되풀이 말한다는 의미를 가진 '뇌다'에 접미사 '가리'가 붙어서 된 말. 아무렇게나 마구 지껄이는 것.

늦깎이 : 늦게 머리 깎은 중. 세상 이치를 남보다 늦게 깨달은 사람.

단골집 : 굿을 할 때 늘 정해놓고 불러다 쓰는 무당. 항상 거래하는 장사 집을 이름.

덮개 : 불교에서 착한 마음을 덮어 가리는 탐욕이나 진심(嗔心)을 이르는 말.

돌팔이 : 이리저리 돌아다니며 어설픈 기술을 파는 사람, 돌다와 팔다가 결합되다.

텃새 : 돈이나 세력을 믿고 젠체하며 억지를 쓰는 것.

마누라 : 조선시대에 이 말은 '대비 마노라'와 같이 궁전에서 쓰이던 극존칭어였다. 신분제도가 무너지면서 중년이 넘은 여자 속되게 이르는 변화. 아내를 허물없이 부르는 말.

마디다 : 닳거나 없어지는 동안이 오래다.

망나니 : 조선시대 사형수의 목을 베는 사형 집행인. 언행에 있어서 몹시 막돼먹은 사람.

무꾸리 : 무당이나 판수에게 앞날의 길흉을 알아보는 일. 점치는 일.

무텅이 : 거친 땅에 논밭을 일구어서 곡식을 심는 일.

무트로 : 한목에 많이.

반반하다 : 바닥이 고르고 반듯하다. 생김새가 얌전하고 예쁘장하다.

밤참 : 옛날 역말을 타고 가는 곳을 이르는 역참을 가리킨다. 쉬는 시간 또는 밤에 먹은 음식을 이르게 됨.

부랴부랴 : 불이야 불이야가 준말. 아주 급히 서두는 모양.

부리나케 : '불이나게'에서 나온 말. 옛날에는 불을 만들기 위해서 움푹 패인 돌에 나뭇가지는 힘차게 돌려 불꽃을 일으켰다. 급하게 서두르는 것을 나타내는 부사어.

빈대떡 : 최세진이 쓴 박통사언해라는 책에 병저라는 말의 중국식 발음인 빙져에

서 나옴. 녹두를 갈아 나물이나 고기 같은 여러 가지 양념을 섞어 전병처럼 부쳐 만든 음식.

뻥줄 : 남이 날리는 연줄을 긴 장대나 돌멩이를 맨 실로 걸어 빼앗는 짓. 남의 일을 가로채는 짓.

사근사근하다 : 사과나 배를 씹을 때처럼 시원시원하고 부드러운 느낌을 줌. 성격이 부드럽고 친절한 것을 가리킨다.

사리 : 이 말은 우리말로서 '사리다'에서 온 말이다. 사리다는 것은 국수나 새끼 같은 것을 흩어지지 않게 동그랗게 포개어 놓는 것을 말한다. 국수나 새끼줄, 실 같은 것을 뭉쳐놓은 뭉치.

살림 : 이 말은 절에서 재산을 관리한다는 山林에서 나왔다. 한 집안을 이루어 살아가는 일로 의미가 확대되었다.

삿대질 : 삿대를 저어 배를 가게 하는 것, 다투거나 대화할 때 상대방을 향해 손을 내젓는 것으로 상대방을 비웃으며 손가락질하는 것.

샌님 : 생원(生員)님이 준 말이다. 행동이나 성격이 얌전하거나, 고루하고 융통성이 없는 사람을 농조로 이르는 말.

서울 : 신라의 수도인 서라벌을 가리킨다. 서울의 서는 수리, 솔, 솟의 음과 통하는 말로서 높다, 신령스럽다는 의미. 울은 벌, 부리가 변형된 것으로서 둘을 합하면 벌판, 큰 마을, 큰 도시라는 뜻이다. 즉 서울은 우리나라의 수도를 가리키는 수도이면서(고유명사), 동시에 한 나라의 수도를 가리키는 명사로도 쓰인다.

아니꼽다 : 여기의 안은 본래 장(臟)을 가리키고, 곱다는 것은 굽은 것을 가리키는 동사어이다. 장이 뒤틀린다. 비위가 뒤집혀 토할 듯 하다는 말로서 같잖은 말이나 행동에 대해 느끼는 느낌.

애물단지 : 애물은 어려서 부모보다 먼저 죽거나 또는 속을 썩이거나 애를 태우는 사람이나 물건을 의미한다.

몹시 속을 태우는 사람.

애벌빨래 : 애는 '아이'로서 아이가 한 빨래라는 것이다. 처음에 대충 빠는 빨래.

애잔하다 : 아주 잔약하다. 애처롭고 애뜻하다.

오랑캐 : 야만스러운 종족-여진족을 업신여겨 이르던 말. 후에 예의를 모르는 미개 종족을 가리키는 말로 확대 사용.

옴나위 : 몸을 움직일 만한 여유를 뜻함. (주로 '없다'와 함께 쓰이어) 옴나위도 못한다.(꼼짝달싹도 못한다.)

우레 : 소나기 올 때 천둥의 우리말. 꿩 사냥을 할 때 불어서 소리를 내는 물건.

을씨년스럽다 : 을씨년은 1905년 을사년에서 나온 말이다. 을사보호조약으로 우리나라의 주권이 일본에 넘어갔기에 침통한 분위기를 빗대어 을씨년스럽다고 한다. 매우 쓸쓸하거나 우울한 분위기를 이름.

잡동사니 : 조선의 실학자 안정복이 쓴 잡동산이(雜同散異)에서 나온 말이다. 한 분야가 아니라 여러 분야의
여러 가지 내용이나 물건으로 이루어진 책이나 집합체.

장가들다 : 아내의 아버지를 장인(丈人), 어머니를 장모라 부르는 것으로 미루어 장가는 처가집을 가리키는 말임. 여자가 결혼하는 것을 시집간다고 했는데 이 역시 남편의 집으로 들어가는 것을 말했던 것이다.

조바심하다 : 옛날엔 타작하는 것을 바심이라 했는데 조를 추수하면 그것을 비벼서 좁쌀로 만들기 위해 무척 조심스럽게 일을 했다. 어떤 일이 잘 이루어질까 염려하면서 조심스러워 하는 모습.

조카 : 중국 진나라때 문공이 숨어 지낼 때, 그에게 허벅지살을 베어 먹이면서까지 받들던 사람이 있었다.
문공이 왕위에 오른 후 그를 잊고 지내자 그는 문공을 원망하며 산속에 들어가 불을 질러 타죽고 말았다. 이 사실을 안 문공이 이 사람을 끌어 앉고 '족히'(足下)라고 불러댔다. 이 말은 발앞이라는 뜻인데 내가 자네의 발앞에 있다는 것으로 나는 당신보다 못한 사람이라는 의미이다.
후에 이 말은 신하가 임금을 부르는 말로 쓰이다가 후대에는 같은 나이 또래의 상대방을 부르는 말로 변하게 되었다. 지금은 형제자매의 자식을 이렇게

부른다.

줄잡아 : 줄여 잡다의 준말. 실제 표준보다 줄여서 생각한다는 의미.

쫀쫀하다 : 천의 짜임새가 아주 고르고 고운 모양을 나타내는 말. 성격이 너무 세심하여 아주 작은 일까지도 야무지게 처리하는 사람을 이름.

찰가난 : 아주 심한 가난. 철빈(鐵貧).

찰거머리 : 몸이 비교적 작고 흡반이 발달된 거머리. 남에게 악착같이 들러붙어서 괴롭히는 사람을 비유하여 이르는 말.

켕기다 : 팽팽하게 되다. 자기가 저지른 일에 대하여 슬그머니 겁이 나거나 거리끼는 것이 있다.

파근하다 : 다리의 근육이 지쳐 노작지근하고 무겁다.

파다하다 : 자못 많다. 매우 많다.

파르댕댕하다 : 산뜻하지 못하고 칙칙하게 파르스름하다.

파르르 : 얇고 가벼운 것의 일부가 작고 탄력 있게 떠는 모양. 경망스레 발끈 성을 내는 모양.

푸념 : 무속에서 무당이 귀신의 뜻을 받아, 정성들이는 사람을 꾸짖는 일. 마음에 품은 불만을 드러내어 말하는 일, 넋두리.

하루살이 : 흔히 하루만 산다하여 하루살이로 알고 있으나 실은 며칠정도 산다. 인생의 덧없음을 이르는 비유.

할망구 : 옛날에는 70을 고희(古稀)라고 했고, 80을 이미 황혼에 접어들었다 하여 모년(暮年)이라고 했다.
81세가 되면 90세까지 살기를 바라는 마음에서 망구(望九)라고 했다. 그런데 왜 할머니에게만 이 호칭이 그대로 쓰이고 있는지 모르겠다. 할머니를 조롱하거나 비웃는 말.

호래자식(후레자식) : 홀아버지나 홀어머니 아래서 자란 자녀. 막되 먹은 아이들을 이름.

15 Day

어휘력훈련과 독서에 미치는 영향

15. 파동 속독훈련(15줄 명시점 이동 훈련, 17줄 심상훈련)
15-2. 어휘력 훈련: 십자퍼즐
15-3. 어휘력이 독서에 미치는 영향

목표
1. 어휘력의 중요성을 인식하고
2. 그것을 아이들이 거부감 없이 늘리는 방법을 개발하고 실행 한다.

15 파동 속독훈련
(15줄 명시점이동 훈련, 17줄 심상훈련)

① 파동속독 쉬트를 보면서 100회 실시
② 심상으로 17줄 훈련을 합니다.

15-2 어휘력 훈련: 십자퍼즐

▶ **가로 문제**
① 표현하고자 하는 대상을 이미 알고 있는 다른 현상이나 사물의 모습에 빗대어 표현하는 방법
③ 떨어지는 꽃과 흐르는 물
⑤ 자신의 의도나 정서를 더 인상 깊고 강하게 드러내기 위한 표현 방법
⑦ 00 자라지 않아 가을이 되어도 헛일일 것 같더니-
⑨ 어머니 마른 손 같은 000이 한창이다-
⑪ 피라미 은빛 000 문득 번진 둑방길-
⑬ 목이 긴 000가 자맥질 하는 곳-
⑮ 부리 긴 000가 느낌표로 몰고 가는-
⑰ 00은 여러 가지 표현 방법을 사용해서 일상적인 표현을 신선하게 바꾸어 자신의 의도, 사상을 효과적으로 나타낸다.
⑲ '궁그는'의 기본형
㉑ (吉服)혼인 때, 신랑 신부가 입는 옷.
㉓ 동일관계로 나타내는 비유법
㉕ 꽃이 지는 모양을 형상화한 시
㉗ '논개'에서 길이길이 이어질 우리의 역사를 상징하는 시어

중학교 3학년 1학기 국어과 낱말 퍼즐

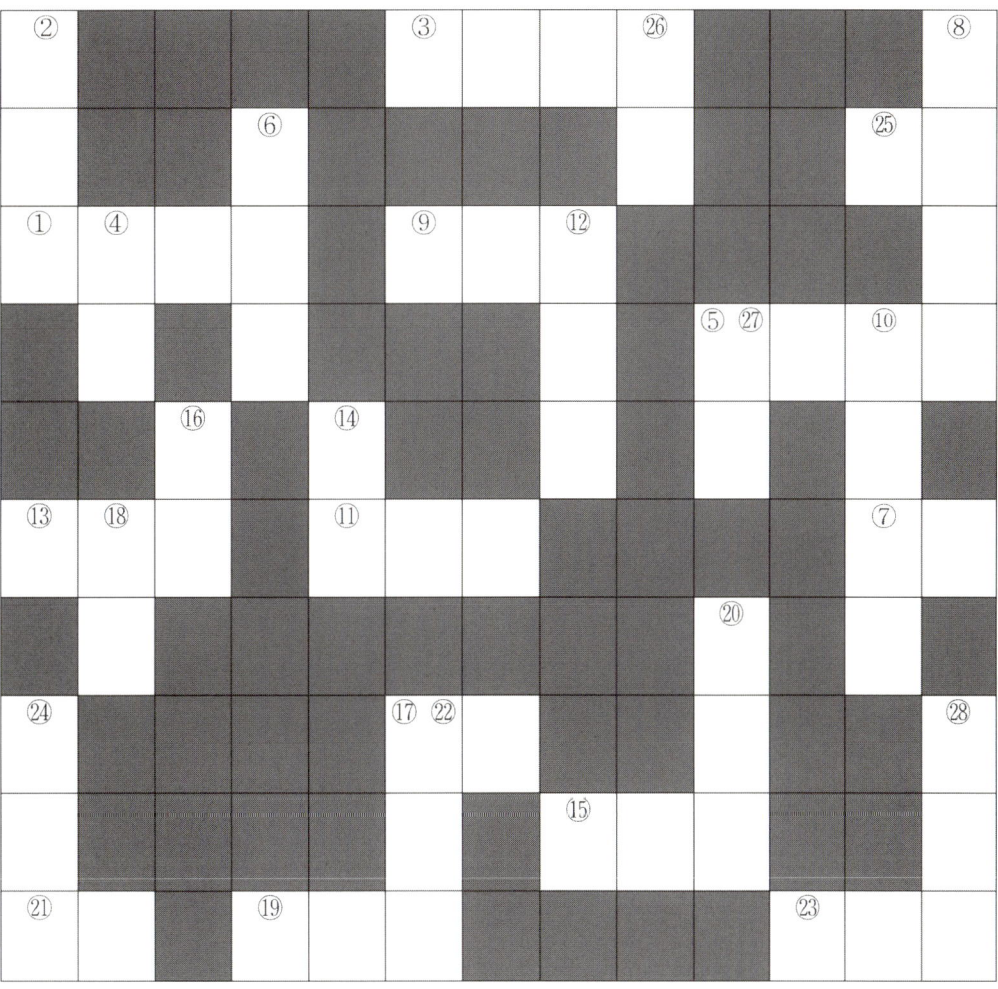

출처: 중학교 3학년 1학기 국어과 낱말 퍼즐
http://www.njoyschool.net/lesson/newbbs/bbs

▶ 세로 문제

② -어린 염소 등 가려운 ○○○도 지났다.
④ 독자는 시에 사용된 표현 방법과 그 효과에 ○○하면서 시를 읽어야 한다.
⑥ '바다와 나비'를 지은 사람
⑧ 문장의 어순을 바꾸거나 당연한 이야기를 의문의 형식으로 만들어 변화를 주는 방법
⑩ ○○○○ 꽃잎이 지는 어느 날
⑫ 꽃대
⑭ 봄에 내리는 비. 춘우(春雨).
⑯ 동물의 등뼈 아래에서 골반까지의 잘록한 부분.
⑱ 아리땁던 그 ○○ 높게 흔들리우며
⑳ 푸르른 보리밭 길 맑은 하늘에 ○○○만 무어라고 지껄이것다.
㉒ 서글픈 나비 허리에 새파란 초승달이 ○○○
㉔ 유재영이 쓴 시의 제목
㉖ (水深)-물의 깊이
㉘ 원관념과 보조 관념을 -처럼, -듯이로 연결하여 표현하는 수사법

단원정리시 퍼즐 맞추기를 이용하면 재미있어 할 것 같습니다.
정답은 해당 사이트로 가서서 확인하시기 바랍니다.

수학 낱말 퍼즐 (피타고라스)

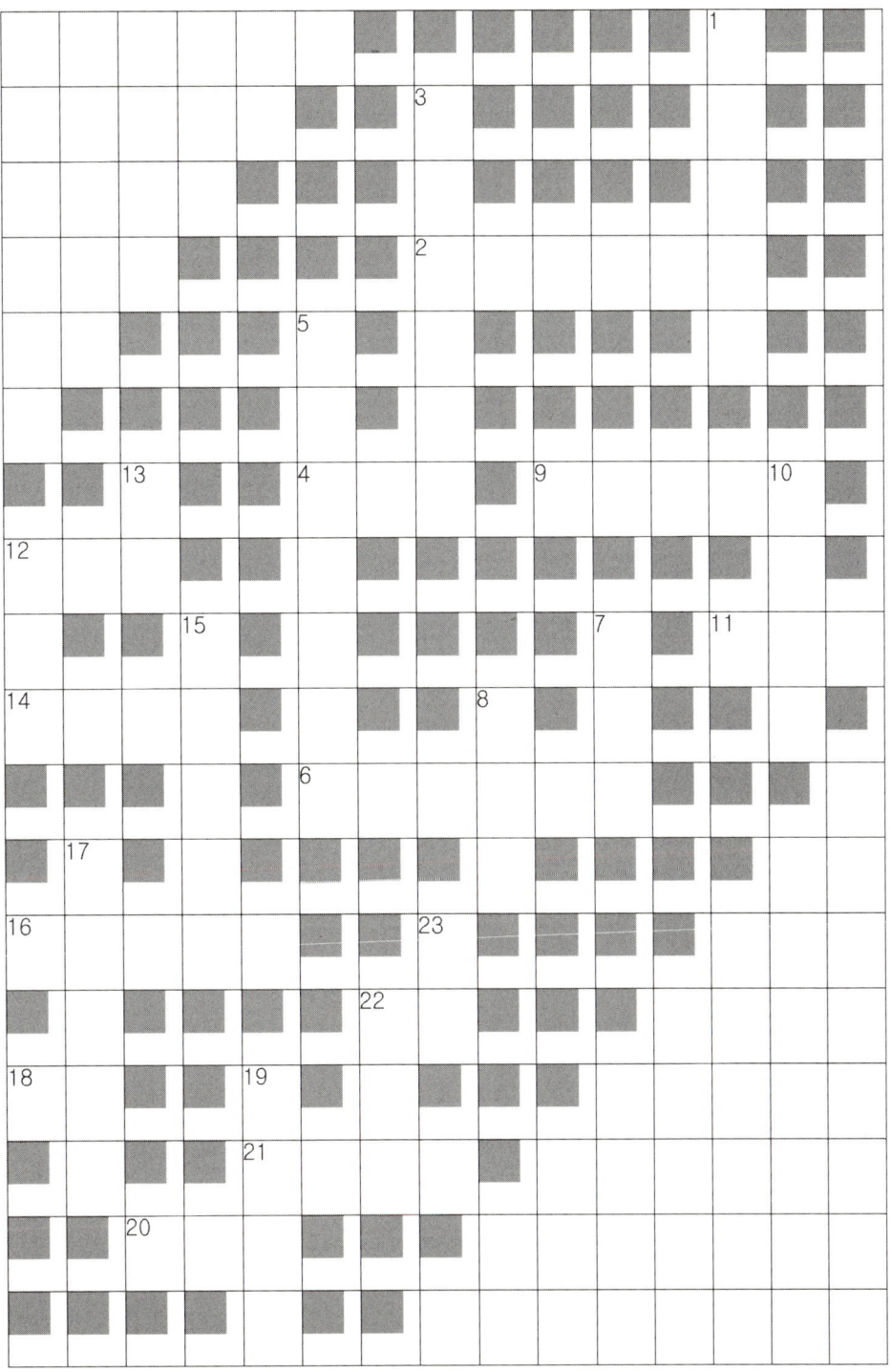

실용속독훈련(학습 60분, 연습 60분을 기준으로 합니다)

▶ 가로 열쇠

2. 소가죽 입은 황금벌레. 〈시스터 액트〉
4. 1999년에 태어나는 아기는 ##띠, ##와 거북이
6. 전략 시뮬레이션의 백미
9. '대중음악은 뭐니 뭐니 해도 재미가 있어야 한다.' 선언하고 나온 2인조 댄스 그룹, 촌닭 〈오 해피〉, 〈해피 크리스마스〉 〈오! 가니〉 〈kiss〉
11. 같은 위치에 있는 각. 항상 같은 것은 아니지요.
12. 전자 회로를 이용한 고속 자동 계산기. 이걸 모르면 컴맹
14. 아테네와 비길 만한 고대 그리스의 대표적 도시 국가. 몹시 엄격한 국가주의적 교육 = #### 교육
16. 야구에서, 투수가 공을 손에서 뗄 때에 지면과 거의 평행되게 팔을 뻗으며 투구하는 일.
18. 2+2=?
20. 낚시질을 유난히 좋아하는 사람
21. 21세기를 준비하는 수학교육의 목적 중 하나라고 볼 수 있다. ####으로서의 수학
22. 천천히 가는 걸까. 서쪽으로 가는 걸까?

▶ 세로 열쇠

1. 막대그래프와 비슷하지만 엄연히 다르다.
3. 바깥쪽과 안쪽을 구별할 수 없는 곡면.
5. 우리는 이 사람을 소수 찾는 방법을 발견한 사람으로 알고 있습니다.
7. 삼각비 중의 하나로 기울기를 나타내죠.
8. 함수의 순서쌍 (x, y)을 좌표로 하는 점 전체의 집합.
10. 두 직선이 한 평면 위에 있지 않고, 만나지도 않는다.
12. 작도는 눈금 없는 자와 이것만으로 도형을 그리는 것이랍니다.
13. 100cm와 같다.

14. 어린아이에게 '무서운 것'이라는 뜻으로 놀라게 하는 말.
15. 이 사람이 없었다면, 중학교 3학년 2학기에 무엇을 배울꼬.
17. 뉴턴과는 다른 방향으로 미분법을 발견한 사람
19. 인수분해가 쉽게 안 되는 이차방정식의 해는 이것으로 구하지요
22. 4와 5는 ###이다.
23. 가로 열쇠 11번은 이럴 때 같지요

출처: 수학사랑 1999 봄 호 통권 15호. 이성원. (약간 수정)
http://user.chollian.net/~badang25/interest/mi_d00.htm
학년별로 10개씩 30개의 수학퍼즐이 올려져 있습니다.

15-3 어휘력이 독서에 미치는 영향

무언가를 배우기 위해서 책을 읽지마는 계속 읽어지는 책이 있는 가하면 지루하거나 싫증이 나고 또 힘들어서 진도가 안 나가는 그런 경우가 있습니다.

다 알고 있는 내용을 반복한다거나, 아니면 흥미가 없는 책의 경우는 지루하거나 싫증이 나게 됩니다. 반면 책의 수준에 맞는 기초적인 배경지식이나 어휘력이 딸린 경우에는 힘들게 따라가야 합니다. 대개 70% 정도의 배경지식이나 어휘력이 구비된 경우가 가장 적당하게 흥미도 생기고 학습도 가능하다고 합니다. 그 이상으로 모를 경우에는 책을 놓게 된다는 것입니다.

평소에 독서를 등한시한 사람들은 다양한 어휘를 접할 기회를 갖지 못했기 때문에 생소하거나 어려운 어휘가 나오면 개념이 이해가 되지 않습니다. 평소에 어휘력을 키우는 데에 노력을 게을리 하지 말아야 합니다. 가장 좋은 방법은 전후좌우 문맥을 보고 그 단어의 뜻을 짐작하는 방법이고 그래도 모르겠으면 항상 사전을 가까

이에 두고 곧바로 찾아봐야 한다는 것입니다. 이 경우 흐름이 끊어지겠죠! 물론 지겹고 힘들지만은 근본적인 지식을 확보하기 위한 지름길이라 생각하고 사전 찾아보는 것을 게을리 하지 말아야 합니다. 전자사전 좋은 것 하나 장만하면 좋겠죠!!!

어휘력이 부족함을 스스로 인정한다면, 자기 수준에 맞는 책을 선택하여 단계적으로 읽어야 합니다.

> 미국의 J. 오코너 교수가 실험을 통해 밝혀낸 사실이 있다. 각 분야에서 성공하고 있는 사람들의 어휘 실력 테스트를 하였더니 물리, 화학, 수학 등의 분야는 물론이고, 음악이나 미술 등의 예능분야에서 성공하고 있는 이들도 모두 뛰어난 어휘실력을 갖고 있었다고 한다. 또한 아이들의 지능이나 학교 성적도 모두 어휘 실력과 정비례 관계가 있었다고 한다.

어휘력이란 무엇을 말하는가?
어휘 실력은 네 가지로 세분할 수 있다.

첫째. 이미 알고 있는 낱말들의 의미를 정확히 알고 있어야 한다.
둘째. 아는 낱말의 수가 많아야 한다.
셋째. 알고 있는 낱말들을 자신이 활용할 수 있는 만큼 용법을 알아야 한다.
넷째. 다른 낱말들과의 관계를 이해하고 있어야 한다. 즉, 비슷한 말이나 반대어 등을 많이 알고 있어야 한다.

다시 말하면 알고 있는 어휘의 양만 많다고 해서 어휘력이 높다고 말할 수 있는 것은 아니고, 그 어휘를 적절하게 쓸 수 있는 능력, 즉 활용 능력까지를 겸비해야 어휘력이 높다고 볼 수 있다.

어휘력이 독서력의 기초가 되는 이유

어휘 늘리기는 두뇌의 개발을 의미하며 동시에 그것은 독서력 개발을 의미한다. 글이 낱말의 나열이라는 점을 상기하면 각 각의 낱말 뜻을 알아야 전체 의미가 파악되기 때문이다. 이런 점에서 어휘력은 지능이나 독해력과 관련이 많다.

좀 더 구체적으로 이야기 하자면

첫째, 새로운 어휘에 대한 호기심이 많고, 전에 듣지 못했던 낱말을 접하면 궁금해 하며 물어 본다는 것은 지적 호기심이 높다는 증거이다.

둘째, 낱말 자체가 개념의 세계를 포함하고 있기 때문에 낱말을 많이 안다는 것은 개념의 세계를 그만큼 많이 알고 있다는 것과 같은 말이다. 지적 호기심이 많은데 책 읽기를 수월하게 하지 못할 이유가 없는 것이다.

전문가들은 읽고 있는 자료에서 4~5%의 낱말만 몰라도 내용 이해에 어려움을 겪는다고 경고한다.

(전문 서적의 경우는 용어 자체가 어렵고 의미를 잘못 알면 큰 혼란이 오는 경우가 많기 때문이다)

어떻게 어휘력을 늘려 줄 것인가

아이들의 어휘력을 향상시키기 위해서는 우선 새로운 어휘를 배울 수 있는 좋은 환경을 갖추는 것이 중요하다. 사용되는 낱말의 수가 제한적이라면 아이가 새로운 어휘를 접하거나 배울 기회가 적기 때문이다. 특히 아이가 초등학교에 입학하기 전이라면 어휘력 개발을 위한 기초를 쌓아야 할 시기이다.

한 낱말을 가르치기 위해서는 머릿속에 그것과 관련한 세계(배경지식)가 구축되어 있어야 하고, 아이 자신이 그 낱말을 배우고 싶다는 욕구(필요)를 느껴야 하며, 그것을 배울 만한 계기가 제공되어야 한다.

따라서 새로운 어휘를 가르치기 위해서는 먼저 아이의 머릿속에 그 어휘를 받아들일 만한 배경지식이 있는지를 점검해야 한다. 만약 배경지식이 전혀 없다면 관련된 사실을 먼저 설명해 줌으로써 동기를 유발시켜 주는 것이 좋다.

그리고 새로운 낱말을 가르친 후에는 적절할 때마다 반복하여 사용함으로써 잊지 않도록 환기 시키는 것이 필요하다.

어휘력을 기르는 간단한 방법
1. 책을 많이 읽힌다(너무 당연한 건가?)
2. 끝말잇기 게임을 한다. 잠자기 전에 가족이 모여서 편을 잡고 하는 것도 괜찮다.
3. 낱말 카드를 만든 후 짧은 글짓기 게임을 한다. (여기서 부터는 좀 투자해야 된다)
4. 낱말 카드를 만든 후 스피드 퀴즈를 통해 설명하게 한다.

또는 어휘력 퍼즐을 만들어 매주 풀어보는 것도 한 방법이다.
교회나 학교의 경우 매주 1회씩 퍼즐을 만들어 풀어오게 하고 시상을 해준다.

낱말은 의미 전달을 위한 언어학적 수단을 제공하는데 영어를 모국어로 쓰는 성인은 20,000~50,000 낱말 형태의 어휘를 사용한다고 한다. 그래서 낱말을 학습한다는 것은 언어 학습의 주요 부분이며, 이것은 통사론, 형태론, 음운론 습득과 복잡하게 연결되어 있다. 아동들은 두 살 때까지 50개에서 500~600개의 단어를 사용할 수 있다. 그들은 하루에 약 10개의 낱말을 6살 때까지 약 14,000개의 어휘 구사 능력을 갖춘다. 이 정도의 어휘는 모국어에 대한 기본 구사 능력을 갖추는 것이다. 이후 약 10살 정도의 초등학생들은 1년에 10,000개 정도의 새 낱말들에 노출되고, 그래서 15살까지 총 85,000개의 서로 다른 단어의 의미를 접하게 된다고 한다.

기억과 그 과정

16. 파동 속독훈련(15줄 명시점 이동 훈련, 19줄 심상훈련)
16-2. 기억이란 무엇인가?
16-3. 기억의 과정

목표

1. 기억이란 무엇인지 뇌과학적 입장을 파악하고
2. 그 과정을 이해하고 학습에 적용하는 능력을 기른다.

* * *

기억 관련 이론은 3장(16, 17, 18)에 걸쳐서 실었습니다. 실제 활용법까지 소개하기에는 분량이 너무 많은 관계로 간단한 예만 들었지마는 그래도 이것만으로도 결코 부족함이 없도록 했으며 이중 자신에게 맞는 방법을 택하여 연습하면 반드시 좋은 결과가 있을 것입니다.

좀 더 상세한 내용은 "마인드맵 활용 기억법" 이란 책에 올렸습니다."마인드맵성경도표"를 집필한지 8년 만에 이 책이 나오게 된 것입니다.
여기에 기억법도 상세하게 올리고 그 실제적인 활용법을 소개했습니다. 이 책을 읽어보면 머리 나쁜 것이 문제가 아니라(핑계입니다) 기억법을 공부하지 않는 것이 문제라는 것을 알게 됩니다.
우리 두뇌를 알면 어떻게 학습을 해야 하는지 감이 잡힙니다.

16 파동 속독훈련
(15줄 명시점이동 훈련, 19줄 심상훈련)

① 파동속독 쉬트를 보면서 100회 실시
② 심상으로 6줄 훈련을 합니다.

16-2 기억이란 무엇인가?

기억은 경험이나 정보를 자신의 정신 속에 저장해 둔 것으로 정보를 저장하고, 저장한 것을 꺼내는 다양한 정신적 과정과 정보가 저장되는 저장고를 동시에 의미한다. 기억은 인간의 과거와 현재와 미래를 연결하는 매우 중요한 인간의 인지적인 기능이다.

기억은 감각 기억(sensory memory), 단기 기억(short-term memory), 장기 기억(long-term memory)으로 구분 할 수 있다. 기억관련 이론은 3장(16, 17, 18)에 걸쳐 실었습니다. 실제 활용법까지 소개하기에는 분량이 너무 많은 관계로 「마인드맵 활용, 기억법」에 상세하게 올렸습니다. 그러나 이것만으로도 충분하며, 간략하게 예를 들어서 무엇을 빼거나 부족한 것은 아닙니다.

뇌과학에서 본 기억의 의미

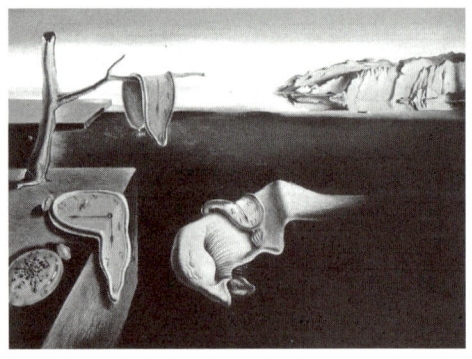

달리의 〈기억의 고집〉

기억은 정신이나 영혼의 문제가 아니라 뇌에서 뉴런 사이의 연결인 시냅스가 실체적으로 네트워크를 생성하면서 이를 통해 저장된다는 과학적 발견은 기억과 주체(자아)에 관한 오랜 철학적 논란을 잠재우기에 충분한 패러다임의 변화였다. 정신분석에 의존하던 정신의학을 세포에서부터 하나씩 풀어낼 수 있음을 알

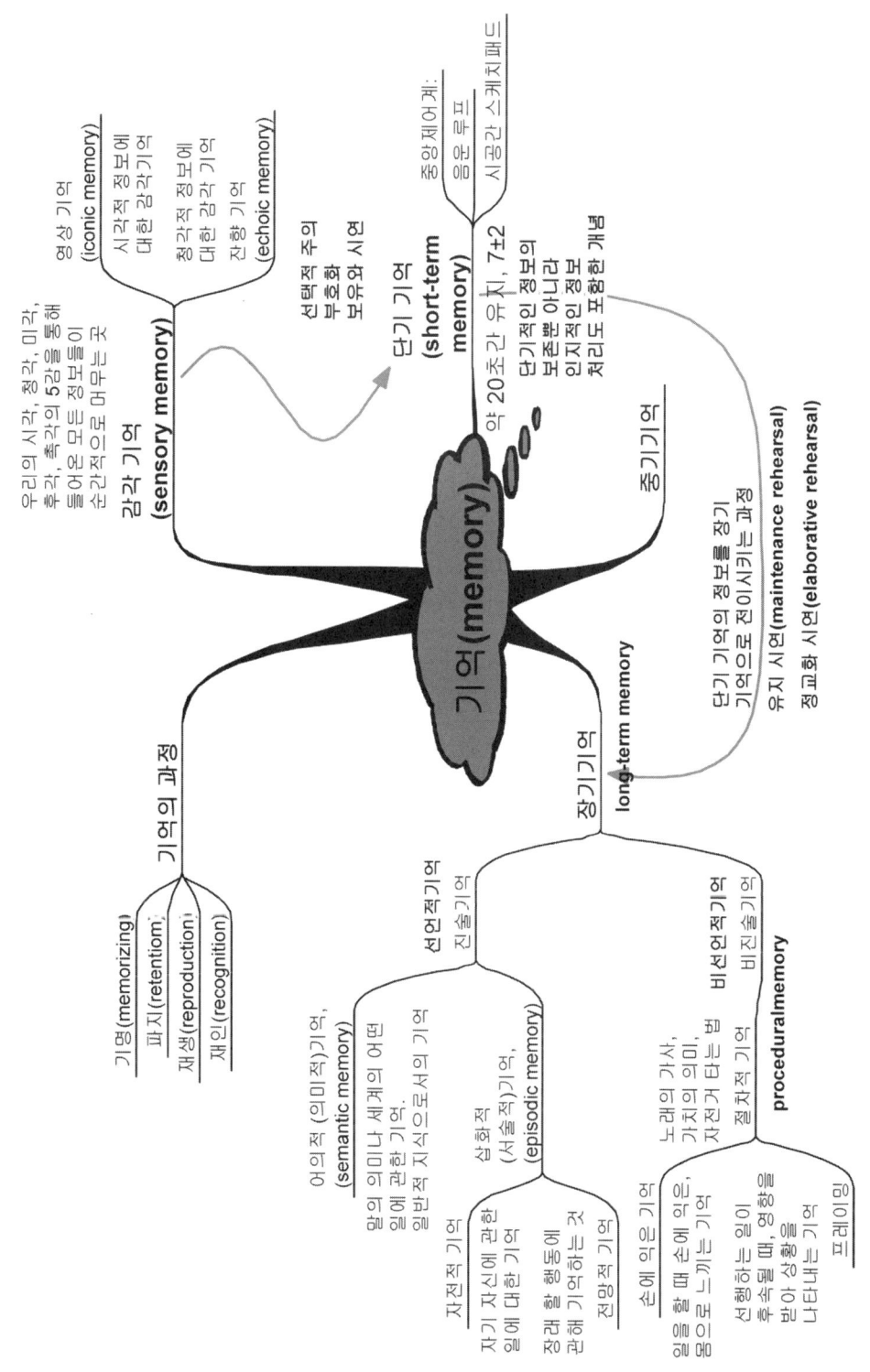

아낸 것이다.

  컬럼비아대 교수인 저자 에릭 캔델은 이처럼 기억이 저장되는 과정에서 뇌세포가 물리적으로 변하는 성질을 가리키는 '시냅스 가소성'을 통해 인간의 핵심세포의 생물학적 작용임을 증명하면서 2000년 노벨 생리의학상을 수상했다.

1) 감각 기억(sensory memory)

  감각기억은 우리의 시각, 청각, 미각, 후각, 촉각의 5감을 통해 들어온 모든 정보들이 순간적으로 머무는 곳이다. 만약 지금 소설책을 읽고 있다고 하면 마지막 단어나 문장 정도가 머물고 있는 곳이라고 할 수 있다. 감각 기억은 영상 기억(iconic memory)과 잔향 기억(echoic memory)으로 나뉜다.

① 영상 기억(iconic memory)

  시각적 정보에 대한 감각기억으로 감각 기억에서는 받아들일 수 있는 정보는 무한하지만, 정보가 머무를 수 있는 시간은 순간이다. 감각기억에서 주의를 받은 정보는 단기 기억으로 넘어 갈 수 있지만 주의를 받지 못한 정보들은 순식간에 사라지고 만다.

  감각기억에 대한 연구의 한가지 예를 살펴보면, 연구자들은 영상 기억이 얼마나 많은 정보를 수용할 수 있는지에 대해 의문의 가지고 피험자들에게 뒤섞인 알파벳 조합의 나열을 잠 깐 동안(대략 0.1-0.2초) 제시한 후에 얼마나 많은 알파벳을 보았는가 질문을 하였다. 그 때 대부분의 피험자들이 모든 알파벳을 다 본 것처럼 느꼈으나, 눈으로 본 것 중 불과 네 다섯 개의 알파벳만을 보고할 수 있었다. 제시된 모든 알파벳은 잠깐 동안 눈을 통하여 뇌 로 보내져 남아있지만 그 자극에 대한 심상은 순식간에 사라져 버리기 때문이다. 한편 피 험자들에게 같은 자극을 제시한 후에 특정 줄만을 회상하라는 요구를 하면(주의를 받은 정보) 피험자들은 자기가 본 알파벳에 대한 영상이 사라지기 전에 그 줄의 알파벳을 정확하게 회상하여 보고할 수 있었다. 이러한 사실은 사람들이 자극에 대한 완전한 시각적 상으로 정보를 "읽는다"는 것을 알려준다.

② 잔향 기억(echoic memory)

청각적 정보에 대한 감각 기억으로 시각적인 감각이 사라지는 것과 마찬가지로 소리에 대한 감각도 일시에 사라져 버린다.

만약 도서관에서 열심히 공부를 하고 있는데 친구가 와서 "밥 먹었니?"라고 말을 걸었다고 가정해 보자. 당신은 책에 푹 빠져서 친구가 말을 한 것은 알지만 무슨 말을 했는지를 알 수 없어서 "뭐라고 말했지?"라고 되묻는 경우가 있었을 것이다. 그런데 친구가 말한 내용을 되풀이하기 전에 친구의 질문이 당신의 귀에 남아 있어서 "응, 아직 안 먹었어."라고 대답할 수 있다. 이렇게 친구의 질문이 잠깐 동안 귀에 남아 있는 이 기억을 잔향 기억이라고 한다.

대부분의 경우에 청각적 감각 기억인 잔향 기억은 어떤 소리가 중단된 다음에 4-5초가 지난 후에야 완전히 사라진다고 한다(Darwin, Turvey, & Crowder, 1972). 영상 기억에 비하여 잔향 기억이 비교적 오래 지속되는 것은 바로 전에 들은 단어들의 의미를 파악하는 과정에서 비교적 더 많은 시간이 허용되기 때문이다.

2) 단기 기억(short-term memory)

감각 수용기를 통해 들어온 정보 중 감각기억에 잠시 머물러 있다 그 내용이 잠시 의식화되어 20~30초 가량 흔적으로 남는, 즉 잠시 동안 의식으로 기억되는 정보를 단기기억이라고 한다. 이곳에서는 인지적 활동인 정보의 인지적 처리가 일어나는 곳이므로 흔히 작업기억(working memory) 이라고도 불린다(Baddeley, 1990)

단기기억은 약 20초간 유지되며, 5~9(7±2)의 정보밖에 유지하지 못한다. 이 사실은 심리학자 조지 밀러에 의해 발견되었으며, 7±2라고 하는 수를 매지컬 넘버라고 한다.

단기 기억은 여러 가지 기능을 수행한다.

첫째: 단기 기억은 현재 지각하고 있는 것이 무엇인지를 알려 준다.

둘째: 단기 기억은 감각기관으로 들어오는 많은 정보들을 조합하여 세상에 대한 통합을 할 수 있게 해 준다. 예를 들어 영화를 볼 때, 영화는 한 프레임 한 프레임으로 구성된 것이지만 우리에게는 분리된 그림이 아닌 부드럽게 진행되는 영화로 보인다.

셋째: 단기 기억은 순간적인 메모지의 역할을 해서 우리가 생각하고 있는 것이나 문제를 풀고 있는 중에 정보를 계속 가지고 있도록 해 준다. (4X3)-(2X5)와 같은 간단한 산수문제도 단기 기억 때문에 가능한 것이다. 단기 기억이 4X3이 12라는 중간 결과를 저장하고 있는 중에 나머지 단계의 계산을 수행하기 때문이다.

넷째: 단기 기억은 계획이나 현재의 의도를 계속 유지하게 해 준다. 따라서 어떤 방향으로 향하는 복잡한 일련의 연속적 행동을 가능하게 해 준다. 단기 기억이 존재하지 않는 사람은 이러한 중요한 기능을 갖고 있지 않으므로 정신 능력에 심각한 손상을 갖게 될 것이다.

감각적 정보는 다음에 의해서 단기 기억으로 유입될 수 있다.

선택적 주의 : 선택적 주의는 정보가 단기 기억으로 들어가는 필터의 역할을 해 준다. 어떤 시기에 노출된 모든 자극들에 주의를 기울이는 것은 불가능하다. 따라서 이 자극들 중에서

많은 것을 무시하고 몇 개의 주요 자극에만 초점을 맞춘다. 주의를 받지 못한 자극들은 단기 기억에 아주 약하게 기록되거나 전혀 기록되지 않는다. 당신이 수도 없이 보아 온 100원 짜리 동전의 앞면을 상상해 보자. 당신은 아마도 그 동전의 앞면에서 아주 세밀한 부분까지는 주의를 기울이지 않았기 때문에 상세한 부분까지 회상할 수 없을 것이 다. 주로 색깔과 크기 혹은 동전에 그려진 인물에 초점을 맞추어서 100원짜리 동전에 선택적으로 주의를 하였을 것이다. 그럼 무엇이 선택적 주의를 하게하고 어떤 종류의 자극에 주의를 집중하는가? 크기가 크고 현란한 색깔이나 그 밖의 강렬한 자극은 보통 주의를 끈다. 기대하지 않았거나 범상치 않은 장면

도 주의를 끄는 경향이 있다. 개를 데리고 산책을 하는 사람보다는 사자를 끌고 길을 걷는 사람이 주위로부터 더 많은 시선을 끌 것이다. 정서를 유발시키는 것이나 개인적인 사항에 관련된 것들은 주의를 집중시킨다. '갑'이라는 회사의 주식을 산 사람은 그 회사의 주가에 더 민감하게 반응할 것이다.

부호화 : 일단 정보에 주의집중이 이루어지면 그 정보가 단기 기억에 저장되기 위하여 부호화(coding) 되어야 한다. 부호화란 기억 체계가 사용할 수 있는 형태로 자료를 전환 시키는 것을 말한다. 이 형태는 우리가 지각하는 대상이거나 가지고 있는 생각일 수 있다. 시력 검사판의 맨 윗줄에 있는 '가'라는 글자를 보았다고 가정해 보자. 이때 먼저 시각적 심상을 이용해 이 글자를 단기 기억으로 부호화하게 된다. 마치 이 글자가 그려진 그림을 보듯이 이제 눈을 감아도 마음속에 '가'라는 글자를 볼 수 있다. 대상들은 어떻게 보이는 것에 대한 기억 흔적(memory traces)이 남아 있다. 물론 보이는 것뿐만 아니라 들리는 것, 냄새, 맛, 느낌에 대하여도 흔적이 남아 있다. 기억 흔적은 뇌의 생리적 변화를 일으키는데, 시간이 경과함에 따라 이 흔적은 사라진다.

단기 기억에 기억할 내용을 부호화할 때 시각적 흔적을 이용할 뿐만 아니라 음성적 혹은 언어적 흔적도 이용한다. 단기 기억에서 청각적 흔적은 시각적 흔적보다 더 지배적이다. 즉, 단기 기억에서는 정보를 언어적으로 기억하는 경향이 높다는 것이다. 교수님이 칠판에 써준 낱말 자체는 시각적 정보지만 이를 필기하기 위하여 단기 기억에 집어넣을 필요가 있을 때는 시각적 흔적보다는 소리(청각적)로 전환하여 입력한다고 한다.

보유와 시연 : 사물들을 기억할 수 있으려면 감각적 상이 사라지기 전에 이를 다시 되돌릴 수 있어야 한다. 언어적 표상(representation)은 정보가 단기 기억에 '활성화' 되게 하는데 매우 중요하다. 예를 들어 456-1147 이라는 전화번호를 전화번호부에서 보았고 이를 머리속에 입력하려 한다면 전화번호에 대한 심상을 형성할 뿐만 아니라 마음속으로 이 번호를 반복해야 될 것이다. 이러한 소리 없는 반복이 시

연(rehearsal)이다. 시연은 어떤 자극이 사라지기 전에 그 자극을 활성화하여 "새롭게 "한다. 어떤 것을 다른 것보다 마음속에 간직하기가 어렵기 때문에 처음 만난 사람의 이름을 기억하려고 할 때, 혹은 무관한 수나 무의미 철자들을 기억하려면 열심히 노력하는 시연을 거쳐야 한다.

Peterson 등(1959)은 숫자, 글자, 단어 목록 등이 시연을 하지 않을 경우에 얼마나 빨리 단기 기억에서 사라지는지를 알아보기 위한 실험을 하였다. 피험자에게 세 개의 자음(예: CPQ와 같은 형태)들을 큰 소리로 읽게 한 후에 이를 회상하라고 하기 전에 1,000에서 3 씩 빼서 거꾸로 세라는 지시를 하였다. 이렇게 거꾸로 수를 세는 과제는 자음들에 대한 시연을 방해했고, 단기 기억을 자음 대신에 숫자들로 대치시켰다. 보통 글자들에 대한 회 상은 20초 내에 사라진다고 한다.

단기 기억의 한 가지 중요한 특성은 제한된 용량이다. 어느 한 시기에 몇 개의 생각만을 단기 기억에서 활성화시킬 수 있을 것이다. 따라서 단기 기억에 더 많은 정보를 저장하려면 단기 기억에 이미 존재하고 있는 항목들을 버리고 새로운 정보가 들어올 수 있는 공간 을 만들어야 한다.

Miller(1959)는 피험자들에게 서로 관련이 없는 항목들을 나열한 다음 그 항목들을 얼마나 많이 회상하는가를 알아보는 방법을 통하여 단기 기억의 용량을 측정하였다. 단기 기억의 용량은 평균적으로 일곱 개 항목이다. 다섯 개 미만의 항목을 단기 기억에서 보유할 수 있는 사람은 정신 능력이 현저히 떨어지는 것을 뜻한다. 아무리 정신 능력이 높은 사람일지라도 단기 기억의 용량은 아홉 개 항목을 넘지 않는다고 한다. 단기기억의 용량은 따라서 7±2 항목이다. 이 항목의 크기는 다양할 수 있다. 하나의 글자일 수도 있고 단어나 문장일 수도 있다. 자극들을 단기 기억으로 부호화하는 중에 들어오는 정보들을 의미 있는 자극 단위로 묶는 청킹(chunking) 작업이 이루어진다.

다음의 일련의 숫자들을 살펴보면, 3 1 5 4 1 9 6 2 5 8 1 5 1 0 2 6

위의 숫자는 모두 16개로 되어 있으므로 단기 기억에서 기억할 수 있는 용량을 초과한다고 할 수 있다. 그러나 위의 숫자를 315, 419, 625, 815, 1026 등으로 나누어서 생각한다면 모두 역사 적으로 의미가 있었던 날이라는 것을 알 수 있다. 정보를 유의미한 자극 단위로 묶는다면 위의 숫자는 다섯 개의 항목에 불과한 것이다. 정보를 청킹을 통하여 재부호화 함으로써 단기 기억에 보다 많이 저장할 수 있다. 정확하게 표현하자면, 단기 기억의 저장 용량은 7±2 항목이 아니고 7±2 청크이다.

단기기억의 용량은 주의의 용량이라고 말할 수 있다. 한 번에 많은 정보에 주의를 기울일 수 있는 사람은 복잡한 인지활동을 쉽게 할 수 있다.

> 필자의 큰 딸이 초6학년인데 15자리는 쉽게 암기한다. 이유인즉은 핸드폰이 없어서 친구들의 전화번호를 순전히 머리로만 기억해야 하는데 그렇게 하다보니까 전화번호를 외우는 식으로 무작위로 나열된 숫자를 전부 외워버린다는 것이다. 숫자카드로 실험한 결과 카드를 뒤집어 놓고 낮은 수나 높은 수 등 주문대로 정열시켜 놓았다. 즉 훈련에 의해 얼마든지 단기기억의 용량은 늘어 날 수 있다는 것이다. 필자의 경우도 몇 번의 연습을 통해 14자리를 암기한다. 물론 청크의 방법이 아닌 단순무식하게 30초간 외운 다음에 알아 마치는 것이다. 물론 여기에 기억술을 더한다면 더 짧은 시간에 더 많이 기억이 가능할 수도 있겠지마는 이 경우는 기억용량의 증가가 아닌 기억기술의 습득으로 봐야한다.

3) 중기기억

중기기억이란 작동기억이라고도 불리는데 반복하지 않는다고 금방 잃어버리는 것은 아니지만 그렇다고 평생 계속되는 것도 아니다. 공부처럼 평소 사용하는 지식이나 생각을 가능케 하는 기억을 말한다. 주로 해마체에 기억되며 1시간~1개월 정도 유지되는 기억이다.

(기간에 대한 여러가지 학설이 있기는 하지만) 대개 7개월 정도 정보를 보유하고 있다가 더 오래 보존할 정보인지 아닌지를 판단해서 처리하게 되는데 더 오래 보존할 정보라고 판단되면 측두엽 등의 대뇌피질로 보내져 그 이상의 장기기억으로 전환된다(단기기억에서 장기기억으로 전환하는 역할은 해마가 담당한다)

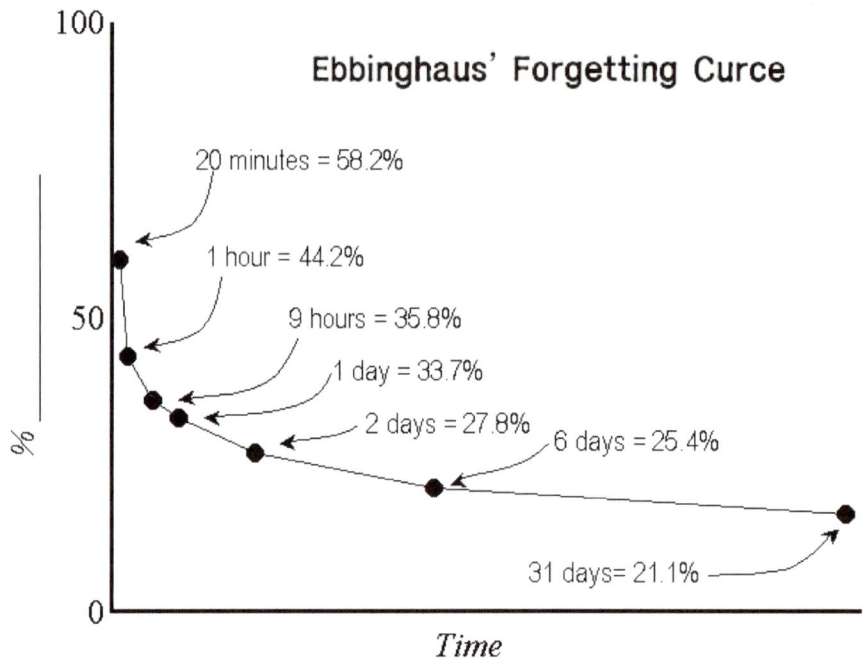

4) 장기 기억(long-term memory)

장기기억은 감각기억과 단기기억의 과정을 거쳐 장기적으로 저장될 때 이를 장기기억이라고 한다. 장기기억화가 되면 장기적으로 혹은 일생 그 기억을 저장하게 되지만 모든 단기기억이 장기기억으로 저장되는 것은 아니다. 따라서 일반적으로 기억이라 일컫는 것은 장기기억을 뜻하는 것이며 기억이 안난다는 것은 장기기억화 되지 못했음을 의미하는 것이다. 장기기억은 진술기억, 비진술기억으로 나눈다. 장기기억을 근시기억과 원격기억의 2개로 나누는 설도 있다.

장기기억은 절차적 기억(proceduralmemory), 어의적 기억(semantic memory), 삽화적 기억(episodic memory)으로 분류할 수 있다.

진술기억: 말로 표현할 수 있는 기억이이다. 선언적 기억이라고도 한다. 진술기억은 에피소드 기억, 의미기억의 두개로 나눈다.

① 어의적 기억(semantic memory)

의미적 기억이라고도 하는데 말의 의미나 세계의 어떤 일에 관한 기억이다. 수의 계산 역사적 사실, 읽고 있는 문장 안에 있는 약어의 의미, 개는 동물이다' 와 같은 일반적 지식으로서의 기억을 말한다. 1966년에 심리학자 막스 킬리안에 의해 제창되었다. 의미기억의 구조는 의미 네트워크라고 하는 형식으로 모델화되어 있다.

② 삽화적 기억(episodic memory, 서술적 기억)

개인적이고 구체적인 것으로 자신의 생년월일, 내일 몇 시에 있는 약속 등 개인적 체험이나 일에 관한 기억이다. 1972년 심리학자 탈빙에 의해 의미기억과 대응하는 형식으로 구분되었다. 에피소드 기억(episodic memory)이란 선언적 기억의 일부로서 이벤트(사건)의 기억으로 시간이나 장소, 그 때의 감정이 포함된다(감정은 기억의 질에 영향을 준다). 자전적 기억은 에피소드 기억의 일부이며, 에피소드 기억은 의미기억(사실과 개념에 관한 기억)과 상호 관련되어 있다.

어떤 에피소드를 한번 체험한 것만으로 그것을 기억하는 것입니다. 한편, 의미기억은 반복하여 같은 사물을 기억합니다. 그 사물과 접촉할 때마다 뇌내의 의미표현은 변화하게 된다.

에피소드 기억은 의미기어에 존제히는 각 항목을 연결하는 지도와 같은 것이라 생각할 수 있다. 예를 들면, 의미기억은 당신이 기르는 개의 외견이나 울음소리를 기억한다. 당신이 기르는 개에 관한 에피소드 기억군은 개라고 하는 의미 표현을 참조하여 그 개에 관한 새로운 체험에 의해 당신이 기르는 개에 관한 의미표현을 갱신하게 된다.

자전적 기억: 자기 자신에 관한 일에 대한 기억이다. 자신이 어릴 때의 일을 기억하고 있는 것은 자전적 기억이 있기 때문이다. 이것은 또한 에피소드 기억의 일부이다.

전망적 기억: 장래 할 행동에 관해 기억하는 것이다. 이에 대해 과거의 일에 관한 기억은 회상적 기억이라고 하는데, 일반적으로 기억은 과거의 일을 나타내는 것인데 비해 전망적 기억은 미래의 기억이라는 것이다. 스케줄과 같이 예정을 관리하는 기억이라 할 수 있다.

비진술기억: 말로 표현할 수 없는 기억으로 비선언적 기억이라고도 한다. 절차적 기억(proceduralmemory) 으로, 비진술기억은 손에 익은 기억, 프레이밍 기억으로 나눌 수 있다.

손에 익은 기억: 일을 할 때 손에 익은 기억으로, 몸으로 느끼는 기억이라고도 한다. 노래의 가사, 가치의 의미, 자전거 타는 법 등이다.

프레이밍: 선행하는 일이 후속될 때, 영향을 받아 상황을 나타내는 기억입니다. 이와 같은 경우 선행하는 일을 프레임이라 하며, 단어, 그림, 소리 등이 있습니다. 어떤 단어를 들으면 그 후 그 단어와 어떤 관련성을 가진 단어를 읽는 것과 관련성을 가지지 않은 단어를 읽는 속도가 다른 것이 바로 프레이밍 때문이다. 대개의 경우 그 효과가 무의식적이며 꽤 장기적에 걸친 효과가 지속되며 기억에 장애가 있는 자에게도 무의식적인 프레이밍은 사라지지 않는다고 하는 점이 있다.

정보를 오랫동안 유지하려면 : 단기 기억에 있는 정보의 장기 기억의 전이(transfer)가 일어나야 한다. 이 전이 과정은 여러 요인에 의하여 영향을 받는데. 한 가지 요인은 단기기 억의 정보가 얼마나 오랫동안 시연되는 가이다. 시연을 더 오래 할수록 단기 기억에서 장기 기억으로의 전이 가능성은 높아진다. 그렇지만 오랫동안 정보를 시연하여도 그 정보가 장기 기억으로 전이되지 않고 기억에서 소멸되는 경우가 있다. 단기 기억의 정보가 장기 기억으로 전이되는가의 여부는 두 가지 종류의 시연에서 찾을 수 있다.

첫 번째는 유지 시연(maintenance rehearsal)으로, 정보에 대한 의미를 생각하지 않고 기억해야 될 것을 부주의하게 반복하는 것으로 이 시연은 단기 기억의 정보를 활성화시키기 때문에 단기 기억 수준의 회상은 가능하나 정보를 장기 기억으로 전이시키는 역할은 하지 못한다.

두 번째는 정교화 시연(elaborative rehearsal)인데, 이것은 단기 기억의 정보를 장기 기억으로 전이시키는 데 매우 효과적이다. 예를 들어, 당신이 미국 여행을 하기 위하여 타야 되는 비행기 번호가 717이라면 비행기 번호를 7월 17일 제헌절과 연관시키는 등 날짜나 공휴일에 대한 지식들을 사용해 암송하는 식으로 정보를 정교화 하게 되면 장기 기억으로의 전이가 확고하게 나타나 비행기 번호를 쉽게 잊어버리지 않게 된다.

16-3 기억의 과정

1). 인지심리학에 기초한 기억의 과정

기억은 기명-파지-재생-재인의 4단계를 거친다.

① 기명(memorizing): 기명은 자극으로 주어진 자료를 지각하거나 정보를 받아들여 정리하는 과정이다. 즉 경험 내용을 머릿속에 각인(imprinting)하는 과정을 말한다.

② 파지(retentiom): 파지란 기명된 것을 일정기간동안 기억흔적으로 간직하는 것을 말한다. 기명된 내용은 언제나 파지되는 것이 아니라 시간의 경과와 더불어 감소된다

③ 재생(reproduction): 재생은 파지되어 있는 내용을 아무런 절차도 없이 순수하게 생각해 내는 일이다.

④ 재인(recognition): 과거에 경험 했던 것과 비슷한 상태에 놓여 있을 때 떠오르는 것이다.

2) 정보처리이론에 의한 기억의 과정

기억에 대한 정보처리적 관점에서는 인간의 정신도 컴퓨터처럼 정보를 받아들이고, 받아들인 정보의 형태와 내용을 변환시키기 위해 조작을 가하고, 저장하고, 필요할 때 인출해 내고 적절한 반응을 생성해 낸다고 하였다. 이러한 정보 정보처리이론에 따른 기억의 과정은 기호화-저장-인출의 3단계를 거친다.

①기호화(encoding): 정보를 수집하고 표상하는 것
②저장(storage): 부호화한 정보를 기억 속에 담아 두는 것
③인출(retrieval): 저장된 정보를 필요할 때 꺼내 쓰는 것

3) 기억법과 관련하여 얻을 수 있는 유익함

연상력 향상 - 이미 알고 있는 사실과 배우고자 하는 학습내용과의 연상을 통한 결합으로 연상능력이 향상된다.

창의력 향상 - 연상을 시키는 과정에서 기발하고 창의적인 상상을 하게 되는데, 이 과정이 놀라운 창의력을 유감없이 발휘하도록 하는 단서가 된다.

분석. 이해력 향상 - 내용을 암기하기 위해서는 나름대로 이해해야 하고, 이해하기 위해서는 자연히 학습내용을 분석하여 기억하게 된다. 따라서 분석. 이해능력이 배가된다.

사고력 향상 - 학습내용을 분석. 이해하면서 어떻게 기억할 것인가 생각하는 자체가 사고력을 증진시키는 방법이므로, 사고력은 자연히 증가합니다.

기획능력 향상 - 기억하기 위한 많은 방법 중 기억에 편리한 방법을 찾게 되는데, 이것이 결국 기획 능력을 향상시키는 결과를 가져옵니다.

상상능력 향상 - 기억법은 상상력을 필수적으로 사용하는 학습법입니다. 당연히 상상력이 증가된다.

정신 집중력 강화 - 기억을 위해서는 집중이 필수입니다. 집중하고 몰입하는 기술 하나만으로도 모든 것을 해 낼 수 있습니다.

추리력 향상 - 기억법에는 현재의 상태에서 다음 상태를 추리하여 해석하는 과정이 따릅니다. 모든 학습물의 원리를 추적하여 추리. 분석. 이해. 기억하는 상황이 추리력을 증가시킵니다.

인지력 향상 - 지식이 많아지고, 생각하는 사고가 깊어지므로, 지혜가 탁월하게 나아지게 된다. 따라서 인지능력 또한 향상된다.

기억력 증가 - 기억법의 최대 강점은 눈에 띄게 성장하는 기억능력입니다. 초인적인 상황으로 판단될 만큼 기억력은 배가된다.

성적향상 측면에서의 유익함

학습 비법 터득 - 일반적인 교육과정보다 더욱 흥미를 갖고 집중하고 몰입하는 학습태도를 배움으로 학업 성적은 자동으로 향상된다.

학습 태도 교정 - 잘못 길들여진 습관을 교정을 받게 되고, 좋은 학습 습관을 배우고 실천하게 된다.

정서적인 측면에서의 유익함

바른 품성 함양 - 대뇌가 부담스럽게 느끼는 모든 생각을 제어하고 학습이 부담스럽거나 어렵게 생각되지 않음으로 정서적으로 안정되고 자신감을 갖게 되어 바른 정서와 품성이 함양된다.

학습 시간 단축 - 학생들의 학습시간을 단축하면서도 성적은 더욱 좋아지게 하는 놀라운 교육방법입니다. 따라서 학습과 성적에 대한 스트레스를 줄이고 여유 있는 생활을 할 수 있게 된다. 이로써 학생들의 정서적인 생활을 추구할 수 있게 된다.

* 기억법은 단어나 문장을 간단한 형태 있는 단어로 바꾸어 기억함으로서 대뇌에서 퇴화되어 가는 심상능력을 다시 활성화시키는 기본훈련 과정이다. 이 과정은 생각을 깊이 할 수 있는 습관과 대뇌 전반의 모든 능력을 활성화 시켜준다. 처음에는 귀찮고, 이상한 것 같지만 생각하는 능력이 커지면 어떠한 학습내용을 자연스럽게 보는 것과 듣는 것만으로도 이해되고 빈틈없이 기억되는 초인적 능력을 발휘하게 된다. 훈련을 하다보면 추리력, 상상력, 직관력, 판단력이 발달되어 수평적인 사고를 할 수 있으며 매사에 적극적이고 긍정적 사고를 하게 되고 자신과 신념을 갖게 되며 종합적인 두뇌개발을 꾀하게 된다.

〈인지심리학, 이정보외 17인, 학지사〉

기억법의 종류

17. 파동 속독훈련(15줄 명시점 이동 훈련, 21줄 심상훈련)
17-2. 기억법 의 종류

목표
기억법의 종류와 그 가능성을 알고 익히게 한다.

17 파동 속독훈련
(15줄 명시점이동 훈련, 21줄 심상훈련)

① 파동속독 쉬트를 보면서 100회 실시
② 심상으로 21줄 훈련을 합니다.

17-2 기억법의 종류

1. 결합법: 단어나 사건을 의미 있게 결합하여 그것을 기억의 매개로 삼는 방식

1. 단순결합법, 이야기법, 또는 언어 구성법: 기억해야 할 내용을 이야기로 만들어 기억하는 법
2. 청크: 덩어리로 묶은 다음 외우는 방식
3. 약음 결합법: 첫글자나 대표글자를 사용하여 외우는 방식으로
4. 약문결합법: 부드럽고 논리적인 문장을 만들기 위해 모음을 삽입하여 만듬
5. 고정결합법: 이미 고정된 사물이나 장소에다 기억해야 할 사항을 결합하여 기억하는 법으로 장소, 신체 물건들을 사용한다.
6. 연속결합법: 또는 링크법이라고도 하는데 기억대상기리 한개씩 고릴ㄹ 걸듯이 결합하면서 연결해 가는 방식이다
7. 직결법: 유사성 있는 것끼리 결합하여 기억하는 법
8. 결부법: 이미 알고 있는 사항과 기억해야할 내용을 결부시켜 암기하는 방법으로 고정결합법과 다른 것은 기억대상과 관련 있는 자료를 사용한다는 것이다.
9. 연쇄 결부법(連鎖結付法): 기억대상이 많은 경우 계속 이어서 결부하는 법
10. 변환결합법: 기억사항을 인위적으로 변환한 후 그것을 매개로 결합하거나 연결 짓고 그것을 이용하는 방법
11. 숫자 변환법: 기억해야 할 숫자를 한글, 또는 영문자에 일치시킨 후 한글이나

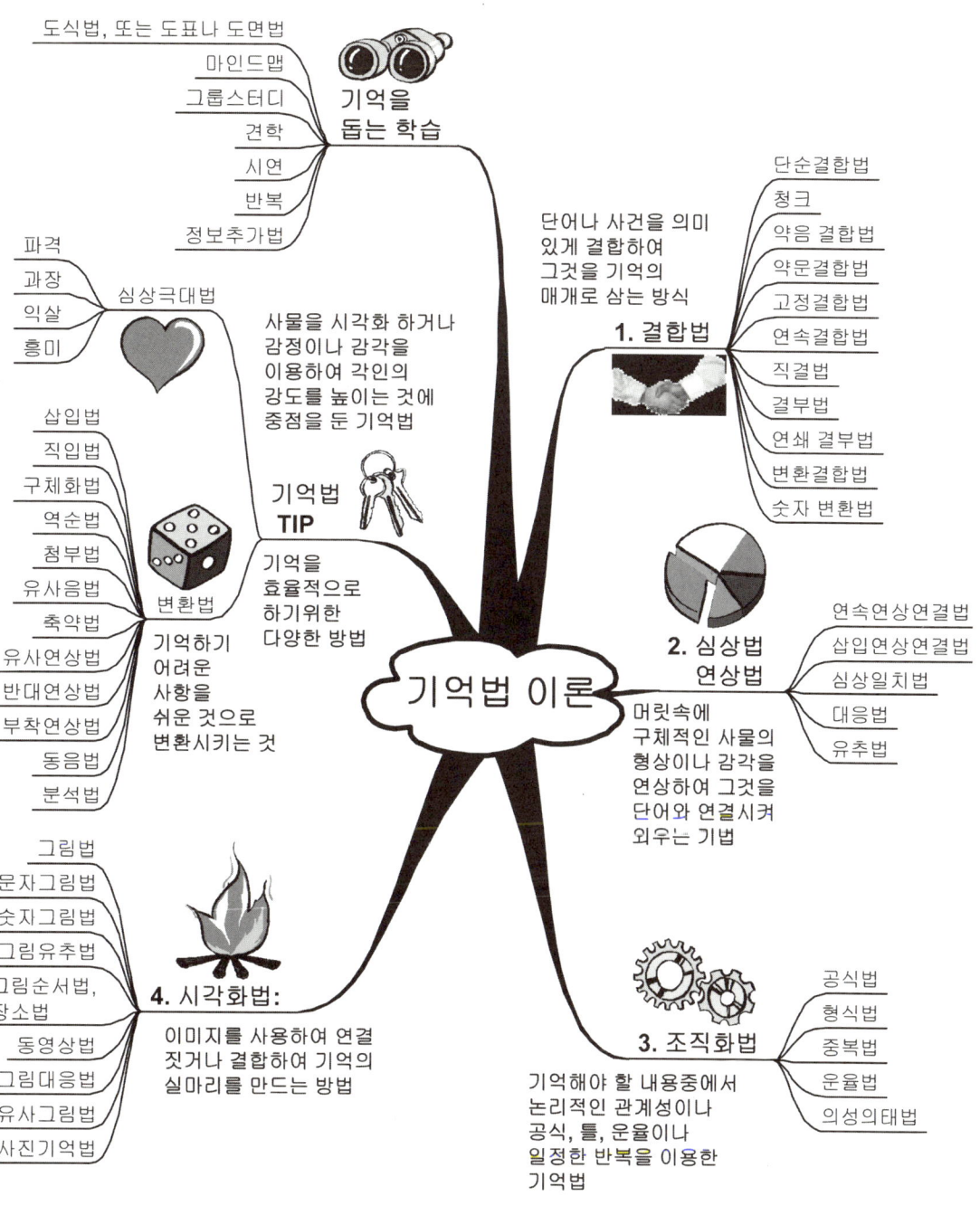

영어를 이용하여 숫자를 기억하는 방법

2. 심상법, 또는 연상법: 머릿속에 구체적인 사물의 형상이나 감각을 연상하여 그것을 단어와 연결시켜 외우는 기법

12. 연속연상연결법: 원래의 기억대상기리 연상연결이 되도록 순서대로 배열하여 기억하는 방법.
13. 삽입연상연결법; 외연상법이라고도 하며 연결이 쉽도록 기억대상이 아닌 것을 삽입.
14. 심상일치법: 기억해야 할 대상이 이미지화 할 수 있는 것일 때 단어를 듣고 떠오르는 심상과 실제 같은 이미지를 가지고 학습하여 기억을 쉽게 하게 하는 학습법.
15. 대응법: 기억해야 할 내용과 딱 들어맞는 것이 있을 때 그것을 떠올려 기억하는 법.
16. 유추법: 기억대상에 들어 있는 단어를 매개로 유추해서 내용을 파악하거나 기억하는 법.

3. 조직화법: 기억해야 할 내용중에서 논리적인 관계성이나 공식, 틀, 운율이나 일정한 반복을 이용한 기억법

17. 공식법: 기억해야 할 내용중에서 논리적인 관계성을 공식화하여 기억의 실마리로 삼는 방법
18. 형식법: 기억사항을 일정한 틀에 기초하여 기억하는 법.
19. 중복법: 기억할 내용 중에 중복되는 단어나 글자를 이용하여 기억의 실마리로 삼는 방법.
20. 운율법: 잘 알고 있는 운율이나 곡조에 맞추어 기억하는 방법.
21. 의성의태법: 기억해야 할 사항이 가지고 있는 의성 의태어를 내용과 결합하여 외우는 방식.

4. 시각적 기억법: 그림을 이용하여 연결 짓거나 결합하여 기억하는 방법

22. 그림법: 심상이 아닌 진짜 구체적인 사물의 그림이나 단어의 이미지를 그리면서 그림의 내용이나 그 배열 위치등을 기억해 활용하는 방법.
23. 문자그림법: 문자를 시각화해서 기억하는 방법이다.
24. 숫자그림법: 비슷한 모양이나 같은 발음의 다른 단어로 그림화 하는 방법.
25. 그림유추법: 관련 그림을 그려서 기억해야 할 사항을 유추해서 기억하는 방법.
26. 그림순서법, 장소법: 그림의 순서를 정해놓고 여기에 기억사항을 대입하여 기억하는 방법.
27. 동영상법: 여러 그림(동영상)을 이용하여 기억하고자하는 내용과 연결하여 기억하는 방식.
28. 그림대응법: 기억대상의 그림과 일치하는 대응물을 비교하면서 기억하는 방법.
29. 유사그림법: 그림이나 시각적 자료를 기억하여야 할 경우 그 모양이 추상적이거나 복잡해서 기억하기 힘들경우 비슷한 대응물로 바꾸어 기억하는 방법.
30. 사진기억법: 기억대상을 사진찍듯이 그대로 머릿속에 기억하는 방식.

5. 기억을 효과적으로 하기위한 (학습)방법

- 도식법, 또는 도표나 도면법: 여러기억 대상을 도식화 해서 한눈에 보이도록 그림으로 표현하는 방법.
- 마인드맵: 창의적 학습노구로 이미지와 관련하여 기억을 돕는 방법.
- 행동법: 기억해야 할 내용과 관련. 강조, 대조의 행동을 통해 기억하게 하는 방법.
- 그룹스터디: 함께 모여 학습함으로 경쟁, 논쟁, 협력등의 방법으로 독습의 3배 효과.
- 토론식 학습: 주입식 학습을 탈피하고 학생들의 참여를 이끌어 내는 방식의 수업.
- 견학법: 가서 직접보면 파악, 이해가 쉽고 기억에 도움이 된다.
- 시연법: 백불이 불여일견(百不耳 不如一見)

- 정보추가법, 또는 과잉학습법: 기억할려는 원래의 정보를 초과해 관련정보까지 추가적으로 습득하여 원래의 정보를 쉽게 기억하는 방법
- 반복학습법: 가장 비효과적이기도 하지만 때론 가장 강력한 수단이 되기도 한다.

6. 기억법 TIP : 기억을 효율적으로 하기위한 다양한 방법

1) 심상극대법
사물을 시각화 하거나 감정이나 감각을 이용하여 각인의 강도를 높혀서 기억을 돕는 방법으로 모든 감각을 총동원하여 평범한 것 보다는 강하고 특이한 심상을 사용한다. 과장, 익살, 흥미, 파격

2) 변환법
기억해야 할 단어나 사건을 기억하기 쉽게 변환시키거나, 그 대용물을 찾아 기억과 관련짓는 법, 변환법은 그 자체가 완전한 기억법이 아니고 주로 다른 기억법의 보조로 쓰이는 기억법으로서 기억하기 어려운 사항을 쉬운 사항으로 변환시키는 것

- 삽입법: 삽입결합법을 가능하게 하기 위한 TIP
- 직입법: 원래의 글을 바꾸지 않고 주 기억 대상에다 기억해야 할 사항을 끼워 넣어서 의미를 확장시켜 기억하는 방법.
- 구체화법: 추상적인 것을 눈에 보이는 구체적인 것으로 바꾸는 것입니다. 바꿀 때는 그 사항의 핵심적인 것으로 바꾸어야 합니다.
  예) 교통 〉 자동차, 통신 〉 전화
- 역순법 : 말의 순서를 바꾸어보는 것입니다.
  예)모세 〉 세모
- 첨부법 : 글자에다 몇 자 더하여 다른 의미가 되게 하는 것입니다.

예) 김천택 〉 김천택시

- 유사음법 : 유사한 음으로 바꾸어 보는 것입니다. 영어단어 외울 때 많이 쓰이는 방법입니다.

  예) ruler(룰러) : 지배자 〉 룰러 〉 눌러(지배자는 눌러)

- 축약법 : 글자를 축약하여 말을 만드는 것입니다. 주변에 흔히 볼 수 있는 예가 많습니다.

  예) 국제수지 〉 국수 대법원판결 〉 대판

- 유사음변환식: 무의미한 숫자를 일대일변환식이 아닌 유사음으로 바꾸어 기억하기 쉽게 하는 방법

- 유사연상법 : 내용이 일치하거나 비슷한 것으로 변환하는 것입니다.

  예) 손가락 〉 발가락

- 반대연상법 : 반대되는 말로 만들어보는 것입니다.

  예) 하룻강아지 〉 범 왕자 〉 거지소년

- 부착연상법 : 그 사항을 말할 적마다 자신의 머릿속에 제일 먼저 떠오른 것으로 바꾸는 것

  예) 아내 - 사랑, 의사 - 헌신, 공무원 - 봉사

- 동음법 : 발음이 똑같지만 뜻이 다른 것으로 변환하는 것.

  예)수도(도시) 〉 수도(수돗물)

- 분석법 : 무의미한 글자를 하나하나 풀이하듯 다른 뜻으로 만드는 것.

7. 뇌 세포의 능력을 최대한으로 이끌어 내는 기억력과 학습방법

1. 목표를 명확히 설정하면 기억력과 학습력을 한층 향상된다. 당신은 무엇을 원하는가? 왜 원하는가? 질문을 해보라.

2. 기억하고 싶은 것은 철저하게 외워버리면 오래도록 지속된다. 기억을 하고 싶다면 반복과 의지가 필수적이다.

3. 시각으로 기억하면 발상력과 기억력을 높일 수 있다. 정보를 이미지로 만들어서 선명하게 기억하는 습관을 가져라.

4. 단것을 먹고 1시간 후에 집중적으로 학습하라. 학습에 있어서 적당히 배를 채운 상태에서 학습하는 것이 효과적인데 식후 1시간 정도 지난 시점에서 학습을 시작하는 것이 좋다고 한다. 머리가 피로해지면 단것이 먹고 싶어지는데, 그것은 뇌가 단것을 원하기 때문이다. 골드 교수의 연구에 의하면 집중력을 높이기 위해서 당분 섭취가 좋다는 것을 알 수 있다.

   단것을 먹고 1시간 후에 학습을 시작하면 평소 상태에 비해 뇌의 가동률이 1만 배나 빨라진다. 하지만 시간이 지나면 원래대로 돌아온다. 따라서 단것을 섭취하고 1시간 후 집중적으로 학습하도록 하자.

5. 남에게 가르쳐주면 더 확실하게 기억에 남는다. 누군가를 가르쳐 준다고 생각하고 공부하면 기억력을 높일 수 있다.

6. 20분씩 집중적으로 기억하라. 기억력은 집중력이 좌우한다고 해도 과장이 아니다. 따라서 학습을 할 때는 20분간 집중적으로 학습한다는 목표를 가지고 시간을 정하고 공부를 한다. 그러면 심리적으로 마감효과를 가져오게 되면서 놀라운 집중을 발휘할 수 있다.

   두뇌는 같은 자극을 계속해서 받으면 머지않아 그 자극을 받아들일 수 없다. 이것을 '모노톤 효과' 하고 하는데, 어떤 자극에 익숙해져서 아예 질려버리는 것을 뜻한다. 아무리 맛있는 것이라도 계속 먹게 되면 질리는 것을 알 수 있다. 시간을 짧게 나누어 다른 내용을 학습해 나간다면 빠른 두뇌회전속도를 유지할 수 있을 것이다.

7. 껌을 씹으면서 학습하면 머리가 좋아진다. 턱을 움직이는 것은 두뇌를 활성화하는 것이다. 이는 식사를 할 때에는 음식물을 꼭꼭 씹어 먹는 습관을 드리는

것이 좋다.

8. **자투리 시간에 집중력을 높여라.** 뇌 연구가로 알려진 시나가와 요시야 박사에 의하면 20~30초 동안 한곳에 집중하면 아무리 나이가 많은 사람도 무엇이든 기억할 수 있다고 한다. 자투리 시간을 복습이나 반복을 하는 데 사용하면 집중력을 높일 수 있다.

9. **독특한 연상 기억법: 사물을 기억하기 위해서는 연상 반응을 사용하라.** 어떤 것을 기억할 때 단서를 만들어 놓은 뒤, 그와 관련해서 기억하면 간단하면서도 확실하게 기억할 수 있다.

10. **동시에 여러 가지를 학습하라.** 여러가지 학습을 동시에 진행하면 두뇌 네트워크가 넓어져 기억하기 쉬워진다.

11. **선채로 집중하라.** 서 있는 자세가 앉은 자세에 비해 긴장도가 높아 집중력이 커지기 때문이다. 서점에서 서서 읽는 데도 집중할 수 있는 이유가 바로 서 있는 자세 때문이다.
    정신분석학의 창시자인 프로이트는 심리학, 인류학, 역사학, 예술 등 폭넓은 영역의 지식을 습득 했는데, 그의 학습법은 선채로 벽을 두들기며 외우는 것이었다. 단 선채로 학습하게 되면 피로도가 쉽게 몰려오므로 15분정도의 학습 목표로 하는 것이 좋다.

12. **소리 내어 읽어라.**
    소리 내어 읽으면 좌뇌 우뇌의 전두엽이 활성화될 뿐만 아니라 후두엽, 측두엽 등 뇌 전체가 활성화가 되고, 고령자의 경우에는 뇌 기능이 개선되는 효과도 있다. 심리학에서 음독은 기억 프로세스를 원활하게 진행시키는 최적의 방법이라고 한다. 소리를 내면 시각과 청각이 모두 자극을 받기 때문에 기억을 촉진 시킨다.

나이토 요시히토 '강한 나를 만드는 법'

나이토 요시히토 (內藤誼人) - 게이오기주쿠대학 문학부를 졸업하고 동대학원 석사 과정과 도쿄심리전문학원 임상과정을 수료했다. 현재 심리학의 법칙을 폭넓은 장르에 응용하는 연구소 '앙길드'를 설립하여 주재하고 있다. 집필, 강연, 세미나, 컨설팅 등에서 폭넓게 활동 중이다. 비즈니스 현장에서 실천할 수 있는 심리학을 다방면에서 연구하여, 모든 장면에서 다채롭게 활용할 수 있는 방법을 소개한다.

출처: 나이토 요시히토 '강한 나를 만드는 법'

미국의 윌리엄 스타비노하박사(텍사스의대)는 『영지버섯에서 추출한 네가지 항염 활성성분이 뇌의 염증이나 손상으로 생기는 노화와 기억력 상실을 억제하는 것으로 확인돼 치매와 심혈관 치료제로 효과가 기대된다』고 밝히고 있다.

기억법의 실제 활용

18. 파동 속독훈련(15줄 명시점 이동 훈련, 23줄 심상훈련)
18-2. 기억법의 실제 활용
18-3. 기억의 메커니즘(해마, 심내사전)
18-4. 기억은 어떻게 저장되고 재생되는 것일까?
18-5. 뇌의 기능은 분명 후천적인 노력과 훈련에 의해 좋아질 수 있다.
18-6. 단기기억과 장기기억의 차이
18-7. 가짜기억(전생의 기억?) 뇌 메커니즘 찾았다
18-8. 기억력 감퇴 막는 해마세포 증강법
18-9. 심내사전, 워킹메모리

목표
1. 기억법에 관한 이론들을 섭렵하고
2. 실제 학습에 사용 하도록 한다.

18 파동 속도훈련
(15줄 명시점이동 훈련, 23줄 심상훈련)

① 파동속독 쉬트를 보면서 100회 실시
② 심상으로 23줄 훈련을 합니다.

18-2 기억법의 실제 활용

1. 결합법: 단어나 사건을 의미 있게 결합하여 그것을 기억의 매개로 삼는 방식

1) 단순결합법, 이야기법, 또는 언어 구성법

기억해야 할 내용을 이야기로 만들어 기억하는 법. 고대인들은 문장으로 구성된 단어를 외우는 것이 쉽다는 것을 알고 있었다. 특히 이들은 운문을 즐겨 사용하여 단어의 음운적 구성을 쉽도록 했다.

예1) 호랑이 강아지, 참기름, 바보 → 바보가 강아지에 참기름을 발라 호랑이를 꿰어 잡았다.

예 2) 서울 → 부산 inter change 기억법

1.서울 2.판교 3.신갈 4.수원 5.오산 6.안성 7.천안 8.목천 9.청주 10.청원 11.신탄진 12.회덕 13.대전 14.옥천 15.금강 16.영동 17.황간 18.추풍령 19.김천 20.구미 21.남구미 22.왜관 23.금호 24.서대구 25.동대구 26.경산 27.영천 28.경주 29.언양 30.통도사 31.양산 32.구서 33.부산

2) 청크

덩어리로 묶은 다음 외우는 방식. 사람이 즉각적으로 기억할 수 있는 숫자나 철자의 개수는 보통 7±2개라고 한다. 이것을 인지심리학에서는 작업기억용량이라고

하는데 이럴 때는 외울 수 있는 만큼의 몇 개의 덩이로 묶으면 쉽게 외울 수 있다.

3) 약음 결합법

첫글자나 대표글자를 사용하여 외우는 방식. 또는 약성어 기법이라고 하는데 기억해야 할 항목들이 많은 경우에 그 항목들의 첫 글자나 대표글자를 따서 기억하는 것이다. 약성어 기법은 크게 두 개로 나눌 수 있다. 하나는 약어법이고, 다른 하나는 약문법이다.

① **약어법**은 기억해야 할 단어들의 첫 글자를 따서 그것만으로 약자를 만들어 기억하는 방법이다. 순서가 중요할 때는 순서대로 재배열하여 의미 있는 약자를 만들어 기억할 수 있다. 약어법을 토대로 만든 약자들은 대부분 의미가 없기 때문에 좀 더 의미 있게 기억하기 위해서는 '가락'이나 '리듬'을 붙여서 외운다(ABCD/EFG/HIJK/LMS/…).

마찬가지로 무지개 색깔을 외우거나 조선시대 임금들의 순서를 기억하는 데도 가락이나 리듬을 사용한다(태정태세/문단세/예선연중/인명성/광인효현/숙경영/…).

가락이나 리듬을 사용할 때는 대개 4.3조의 가락을 활용하는 것이 효과적이며, 리듬이나 가락을 붙이면 자료에 의미가 생기고 흥미도 있어서 기억하기가 훨씬 쉽다. 약어법은 주로 심상 매개보다는 언어 매개를 사용한 기법이다.

② 약문법 또는 약문결합법으로 부드럽고 논리적인 문장을 만들기 위해 모음을 삽입하여 만듦 이 기법은 약어법과 같이 먼저 단어들의 첫 글자를 따낸 다음에 의미 있는 문장을 만들기 위해 모음을 삽입하는 기법이다. 이 방법이 약어법과 다른 점은 첫 글자를 가지고 거기에 다른 단어를 첨가시켜 의미 있는 문장을 만드는 데 있다. 순서가 중요할 때는 철자들을 순서대로 놓고 문장을 만들면 된다.

예컨대, 영어의 8품사를 기억한다고 가정해 보자. 대명사, 명사, 동사, 부사, 형용사, 감탄사, 전치사, 접속사. 이것을 기억하려면 먼저 첫 글자를 따낸다. 즉, 대명동부형감전접, 여기에 단어들을 삽입하여 '대명동 형부가 전기에 접촉되어 감전사고가 일어났다" 는 의미 있고 재미있는 문장을 만들 수 있다. 이 기법은 문장을 만든다는 점에서는 핵심 단어법과 유사하지만 첫 글자만을 따서 문장을 만든다는 점이 다르다.

4) 고정결합법

이미 고정된 사물이나 장소에다 기억해야 할 사항을 결합하여 기억하는 법으로 장소, 신체 물건들을 사용한다.

① **신체결합법**: 신체의 각 부위에 번호를 미리 정해놓고 기억하고자 하는 대상을 결부시켜 기억하는 법 - 10번 정도만 소리내서 읽어 보세요!

1번 머리 = 머리는 제일(1) 중요한 곳
2번 이마 = 이마는 2마다.
3번 눈썹 = 눈썹이 삼자처럼 붙었다. 순악질 여사가 그랬는데!
4번 눈 = 눈이 사백눈이라고
5번 = 귀는 오그라졌고
6번 = 코가 6자로 보인다.
7번 = 입이 7자 바늘에 꿰였다.
8번 = 이빨 빨- 팔
9번 = 혀가 구(九)부러져야 발음이 좋다.
10번 = 목이 10개라도 부족하다
11번 = 등 등번호가 11번
12번 = 가슴을 만져서 시비(12)를 걸다
13번 = 배꼽에 산삼을 심었다.

14번 = 항문 심사(14)에 합격하다.
15번 = 허벅지 보름달(15) 같은 근육의 허벅지
16번 = 무릎 꿇고 욕심(16)을 버려라
17번 = 종아리 회초리 칠(17) 종아리
18번 = 복숭아 뼈 복숭아를 18바구니나 땄다.
19번 = 발등을 씻구(19)와라
20번 = 발가락, 손가락 다 합쳐서 20개. 정상인!

장소가 기억되었을 때 위의 단어 20개를 기억하려고 하면 1번부터 20번까지의 장소와 문제를 결부시키면 기억도 잘 되고 오래도록 기억에 남아 있다.

② 장소법: 이미 잘 알고 있는 장소를 순서대로 기억한 후 기억대상과 결부시키는 방법

그림법과 비슷하기는 하지만 장소법은 그림이 아닌 실제장소를 이용하여 심상으로 그것을 떠올리면서 기억의 실마리로 삼는 방법이다.

예) 우선 가장 쉽게 기억할 수 있는 것 가령, 집의 구조물을 활용하는 방법입니다.
집에 들어 갈 때 쉽게 기억할 수 있는 물건을 순서대로 나열합니다.
1. 현관문 2. 신발상 3. 현관 옷걸이 4. 세면대 5. 화장실 6. TV 7. 책상 8. 냉장고 9. 창문 10. 부엌 .... 등 자신이 순서대로 기억하기 쉬운 것을 이미지로 기억합니다.
그리고 실제 기억해야 할 것을 순서대로 연결합니다.

③ 걸이 단어 체계(peg word system): 또는 쐐기단어라고도 하는데, 이 방법은 숫자와 결합된 대상을 사용하여 기억증진을 시도하는 가장 일반적인 방법으로 기억해야 할 항목을 숫자와 결합한 '걸이들'의 목록을 암기하고 마치 옷걸이에 옷을 거는 것처럼 번호가 정해진 옷걸이의 단어와 기억해야 할 단어를 연결시켜서 외우면 된다.

장소법과 유사하다.

예1) 미국식

하나는 호빵(one id a bun) 둘은 구두(two is a shoe) 셋은 나무(three is a tree) 넷은 문(four is a door) 다섯은 벌통(five is a hive) 여섯은 막대기(six are sticks) 일곱은 하늘(seven is heaven) 여덟은 대문(eight is a gate) 아홉은 노끈(nine is a line) 열은 암탉(ten is a hen)

우리말 정서에는 맞지 않는다. 우리식의 걸이 단어가 더 유용할 것이다.

* 필자의 생각으로는 숫자를 단어로 변환시켜서 1-100까지 외우는 것이 더 다용도로 사용 할 수 있을 것 같다.

5) 연속결합법

또는 링크법이라고도 하는데 기억대상기리 한 개씩 고리를 걸듯이 결합하면서 연결해 가는 방식이다.

예) 원숭이 엉덩이는 빨개 - 빨간 것은 사과 - 사과는 맛있어

6) 직결법

기억하고자 하는 대상끼리 음이나 의미가 유사성을 이용하여 결합시켜 기억하는 방법.

예) 첨성대+선덕왕 = 첨선덕, 황성신문 = 남궁억 = 황궁신문

7) 결부법

이미 알고 있는 사항과 기억해야할 내용을 결부시켜 암기하는 방법으로 고정결합법과 다른 것은 기억대상과 관련 있는 자료를 사용한다는 것이다.

기억대상과 항상 일치하는 것이 있다면 아주 좋고, 그렇지 않더라도 어떤 방식으로든지 일치되는 것이 있다면 그 일치하는 것을 매개로 결부시킨다.

예1) 국문학 저자 외우는 법
1. 청구영언 김 천택 청구 천택 영언= 청자와 천자를 결부시킨다
2. 송강 가사 정 철 송강가정 철사가 많다
3. 흙 이 광수 이강산에 흙은 좋다.
4. 젊은 그들 김 동인 젊은 그들은 동인(同人)이다
5. 사씨남정기 김 만중 남자 정기는 만명중에 다 있다.
6. 흙의 노예 이 무영 흙의 노예는 그림자도 없다
7. 무영탑 현 진건 무영탑은 현실적으로 건설불가
8. 화분 이 효석 화분은 돌(효석) 위에 두라
9. 진달래 김 소월 진달래 보며 소일한다.
10. 청년 김옥균 김 팔봉 청년 김옥균 긴 팔로 구해 냈다
11. 귀의 성 이 인직 귀의 성에 인쥐가 들어간다.
12. 신문학 사조사 백 철 신문을 사사(賜死) 백철 위에 놓고 불질러라!

8) 연쇄 결부법(連鎖結付法)

여러 개의 문제를 기억하려고 할 때 색종이 고리를 이어가듯 첫 문제와 둘째 문제를 결부시키고 둘째 문제와 셋째 문제를 결부시키는 방법.

예) 1.전구 2.코끼리 3.하드 4.반달 5.침대 6.시계 7.화분 8.포도 9.악어 10.소방차 → 전구 속에 코끼리를 가두었다. 코끼리가 하드를 코로 빨아먹고 있다. 하드에 반달이 그려져 있다. 반달에 침대가 놓여있다. 침대 위에 시계가 있다. 시계를 화분에 걸어 놓았다.

화분에 포도 한 송이를 얹어 놓았다. 포도를 악어가 먹으러 온다. 악어를 소방차 물줄기로 밀어낸다.

9) 변환결합법

기억을 쉽게 하기 위해서 기억대상을 인위적으로 변환한 후 그것을 매개로 결합하거나 연결 짓고 그 결합의 심상을 이용하여 기억하는 방법.

숫자 변환법: 기억해야 할 숫자를 한글, 또는 영문자에 일치시킨 후 한글이나 영어를 이용하여 숫자를 기억하는 방법

① 한글로 대치하는 경우: 이 방법은 0부터 9까지의 숫자에 일정한 문자를 부여하여 전화번호나 연대 기타 숫자를 기억하는 방법이다.

1	2	3	4	5	6	7	8	9	0
ㄱ	ㄴ	ㄷ	ㄹ	ㅁ	ㅂ	ㅅ	ㅇ	ㅈ	ㅊ,ㅋ,ㅌ,ㅍ,ㅎ
ㅏ	ㅑ	ㅓ	ㅕ	ㅗ	ㅛ	ㅜ	ㅠ	ㅡ	ㅣ,위

시중에 나온 기억법 책중에는 1,000단위까지 장소나, 숫자에 대응하는 단어가 나와 있다.
시간이 난다면 자신만의 노트를 만들어 사용해 볼만하다.

② 영문으로 대치하는 경우: 이 방법은 0부터 9까지의 숫자에 일정한 문자를 부여하여 긴 전화번호 또는 거리, 주소를 간단한 단어로 바꾸어 기억하는 것이다. 예를 들면 다음과 같이 숫자에 문자를 부여한다.
0=B 3=F 6=J 9=M 1=C 4=G 7=K 2=D 5=H 8=L

2. 심상법, 또는 연상법: 머릿속에 구체적인 사물의 형상이나 감각을 연상하여 그것을 단어와 연결시켜 외우는 기법

10) 연속연상연결법
원래의 기억대상기리 연상연결이 되도록 순서대로 배열하여 기억하는 방법.

11) 삽입연상연결법
외연상법이라고도 하며 연결이 쉽도록 기억대상이 아닌 것을 삽입하여 기억하는 방법.

12) 심상일치법

기억해야 할 대상이 이미지화 할 수 있는 것일 때 단어를 듣고 떠오르는 심상과 실제 같은 이미지를 가지고 학습하여 기억을 쉽게 하게 하는 기억법.

예) 3+4 = 7 실제 사과나 귤을 7개 준비한 다음 더하거나 빼면서 가르친다.

그리고 사과라고 말할 때는 실제 사과를 가지고 해야 한다. 그래야 심상이 일치된다.

또 사진이나 기타의 이미지로 보여줄 수 있는 경우는 관련 이미지를 구해서 보여주면서 학습을 진행하는 것도 심상일치에 해당한다.

13) 대응법

기억해야 할 내용과 딱 들어맞는 것이 있을 때 그것을 떠올려 기억하는 법.
예) 군대에서의 총기를 다룰 때 주의사항 - 여자처럼 다뤄라!

14) 유추법

기억대상에 들어 있는 단어를 매개로 유추해서 내용을 파악하거나 기억하는 법. 상상력이 뛰어난 사람일수록 유리하다. 예)아담스미스가 자유무역론을 주장 - 아담은 에덴동산에서 자유롭게 살았다.

3. 조직화법: 기억해야 할 내용중에서 논리적인 관계성이나 공식, 틀, 운율이나 일정한 반복을 이용한 기억법

15) 공식법

기억해야 할 내용중에서 논리적인 관계성을 공식화하여 기억의 실마리로 삼는 방법.

16) 형식법

기억사항을 일정한 틀에 기초하여 기억하는 법.

17) 중복법

기억할 내용 중에 중복되는 단어나 글자를 이용하여 기억의 실마리로 삼는 방법으로, 기억해놔도 자주 헷갈리거나 혼돈될 때 아주 간단하게 분별하도록 하는 방법이다. 발음, 글자 수, 모양, 의미의 중복 등을 단서로 사용할 수 있다.

18) 운율법, 또는 노래법

잘 알고 있는 운율이나 곡조에 맞추어 기억하는 방법.

예1) ABC 노래

예2) 24절기를 '송알송알 사리잎에 은구슬' 노래에 맞춰 외워 본다.
　　　입춘, 우수, 경칩, 춘분, 청명, 곡우, 입하, 소만, 망종, 하지, 소서, 대서, 입추, 처서, 백로, 추분, 한로, 상강, 입동, 소설, 대설, 동지, 소한, 대한

예3) 조선왕조이름 외우기: 태종태세문단세…

예4) 성경 66권 목록 외우기: 창세기 출애굽기 레위기…
　　　TIP: 3의 경우는 약음법과 운율법이 합쳐진 경우이다.

의성의태법: 기억해야 할 사항이 가지고 있는 의성 의태어를 내용과 결합하여 외우는 방식

예) BARK - 개가 박박 짖다.

4. 시각적 기억법: 그림을 이용하여 연결 짓거나 결합하여 기억하는 방법

- 그림법

심상이 아닌 진짜 구체적인 사물의 그림이나 단어의 이미지를 그리면서 그림의 내용이나 그 배열 위치등을 기억해 활용하는 방법. 강한 각인성을 가졌기에 직감적인 재생이 가능하고 다양하게 변환하고 결합시킬 수 있는 장점이 있다.

- 문자그림법

문자를 시각화해서 기억하는 방법이다.

- **숫자그림법**

비슷한 모양이나 같은 발음의 다른 단어로 그림화 하는 방법.

- **그림유추법**

관련 그림을 그려서 기억해야 할 사항을 유추해서 기억하는 방법.

- **그림순서법, 장소법**

그림의 순서를 미리 정해놓고 여기에 기억사항을 대입하는 방법.

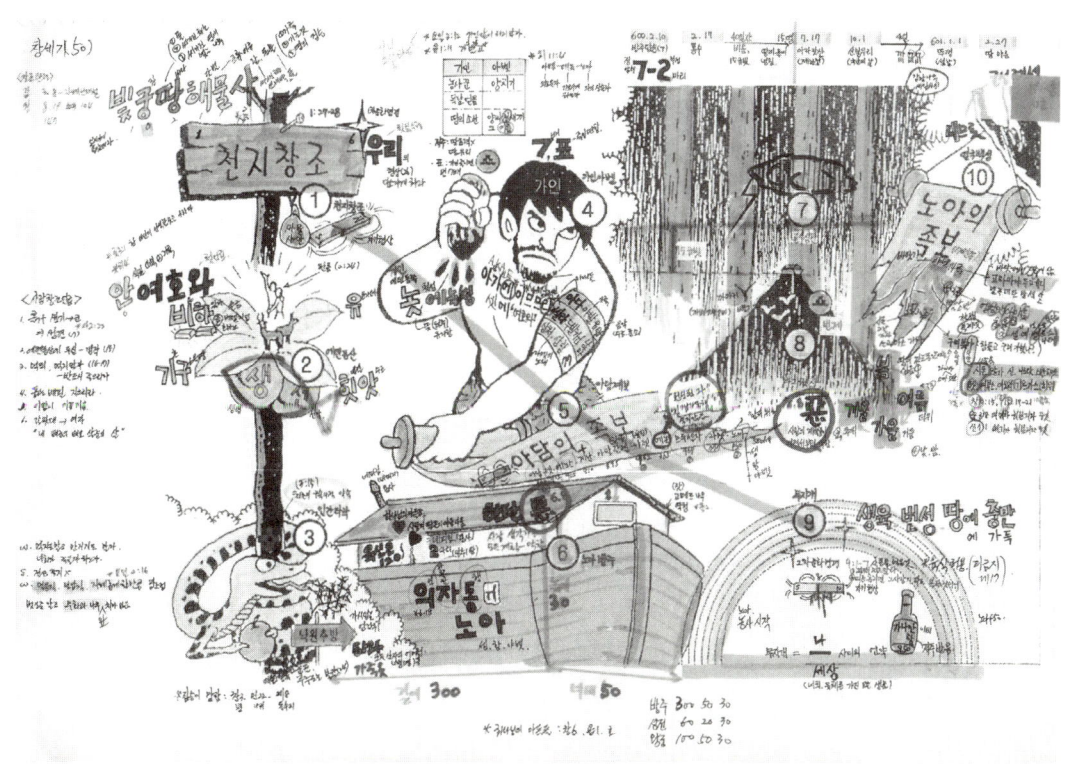

〈출처: 박웅식 목사님의 성경기억법 중에서〉
이 외에도 그림순서법으로 성경 66권을 정리하신 탁월한 분들이 많이 계십니다.
바이블 동서남북(윤대명 목사님), 케논성경기억법(이병원 목사님) 바이블 맥(이옵 목사님),
RnR 성경기억법(임 오길 목사님), 그림(부호)성경기억법(김광규 목사님)

이 장소법은 시각적 심상을 이용하여 친밀한 장소와 회상할 항목을 연결시켜 이 장소를 마음속에 탐색하여 항목들을 인출하는 방법으로 그리스의 시인 Simonides가 개발한 것이다. Simonides는 로마의 귀족을 찬양하는 시를 지어서 수많은 손님이 참석한 연회에서 시를 낭송하도록 위촉받았다. 그 시를 낭송한 후 Simonides가 잠시 바깥으로 나간 사이 지붕이 무너져 연회에 참석한 모든 손님들이 죽었다. 시체는 엉망이 되어 친척들이 누군지 확인할 수 없었지만 Simonides가 손님들이 연회장에 앉아 있는 장소의 기억을 기초로 해서 많은 시체의 이름을 알아내었다고 한다(Bower, 1970).

또 고대 그리스, 로마인들도 연설문을 기억하는 데 이 장소법을 이용하였다고 한다(Yates, 1966). 예를 들면 로마의 웅변가 키케로는 익숙한 자기 집을 골라 기억해야 할 첫 항목을 집의 대문 앞에, 그 다음 항목은 안마당, 그 다음은 현관, 안방… 식으로 모든 항목을 각각 적당한 위치에 배치하고 그 모양과 상태까지 고려하였다.

나중 항목들을 다시 인출할 때 그는 마음속으로 집의 대문 앞에서부터 자신이 구상한 심상을 떠올려가며 집 안으로 들어가 현관을 지나 각 방으로 돌아다니는 정신적 산책을 하면서 필요한 항목을 인출할 수 있었다. 이 적정한 장소에 배치한 항목들은 질서 있게 인출되어 지며 이 항목들의 심상이 뚜렷할수록 회상률이 높아져 최근의 한 실험에서는 2~7배까지 기억을 증가시킬 수 있었다(Bower, 1972). 이 방법에서 권장하고 싶은 것은 될 수 있는 한 기발하고 괴상한 연합법을 개발하는 것이다.

Bower(1970)가 연구한 핫도그, 고양이 먹이, 토마토, 바나나의 식료품을 장소법으로 기억하는 방법이 다음에 잘 나타나있다.

- **동영상법**
기억대상을 여러 개의 그림(동영상)을 이용하여 기억하고자하는 내용과 연결하여 기억하는 방식.

- **그림대응법**
기억대상의 그림과 일치하는 대응물을 비교하면서 기억하는 방법.

예) 주먹을 쥔 다음 마루와 골을 번갈아 가면서 12월의 큰달 작은 달을 구별하는 법

- **유사그림법**

시각자체를 기억하기 위한 방법으로 무슨 그림이나 시각적 자료를 기억하여야 할 경우 그 모양이 추상적이거나 복잡해서 기억하기 힘들다면 비슷한 대응물로 바꾸어 기억한다.

- **사진기억법**

기억대상을 사진을 찍듯이 그대로 머릿속에 기억하는 방식이다. 일반인들도 훈련을 통해 개발될 수 있겠지마는 거의 특별한 재능을 지닌 사람만이 가능하다.
  예) 서울대 의대 수석졸업한 원종수 권사의 경우 책을 두 번만 읽으면 사진찍듯이 다 기억해 내는 특별한 은사를 받았으며 실제 시험이나 임상에서 이러한 재능을 이용하였다고 한다.
  〈필자의 경우도 이런 재능을 갖기 원했지마는 위에서 주시지 않는 관계로 결국은 마인드맵과 기억법을 배우고 익히게 되었다는 슬픈 전설!!!〉

18-3 기억의 메커니즘(해마)

저장되어 있는 기억이 재구성되는 메커니즘이 세계 최초로 국내 연구진에 의해 밝혀졌다.

과학기술부와 한국과학재단이 지원하는 창의적 연구진흥사업을 수행하고 있는 서울대학교 생명과학부 기억제어연구단의 강봉균 교수 연구팀은 저장되었던 기억이 인출될 때, 기억을 저장하는 시냅스가 허물어지는 메커니즘이 있음을 밝히고, 이 과정이 기억 재구성을 위한 필수적인 과정임을 보여주었다. 이러한 연구 결과는 세계적 과학권위지인 사이언스(Science)지 온라인판 2월 8일자에 게재되었다.

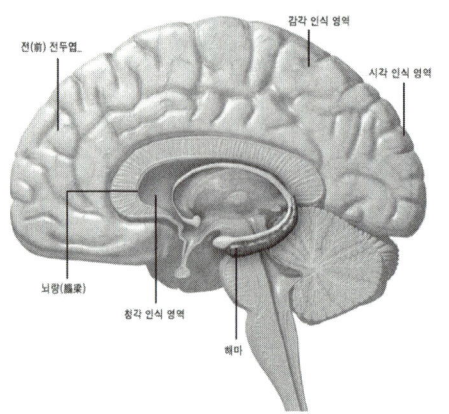

우리는 어릴 적 부모님과 동물원에 갔던 즐거웠던 기억, 어젯밤에 외운 영어단어에 대한 기억 등 수많은 기억을 갖고 살아간다. 새로운 경험을 할 때나, 학습을 하는 경우 인간의 뇌에서는 관련된 시냅스들이 단단하게 강화되는 과정이 나타나며, 이러한 강화과정을 통해 우리는 배우고 경험한 것을 오랫동안 기억할 수 있게 된다.

신경과학자들은 이러한 시냅스 강화과정 중에 단백질 합성 억제제를 투입하여 단백질 합성을 막았더니, 시냅스 강화가 일어나지 않아, 기억이 형성되지 않는다는 점을 알아냈다. 연구자들은 이와 관련하여 시냅스 강화과정에서 단백질의 합성이 필수적이라는 점에 주목하여, 이러한 단백질들의 동정과 자세한 기능을 밝히는데 많은 노력을 기울여 왔다.

2000년대에 들어서면서 신경과학자들은 이와 유사한 실험을 기억을 인출하는 상황에 적용하였는데, 흥미롭게도 이미 학습하여 저장되었던 기억을 떠올릴 때 단백질 합성을 억제하면 형성되었던 기억이 사라지는 것을 보게 되었다.

따라서 신경과학자들은 기억을 떠올릴 때 뇌에서 기억을 부호화하는 시냅스가 어떤 이유에선가 불안정해져서, 기억을 계속 유지하기 위해서는 다시 한 번 단백질 합성을 통한 시냅스 강화과정이 필요하다고 생각하였다.

또한, 기억을 인출할 때 나타나는 이와 같은 과정은 새로운 정보를 더 받아들여서 기존 기억을 재구성하기 위해서라고 판단했다. 그러나 기억을 떠올릴 때, 어떤 과정을 통해 단단했던 시냅스가 불안정해져, 기억을 재구성할 수 있게 되는지는 거의 알려진 바가 없었다.

강 교수는 바로 이 질문에 명쾌한 해답을 제시했다. 즉, 기억을 떠올릴 때 기억을 부호화하며 강화되었던 시냅스가 특수단백질 분해과정(ubiquitin-proteasome system)을 통해 허물어지고 결국 기억을 재구성 가능한 상태로 만든다는 것을 밝혀낸 것이다.

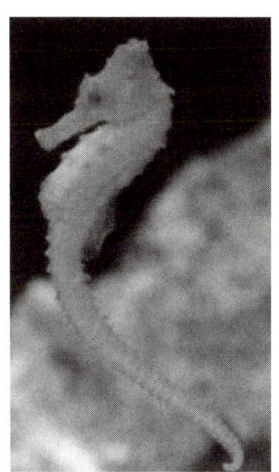

기억을 떠올릴 때 시냅스를 구성하는 신경 세포들은 특수단백질분해과정을 사용하여 시냅스의 단백질 분해를 증가시키고 이러한 증가가 결국 기억을 부호화하는 시냅스를 허물어뜨려 기억 재구성을 가능하게 한다는 것이다.

이에 더하여, 특수단백질분해과정의 활성을 억제하게 되면 기억이 재구성될 수 있는 상태로 가지 못하기 때문에 기억의 변형, 극단적으로는 기억의 소멸이 불가능했다.

이러한 연구결과는 저장되었던 기억이 재구성 가능한 상태가 되는 메커니즘을 밝혔다는 과학적 의미뿐 아니라, 기억을 유지하거나 변형시키는 과정으로 응용되어 의학적으로도 쓰일 가능성을 제시하고 있다고 강교수는 밝혔다.

출처 : 과학기술부(기초연구국 기초연구지원과)

18-4 기억은 어떻게 저장되고 재생되는 것일까?

뇌는 '무엇' 과 '어떻게' 를 따로 기억한다

기억에 대한 현대의 연구는 1957년 한 환자의 뇌수술에서 시작되었다. 27살의 HM은 간질 발작이 어찌나 심했던지 마지막 선택으로 대뇌의 측두엽(temporal lobe)의 상당 부분을 제거하는 위험한 수술을 받았다. 수술은 성공적이었으나 그에게 뜻밖의 결과를 남겼다. 다름 아니라 수술 후 일어난 일을 전혀 기억하지 못하는 것이었다.

그의 사례를 통해 내측 측두엽(medial temporal lobe)과 해마(hippocampus)가 새로운 기억이 이루어지는 중요한 장소라는 사실이 밝혀졌다. HM은 과거 속에 사는 사람이 되었지만 뇌 연구의 발전에는 큰 기여를 한 인물이 된 것이다. 그는 아직도 살아있는데 지금도 뇌연구자들에게 탐구대상이 되고 있다.

HM의 연구를 통해 뇌과학자들은 기억이란 것이 그리 단순하지 않다는 점을 알아냈다. 한 예로, HM에게 복잡한 그림을 그리는 과제를 주었다. 그는 그 그림을 그렸다는 사실을 기억하지 못하면서도 그림 솜씨는 날로 꾸준하게 향상되었다. 즉 그림 그린 사실을 기억하지 못하지만 그 그림을 그리는 방법은 기억에 남아있다는 얘기였다. 신기하게도 뇌는 무엇을 기억하느냐는 것과 어떻게 하느냐를 기억하는 것이 다르다.

18-5 뇌의 기능은 분명 후천적인 노력과 훈련에 의해 좋아질 수 있다.

유전자는 지능에 50% 정도만 관여할 뿐 성공적인 삶은 오히려 긍정적 사고방식에 익숙한 뇌와 관련성이 크다." 최근 과학창의재단과 영국대사관이 주최한 '서울에서 만나는 영국 뉴로사이언스' 로드쇼에 참가한 세계적인 뇌연구 석학들의 뇌에 대한 설명이다.

이번에 방한한 영국의 신경과학자들은 △기억과 학습의 메커니즘(팀 블리스, 그레이엄 콜린그리지) △뇌와 생체시계(케이 조, 휴 피긴스) △뇌와 스트레스(스타포드 라이트만) △뇌와 정신분열증(마이클 오웬) 등 각 분야에서 세계적인 명성을 갖고 있다.
이들은 최신 연구결과를 바탕으로 뇌의 건강과 기능 향상을 위한 요령을 들려줬다.
그레이엄 콜린그리지 브리스톨대 교수는 "단순히 공부를 계속 한다고 뇌가 좋아지는 것은 아니다"며 "스포츠 산책 등의 적절한 신체활동, 음악과 독서 등으로 뇌를 자극해야 기능이 향상된다는 것이 여러 연구를 통해 입증됐다"고 소개했다. 그는 또 "최근 비만과 뇌의 인지기능 저하가 밀접한 관계를 갖고 있다는 연구결과가 계속 나오고 있는 점은 일반인들이 주목할 만하다"고 덧붙였다.

뇌와 스트레스 연구의 권위자인 스타포드 라이트만 교수 역시 "비만으로 인해 콜레스테롤 수치가 증가하면 뇌의 인슐린 수용체가 뇌세포 안쪽으로 침투되면서 뇌 기능이 저하된다는 연구결과가 있다"며 "비만은 혈당치를 높이고 심장과 혈류에도 영향을 미치게 되기 때문에 결국 뇌에도 다양한 악영향을 미치는 것으로 추정할 수 있다"고 설명했다.

자녀들이 저녁 늦게까지 공부하도록 내버려 두면 결국 비만이 나타날 가능성이 높고 심혈관에도 무리가 간다는 것이 이들의 설명이다. 또 장기적으로는 뇌 세포의 기능도 떨어지는 악순환이 나타난다고 경고했다. 아침형 인간으로 사는 것이 뇌의 건강과 노화방지를 위한 첩경이라는 얘기다.

뇌의 생체시계 연구를 주도하고 있는 휴 피긴스 맨체스터대학 교수도 "사람들 사이에 차이가 있지만 일반적으로 이른 아침부터 오전 10시 전후가 가장 뇌의 기능이 활발할 때"라며 "밤에 공부하기 보다는 낮에 공부하고, 나눠서 조금씩 학습하는 것이 뇌의 장기기억 능력을 강화시키는 요령"이라고 설명했다.

"산책 독서 퍼즐게임 음악 감상 미술품감상 글쓰기 대화 등 뇌에 대한 다양하고 적극적인 자극이 뇌의 건강 유지에 매우 중요하다."
뇌의 기억과 학습 메커니즘을 분자수준에서 처음 규명, 노벨 생리의학상 수상 1순위 후보로 꼽히는 팀 블리스 교수의 주장이다. 신체의 노화에 비해 뇌의 노화는 후천적인 노력을 통해 훨씬 늦출 수 있다는 것이 그의 지론이다.

천재와 일반인의 뇌구조에는 큰 차이가 없지만 신경세포를 연결하는 강도나 신호전달 물질의 활성화 강화 등의 현상 차이에 의해 기능이나 지능의 차이가 발생한다는 것. 그는 뇌세포의 기능에 영향을 미치는 수용체와 호르몬에 대한 연구와 동물실험 결과 등을 종합할 때 적절한 휴식과 다양한 자극이 뇌의 기능 활성화에 필수적이라고 밝혔다.

Q&A식 뇌 훈련은 뇌의 구조 자체를 바꾸기도 한다. 과거 영국 런던대 연구팀은 끊임없이 최단거리와 최단시간이 걸리는 경로를 생각해야 하는 택시운전사들의 뇌 해마상 융기 뒷부분(운행 담당)이 일반인에 비해 2~3% 더 커진다는 것을 발견했다. 만면 융기 앞부분은 수축했다. 작아 보이는 차이지만 현실에서 나타나는 일반인과 택시기사의 공간감각과 길 찾기 능력은 엄청난 격차를 보인다. 반면 항상 같은 경로를 운행하는 버스운전사들의 뇌는 변화가 없었다.

실제로 이들 석학은 1가지 이상의 취미에 푹 빠져 있는 마니아들이다. 66세의 블리스 교수는 악기연주와 테니스, 탁구를 매일 즐기고 콜린그리지 교수는 수준급의 축구 실력을 자랑한다. 피긴스 교수와 라이트만 교수는 각각 예술품 컬렉션과 회화에서 프로급 안목과 실력을 갖춘 것으로 유명하다. 오웬 교수 역시 틈틈히 바다낚시를 즐긴다.

출처: 매일경제 08-12-01

18-6 단기기억과 장기기억의 차이

기억의 다양한 종류를 알아냈음에도 기억은 여전히 의문투성이다. 무언가를 기억한다는 것이 과연 무엇일까? 뇌에서 어떤 변화가 일어나는 것일까? 이 질문에 대해 아직 우리는 정확하게 답변할 수 없다.

약 100년 전 위대한 뇌 해부학자인 라몬 이 카할은 이에 대해 이렇게 생각했다. 기억이 형성되려면 뇌세포인 뉴런 간의 연결이 강해져야 한다고 말이다. 당시에는 성인의 뇌가 더 이상 새로운 뉴런을 만들어내지 않는다는 것이 정설이었기 때문에 카할은 이미 있는 뉴런 간의 변화가 핵심이라고 추측했던 것이다.

하지만 오랫동안 과학자들은 뉴런 사이에 어떤 변화가 실제로 일어나는지에 대해 거의 단서를 얻지 못했다. 그러던 것이 1970년대 이후 과학자들은 뇌신경체계 조직을 분리해서 분자수준에서 기억형성에 대한 연구를 시작했다.

이 연구를 통해 뇌 과학자들은 단기기억에는 뉴런을 연결하는 시냅스를 강하게 하는 화학적 변화가 일어나는 반면, 장기기억에는 단백질이 합성되고 새로운 시냅스가 만들어져야 한다는 점을 밝혀냈다. 이런 분자수준의 연구결과를 뇌 전체 연구로 확장하는 일이 뇌 과학자들에게 큰 도전으로 남아있다.

1906년 노벨생리의학상을 수상한 카할 박사. 그는 기억이 뉴런 간의 연결에 있다고 보았다.

18-7 가짜기억(전생의 기억?) 뇌 메커니즘 찾았다

프로이트가 개발한 정신분석학적 심리치료와 최면에 의한 전생치료 - 전문가들은 이 둘의 공통점을 '가짜 기억'으로 규정한다.

> **한 · 미 공동 '가짜기억' 뇌 메커니즘 찾았다**
> **가짜 기억(전생의 기억?)**
>
> 최면상태에서 전생을 보았다는 것은 전생에 대한 확실하고 일관된 개인적 믿음을 갖고 있거나 이와 일치되는 점을 찾기 위해 `가짜 기억`을 만들었다는 것이 전문가들 의견이다.

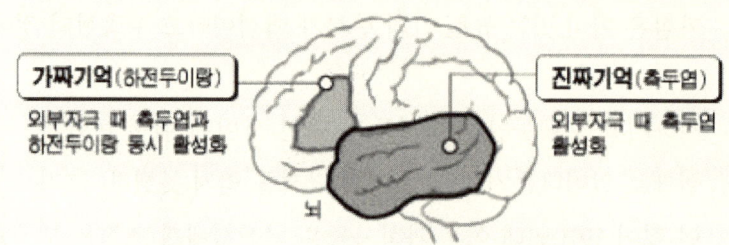

가짜 기억은 실제 일어나지 않은 일을 일어난 것처럼 착각해 기억하는 것으로 범죄증언 등에서는 심각한 결과를 초래할 수 있다. 이는 의도적으로 거짓말을 하는 위증과는 달리 이야기하는 사람도 가짜 기억에 대한 믿음을 갖고 있다.

김홍근 대구대 재활심리학과 교수와 미국 듀크대 인지신경과학센터 로베르토 카베자 교수팀은 미국인 16명을 대상으로 단어암기 실험을 한 결과 가짜 기억은 뇌에서 기억을 처리하는 과정에서 생성되는 부산물이라는 연구 결과를 발표했다. 이번 연구 결과는 '대뇌피질(Cerebral Cortex)' 9월호에 게재될 예정이다.

연구팀은 시험 대상자들에게 단어를 외우게 한 뒤 이에 대한 기억을 검사했다. 시간이 지난 뒤 실제 외우게 한 단어를 제시할 때 '봤다'고 말하면 '진짜 기억'이 만들어진 것이고, 외우게 한 단어는 아니지만 연관된 단어를 보여 줬을 때 '봤다'고 말하면 '가짜 기억'이 만들어진 것이다.

이 과정에서 뇌를 fMRI로 촬영한 결과 진짜 기억이 작동할 때는 기억에서 가장 중요한 역할을 하는 내측 측두엽만 활성화했지만 가짜 기억이 활성화할 때는 왼쪽 뇌 하전두이랑까지 활성화하는 것을 발견했다. fMRI는 사람이 뇌를 사용할 때 어느 부위가 활성화되는지 알아내는 장치다.
김 교수는 "기억의 오류와 왜곡에 대해 신경학적으로 명확히 파악하는 것은 법적인 측면뿐만 아니라 정상적 기억 과정을 이해하는 데도 중요하다"고 말했다.

기억에 관해서 해마다 새로운 연구결과가 나온다. 그런데 때로 이런 연구 결과가 또 다른 의문점을 낳기도 한다. 최근에 새로운 과제를 학습할 때 나타나는 뇌 활동 패턴이 나중에 잠자는 동안에 재생된다는 연구결과가 있었다. 잠이 기억을 강화하는 역할을 하는 것일까?

또 다른 연구는 우리의 기억이 생각만큼 신뢰할 수 없다는 점을 보여주었다. 기억은 왜 그렇게 불안정한 것일까? 올해 초 서울대 생명과학부 강봉균 교수 연구팀은 한번 저장된 기억을 다시 끄집어낼 때 시냅스를 단단하게 해주는 단백질이 분해되면서 시냅스가 풀리고, 그 결과 저장돼 기억이 재생된다는 점을 밝혀내 사이언스지에 발표했다. 기억을 재생해낼 때마다 풀리는 시냅스로 인해 기억은 조금씩 변형되는 것일까?

한편 1998년에는 뇌의 해마에서 뉴런이 평생 동안 새롭게 생겨난다는 충격적인 사실이 밝혀졌다. 이로써 뉴런은 성장이 끝나면 더 이상 새로 분열하지 않는다는 정설이 파기되었다. 그렇다면 새로 생겨난 뉴런이 기억과 학습에 어떤 역할을 하는 것일까? 이 점은 아직 밝혀지지 않았다.

출처 : 사이언스타임즈

18-8 기억력 감퇴 막는 해마세포 증강법

스트레스나 불안이 계속되면 뇌 속에서는 공포를 자극해 기쁨을 억누르는 반응이 일어나게 된다. 그 결과 세로토닌의 분비가 저하된다. 세로토닌이란 의욕과 행복감, 자신감을 갖게 해 정신적 안정을 도모하는 뇌내 물질이다. 따라서 이 물질의 분비가 저하되면 우울증상이 점점 더 심해지는 악순환이 일어나게 된다. 이러한 상태는 뇌에도 악영향을 미친다. 우울해지면 별것 아닌 일로 고민하고, 쓸데없는 스트레스를 늘리기 쉬운데 이것이 뇌에게는 좋지 않다. 심한 스트레스를 계속해서 받으면 뇌의 해마라는 부분이 위축되기 때문이다.

해마는 우리들이 새롭게 사물을 기억하는 데 있어 빼놓을 수 없는 뇌의 한 부분

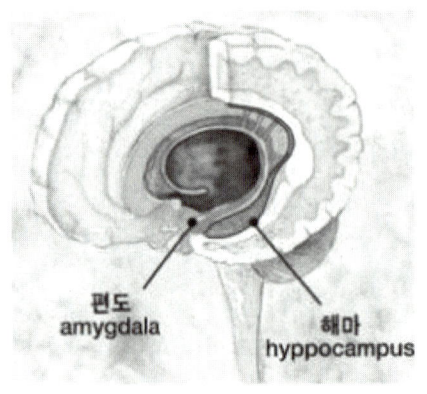

이다. 따라서 해마가 위축되면 새로운 것을 기억하기 힘들고 기억해도 바로 잊어버리는 등 기억력에 장해가 생긴다.

따라서 해마 위축을 예방하기 위해서 가장 중요한 것은 우울증이라는 스트레스를 회피해야 한다. 그러기 위해서는 뇌내 세로토닌의 부족을 막는 일이 가장 중요하다.

세로토닌의 분비를 촉진하고 뇌내에서 잘 활동하게 하기 위해서는 매일매일 하는 식사가 무엇보다 중요하다.

1) 세로토닌의 분비를 촉진하는 식사 원칙을 소개하면 다음과 같다.

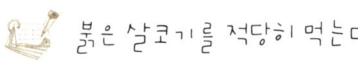 붉은 살코기를 적당히 먹는다.

세로토닌은 트립토판이라는 아미노산에서 생성된다. 트립토판은 인간의 체내에서 만들어낼 수 없는 아미노산이기 때문에 식품에서 섭취하지 않으면 안 된다. 트립토판을 많이 함유하고 있는 것이 육류이다. 그것도 붉은 살코기 부분이다. 아무리 세로토닌을 증가시키려고 해도 원료가 없으면 안 되기 때문에 육류를 먹는 것은 중요하다. 충분한 양의 세로토닌을 분비하기 위해서는 1일 70~100g의 고기를 먹으면 좋다. 만약 육류가 싫다면 생선으로 대처해도 된다.

 계란

계란은 양질의 트립토판을 함유한 식품이다. 육류를 제대로 먹고 있다면 계란은 하루 1개 섭취로 충분하다.

 설탕

트립토판이 뇌로 들어갈 때는 포도당이 필요하다. 포도당은 더 이상 분해할 수

없는 상태까지 분자가 잘게 된 상태의 설탕이다. 밥이나 빵 등의 탄수화물도 체내에서 분해돼 마지막으로는 포도당이 되는 데 설탕과 같은 단 것은 체내에 들어오면 바로 포도당으로 변하기 때문에 매우 효율적이다. 이렇게 생각하면 식사에서 단백질을 섭취한 후 단 디저트를 먹는 것은 이치에 맞는 식사법이라고 할 수 있다. 설탕은 과일이나 과자에 함유돼 있는 당분도 포함해서 하루 40g 섭취가 좋다. 너무 많다고 생각할 수도 있지만 설탕 40g은 16칼로리밖에 되지 않는다. 설탕의 에너지도 포함해 자기에게 맞는 1일 섭취 에너지량을 지키면 비만 걱정은 없다.

콩

여성의 경우 여성 호르몬이 감소하면 세로토닌 분비도 줄어 우울해지기 쉽다. 산후나 월경 때, 갱년기에는 여성 호르몬이 줄어들기 때문에 이와 닮은 성질의 호르몬 물질을 식사로 보충하는 것을 권장한다. 그 대표적인 것이 콩에 함유된 이소플라본이다. 월경 때나 갱년기의 초조함과 기분이 다운되는 것을 막기 위해서는 두부 같은 대두제품을 섭취한다.

2) 뇌세포는 나이가 들수록 줄어든다.

20세를 지나면 1일 10만 개씩 뇌세포가 죽는다는 얘기도 있다. 하지만 최근 연구에서 70세가 되어도 뇌세포는 증가할 수 있다는 사실이 밝혀졌다.

1998년 미국 소크연구소 에릭슨 박사는 말기 암 환자의 협력으로 실험을 실시했다. 생전에 새롭게 생긴 세포만을 적색으로 물들게 하는 약을 환자의 뇌에 주사해두었다. 그리고 환자가 죽은 후 뇌를 조사해보았다. 그 결과 뇌의 해마 부분에 적색으로 물든 세포가 다량 확인된 것이다. 이것은 즉 해마 세포가 새롭게 만들어졌다는 얘기가 된다.

> 에릭슨 박사의 실험에 협력해준 환자는 최고령이 72세, 최연소가 57세였다. 조사 결과 모든 사람의 해마에 적색으로 물든 세포가 확인되었다. 이 사실로 미루어볼 때 70세가 넘어도 뇌세포가 증가한다는 것이 확인된 셈이다.

뇌세포가 죽어가는 것으로 알고 있었을 때는 나이를 먹으면 치매가 생기는 것은 어쩔 수 없다 해서 포기하는 수밖에 없었다.

그러나 나이를 먹어도 뇌세포가 늘어난다면 치매에 걸리지 않아도 되는 것은 물론 새로운 지식과 정보를 배워 더욱 똑똑해지는 것도 가능하다. 그렇게 생각하면 아무리 나이를 먹어도 공부나 일에 의욕적으로 뛰어들 수 있다.

또한 뇌세포의 증식이 확인된 장소가 해마였다는 것도 중년층에게는 반가운 일이다. 해마는 새로운 것을 익히는 기억의 출입구이다. 따라서 해마를 건강하게 유지한다면 물건을 둔 곳이나 사람의 이름을 가끔 잊어버리는 등의 기억력 악화를 불식시킬 수 있을 것이기 때문이다. 따라서 치매를 막기 위해서도 해마는 매우 중요하다.

다양한 실험 결과 운동이 해마의 신경세포 수를 증가시킨다는 사실이 밝혀졌다. 일례를 들어보자. 실험용 쥐를 아무 것도 없는 사육 상자와 쳇바퀴를 놓은 사육 상자에 놓아봤다. 그 결과 쳇바퀴를 사용해 자유롭게 운동한 쥐의 경우 눈에 띄게 해마의 신경세포가 증가한 것으로 나타났다. 이는 몸을 움직이면 기억력이 좋아진다는 것을 나타낸다. 그럼 왜 몸을 움직이면 해마세포가 늘어나는 것일까?

아직 그 메커니즘이 완전하게 밝혀진 건 아니다. 다만 몸을 움직이면 뇌의 운동범위가 자극을 받기 때문에 운동범위에 대한 자극이 해마에게 어떠한 영향을 주고 있는 것으로 추측되고 있다. 따라서 해마 세포를 증가시키기 위해서는 운동을 하는 것이 좋다. 그 중에서도 가장 권장하고 싶은 운동이 바로 걷기 운동이다.

계절의 변화와 경치의 아름다움을 즐기면서 천천히 걷는 산책이 특히 좋다. 이것은 걷기를 즐기는 것이기 때문에 뇌내물질인 세로토닌의 분비가 좋아진다. 그렇게 되면 운동으로 뇌의 혈행이 좋아지고 또 해마의 기능도 한층 활성화된다.

이러한 산책은 낮에 하는 것이 좋다. 뇌내에서 세로토닌이 만들어지기 위해서는 빛도 필요하기 때문이다.

해마를 활성화시켜 뇌의 능력을 높이기 위해서는 1일 30분 정도 햇빛을 받으면서 천천히 산책을 즐기는 것을 일과로 하자. 특히 기억력 쇠퇴를 막고 싶은 중·장년층에게 권하고 싶은 방법이다.

다리와 허리가 좋지 않아 걸을 수 없을 때는 손가락을 돌린다거나 굽히는 등 손가락을 자주 움직이도록 하자. 손가락 운동도 뇌의 운동분야에 자극을 주기 때문이다.

해마는 산소부족에 약하다. 따라서 산소가 부족해지면 제일 먼저 해마 세포가 죽는다. 따라서 해마의 쇠퇴를 막기 위해서는 동맥경화나 고지혈증 예방에 힘쓰고 혈관의 노화를 방지하는 것도 중요하다. 특히 전신의 혈행, 그 중에서도 뇌로 통하는 혈액의 출입구인 목의 혈행을 좋게 해야 한다.

목이 딱딱하게 결린 상태를 방치하면 혈관이 수축돼 혈행이 악화되고 뇌로 통하는 혈류의 양도 감소한다. 따라서 목 결림은 반드시 풀어줘야 한다.

게다가 목에는 자율신경의 중추가 존재한다. 뇌로 혈액을 보내는 경동맥은 자율신경의 움직임에 따라 확장되기도 하고 수축되기도 한다. 목을 풀어 혈행을 좋게 하면 자율신경의 활동이 정돈되고 뇌의 혈행도 좋아지는 일석이조의 작용을 하는 것이다.

3) 뇌의 해마는 장기기억만 담당하고 단기기억, 작업 기억에는 관여 안한다는 학설에 반대되는 실험증거가 확보되었다.

이 연구 결과가 시사하는 바는 종래 지나 40여 년간 심리학, 신경과학을 지배해 온 관점, 즉 기억을 시간 경과 차원에서 분류하여 단기기억(작업 기억), 장기기억으로 분류하는 것은 인간 중심의 분류이고 뇌 자체는 feature memory 와 conjunction memory로, 즉 특정 대상에 대한 기억과 특정대상들이 어떻게 관련되어있는가에 대한 기억의 두 유형으로 기억이 이루어질 가능성을 제시하고 있다.

출처: 펜실베니아 대학 연구 자료 http://www.upenn.edu/pennnews/article

기억력 문제 있는 사람 해마 작다"
정상인에 비해 평균 0.4ml 줄어들어

친구의 이름을 기억하지 못하는 등 가끔씩 기억이 깜박깜박 하는 것은 뇌의 부피가 줄어들어 다른 사람보다 뇌가 작아진 것을 말한다는 연구결과가 나왔다.

네덜란드 네이메헌의 라드바우드 대 프랭크에릭 데 레이위 박사팀은 치매에 걸리지 않은 50~85세 남녀 500명을 대상으로 기억력에 관한 조사를 했다. 연구진은 대상자들에게 하루나 이틀 동안 친구의 이름을 기억하지 못하거나 대화할 때 적절한 단어가 떠오르지 않는 등 가끔씩 기억력에 문제가

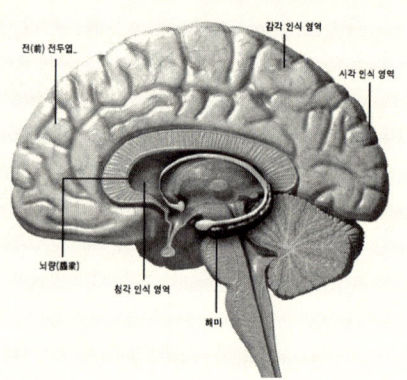

있었는지 물었다. 또 집중력이나 빨리 생각하는데 문제는 없는지도 물었다. 그리고 기억력에 문제가 있다고 답한 사람과 그렇지 않다고 답한 사람의 뇌 사진을 찍어 뇌의 부피를 분석했다.

그 결과 기억력에 문제가 있다고 답한 사람들의 평균 해마 부피는 6.7ml 이었지만 기억력에 문제가 없다고 답한 사람의 평균 해마 부피는 7.1ml 인 것으로 나타났다. 그 차이는 0.4ml 로 기억력에 문제가 있거나 집중력에 문

제가 있다고 답한 사람의 뇌 부피가 정상인 사람의 뇌 부피의 약 94% 밖에 되지 않았던 것.

해마는 알츠하이머 치매에 걸렸을 때 처음으로 손상되는 뇌의 부분으로 뇌 속에서 기억을 담당한다.

레이위 박사는 "이번 연구는 주관적인 기억력 문제이기 때문에 해마 부피와 치매 간에 관계가 있다고 직접적으로 말하긴 어렵다"면서도 "해마가 기억력을 다루는 부분이기 때문에 해마 부피가 줄어든다는 건 기억력에 문제가 생길 수 있다는 것을 의미한다"고 말했다. 깜박깜박 기억이 잘 나지 않는 건 뇌가 줄어든 결과 나타나는 증상으로 볼 수 있다는 것.

이 연구는 미국의 의학전문지 '신경학지(Neurology)' 최신호에 게재됐고 영국 일간지 데일리메일, 미국 시사주간지 유에스 뉴스 앤드 월드리포트 온라인판 등이 7일 보도했다.

18-9 심내사전, 워킹메모리

심내사전: 대뇌의 측두엽 가운데 심내사전이라고 불리는 장소가 있다.
지금 당장의 인지활동에는 사용되지 않을 지라도 그 기억이 필요할 때는 언제라도 검색하여 사용할 수 있는 곳이 있다. 독서를 할 경우 얻어지는 모든 정보가 심내사전으로 이동된다. 심내사전에 지식이 많이 축적되어 있으면 처리의 자동화가 일어나서 독해력이 늘어난다. 그러므로 읽는 속도를 높여 가려면 심내사전의 지식을 늘려야 한다.

대뇌의 측두엽에 있는 심내사전에 자신이 이해한 정보를 검색시키는 것이 워킹메모리다. 워킹 메모리란 인지행위가 의식적으로 일어나는 처리체계로서, 입수한 정보를 일시적으로 보유하고 여러 인지과정들을 수행하는 저장고이다.

워킹메모리는 매우 짧은 시간, 정보를 의식한 상태에서 기억할 수 있는 시스템이다.
'의식한 상태에서 기억한다' 는 말이 쉽게 받아들여지지 않을 수도 있는데, 이는 단순히 통째로 기억하는 것이 아니라 자신의 의사로 정보를 조합하거나 분석하거나 자유롭게 작업을 할 수 있다는 것을 의미한다. 그 때문에 워킹메모리는 '작업 기억'이라고 번역된다.

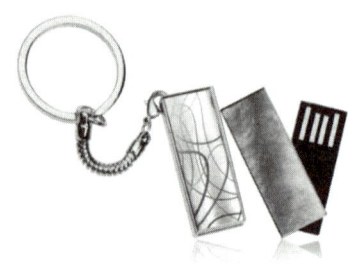

워킹메모리는 '마음의 칠판'이라고도 불린다. 그 이유는 정보를 자주, 자유롭게 기입하고 지울 수 있기 때문이다. 칠판은 지우개로 지우면 아무것도 남지 않기 때문에 편리하게 사용할 수 있다. 워킹메모리도 그와 마찬가지로 아무리 많은 양의 정보라도 얼마든지 쓰고 지울 수 있다. 우리는 무엇인가를 인식할 때, 이해할 때, 생각할 때, 항상 '마음의 칠판'에 쓰인 정보를 이용한다.

우리의 기억은 대뇌의 측두엽(側頭葉)이나 해마에 보존되어 있지만 이 상태로는 활용할 수 없다. 그래서 보존되어 있는 정보 안에서 필요한 내용을 일단 마음의 칠판에 쓴 뒤에 그 정보를 조합하거나 비교하는 것으로 인식의 강도를 심화시키는데, 이것이 워킹메모리라고 불리는 구조의 본질이다.

단, '마음의 칠판'에는 평균적으로 일곱 가지 정도의 정보밖에 기입할 수 없다는 점에 주의해야 한다. 유감스럽게도 이 범위를 넘는 정보가 들어오면 그다지 중요하지 않다고 판단되는 한 가지 정보를 지워버린 다음에 새로운 정보를 기입할 수밖에 없다. 이것이 '매지컬 넘버 오브 세븐(magical number of seven)'이라고 불리는 워킹메모리의 중요한 특징으로 미국의 심리학자인 조지 A. 밀러라는 사람이 밝힌 것이다.

기억, 추론, 판단, 모든 지적 작업은 워킹메모리의 기능에 의해 지탱된다. 따라서 지적 작업을 효과적으로 실행하고 싶으면 이 부분을 효과적으로 활용해야 한다. 단시간에 집중적으로 노력하는 것이 지적 작업에 가장 적합하다는 근거는 바로 여기에 있다. 뇌에는 끊임없이 새로운 정보가 유입되고 워킹메모리는 그때마다 묵은 정보를 지우고 새로운 정보를 기입하는 일을 반복한다.

워킹메모리에는 끊임없이 정보가 입력되기 때문에 그대로 두면 1분 정도 만에 모두 지워져버린다. 그렇기 때문에 지적 작업을 효율성 있게 실행하려면 이 시간 안에 최대한 집중하여 의미 있는 결론을 낼 수 있도록 신경을 써야 한다. 반대로 오랫동안 작업을 실행해도 워킹메모리에서 기억과 소거만 반복될 뿐 성과는 거둘 수 없다. 따라서 워킹메모리의 기능을 최대한 효과적으로 활용하려면 1분 안에 결론을 내릴 수 있도록 노력해야 한다. 마음의 칠판에서 글씨가 지워지기 전에 확실하게 결과를 낼 수 있도록 하려면 1분 동안 집중하는 것이 효과적인 방법이다.

19 Day

기억용량 증가 훈련(좌우 뇌력 향상훈련)

19. 파동 속독훈련(15줄 명시점 이동 훈련, 25줄 심상훈련)
19-2. 에빙하우스의 망각곡선
19-3. 기억력 증진 훈련
19-4. 기억력을 좋게 하는 생활습관
19-5. 기억용량 증가 훈련(좌우 뇌력 향상훈련)
19-6. 뇌력 향상을 위한 과제
19-7. 두뇌력 키워주는 생활자극법

목표
실제적인 기억용량 증가 훈련(좌우 뇌력 향상훈련)을 익히고 실생활에서 적용하게 한다.
생활속에서 적용되는 훈련만이 지속되고 내 것이 된다.

실용속독훈련(학습 60분, 연습 60분을 기준으로 합니다)

19 파동 속독훈련
(15줄 명시점이동 훈련, 25줄 심상훈련)

① 파동속독 쉬트를 보면서 100회 실시
② 심상으로 25줄 훈련을 합니다.

19-2 에빙하우스의 망각곡선

에빙하우스의 망각곡선망각률(%) = (처음 학습에 소요된 시간-복습에 소요된 시간)÷처음 학습에 소요된 시간×100인간의 기억은 반비례하는 것에 입각하여, 감소하는 기억을 장기기억으로 영구히 보존하기 위해 망각곡선의 주기에 따라서 적절한 시점에 적절한 반복(4회 주기)이 중요하다는 이론.

망각률(%) = (처음 학습에 소요된 시간-복습에 소요된 시간)÷처음 학습에 소요된 시간×100

인간의 기억은 반비례하는 것에 입각하여, 감소하는 기억을 장기기억으로 영구

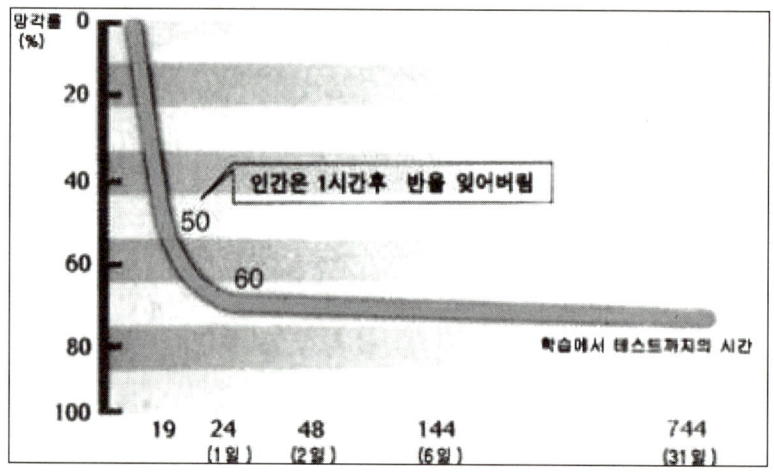

히 보존하기 위해 망각곡선의 주기에 따라서 적절한 시점에 적절한 반복(4회 주기)이 중요하다는 이론.

1) 효과적인 기억의 원리 : 에빙하우스의 4회 주기 복습

16년간 기억을 연구했던 독일의 심리학자 헤르만 에빙하우스(Ebbinghaus; 1855~1909)는 여러 실험으로 반복하는 것의 효과, 즉 같은 횟수라면 "한번 종합하여 반복하는 것" 보다 "일정시간의 범위에 분산 반복"하는 편이 훨씬 더 기억에 효과적이라는 것을 발견했다.

에빙하우스의 주장에 따르면 학습 후 10분 후부터 망각이 시작되며, 1시간 뒤에는 50%가 하루 뒤에는 70%가 한 달 뒤에는 80%를 망각하게 된다.

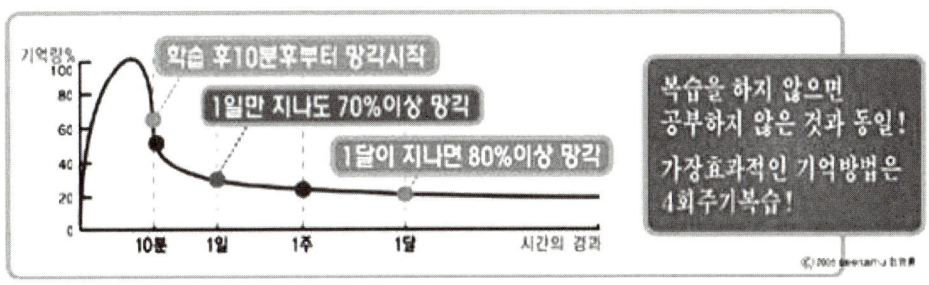

이러한 망각으로부터 기억을 지켜내기 위한 가장 효과적인 방법은 복습이다.

에빙하우스는 복습에 있어서 그 주기가 매우 중요하다는 사실을 발견하게 된다.

10분 후에 복습하면 1일 동안 기억되고, 다시 1일 후 복습하면 1주일 동안, 1주일 후 복습하면 1달 동안, 1달 후 복습하면 6개월 이상 기억(장기기억)된다는 연구결과를 바탕으로했다.

학습한 내용을 잊지 않고 장기기억화 시키기 위해서는 10분 후 복습, 1일 후 복습, 1주일 후 복습, 1달 후 복습이 반드시 필요하다는 것을 실험을 통해 밝혀냈다.

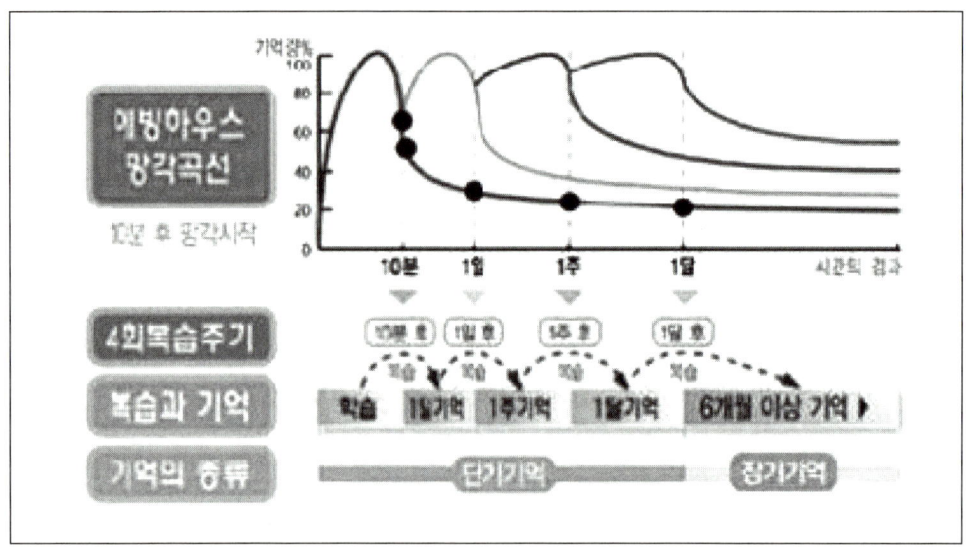

2) 최고의 학습전략은 '반복과 공부시점 조절'

첫 공부와 복습 시간간격이 기억효과 좌우
: 공부한 내용을 오래 기억할 수 있는 학습방법은 무엇일까?

미국 샌디에이고 캘리포니아대학(UC 샌디에이고) 심리학과 핼 파슐러·존 윅스테드 교수팀은 최근 심리학학술지 '심리과학(Psychological Science, 11월호)에서 "'연습이 완벽을 만든다'와 '시점이 가장 중요하다'는 두 경구를 합친 것이 현명한 학습법"이라는 연구결과를 내놨다.

실험 결과 공부를 하되 처음 공부할 때와 같은 내용을 복습하는 시점의 간격을 적절히 조절하면 학습 내용에 대한 기억을 크게 강화할 수 있고 그 시간 간격을 길게 할수록 학습내용 기억효과가 좋아지는 것으로 나타났다는 것이다.

반대로 주입식 벼락공부에 대해서는 수학 중간고사를 준비할 때든 해외여행에 대비해 외국어 공부를 할 때든 결코 효율적이지 못하다는 결론을 내놨다.

이들은 1천명 이상을 2차례의 학습과 1차례의 시험으로 구성된 실험에 참여시키고 첫번째 학습과 두번째 학습, 시험 사이의 간격을 서로 달리하면서 학습효과를 비교했다.

첫 번째 학습시간에는 '노르웨이는 가장 매운 멕시코 음식을 소비하는 유럽 국가다' 나 '루드야드 키플링이 스노골프를 발명했다' 처럼 애매하지만 사실인 정보들을 공부하게 했고 두 번째 학습에서는 같은 내용을 복습하게 했다.

공부시간과 조건은 똑같이 하면서 첫 번째 학습과 복습 사이의 간격은 수분에서 몇 달까지 다양하게 하고 복습 후 일정 기간, 최고 1년까지 지나고 나서 시험을 치렀다.

그 결과 복습과 시험 사이에서는 그 간격이 멀수록 잘 알려진 망각곡선대로 성적이 떨어지는 결과가 나왔으나 첫 번째 학습과 복습 사이에서는 시간간격이 늘어날수록 망각 속도가 느려지는 흥미로운 현상이 나타났다.
파슐러 교수는 "두 차례 학습 사이의 간격이 커질수록 기억이 강화되는 것은 예상된 것이지만 이 실험은 여러 가지 새로운 사실들을 보여준다"며 "먼저 이 실험은 이전 연구들보다 훨씬 긴 시간 간격을 사용했고 그 경우 기억강화 효과가 훨씬 크다는 것을 보여준다"고 말했다.

그는 또 "이 결과는 첫 번째 학습 후 시험에 유리한 최적의 복습 시점이 있다는 것을 의미한다"며 "최적의 복습 시점은 시험이 언제인가에 따라 달라지고 시험 시점이 멀수록 첫 번째 학습과 복습 사이의 간격이 길수록 유리하다"고 말했다.

즉 첫 학습과 복습 사이의 간격을 얼마로 해야 좋은지는 학습내용을 얼마나 오래 기억할 필요가 있느냐에 따라 달라진다는 것이다. 시험이 1주일 후라면 첫 학습과 복습 사이 간격은 하루 이틀이면 좋고 1년간 기억하고 싶은 내용이라면 한 달 정도 간격을 두고 공부하는 게 가장 좋다는 얘기다.

파슐러 교수는 "이 연구결과는 짧은 시간에 많은 지식을 주입하는 교육법은 적어도 사실적인 정보를 기억하는 학습에 있어서는 지극히 비효율적일 수 있음을 시사한다"고 말했다.

출처: 연합뉴스 2008-11-21

19-3 기억력 증진 훈련

효과적인 기억법

전문가들은 "기억을 잘 하는 사람들의 공통적인 습관은 반복"이라고 말한다. 왜냐하면 반복 자극하면 두뇌의 해마에서 시냅스(신경세포가 연결되는 부위)가 강화되기 때문이다. 사람은 평균적으로 20일이 지나면 기억한 내용의 80%를 망각하는데 이 기간이 되기 전에 반복학습을 하는 게 더 효과적이라는 설도 있다. 가령 오늘 기억해야 할 일이 있었다면 1시간 뒤 기억을 반복한 다음 자기 전에 다시 기억한다면 거의 잊어버리지 않는다는 것이다.

이밖에도 전문가들은 다음과 같은 기억법들을 제시한다.

시각화하라

연구 결과에 의하면 인간의 두뇌는 좌우측으로 나뉘어져 있고 언어와 시각을 관장하는 뇌는 상반된다. 따라서 좌반구와 우반구를 동시에 사용한다면 그 중 하나만 사용하는 것보다 기억효과가 훨씬 더 증진된다. 예를 들어 새로운 얼굴을 기억할 때 그 사람의 헤어스타일이 어떻더라, 누구를 닮았더라 등의 말을 붙여 놓으면 훨씬 기억이 오래 간다. 또 어떤 지명 10개를 외울 때에도 단순히 10개를 외우는 것보다는 지도상 위치를 생각해 가면서 외우는 것이 훨씬 쉽다. 다소 추상적인 내용이라도 그림이나 도표, 약도 형식으로 이미지화시키면 더 기억하기 좋다.

여러 감각을 활용하라

기억대상의 시각적 내용(문자)을 청각이나 운동자극(입술이나 혀, 손의 운동) 등을 활용해 공감각화하면 기억하기 좋다. 혼자말로 중얼거리는 것도 한 가지 방법이다. 어떤 특정한 향수 냄새를 맡으면 그 향수를 항상 뿌렸던 여인(또는 남자)이 기억나는 것은 후각(嗅覺)중추가 단기기억을 조절하는 변연계에 포함되어 있기 때문이다.

단서를 활용하라

기억할 때 사용하는 중요한 책략 중의 하나는 연상(聯想)이다. 연상이란 A를 보면 B가 생각나는 식이다. 집에 도착하면 어떤 일을 꼭 해야 하는데 잊어버릴 것 같을 때, 가지고 다니는 가방에 끈을 매달아 놓거나 휴대폰이 울리게 해 놓으면 집에 도착했을 때 그 일을 기억해 낼 수 있다.

불필요한 것을 외우지 말자

컴퓨터의 메모리가 한정되어 있는 것처럼 인간 뇌의 기억력도 어느 정도 용량이 한정되어 있다. 특히 작업 기억의 용량은 한정되어 있다. 따라서 쓸데없는 것을 입력하지 않는 것도 더 필요한 것을 외우는 데 도움이 될 수 있다. 예를 들어 어떤 사람은 기억력 증진을 위해 전화번호를 100개 이상 외우기도 하는데 이것이 기억력을 증진시키기보다는 오히려 기억 장소를 차지하여 정작 필요한 기억을 못하게 할 수도 있다.

정보의 유입 속도를 조절하라

정보가 흘러가는(유입되는) 속도가 상대적으로 너무 빠르면 뇌가 소화를 못해 기억하지 못한다. 속독을 하여 읽은 책의 내용이 오래 기억되지 않는 것도 이 때문이다.

먼저 이해하라

이해하면서 기억한 것이 단순 암기보다 더 오래간다.

19-4 기억력을 좋게 하는 생활습관

먼저 전문가들은 "적당히 쉬고 스트레스를 적극적으로 푸는 것이 기억력 향상에 중요하다"고 말한다. 휴식 없이 공부나 일만 할 경우 과중한 스트레스에 의해 뇌에서 글루코코르티코이드 호르몬이 급격히 늘어나는데 이것이 기억의 회복을 방해한다는 것이다. 이 호르몬은 단기기억이 장기기억으로 저장되는 과정을 방해하는 것으로 알려져 있다. 심한 정신적 충격 등 과도한 스트레스는 일시적 기억 상실을 일으키기도 한다. 평소 아무리 열심히 공부해도 시험 스트레스 때문에 몽땅 잊어버리는 현상도 이 때문이라는 것이다.

이밖에 전문가들이 권하는 기억력에 좋은 생활습관은 다음과 같다.

금주와 금연

인체 중 술의 영향에 가장 민감한 곳은 바로 뇌이다. 술을 마시면 일단 기분이 좀 좋아지지만 결국 여러 가지 악영향을 미친다. 코골이와 수면무호흡증을 악화시켜 뇌의 산소공급을 현저히 떨어뜨려 뇌세포에 막대한 악영향을 끼칠 수 있다. 필름이 끊길 정도의 폭음은 이미 뇌세포에 손상이 갔다는 증거이고 이런 일이 자주 반복되면 알코올성 치매에 이르게 된다. 또 과도한 흡연은 니코틴에 의한 신경독성(毒性) 외에도 혈중 이산화탄소 농도 증가, 모세 뇌혈관의 혈류 악화를 유발해 기억력에 좋지 않다.

규칙적이고 충분한 수면

밤낮이 바뀌어 자거나 3~4시간 이하의 수면이나 잠을 깊이 못자는 사람은 기억력이 저하된다. 이런 사람은 낮에도 항상 머리가 맑지 않다고 호소한다. 수험생 중 '4당5락' 등의 적은 수면량으로 성적을 올리려는 것은 학습시간을 늘리기는 하지만 집중력 및 기억력 저하로 오히려 역효과를 나타낼 수 있다.

악기와 음악

악기를 연주하면 특히 우뇌 피질을 자극하게 되고 나아가 신경망을 통해 전체적인 대뇌 활동을 증가시켜 어린이의 기억력 증대에 이바지한다고 본다. 그러나 모차르트의 음악을 듣기만 해도 기억력이 좋아지고 학습 능률이 오른다는 '모차르트 효과'는 아직 논란이 많다. 미국 어바인 소재 캘리포니아대 프랜시스 라우셔 교수팀은 3~4살 어린이들에게 피아노 레슨을 시킨 결과, 퍼즐 맞추기 실력이 34% 향상됐다는 연구 결과를 발표한 바 있다. 연구팀은 피아노 레슨이 수학과 과학에 필요한 시·공간 추론능력과 관련 있는 신경세포 사이의 특별한 연결망을 발달시킨다고 추측했다.

독서 및 외국어 공부

독서를 하게 되면 자연히 앞의 내용과 뒤의 내용이 연결이 되고(장기기억) 시각적 정보를 뇌에 저장시키는 단기기억 훈련 효과가 있다. 외국어를 배우는 것도 부수적으로 기억력을 증가시키는 방법이 될 수 있다.

운동

걷기, 달리기 등 운동을 규칙적으로 하면 기억력이 좋아진다. 뇌세포는 혈류를 통해 오는 산소와 영양분으로 기능을 유지한다. 이는 마치 식물이 뿌리로부터 오는 물과 영양분을 먹고 자라는 것과 마찬가지이다. 운동은 뇌혈류를 활성화시키는 작용을 한다.

낙천적 성격

우울한 기분으로는 뭐든 잘 외워지지 않는다. 이는 감정 조절에 연관된 변연계가 기억에 중요한 역할을 하기 때문이다. 되도록 낙천적으로 살고 즐거운 마음가짐을 가지는 게 기억력에 좋다. 특히 폐경 후 우울증은 여성호르몬 결핍과 겹쳐서 기억력이 설상가상으로 나빠질 수 있다.

메모 습관

인간의 기억력에는 한계가 있기 때문에 끊임없는 메모가 매우 중요하다. 메모는 생각이 날 때 즉각 해야 하고 나중으로 미루면 잊는 경우가 많다.

마음의 평화

끊임없이 걱정하는 사람은 일반적으로 기억력이 떨어진다. 기억장애 클리닉에 기억력이 좋지 않다며 찾아오는 중년들의 대부분은 걱정과 근심으로 가득 차 있는 사람들이다. 이들은 집중력이 떨어진다. 그러므로 단기기억과 작업기억 능력이 현저히 저하된다.

기억력에 좋은 식생활

시험 보는 날 아침에 식사를 하는 것이 좋을까 거르는 것이 좋을까. 일본 규슈대학의 리 연구팀은 생쥐에게 탄수화물의 일종인 포도당을 투여할 때 학습에 어떤 영향을 미치는지 조사했다. 그 결과 학습하기 전에 혈당 수치를 높이면 학습 효과가 향상된다는 점이 확인됐다.

2시간 전 포도당 투여, 학습효과 높여

흥미로운 점은 포도당을 투여하는 시간에 따라 효과가 다르게 나타난다는 점이다. 가장 큰 효과를 보인 투여시간은 학습하기 2시간 전이었으며 1, 3, 5시간 전에는 효과가 떨어졌다. 연구팀은 식사가 학습이나 기억에 미치는 효과가 쥐나 사람이나 비슷하게 나타날 것이라고 추측한다.

엽산(비타민 B 복합체의 일종)이나 비타민 E(토코페롤)의 섭취가 부족하면 기억력에 좋지 않다. 엽산은 특히 동물성 음식에 많지만 과도한 동물성 지방은 기억력에 좋지 않다. 이 외에도 등 푸른 생선 기름인 오메가 지방산도 기억력에 좋다는 설이 있다.

노인의 경우 식사를 규칙적으로 하는 것이 기억력에 좋다는 연구 결과가 있으며, 보리, 감자가 기억력을 향상시킨다는 보고가 있다. 그러나 채식만 하는 것도 비타민 B12, 엽산의 결핍을 초래하기 쉬워 좋지 않다.

징코민·녹차도 아직 효과 입증 안돼

약으로 기억력을 좋게 할 수 있을까. 유감스럽게도 아직 기억력을 획기적으로 증가시키는 약은 양약, 생약, 한약을 통틀어 입증된 것이 거의 없다. 은행잎 추출물(징코민 등)이나 녹차도 기억력 증강에 뚜렷한 효과는 입증되지 않았다. 알츠하이머 병 치료제 중에서는 '메만틴(memantine)'이라는 새로운 약만이 환자들의 기억력을 호전

시킨다는데 아직 국내에서는 시판되고 있지 않다.

집중력을 개선시킴으로써 기억력을 간접적으로 증가시키는 약제가 있는데 이는 집중력 장애 환자에겐 효과가 있다. 하지만 기억력에 대한 신약 개발이 활발해 수년 이내에 기억력 증강제가 시판될 것이라 하니 기대해 볼 만하다. 경희대 한방 병원 신경정신과에서는 건뇌탕을 기억력 증진 목적으로 사용하고 있다.

출처: 삼성서울병원 신경과 나덕렬 교수, 과학칼럼니스트 김형자씨

19-5 기억용량 증가 훈련(좌우 뇌력 향상훈련)

기억법훈련이란 첫째는 기억용량을 늘리는 뇌력향상훈련으로 두뇌를 계발하는 차원이고, 두번째는 기억하는 기술을 배우고 익혀서 실제 기억에 응용하는 방법이다.

1) 숫자카드 알아 마추기 - 워킹메모리 훈련

1-10까지의 숫자 2벌을 준비한 다음 무작위로 10개를 골라 배치 후 30초안에 외우고 알아맞춘다. 이때 메모하지 않고 순전히 머리로 외운 상태에서 해야한다.
① 낮은 수부터 배열한다.
② 높은 수부터 배열한다.
③ 짝수, 홀수 구분해서 배열한다.
④ 자신감이 생기면 12, 15, 17, 20개까지 늘려간다.
⑤ 외운 상태에서 카드를 다 뒤집어 놓고 간단한 사칙연산문제를 3개정도 구두로 풀게 한 후 ①, ②, ③의 배열을 주문한다.

2) 1-10까지의 숫자 4벌을 준비한 다음 무작위로 20개를 골라 배치 후 3분 안에 외우고

뒤집어 놓은 다음에 ①, ②, ③중에 한 가지를 주문하여 배치하게 한다.

뇌력 향상을 위해서는 암기법을 사용하지 않고 외우고, 또 외운 것을 메모하지 않고 머릿속에서 정렬한 다음 주문대로 배치시키는 훈련이다. 하루 2-3번 정도 짬을 이용하여 2-3년 정도 훈련하면 상당한 진전이 있게 된다. 20개 정도의 숫자는 그냥 외울 수 있게 된다.

기억법을 사용하여 외울 경우에는 뇌력증가가 아닌 뇌가 활성화 되는 방향으로 발전하게 된다. 결과적으로는 비슷해 보이지만 그 근원은 다르다. 아직 초등학생이라면 뇌력 향상쪽으로 훈련을 하고, 나이가 좀 들었고 시간적인 여유가 없다면 기억기술을 가르쳐서 실제 학습에 응용하도록 해야 한다. 기억술에 관한 내용은 관련 항목으로 가서 배우시기 바랍니다.

3) 이미지 기억훈련 - 약물화 10초간 보고 그리기 - 마인드맵을 그리는 데 유용하다

1단계 - 하나의 이미지(정물화가 아닌 간략하게 그린 그림)를 30초간 관찰한 후 기억해서 그리기—일명 잔상기억훈련, 또는 잔상 그리기라고도 하는데 우뇌가 활성화 되면서 기억력이 늘어난다.

2단계 - 자신이 그린 그림과 원본을 대조해 보고 정확하게 그린다. 특징들을 기억해 둔다.

3 단계 - 완성된 그림을 가지고 스토리를 만든 후 각자 발표하도록 한다.

* 지면 관계상 소개만 합니다. 더 자세히 알고 싶으신 분은 관련 사이트나, 마인드맵 활용기억법 "을 참조해 주시기 바랍니다.

19-6 뇌력 향상을 위한 과제

전두엽 (前頭葉, Frontal Lobes)

주로 기억력·사고력 등의 고등행동을 관장한다. 비교해부학상으로는 이 부분이

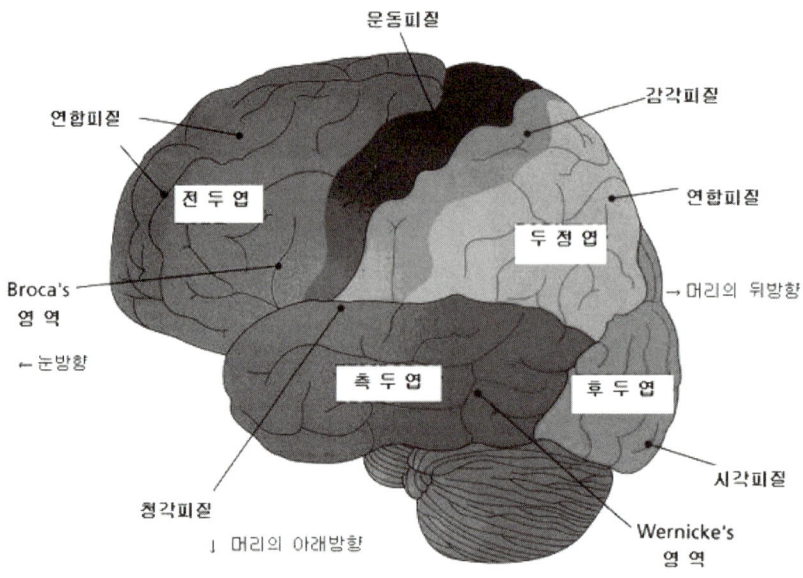

포유류 중에서 고등한 것일수록 잘 발달되어 있다. 인간은 전두엽의 발달이 특히 현저하다.

전두엽은 고등한 정신작용이 있는 곳이라고 예로부터 생각되었으나 근래 이 부분을 광범위하게 상처를 입히는 수술이 시행된 결과로는 반드시 그 점을 입증하지 않는 듯하다.

두정엽 (頭頂葉, Parietal Lobes)

두정엽에는 감각영역이 위치해있으며, 감각영역은 피부의 수용체로부터 신경충동를 받아 피부감각을 느끼고 해석하게 된다. 이 영역은 근육의 신전수용체로부터 신경충동를 받아 근육감각(muscle sense)을 지각한다. 두정엽은 공간감각을 담당하기도 한다.

측두엽 (側頭葉, Temporal Lobes)

측두엽에는 청각영역이 위치하고 있으며, 청각영역은 내이에 있는 수용체로부터 신경자극을 받아들인다. 측두엽은 주로 청각 및 청각과 관련된 사고기능을 담당한다.

언어기능과도 밀접한 관련이 있다.

후두엽 (後頭葉, Occipital Lobes)

후두엽에는 시각영역이 자리 잡고 있다. 이 영역은 보는 것("see")과 색깔, 모양, 움직임 등 보이는 것을 해석하는 역할을 한다. 인간은 외부 정보의 90%를 시각을 통해 인지하는데, 후두엽에서는 수많은 시각정보를 일차적으로 처리하여 다른 부분으로 전달한다.

* 또는 '전두엽야' 라는 단어를 사용하는데 "야"는 영역을 뜻하는 한자어이다.

19-7 두뇌력 키워주는 생활자극법

0~3세 : 전뇌가 고루 발달하도록 다양한 영역의 자극을 주라

머리의 좋고 나쁨은 신경세포회로의 치밀한 정도에 따라 결정된다. 신경세포의 회로는 만 3세까지 일생을 통해서 가장 활발하게 발달한다. 이 시기는 다른 시기와 달리 고도의 정신 활동을 담당하는 대뇌피질을 이루는 부분, 즉 전두엽, 두정엽, 후두엽이 골고루 발달한다. 따라서 이 시기에는 다양한 영역의 정보를 왕성하게 전달받을 수 있도록 하는 것이 두뇌발달의 기초가 된다.

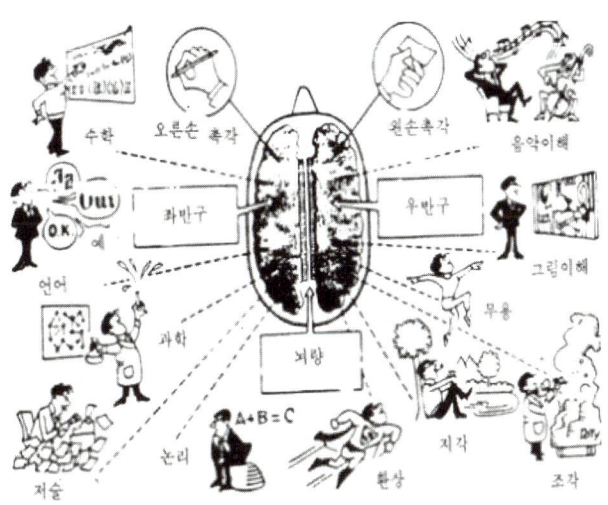

오감 학습으로 두뇌발달을 극대화시켜라

이 시기는 뇌의 어느 한 부분이 발달하는 것이 아니라, 모든 부분이 골고루 왕성하게 발달하기 때문에 어느 한쪽으로 편중된 학습은 좋지 않다. 독서만 많이 시킨다든지, 언어 교육을 무리하게 시킨다든지, 카드 학습을 지속적으로 시키는 등의 일방적이고 편중된 학습 방법은 큰 도움이 되지 않는다. 강아지에 대해 학습한다고 하면 강아지가 그려진 그림책이나 비디오를 보여주는 것보다는 직접 강아지를 보여주고(시각자극), 만지고 느끼며(촉각자극), 냄새를 맡고(후각자극), 강아지가 멍멍 짖는 소리를 듣는(청각자극) 등 오감을 골고루 자극시키는 종합교육이 되어야 두뇌발달이 효과적으로 이루어진다.

오감학습을 통해 두뇌를 자극할 때 학습이 지속적으로 이루어져야 뇌 발달이 효과적으로 계속된다. 즉 잠깐 스치듯이 지나가는 정보는 신경회로를 만들긴 하지만, 곧 없어지고 만다. 지속적으로 정보를 주어야 신경회로가 튼튼하고 치밀하게 자리를 잡는다.

깊은 잠 잘 자는 아이의 머리가 좋다

아기들의 뇌는 신경세포는 있지만 신경회로가 발달하지 않아서 매우 엉성한 두뇌구조를 갖고 있다. 그러나 갓 태어난 아기가 보고 듣고 느끼는 정보의 양은 엄청나다. 사방에서 전해져오는 모든 정보를 맛있는 음식을 먹듯이 자꾸 받아들이게 되므로 아기의 뇌는 쉽게 지친다. 활동량이 그만큼 많기 때문이다. 정보를 받아들이기에 지친 아기는 잠에 빠져든다. 그래서 갓난아기들은 하루 대부분을 자면서 보낸다. 자면서 뇌세포가 쉬게 되고 기억을 재정비하는데 이 과정에서 기억력이 강화된다. 만일 아이가 잠을 안자고 보챈다면 빨리 그 원인을 찾아서 고쳐주는 것이 좋다. 뇌 발달에는 푹 자는 것이 중요하기 때문이다.

부지런히 손놀림을 시키고 손으로 하는 놀이를 제공하라

뇌에서 가장 넓은 면적을 차지하는 것이 손을 관할하는 부위. 인체 각 부위의 기능을 관장하는 뇌의 지도를 만들면, 뇌의 핵심 부분인 운동중추 사령실 면적의 30%

가 손에 해당한다. 뇌지도에서는 손과 입, 혀가 크고 몸통은 아주 작은 기형적인 모습이다. 이론적으로 손 근육이 발달하는 시기는 생후 18개월 이후이지만, 갓난아기 때부터의 손놀림이 두뇌발달에 도움이 되므로 시기와 관계없이 손으로 하는 놀이를 자주 시키는 것이 좋다.

가능하면 많이 기어 다니게 하라

아기는 두 눈을 집중시키지 못한다. 아기가 기어 다니기 시작하면 소파나 식탁 등에 부딪히게 된다. 이런 과정을 통해서 아기는 두 눈을 사용해야 할 필요성을 느끼고 점차 움직일 때 시야를 정해서 자기가 가고 있는 곳을 두 눈을 모아 바라본다. 이 과정에서 시각 자극이 먼저 이루어지지만, 아기가 두 눈을 집중시켜서 목적지를 정해 놓고 기어가는 행동은 두뇌 발달에 중요한 영향을 미친다. 기기 위해서는 두 팔과 두 다리의 균형과 힘을 맞춰야 하는데, 그러면서 아기는 좌뇌와 우뇌의 발달이 균형적으로 이루어진다. 신발을 신을 때나 물건을 잡으려 할 때 왼쪽 오른쪽의 방향 감각을 일깨워주며, 구르기 놀이를 할 때 오른쪽 왼쪽으로 번갈아 구르게 하는 것도 좌뇌 우뇌 모두를 자극해서 균형적으로 발달을 유도하는 방법이다.

스킨십은 두뇌 발달과 직결

피부는 태내에서 발생 시기에 뇌와 같은 외배엽에서 나와 발달하기 때문에, 뇌와는 형제간으로 '제2의 뇌'라고도 불린다. 뇌와 형제간인 피부는 뇌와 풍부한 신경회로로 연결되어 서로 정보를 주고받기 때문에 아주 약한 자극도 뇌에 잘 전달된다. 따라서 피부감각을 발달시키는 것이 곧 뇌 발달과 연결된다. 아이와 목욕을 같이 하면서 아이 피부 씻겨주기, 아이 머리나 등을 자주 쓰다듬어주기, 자주 안아주기, 볼에 뽀뽀하기, 업어주기, 마사지 해주기 등 사랑이 담긴 잦은 피부 접촉은 아이의 두뇌발달을 촉진시키는 효과뿐만 아니라 정서 안정에도 큰 도움을 준다.

올바른 식습관이 두뇌발달을 촉진한다.

손이 뇌에서 넓은 부위를 차지하는 만큼 입과 혀도 뇌에서 넓은 부위를 차지한다. 음식을 혀에서 굴려가며 씹어 먹고, 맛을 느끼는 과정은 아이의 뇌 발달과 밀접한 관계가 있다. 아이 스스로 숟가락으로 음식을 떠서 꼭꼭 씹어 먹는 습관을 들이고 다양한 음식의 맛을 입과 혀로 느끼게 하는 것은 그대로 뇌에 자극을 주며 그러한 자극은 뇌 신경회로를 활성화시키는 효과가 있다.

요즘 아침식사를 소홀히 하는 엄마들이 많은데 이건 바람직하지 않다. 깊이 잠에 빠져든 시간에는 신체의 모든 장기도 수면상태에 빠진다. 깨어나면서부터 장기도 서서히 활동을 시작하는데 신체가 움직이려면 에너지가 필요하다. 특히 뇌가 활동하는 데는 굉장한 에너지가 필요하다. 뇌의 에너지는 당에서 생성되기 때문에 아이에게 아침식사를 꼬박꼬박 챙겨 먹이기만 해도 두뇌 발달에 도움이 된다.

3~6세 : 전두엽을 발달시켜 고도의 종합적인 사고, 인간성 좋은 아이로 키운다.

'세 살 버릇 여든 간다.'는 옛 속담처럼 버릇이나 습관 등이 집중적으로 발달하는 시기이다. 이 시기는 전두엽이 집중적으로 발달하는데 전두엽은 인간의 종합적인 사고 기능과 인간성, 도덕성, 종교성 등 최고의 기능을 담당한다. 따라서 이 시기에 예절 교육과 인성 교육 등이 다양하게 이루어져야 성장한 후에도 예의바르고 인간성 좋은 아이가 될 수 있다.

종합적인 사고기능은 한 가지 사물을 여러 각도에서 보고 많이 느끼고 생각하는 기능을 말한다. 그런 경험이 다양하게 축적되어야 아이는 여러 가지 생각을 스스로 할 수가 있다. 예를 들어 바다에 대한 학습을 할 때 '바다는 무슨 색깔일까?' '파란색' '바다에 사는 생물이 아닌 것은?' '사자·코끼리…' 이런 식의 일방적인 주입법은 당연히 효과가 없다. '바다가 뭘까?' '수영하는 곳, 배가 다니는 곳, 물이 많은 곳, 파도가 이는 곳, 인어공주가 사는 곳…' '바다를 생각하면 무엇이 궁금해지나?' '바다의 표면은 왜 둥글까? 바다는 비가와도 왜 넘치지 않을까?' 등 아이들이 많은 생각을 하게 되고 많은 의문점을 찾는 방법으로 진행하는 것이 효과적이다.

예절과 도덕 교육을 통해 올바른 버릇을 확립해준다

전두엽의 또 다른 기능 중 하나는 인간성, 도덕성과 예절 감각을 담당하는 것. 아이는 이 시기부터 사회성이 발달한다. 그렇기 때문에 이 시기에 어른에게 바른 자세로 인사하기, 식탁에서 소리 내지 않기, 교통질서 지키기, 어른에게 존댓말 사용하기, 남을 배려하고 양보하기, 자신의 의사만을 주장하지 않고 남의 이야기에도 귀를 기울이기 등 도덕 교육과 예절 교육을 철저히 하는 것이 다른 시기에 하는 것보다 훨씬 효과적이다. 이런 교육들을 이때 집중적으로 잘 시키면 아이는 성장과정 내내 예의바르고 착실한 아이로 자랄 수 있다.

다양한 경험으로 생각의 힘을 키운다.

아이들은 끊임없이 상상의 날개를 편다. 특히 책을 읽을 때나 엄마로부터 재미있는 이야기를 들을 때 새로운 경험을 많이 할 수 있으며, 무궁무진한 상상의 세계로 빠져 들어간다. 이야기를 들으면서 느껴보는 체험 속에서 아이의 사고력은 쑥쑥 자란다.

이때 아이들의 상상력이나 생각이 이론에 맞지 않는다고 비판을 해서는 안 된다. 간섭을 하게 되면 표현력과 창의력을 꺾을 수 있다. 종합적이고 창의적인 생각을 하려면 아이는 되도록 많은 정보가 필요하다. 아이가 가장 강하게 자극을 받는 방법은 직접 경험해보는 것이다. 바다를 책이나 그림으로 보고 읽어서 아는 것이 아니라, 직접 바다에 가서 보고 느끼는 과정에서 정보의 축적이 이루어지고, 그 정보는 아이의 종합적인 사고력을 키우는 데 중요한 힘이 된다.

그림책을 보고 연상되는 이야기를 혼자 지어서 해보는 것도 좋다. 글자가 없는 그림책을 이용해 무한한 상상력을 키울 수 있고 놀이를 할 때 정해진 장난감 외에 종이, 가위, 깡통, 병 등의 생활용품을 주어 상상력을 발휘해서 놀게 해보는 것도 도움이 된다.

6~12세 : 언어를 담당하는 측두엽, 수학적 사고를 담당하는 두정엽이 발달

이 시기가 되면 뇌는 가운데 부위인 두정엽과 양옆의 측두엽이 발달한다. 측두엽은 언어기능, 청각기능을 담당하는 곳으로 외국어 교육을 비롯해 말하기·듣기·읽기·쓰기 교육이 효과적으로 이루어질 수 있다. 입체 공간적인 사고 기능, 즉 수학·물리학적 사고를 담당하는 두정엽도 이때 발달한다. 이 시기의 아이는 자신의 의사표현을 제대로 할 수 있고 논리적으로 따지기를 좋아하는 특성이 있는데, 이런 것도 뇌 발달과 관계가 있다.

이 시기에 국어, 외국어 등의 언어 교육을 확실히 시킨다.

요즘 아이들은 2, 3세 무렵이면 한글 교육을 시작한다. 또 글로벌 시대를 맞아 영어 잘하는 것이 최고의 경쟁력으로 부각되면서 영어 조기 교육 붐이 일어, 부지런한 엄마는 아이가 뱃속에 있을 때부터 영어를 들으면서 자극을 준다. 대부분 유치원에 들어가기 전부터 영어 교육을 시작하는 경우가 많은데, 뇌 발달 이론에 맞춰 보면 별로 교육적인 효과가 없다. 언어기능을 담당하는 측두엽이 이 시기에 발달하므로 만 6세 이후에

한글이나 영어 학습을 시키는 것이 효과적이다.

너무 빨리 한글 교육을 시키게 되면 초등학교에 들어가서는 이미 배운 내용을 학습하기 때문에 재미를 느끼지 못하는 경우가 많다. 또 모국어보다 외국어를 강제로 너무 이른 나이에 학습시킬 경우, 언어중추가 완전히 성숙되지 않아 외국어는 물론 모국어까지도 발달이 지연될 수 있다. 그렇지만 만 6세 이후가 되면 언어 기능을 맡은 뇌가 집중적으로 발달하기 때문에 조금만 자극을 주어도 쉽게 이해하고 재미있어 한다. 따라서 초등학교 입학 전후 시기부터 본격적으로 국어나 외국어 교육을 시키는 것이 더욱 효과적이다.

실험·실습·관찰 위주의 수학 교육을 시킨다.

이 시기에 집중적으로 발달하는 또 하나의 뇌 부위인 두정엽은 수학·물리학적 기능을 담당한다. 입체 공간적 인식 기능이 발달하는 이때에 수학과 물리 등을 학

습시키면 매우 흥미로워한다. 단순 계산에 의해 즉각적인 답이 나오는 문제는 뇌의 일부만이 동원되어 간단하지만 여러 원리를 이용하는 문제를 실험이나 관찰을 통해 시간을 두고 해결하게 되면 뇌의 많은 부분이 활동을 해 두뇌발달에 그만큼 효과가 있다.

두정엽을 발달시키기 위해서는 어릴 때부터 퍼즐 게임, 도형 맞추기, 관련 숫자 및 언어 맞추기 등과 같은 입체 공간적 사고를 발달시키는 교육이 필요하다. 이러한 교육은 두정엽을 포함해 광범위한 대뇌피질을 동원하는 연상과 추론을 요하기 때문에 수학적 두뇌발달에 좋다.

아이에게 너무 많이 쓰게 하지 않는다.

아이가 책을 읽는 것은 무척 즐기는데, 쓰는 것을 아주 싫어한다고 호소하는 엄마들이 있다. 독서량이 많으면 글쓰기 능력은 자연스럽게 발달한다. 머릿속에 든 것이 많고, 독서로 인해 어휘력이 풍부하므로 한글만 쓸 줄 안다면 멋진 글 솜씨를 자랑할 수 있는 것은 당연한 일이다. 그런데 왜 쓰기 싫어할까?

아이는 쓰기를 싫어하는 것이 아니라, 잘 쓰기를 너무 강요하는 분위기를 싫어하는 것이다. 책을 한 권 읽고 독후감을 쓰라고 하는데, 노트 한 장을 다 메우라고 하면 우선 겁부터 먹을 것이다. 이런 일이 반복되면 아이들은 글쓰기를 싫어하게 되고 두려워한다. 따라서 아이 독후감은 처음엔 한두 줄 정도로 쓰게 하거나 그림 한 장으로 표현하게 하는 것이 좋다. 그 다음에 아이가 익숙해지면 최대한 5~6줄 정도로만 쓰게 하는 것이 좋다. 책을 읽고 떠오르는 장면이나 느낌 등을 부담 없이 기록하게 하면 평생 글 쓰는 것을 두려워하지 않게 된다.

[출처] 두뇌력 키워주는 생활자극법 30가지 - http://smcjtk.babyhome.net/InfoPlaza

좌우뇌력을 향상 시키는 다양한 방법

20. 파동 속독훈련(15줄 명시점 이동 훈련, 27줄 심상훈련)
20-2. 뇌력을 향상 시키는 다양한 방법

목표

좌우 뇌력을 향상시키는 다양한 방법을 알아 생활속에서 적용하게 한다.
현재 가지고 있는 두뇌 용량만으로도 10배는 더 높일 수 있다는 사실!

20 파동 속독훈련
(15줄 명시점이동 훈련, 27줄 심상훈련)

① 파동속독 쉬트를 보면서 100회 실시
② 심상으로 27줄 훈련을 합니다.

20-2 뇌력을 향상 시키는 다양한 방법

1) 음악교육

1995년에 고트프리이트 슐라그 박사는 7세 이전부터 기악 훈련을 받은 음악가들의 뇌에서 좌뇌와 우뇌를 연결하는 정보흐름의 교량인 섬유다발 뇌량이 보통사람보다 굵다는 것을 발견하고, 악기를 연주하는 것을 어릴 때부터 계속 훈련하면 뇌의 뇌량의 부피가 증가될 수도 있지 않을까 하고 생각하였다.

그러나 이러한 가능성을 비판하는 사람들은 음악연주가들은 원래부터 좌반구와 우반구를 연결하는 섬유다발인 뇌량의 굵기가 굵어서 음악을 시작하였을 것일 뿐이라고 비판하였었다.

그런데 이러한 비판을 잠재우고, 악기연주를 어릴 때부터 계속 연습하면 뇌량의 부피가 커진다는 것을 입증하는 연구결과가 지난 2008년 4월 14일 샌프랜시스코에서 열린 인지신경과학회에서 하바드의대 Schlaug.박사 팀의 연구에서 발표되었다.

출처: Music Builds Bridges in the Brain
http://sciencenow.sciencemag.org/cgi/content/full/2008/416/1

2) 바둑교육: 바둑에서 가장 중요한 것은 구상력. 판단이다.

한 곳에서 손해를 보더라도 다른 곳에서 회복하면 된다는 대국관이 중요하다. 인간의 뇌에는 좌뇌와 우뇌라는 상이한 두가지의 작용이 있다. 계산력이나 암기력

같은 것은 좌뇌의 기능에 속하는 반면 종합력과 판단력은 우뇌의 기능에 속한다. 또 음악이나 미술등 예술, 형상, 공간에 관한인식은 우뇌의 작용에 의한 것이라고 한다.

바둑교육 이래서 좋다

바둑은 최고의 두뇌 스포츠로 알려져 있다. 특히 두뇌 활동이 활발해지기 시작하는 유년기에 바둑을 배우면 뇌발달에 매우 효과적이다. 일본의 교육학자 와타나베 교수의 논문에 의하면 바둑은 좌뇌와 우뇌의 신경세포가 상호 연계해 뇌세포의 활동을 활성화시키므로 두뇌 개발에 탁월하다고 밝히고 있다. 또한 국내 한 교육연구 기관의 조사에 따르면 바둑을 배우는 아이들을 그렇지 않은 아이들과 비교했을 때 학습 능력이 우수할 뿐만 아니라, 사회성·사고력·순간 판단력·적응력, 도덕성 등에서 단연 두각을 보인다고 발표했다.

매번 바둑을 둘 때마다 새로운 모양과 작전이 필요한데, 이렇게 변화하는 바둑을 두다 보면 어느새 창의력과 응용력이 생기게 된다.

집중력이 좋아진다. 바둑은 상대방과 승부를 겨루는 게임이다. 바둑을 두면서 장난을 치거나 딴 생각을 하게 되면 결국 상대방을 이기지 못하게 된다. 바둑 한 판을 둘 때 보통 2백50 수 정도 두므로 한 판의 대국을 할 때마다 적어도 한 사람이 1백25번 정도 집중을 하게 된다. 이렇게 바둑을 두다 보면 자신도 모르는 사이에 집중력이 생기고 침착성이 길러진다. 따라서 유난히 산만하고 집중력이 부족한 아이에게 더욱 효과적인 교육이 될 수 있다.

기억력이 좋아진다. 바둑을 배우면 자연스럽게 기억력이 좋아진다. 바둑을 두고 나면 '복기' 라는 것을 하게 된다. 복기는 두었던 바둑을 다시 두어보는 것으로 대국자가 서로 잘못 두거나 잘 둔 곳을 확인하는 것이다. 바둑을 처음 시작하는 아이라면 자신이 두었던 바둑돌조차 기억하기 힘들겠지만 어느 정도 실력을 쌓은 후에는 방금 두었던 바둑을 저절로 기억할 수 있게 된다.

연산력과 논리력이 향상된다. 바둑의 승패는 집의 많고 적음으로 판가름이 나기 때문에 한 판의 대국에 있어 상대방의 집과 내 집의 수를 목산(目算 : 눈으로 보고 계산하는 것)으로 계산하면서 두게 된다. 이런 계산은 주로 암산으로 하게 되므로 자연스럽게 수리력 향상에 큰 도움이 된다. 또한 바둑에는 '수읽기'라는 것이 있는데 이런 수읽기를 하다 보면 두뇌의 회전이 빨라지고 수에 대한 개념이 잡힌다.

특히 수읽기처럼 대국 중에 몇 수 앞을 미리 보면서 생각을 하게 되면 계산 능력이 좋아지고 논리력을 키울 수 있게 된다.

일상생활에서 필요한 예절을 갖출 수 있다. 정적 스포츠인 바둑에 있어 가장 기본이 되는 것이 바로 예절이다. 바둑을 처음 배울 때는 물론 대국을 할 때에는 바른 자세와 인사, 상대방에 대한 예의를 반드시 갖추어야 한다. 호기심이 많은 유아들의 경우에도 바른 자세로 앉아 대국을 하고, 인사를 하는 과정을 통해 자연스럽게 예절이 몸에 배고, 침착성을 기를 수 있다.

3) 생활 속의 수학 교육 - 왜 그럴까요? 답은 해당 사이트에

1. 맨홀 뚜껑은 왜 둥글까?
2. A4용지의 비밀
3. 숫자 11의 명과 암
4. 초가지붕 기와 속 "사이클로이드"
5. 내 복권이 1등에 당첨될 확률은?
6. 수는 누가 어떻게 만들었을까?
7. 눈을 감고 똑바로 걸을 수 있을까?
8. 벌집이 육각형인 이유는?
9. 보온병은 왜 원기둥 모양인가?
10. 수를 사랑하는 방법은?
11. 사과를 살 때
12. 바닷물로 김치를 담근다?
13. 전화번호 4자리
14. 재미있는 0의 이야기
15. 안테나에 감춰진 포물선의 비밀
16. 수학과 천문학
17. 바코드의 비밀
18. 축구공은 어떻게 만들까?
19. 왜 '구구단'이라고 할까?
20. 아파트는 몇 층이 가장 시끄러울까?
21. 구두쇠와 지수법칙
22. 소수와 암호
23. 자신만 아는 암호화된 비밀번호
24. 최소노력으로 최대의 성과를
25. 자신의 위치 어떻게 알릴까?
26. 평균이 생사람 잡는다.

27. 세 마리의 돼지와 음수
28. 목성의 반점과 혼돈이론
29. 바이오리듬
30. 어떻게 걸어야 할까?
31. 나팔꽃의 나선
32. 수학과 음악
33. 지오데식 돔과 삼각형
34. 테트라포트와 정사면체
35. 우주선과 삼각형
36. 가장 완전한 도형, 원
37. 길이의 측정 단위는 신체
38. 몸의 겉넓이
39. 숫자에 관한 말들
40. 피타고라스의 정리
41. 옛날에 수를 가리키는 말들
42. 63 빌딩
43. 두루마리 화장지
44. 나눗셈의 의미
45. 소주 7잔
46. 카메라의 조리개
47. 대기오염과 그래프
48. 생물의 수로 수질을 측정한다.
49. 박쥐와 쇠딱따구리의 수
50. 음속을 돌파할 때
51. 선거와 출구조사
52. 수학=국가의 흥망
53. 마라톤 선수와 물

54. 낭비되는 공간활용
55. 민족 최대의 명절 '설날'
56. 매듭 이론
57. 음주운전 절대로 안 된다.
58. 벤 다이어그램과 혈액형
59. 재미있는 수학 일기
60. 우리 몸의 프렉탈
61. 칠교놀이
62. 땅 부자와 울타리 부자
63. 걸리버 여행기
64. 사스(SARS.중증급성호흡기증후군)
65. 원주율
66. 파라독스와 수학
67. 365
68. 제비알과 원뿔
69. 이등변삼각형
70. 수학 기호
71. 마방진
72. 수학의 노벨상, 필즈상
73. 델로스의 진실
74. 원과 대칭
75. 비눗방울과 구
76. 고리 만들기
77. 바퀴는 원 모양이다
78. 원기둥
79. 나선

출처: http://user.chollian.net/~badang25/living/living_00.htm

4) 각종 큐브와 퍼즐

 소마큐브

각각 3개 또는 4개의 정육면체들로 구성된 7개의 조각으로 되어진 3차원 상의 입체 퍼즐: 이 7개의 조각들로 수천 종류의 기하학적인 모양들을 만들 수 있다.

소마 큐브를 하는 동안 우리는 무의식적으로 공간적인 입체개념을 깨우칠 수가 있다.

다음 예들은 모든 소마조각들을 사용하여 만들 수 있는 모형들이다. 어떤 모형들은 보여지지 않는 부분들을 이해하기 위해 공간적인 상상력이 요구된다.

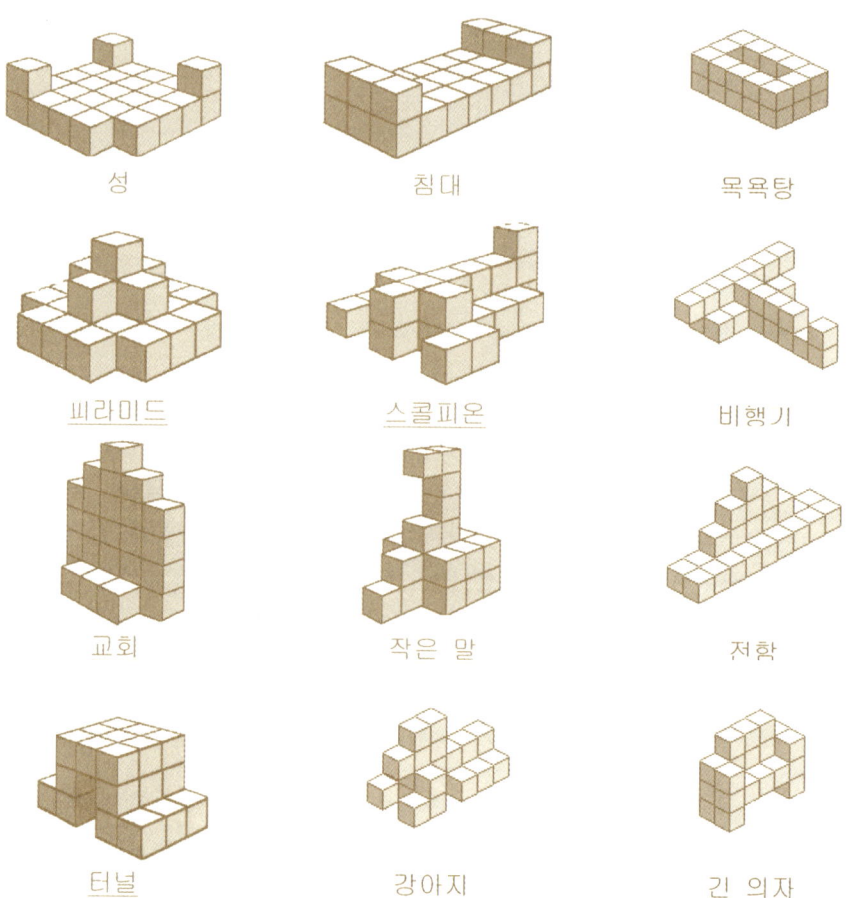

성　　　　　　　　침대　　　　　　　　목욕탕

피라미드　　　　　스콜피온　　　　　　비행기

교회　　　　　　　작은 말　　　　　　　전갈

터널　　　　　　　강아지　　　　　　　긴 의자

관련 사이트

- http://home8.inet.tele.dk/bundgard/SOMA/SOMA.HTM
- http://www.highland.madison.k12.il.us/jbasden/somacube/
- http://www.highland.madison.k12.il.us/jbasden/somacube/puzzles.html
- http://home8.inet.tele.dk/bundgard/SOMA/SOMAHOME.HTM
- http://web.inter.nl.net/users/C.Eggermont/Puzzels/Soma/index.html
- http://www.ctaz.com/~dmn1/soma.htm
- http://www.johnrausch.com/PuzzlingWorld/chap03a.htm

소마 모양

- http://home8.inet.tele.dk/bundgard/SOMA/FIGURES/FIGURES.HTM
- http://web.inter.nl.net/users/C.Eggermont/Puzzels/Soma/overzicht.html
- http://www.jimd.demon.co.uk/j6.html
- http://www.ctaz.com/~dmn1/gallery.htm

 탱그램

고대 중국의 퍼즐 게임인 Tangram 7개의 조각을 가지고 모형을 만드는 흥미로운 퍼즐: 고대 중국의 퍼즐 게임인 탱그램은 지그소우(jigsaw 끼워 맞추어 본래의 그림을 만드는 어린이 장난감, 놀이, picture puzzle) 퍼즐의 한 종류이다.

탱그램의 역사는 아주 오래되어, 중국에서는 5천 년 전부터 즐겨왔다고 한다. (중국에서 5천 년 전 탄에 의하여, 각각 1000개의 모형을 수록한 탱그램 7권이 편찬되었다.)

우리나라에서는 칠교놀이라 하여 전통 놀이 형태로 전해 오고 있다. 손님이 찾아왔을 때 주인을 기다리는 동안, 또는 음식을 준비하는 동안에 벌이기도 하므로 유객판이라고도 하고, 여러 가지 지혜를 짜내서 갖가지 모양을 만들므로 지혜판이라고도 한다.

탱그램의 목적은 45도나 90도 각도로 자른 각 변이 직선인 7개의 조각을 가지고 하나의 모형을 만드는 것이다. 수학자는 '그 단순한 그림들은 일정한 수의 평면기하학의 도형을 예시하는 데는 아주 적합하다'고 말하고 있다.

한정된 같은 수의 조각을 가지고 어떤 새로운 독창적인 모형을 고안할 수 있는 것인가가 탱그램의 매우 신비롭고 매력적인 포인트이다.

1. **여우와 다람쥐**: 유모차, 새, 새를 쫓는 사슴
2. **해와 별**: 미생물, 물고기 떼, 거위친구
3. **어미고양이와 그 가족**:
   말, 약탈자 까마귀 떼, 프로포즈
4. **검도**: 해딩, 산책
5. **대포**: 사색, 사람들, 초상화
6. **꽃 가꾸기**: 가꾸기, 고양이와 토끼 네 마리
7. **초상화**: 초상화

펜토미노

5개의 정사각형들을 연결하여 배합한 2차원 형상의 퍼즐. 매우 흥미로운 수학적 특성을 가진 퍼즐: 펜토미노 조각(Pentomino piece)들은 5개의 정사각형들을 모서리와 모서리를 연결하여 다양하게 배합한 2차원 형상이다. 조각은 다음과 같이 12가지의 기본형이 존재하며, 회전시킨 모양을 다르다고 구분하면 총 64가지의 형상이 생긴다. 글자들을 쉽게 기억하는 방법은 FILiPiNo와 알파벳의 끝부분인 TUVWXYZ를 기억하면 된다.

12개의 펜토매노 조각을 모두 사용하여 3차원의 펜토미노 조각들의 모형을 만들 수 있다. 이번에는 1차원을 덧붙여서, 두 배로 확대된 3차원의 펜토미노 모형을 만들어보자. 이 모형 만들기 기술은 꼭 악마가 방해를 하는 것처럼 어렵다. 또 두 개의 펜토미노 W와 X는 이런 형태로는 만들 수 없다.

다음은 펜토미노를 2배로 확대하여 3차원으로 만들 때에 가능한 조합의 수이다. 가장 쉬운 것에서 가장 어려운 것의 순서로 배열되었다고 생각해라.

펜토미노는 매우 흥미 있는 수학적 특성을 가지고 있다. 퍼즐에 도전하고 싶은 의욕을 돋우는 끝없는 배열을 공급한다. 퍼즐광들에게 펜토미노는 매우 즐거운 시간을 제공할 것이다. 펜토미노 퍼즐의 목표는 미리 결정된 보드에 12개의 조각들을 맞게 배열하는 것이며, 보드의 크기를 6×10으로 딱 맞게 하거나 8×8보드에서 임의로 4개의 사각형을 제외시키고 나머지 영역을 채우게 하는 등 여러 가지 방법이 있다

Letter T-Puzzle[글자]- 대문자 T-퍼즐, +-퍼즐, 대문자 F-퍼즐

이것은 글자 퍼즐이다. 글자 퍼즐들은 우리 스스로 만들기도 매우 쉽다. 단지 마음에 드는 글자를 하나 선택해서 이것을 몇 개의 조각으로 나누면 된다. 글자의 모서리가 모두 직선이고 폭이 일정한 글자를 선택하여 나누는 것이 좋다. 자기 자신의 글자 퍼즐을 만들고 싶다면, 먼저 폭이 일정하고 균형 잡힌 글자를 그려라. 그래야 더 어려운 퍼즐이 만들어진다. 물론 만드는 재료도 중요하다. 재료는 이 퍼즐이 내구성과 사람의 마음을 끄는 데 영향을 준다.

- 대문자 T-퍼즐

두꺼운 종이에 왼쪽의 그림을 그리고 정확히 잘라내자.

그리고, 조각들을 맞추어 대문자 T를 먼저 만들어보자. 성공했으면,

아래의 그림들을 보고 조각을 맞추어보자.

(제한 시간은 1개에 10분 정도가 적당하다.)

- 십자가 퍼즐

마찬가지로 두꺼운 종이에 왼쪽의 그림과 같은 모양을 그리고 정확히 잘라내자.

먼저, 퍼즐의 이름인 십자가 모양을 만들어 보아라.

완성했으면 끈기를 가지고 아래의 조각들을 맞추어 보자. (제한시간은 1개에 10분 정도)

- 대문자 F 퍼즐

대문자 F퍼즐과 십자가 퍼즐보다 약간 더 어렵다. 똑같은 과정을 반복하자. 먼저 왼쪽의 그림을 두꺼운 종이에 옮겨 그리고, 정확히 잘라내어 대문자 F를 만들어보자. 그 다음에 아래 그림을 보고 조각들을 맞추어 보자 (역시 제한시간은 1개에 10분 정도)

(2) 아래의 그림도 글자 F 퍼즐이다.
해체된 조각들을 짜 맞추어 대문자 F를 만들어라.

 Triangle Puzzle

삼각형 퍼즐은 합동인 정삼각형 6조각과 이등변 삼각형 6조각으로 이루어진다. 다른 퍼즐보다 간단한 모양이지만 상당히 아름다운 기하학적 모양이 생긴다. 만약, 레고 블록처럼 많은 소각들이 있다면, 상상할 수 있는 모든 아름다운 모양을 만들 수 있을 것이다.

1. 두꺼운 종이에 커다란 정삼각형을 하나 그린다.
2. 꼭짓점에서 대변의 중점에 선을 긋는다. (중선)
3. 각각의 중선을 3등분하고 오른쪽 그림과 같이 점들을 잇는다.
4. 선을 따라 세밀하게 자르고, 3가지의 색을 칠한다.

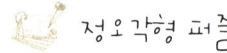

정오각형 퍼즐

큰 정오각형 3개와 2종류의 이등변 삼각형 14개로 총 17개의 조각으로 구성된 퍼즐

정오각형 퍼즐 조각은 큰 정오각형 3개와 이등변 삼각형 14개, 총 17개의 조각으로 이루어져 있다. 이 퍼즐은 황금비와 아주 밀접한 관련이 있는데, 이 퍼즐에 있는 이등변 삼각형은 모두 황금삼각형이다

만드는 방법
1. 위의 정오각형을 프린트하고 두꺼운 종이(하드보드 같은)에 붙인 후, 오려 17개의 조각으로 분리한다.
2. 이 조각들로 아래의 여러 모양을 만드는 방법을 생각해보자.

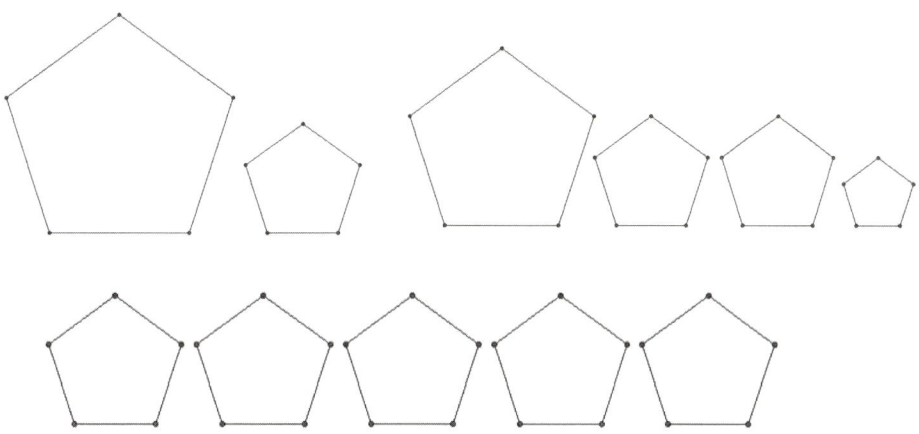

 그림자 퍼즐

평면도형을 만드는 퍼즐을 그림자 퍼즐(Silhouette)이라고 한다. 글자퍼즐, 탱그램(칠교놀이), 유클리드와 악마가 모두 그림자 퍼즐의 한 종류이다. 여기의 유클리드와 악마는 조금 더 어렵다. 처음에는 어렵고 시간이 많이 걸리지만 그 모양들이 익숙해지면 보다 빨라진다. 이제 즐겨보자.

이 퍼즐의 이름은 유클리드(Euclid) 이다. 기하학 하면 유클리드(Euclid:330?-275? B.C)를 떠올릴 정도로 너무나 유명한 사람이다. 성서를 제외하고는 이 유클리드의 '기하학 원론' 만큼 많은 사람에게 읽혀지고, 여러 나라 말로 번역된 책이 없을 정도이다." 기하학에는 왕도가 없다" 는 유명한 말을 남겼다. 이제 유클리드를 만나보자.

실용속독훈련(학습 60분, 연습 60분을 기준으로 합니다)

악마(Devil)

이 퍼즐의 이름은 악마 (Devil) 다.

이유를 확인하여 보자. 이 퍼즐은 직사각형을 만들기가 어렵다고 한다. 1시간 내에 해결하면 빨리 한다고 생각된다. (각 퍼즐당 제한시간 30분)

출처: http://user.chollian.net/~badang25/living/living_00.htm

창의력 개발 훈련

21. 파동 속독훈련(15줄 명시점 이동 훈련, 30줄 심상훈련)
21-2. 창의력 개발
21-3. 창의성 기법
21-4. 마인드맵을 학습도구로 사용하자

목표
창의력 개발을 위한 다양한 훈련방법을 알고 내게 적용 가능한 방법을 찾아 실행한다.

21 파동 속독훈련
(15줄 명시점이동 훈련, 30줄 심상훈련)

① 파동속독 쉬트를 보면서 100회 실시
② 심상으로 6줄 훈련을 합니다.

21-2 창의력 개발

1) 창의력을 기르는 지도 기술

1. 분위기를 만들어 준다.

가정이나 학교에서의 교육적 분위기는 자유로워야 한다. 생각하는 자유, 표현하는 자유가 존중되는 분위기를 만들어야 한다.

- 아이들이 골똘히 뭔가를 생각하고 있을 때에는 그 상태를 방해하지 않는 것이 좋다. '그래 더 깊이, 잘, 차근차근히 생각해 봐'라고 격려해 준다.
- 아이들에게 뭔가를 주어 실패하게 하지 말고 '조금 불안하다'는 느낌이 들 정도의 과제를 준다.
- 처음부터 어린이 스스로가 해답을 만들어 내도록 부추기고 격려한다. 답을 서둘러 주거나 문제를 풀어 주지 않는다.
- 스스로 문제를 만들어 보도록 한다. 즉, 자문자답의 형식이 좋다.

2. 정서적 자극을 준다.

어린이가 계속 창의적으로 생각하고 창의적인 태도를 갖도록 격려하는 것이 필요하다.

창의력 개발 훈련 | 21Day

임선하 박사의 「창의성의 틀-DESK 모형 접근」을 마인드맵으로 정리한 것

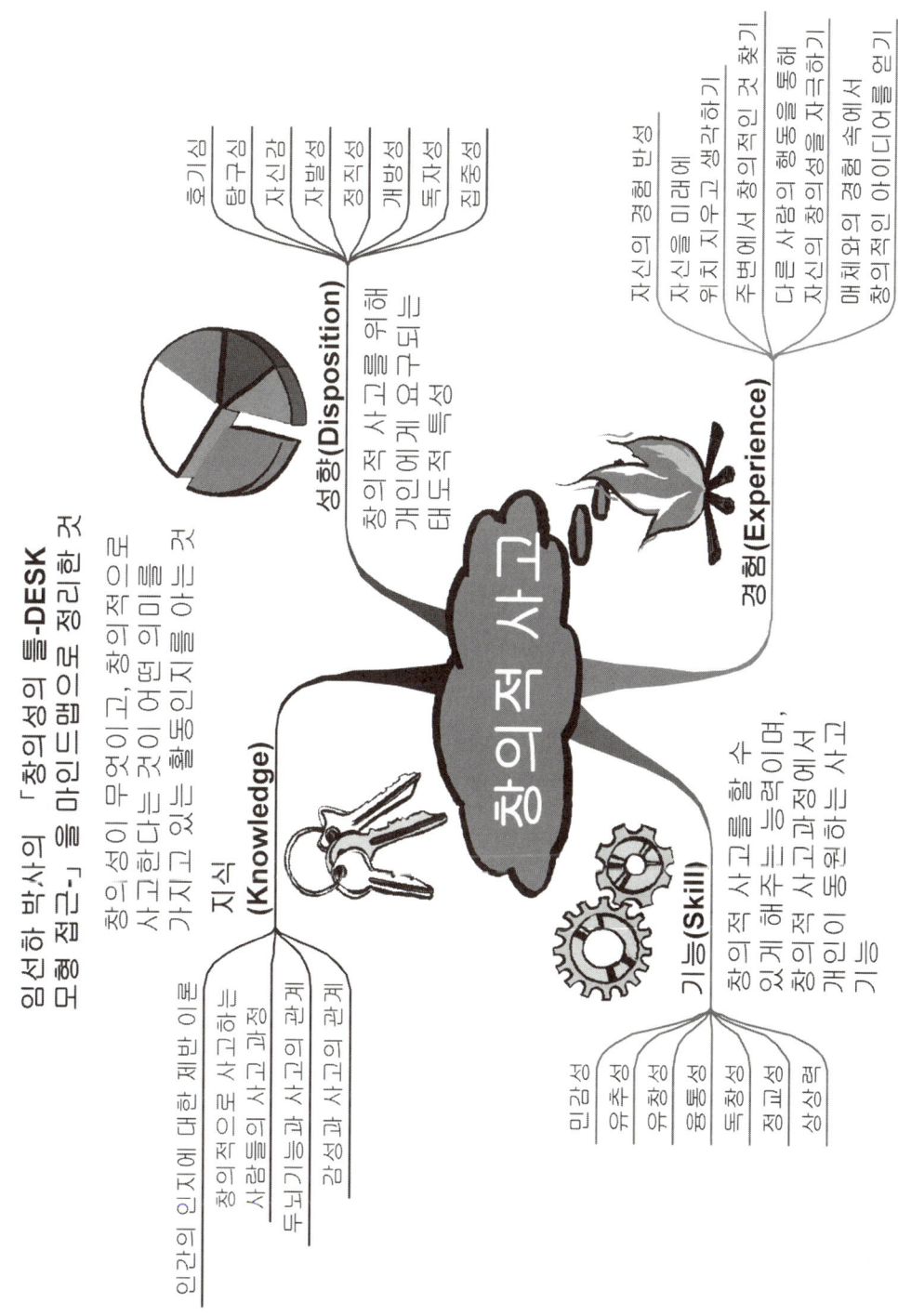

- **지식(Knowledge)**: 창의성이 무엇이고, 창의적으로 사고한다는 것이 어떤 의미를 가지고 있는 활동인지를 아는 것
  - 인간의 인지에 대한 제반 이론
  - 창의적으로 사고하는 사람들의 사고 과정
  - 두뇌기능과 사고의 관계
  - 감성과 사고의 관계

- **성향(Disposition)**: 창의적 사고를 요구되는 개인에게 태도적 특성
  - 호기심
  - 탐구심
  - 자신감
  - 자발성
  - 적극성
  - 개방성
  - 독자성
  - 집중성

- **경험(Experience)**
  - 자신의 경험 반성
  - 자신을 미래에 위치 지우고 생각하기
  - 주변에서 창의적인 것 찾기
  - 다른 사람의 행동을 통해 자신의 창의성을 자극하기
  - 폼제와의 경험 속에서 창의적인 아이디어 얻기

- **기능(Skill)**: 창의적 사고를 할 수 있게 해주는 능력이며, 창의적 사고과정에서 개인이 동원하는 기능
  - 민감성
  - 유추성
  - 유창성
  - 융통성
  - 독창성
  - 정교성
  - 상상력

- 과제 해결시 실수하거나 오답을 만들거나 유치한 답을 해도 나무라지 않고 틀렸다는 것을 너무 강조하지 않는다.
- 개인차를 존중해 준다. 어린이를 신뢰하고 차별하지 않는 태도가 필요하다
- 표현에서 기쁨을 느끼도록 도와준다. 그림을 그린다, 글을 짓는다, 장난감 조립을 한다고 할 때 그 하는 일을 즐거워하도록 격려한다.

3. 물리적 환경을 생각한다.

교재, 교구, 환경구성, 놀이시설, 학습 코너 등을 잘 정비해 주어서 어린이들이 보고, 듣고, 만지는 것에서도 자극을 받게 한다. 각종 준비물을 잘 갖추어 놓아야 언제든지 접근하고 표현해 볼 기회를 갖게 된다.

4. 주변 세계에 관심을 갖게 한다.

자기 주변에서 일어나는 자연의 변화를 비롯하여 자연현상, 인간의 행동, 사회적 사건 등에 관해서 흥미를 갖고 눈여겨보고, 캐묻고, 알아보려고 살피고 그리고 그 이치를 스스로 발견하게 한다. 창의성을 기르려면 치밀한 관찰력이 대단히 중요하다. 그러므로 사물과 현상을 눈여겨보고 다른 사람의 말이나 소리를 귀담아 듣고, 사회현상을 자세히 살피는 태도와 습관을 길러 주어야 한다.

5. 자발적으로(스스로) 계획을 세우고, 그것을 실행에 옮기게 한다.

창의적인 사람은 자발성이 매우 높기 때문에 강요나 의무 때문이 아니라 스스로 즐겨서 무엇을 할 때 좋은 생각들이 생산되는 법이다.

6. 마음속에 궁금한 문제를 간직하고, 스스로 답을 해 보도록 격려한다.

창의적인 사람은 호기심이 많아서 질문과 궁금증을 많이 지니고 있으므로 이 점을 이용한다. 또 어린이에게 '넌 아직 어리니까 안 돼' 라든가, '나중에 알아도 안 늦어' 라는 식으로 말해서는 안 된다.

7. 상상력과 공상을 부추긴다.

창의적 생각의 기초에는 상상력이 깔려 있다. 그래서 엉뚱한 생각, 기발한 생각, 별난 생각이란 바로 상상의 힘에 의해서 만들어지기 때문에 상상해 보고 머리에 떠오르는 이미지를 그림으로, 글로, 볼 것으로 표현해 보도록 한다.

8. 어린이들의 문제해결 과정을 눈여겨본다. 그리고 그 과정에서 적절한 지도를 한다.

- 문제(과제)를 주고 난 후 해답을 너무 빨리 주거나 재촉하지 않는다.
- 어떤 생각이 떠오르면 그 생각을 계속하게 한다. 그리고 이미지 형성이 되기까지 기다린다.
- 문제를 풀 때 자기 나름대로 남다른 답은 없을까를 생각하게 한다.
- 문제를 풀 때(사고를 할 때) 중요한 것(본질적인 것)과 중요하지 않는 것(비본질적인 것)을 구별하도록 지도한다.
- 과제해결에 시간이 걸리면 중단시키거나 해답을 직접 주지 말고 힌트를 준다.

9. 예술과 과학에 관심을 갖도록 한다.

문학, 음악, 미술, 무용 등 예술과 자연현상에 관심을 가지면 더욱 창의적이 될 수 있다.

10. 어린이에게 인내심을 길러 주고, 교사도 인내심을 가지고 지도한다.

창의성 교육은 다른 학습에 비해서 성과만 따지는 교육이 아니고, 생각하는 능력과 기술을 터득해야 하기 때문에 시간이 필요하므로 양자가 모두 인내심을 가져야 한다.

2) 창의력 키우는 독서 지도법

최근 들어 자녀교육의 최대 관심사는 '창의성 계발' 입니다. 미래 사회는 다양한 방면에서 창의적이고 자기 표현력이 강한 사람을 선호하기 때문입니다.

어떤 문제를 해결하기 위한 사고의 방법에는 두 가지가 있습니다. 그 중 하나는 어떤 문제에 대해 한 가지 정답만을 요구하는 수렴적 사고이고, 나머지 하나는 한 문제에서 여러 가지 정답을 이끌어낼 수 있는 확산적 사고입니다. 유아기 창의적 사고의 기초가 되는 것은 바로 이 확산적인 사고입니다.

사물의 정해진 단면만 보지 않고 때로는 유머러스하게, 때로는 감성적으로, 때로는 논리적으로 통찰할 수 있는 날카로운 눈, 그 눈이 바로 유아기 창의성의 핵심입니다.

창의성을 키우는데 가장 기초가 되는 것은 정보를 받아들이는 유연하고 독창적인 태도, 그리고 그런 기초 능력을 키울 수 있는 가장 훌륭한 재료가 바로 그림책입니다.

부모는 아이에게 그림책을 읽어 주며 확산적 사고를 자극할 수 있고, 아이는 그림책 속에 있는 상상의 세계로 빠져들어 사물에 대한 다양한 경험을 즐길 수 있습니다.

책을 읽는 것도 중요하지만, 책을 다 읽고 난 후의 마무리가 중요합니다. 아이가 감동을 오랫동안 간직하고, 책에 대해 얘기하게 만드는 것은 사고력도 확장시키고, 다음 책읽기로 이어지는 밑거름이 되기 때문입니다. 유아기에는 토론을 하는 것보다는 흥미로운 실제 활동으로 이끌어 주는 것이 좋습니다.

책을 읽고 난 후의 느낌이나 주인공들을 그림으로 표현해 보게 하거나, 가족과 함께 간단한 인형극, 연극 등을 하면서 인상 깊었던 장면을 담아내는 것도 좋은 방법입니다.

그림책은 아이의 주변에서 일어나는 상황들에 대해 일차적이고 개인적인 경험에 머물게 하는 것이 아니고, 계속적으로 자신의 경험과 연관시켜 생각들을 이끌어줄 수 있는 기회를 주는 것입니다.

그림책은 아이가 일상에서 겪게 되는 경험들을 단지 경험의 축적으로 그치게 하는 것이 아니라, 그림책 속에서 아이가 느꼈던 감정과 상상력과 연관 지어 사고를 확대시킬 수 있는 역할을 합니다.

그림책은 더불어 독창적인 사고의 기본 틀인 사물에 대한 깊은 관심과 생활에 대한 관찰력을 기르게 하며, 간접 경험으로 자유로운 상상의 기회를 주기도 합니다.

이처럼 그림책은 현실과 상상, 시간과 공간의 제한을 두지 않고 아이에게 자유로운 상상을 가능하게 합니다. 사고의 제한을 없애는 것, 이것에서부터 창의적인 발상이 시작됩니다.

정해진 답만 쫓아가는 모범적인 앵무새 형보다, 직관의 힘으로 기발한 생각을 하는 에디슨 형이 21세기의 리더가 될 것입니다. 문제는 창의력입니다. 남과 다르게 요모조모 뒤집어서 생각하는 유아기 창의성의 기본입니다.

그림책을 보는 것 자체로도 창의성을 자극하지만 엄마가 조금만 더 신경 쓰면 아이의 창의성은 그 효과가 배가 될 수 있습니다.

그림책을 본 느낌을 그림으로 그려보면 아이는 자신의 상상의 세계를 구체적으로 다질 수 있는 계기가 되고 엄마는 아이가 자신이 본 그림책의 세계를 어떻게 이해하고 있는지 알 수 있습니다.

- 책속의 주인공과 같이 직접 행동으로 해보며 경험하게 합니다.

- 이야기 속의 주인공과 등장인물이 되어 생활해보는 것도 괜찮습니다.

아이는 그 주인공에 꼭 맞는 행동을 하기 위해서 끊임없이 주인공의 입장을 생각하고, 행동들을 상상해본 뒤 그대로 실행해 보면 좋습니다.

- 방 어느 한구석에 그림책에 등장하는 비슷한 상황들을 꾸며주고 그림책에 등장하는 바로 그곳이라고 아이와 약속하면 아이들은 쉽게 그곳을 자신의 상상의 공간으로 받아들입니다.

자신이 생활하는 공간이 바로 이야기 속의 상상의 공간이 되기 때문에 아이들은 어떠한 상황도 창조적으로 이야기에 맞게 꾸며 나가는 능력을 발휘합니다.

출처: http://minihp.cyworld.com/pims/main/pims_main

3) 창의력지도요령(부모교육안)

- 마음껏 놀 수 있는 자유를 주자 = 아이들은 마음껏 상상을 하고 자신의 생각과 느낌을 표현하며 문제해결의 기회를 경험한다. 자유가 주어질 때 아이들은 자신의 능력을 가장 잘 발휘할 수 있고 그 과정에서 창의성을 발휘할 기회를 갖게 된다.

- 자녀가 다양한 경험을 할 수 있는 기회를 제공하자 = 자녀의 손을 잡고 공원을 산책하면서 풀과 나무에 대해 이야기해 보자. 함께 신문을 보거나 뉴스를 시청하면서 같이 이야기를 나누는 것도 좋다. 가능한 한 많은 경험과 풍부한 지식 획득의 기회를 마련해 주자.

- 어질러 놓을 자유를 주자 = 헌 잡지나 책, 장난감 등 여러 종류의 자료를 구비해 마음껏 탐구할 수 있도록 하자. 물건들을 어질러(?) 놓으면서 자신의 흥미와 관심사를 발견할 수 있는 기회가 생긴다.

- 엉뚱한 생각을 존중하자 = 자녀가 유별나고 엉뚱한 생각과 행동을 하는 경우가 있는지 살펴보자. 이때 무시하지 말고 끝까지 아이의 의견을 들어 부모가 관심을 갖고 있음을 보여줘야 한다.

- 아이에게 신뢰감을 보여주자 = 아이를 믿고 스스로 결정하게 하면 아이의 긍

정적인 자아개념 형성에 도움이 된다. 이를 통해 아이들은 잘 모르는 것도 모험을 무릅쓰고 창의적으로 해내는 용기를 갖게 된다.

- 아이 앞에서 서두르지 말자 = 문제를 잘 해결하는 사람들은 문제를 접하는 순간 즉각적으로 대처하지 않고 오랜 시간을 들여 충분히 심사숙고한 끝에 해결방법을 찾아낸다. 아이의 문제해결 시간이 느리다고 독촉을 하는 것은 부모가 아이의 창의성을 말살하는 것과 같다.

- 인내심을 길러주자 = 아이의 인내심을 길러주기 위해서는 아이가 견뎌낼 수 있을 정도의 역경을 의도적으로 만들어줘야 한다. 이런 과정을 통해 아이들은 역경을 이기고 난 후의 보람이 무엇인지 알 수 있게 된다.

- 정보를 가공하는 습관을 길러주자 = 정보화 사회에서는 자기에게 필요한 정보가 어디에 있는지를 알아내 그 정보가 과연 적절한 것인지를 판단하고 활용하는 능력이 필요하다. 아이들에게 암기능력이 아니라 질문하는 습관과 판단하는 능력을 키워줘야 한다.

- 행동규칙을 정해 독립성과 자발성을 갖도록 하자 = 어느 분야든 창의성과 고도의 생산성을 발휘하는 전문가가 되려면 훈련이 필요하다. 아이들이 이 과정에 끝까지 참을성을 갖고 참여하게 하려면 우선 규칙을 정하고 이를 준수하도록 해야 한다.

- 다른 사람을 위해 일하는 즐거움과 보람을 알게 하자 = 어릴 때부터 경험을 통해 봉사하는 기쁨을 알도록 하는 일이 중요하다. 아이들 자신이 다른 사람에게 기쁨과 행복을 줄 수 있는 사람이라고 생각할 때, 창의성은 높아질 수 있다.

출처: 한솔교육

창의력 게임 추천 사이트 http://cont112.edunet4u.net/~okj5555/Html/index2.html

사이트 소개

본 웹사이트는 초등학교 고학년(4-6학년)의 창의력 향상을 위하여 개발되었습니다.
임선하 박사의 창의성 분류에 의해 민감성, 유창성, 융통성, 독창성, 정교성의 5개 영역으로 나뉘었으며 각각 8가지, 총 40여개의 놀이중심 활동을 통해 창의력이 향상되도록 설계, 구현하였습니다.

민감성	유창성	융통성	독창성	정교성
1) 미로찾기	1) 춤을 춰봐요	1) 탱그램 놀이	1) 블럭쌓기	1) 테트리스 놀이
2) 그림자 찾기	2) 난 누구게요	2) 모양 맞추기	2) 방 꾸미기	2) 그림퍼즐 1
3) 차이점 찾기	3) 낱말 맞추기	3) 숫자 맞추기	3) 재미있는 낱말	3) 그림퍼즐 2
4) 그림 짝맞추기	4) 삼행시 짓기	4) 색깔 맞추기	4) 얼굴 꾸미기	4) 숫자퍼즐 1
5) 숨은 그림찾기	5) 미래의 내모습	5) 내가 먼저	5) 그림 그리기	5) 숫자퍼즐 2
6) 만다라 감상	6) 말 이어가기	6) 색깔 칠하기	6) 이야기 완성하기	6) 색깔 퍼즐
7) 날 따라 해봐요	7) 강물을 살리자	7) 흔들 흔들	7) 눈사람 꾸미기	7) 보석을 찾아라
8) 찾아 보세요	8) 만약 내가!	8) 수수께끼	8) 패션 디자이너	8) 뒷모습 찾기

• 인천교육청 교실수업개선 웹지원센터. 추천사이트/ 창의랑 나랑

http://cont112.edunet4u.net/~okj5555/Html/index2.html

• 초등교육 관련 자료

http://minihp.cyworld.com/pims/main/pims_main.asp?tid=41256949

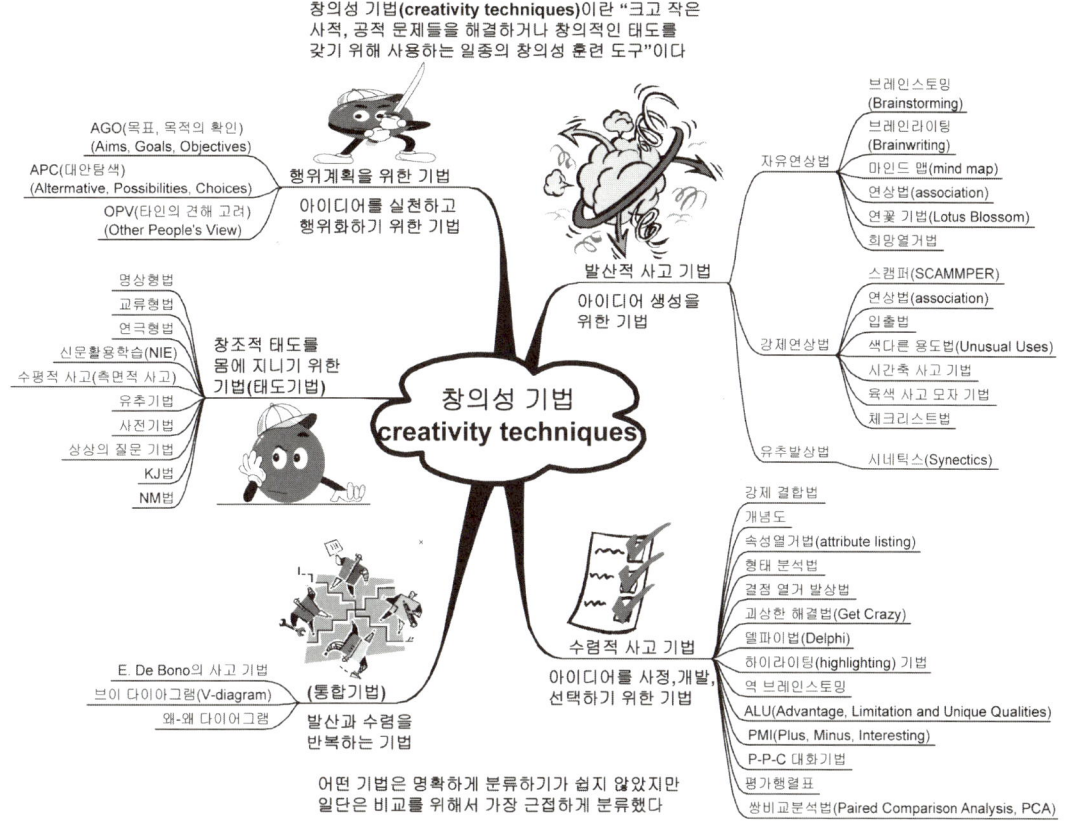

21-3 창의성 기법(creativity techniques)이란

"크고 작은 사적·공적 문제들을 해결하거나 창의적인 태도를 갖기 위해 사용하는 일종의 창의성 훈련 도구"라고 할 수 있다(전경원 1996,1997).

지금까지 개발된 창의성 기법은 300여 개 이상이 된다고 밝혀졌다(전경원,2000).

세계적으로 가장 널리 알려진 브레인스토밍 기법을 비롯해, 강제결합법, 스캠퍼, 공상·상상기법 등 헤아릴 수 없을 정도로 많은데 이 모든 기법들도 산업체들을 중심으로 그들이 살아남기 위해 개발한 것이다.

이러한 사고의 기법은 몇 가지 차원에서 분류할 수 있다.

첫째, 사용자에 따른 분류로 집단에서 사용할 수 있는 기법과 개인적으로 사용할 수 있는 기법으로 나누어진다. 집단용의 사고 기법들은 개인용으로 사용할 수 있으나, 개인용 기법은 집단에서 사용하기는 어려울 때가 많다.

둘째, 사고의 용도와 목적에 따른 분류로
- 아이디어 생성을 위한 기법(발산적 사고 기법) - 자유연상법, 강제연상법, 유추발상법
- 아이디어를 사정·개발·선택하기 위한 기법(수렴적 사고 기법) - 공간형법, 계열형법
- 발산과 수렴을 반복하는 기법(통합기법)
- 아이디어를 실천하고 행위화하기 위한 기법(행위계획을 위한 기법)
- 문제해결 초점을 맞추는 것이 아니라, 주로 창조적 태도를 몸에 지니기 위한 기법(태도기법) - 명상형법, 교류형법, 연극형법으로 분류한다.

이러한 사고기법을 사용할 때 중요한 것은 문제 해결의 장면의 목적이나 현재의 문제(과제)에 가장 적절한 기법을 선택하는 것이다. 다양한 문제를 해결하기 위하여서는 특정한 한가지의 기법만이 최선의 도움을 주는 것이 아니라 상황과 문제에 따라 적절한 기법을 선택해야 한다.

그러므로 다양한 사고기법을 학습에 적용하기 전에 먼저 생각해야 할 일은

① 각각의 사고기법의 특징과 목적을 먼저 생각해보고 학습 활동에 적절하게 재구성해야 한다.
② 발산적인 사고와 수렴적인 사고를 병행할 수 있도록 유도해야한다.
③ 어떠한 사고 기법이라도 교사는 즉각적인 판단을 지양하고 학생들의 의견을 모두 수렴해야 하며 학생들이 충분히 생각할 시간이어야 한다.

〈더 자세히 배우시고자 하시는 분은 해당사이트나 관련 자료를 이용하시기 바랍니다.〉

21-4 마인드맵을 학습도구로 사용하자

〈마인드맵은 책을 요약정리하고, 전체를 보는 시각을 열고, 상호관련성을 쉽게 파악하며, 핵심을 파악하며, 이미지를 통한 연상 작용으로 기억을 돕는 최적의 학습도구이다.〉

① 창의력: 마인드맵은 사고법의 전환으로 생각의 고리를 연결해 나가는 학습법이다.

공간 지각력을 활용하여 마음속에 지도를 그리고, 핵심 이미지와 핵심 단어만을 사용하여 가지를 뻗어 나간다.

마인드맵은 다양하고 많은 아이디어를 산출하도록 하며 자신만의 독특한 생각을 자유롭게 발산하도록 하는 조직적인 기술로 특히 색과 이미지를 사용함으로써 창조성을 일깨워 준다.

미네소타 주에 있는 세인트폴의 세인트토머스 대학에서 '창의력'에 대해 강의하고 있는 Bleedorn은 80년대 초기에 마인드맵을 배워 이를 수업에 활용해 본 결과 마인드맵은 교육전략으로서 어떤 교육 상황에도 잘 어울리며, 특히 초등학생의 경우 마인드맵을 통해 사고력이 신장되었다고 보고하였다.

② 기억력: 학습한 내용을 잘 기억하기 위해서는 적절한 간격으로 복습을 해 주면 지속적으로 높은 기억력을 유지할 수 있다.

마인드맵식 노트를 작성하기 위해서는 최소 1회 이상의 복습이 이루어지며, 또 기존의 직선식 노트에 비해 복습하는데 드는 노력, 시간 등을 절감할 수 있으며, 흥미를 유발시킬 수 있다. 또 개념들을 연결시키는 노트과정에서 이미 파악한 다양한 형태의 의미를 부여할 수 있으므로 기억력이 증가된다.

③ 이해력: 마인드맵은 개념을 더 잘 이해할 수 있도록 도와주는 조직적인 기술이다.

마인드맵은 중심사상이 중심에 분명하게 드러나는 것, 각 단어의 상대적인 중요도가 명백해져서 중요도가 높을수록 중앙과 가까이 위치하고 중요도가 낮을수록 중앙에서 멀어지는 것, 활자화된 마인드맵은 사진처럼 이해하기 쉬운 즉각적인 피드백을 제공하는 것, 활자화된 단어는 선으로 연결되고 각 선도 다른 선들과 연결되어 기본적인 구조를 갖추고 있는 것 등의 장점이 서로간의 상관관계를 파악하게 하고 이것이 개념 이해를 중진시킨다.

우리들이 생각하는 것보다 훨씬 더 우리의 잠재력은 크다. 우리의 두뇌는 무한한 용량과 능력의 보물 창고이다. 그 보물을 어떻게 얼마나 많이 우리의 삶 속에서 꺼내어 쓸 수 있는가 가 성공과 발전의 요건이 되겠다.

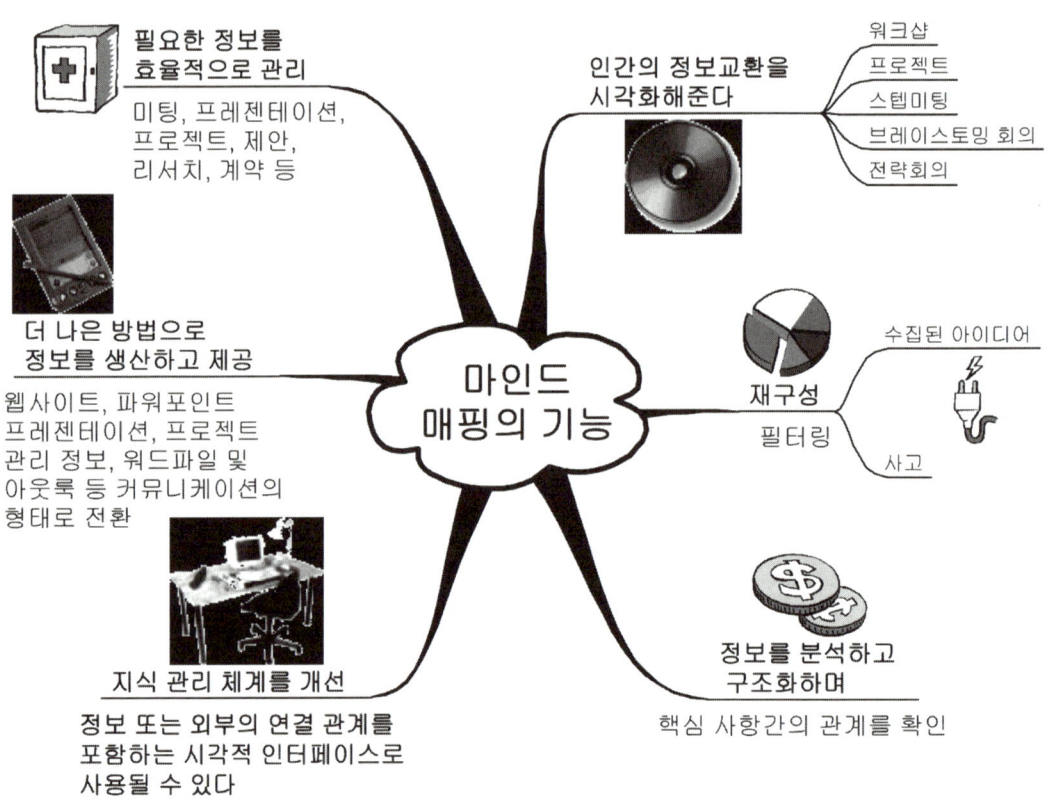

구분	전형적인 노트필기	마인드맵식 필기
장점	1. 습관적으로 작성하기가 쉽다 2. 아주 보편적이다. 3. 용어나 개념정리 하는데 편하다 4. 강의를 들으면서 필기할 수 있다	1. 핵심어가 확실하게 들어난다 2. 작성하는 가운데 걸린 노력들이 기억하는데 도움이 된다 3. 창조적 사고를 활성화 시킨다. 4. 전체를 보는 시각이 열린다 5. 상호관계의 파악이 쉽다
단점	1. 핵심어를 숨긴다 2. 기억하는데 도움이 안된다 3. 시간을 많이 소요한다 4. 창조적 자극을 주지 못한다	1. 시간이 더 걸린다 2. 생각을 많이 해야 한다 3. 관련이미지를 찾는데 시간이 걸린다 4. 강의를 들으면서 노트하기가 어렵다
비고	핵심어가 잘 들어나게 정성껏 요약하고 중요순서대로 색펜을 사용한 핵심요약노트는 상당히 값어치가 있다. 너무 많은 공을 들인 관계로 쉽게 빌려주려 하지 않는다. 전형적인 노트는 책이나 어떤 정보를 요약하는 형태로 쓰여져 있어서 읽어보는 것만으로도 내용파악이 가능하다. 지루하긴 하지만 여러번 반복해서 읽으면 핵심이 들어나서 핵심요약노트가 가능하다.	예술적으로 공을 들여 만든 마인드맵은 가치가 있어서 창의력, 기억력에 상당한 도움이 된다. 몇 번의 정리작업을 통해 핵심만을 요약하는 수고가 없이도 쉽게 핵심이 들어나고 그 중요성을 색을 통해 나타낼 수 있다. 생각을 떠올리고 이미지를 만드는 창의적인 작업가운데 강조와 연상결합을 도와주는 이미지를 사용함으로써 기억저장 능력과 회상 능력을 강화시켜 결국은 기억에 도움이 된다.

마인드 맵은 창의력을 위한 최적의 학습도구이기도 하며, 핵심정리를 위한 노트법이기도 하다.

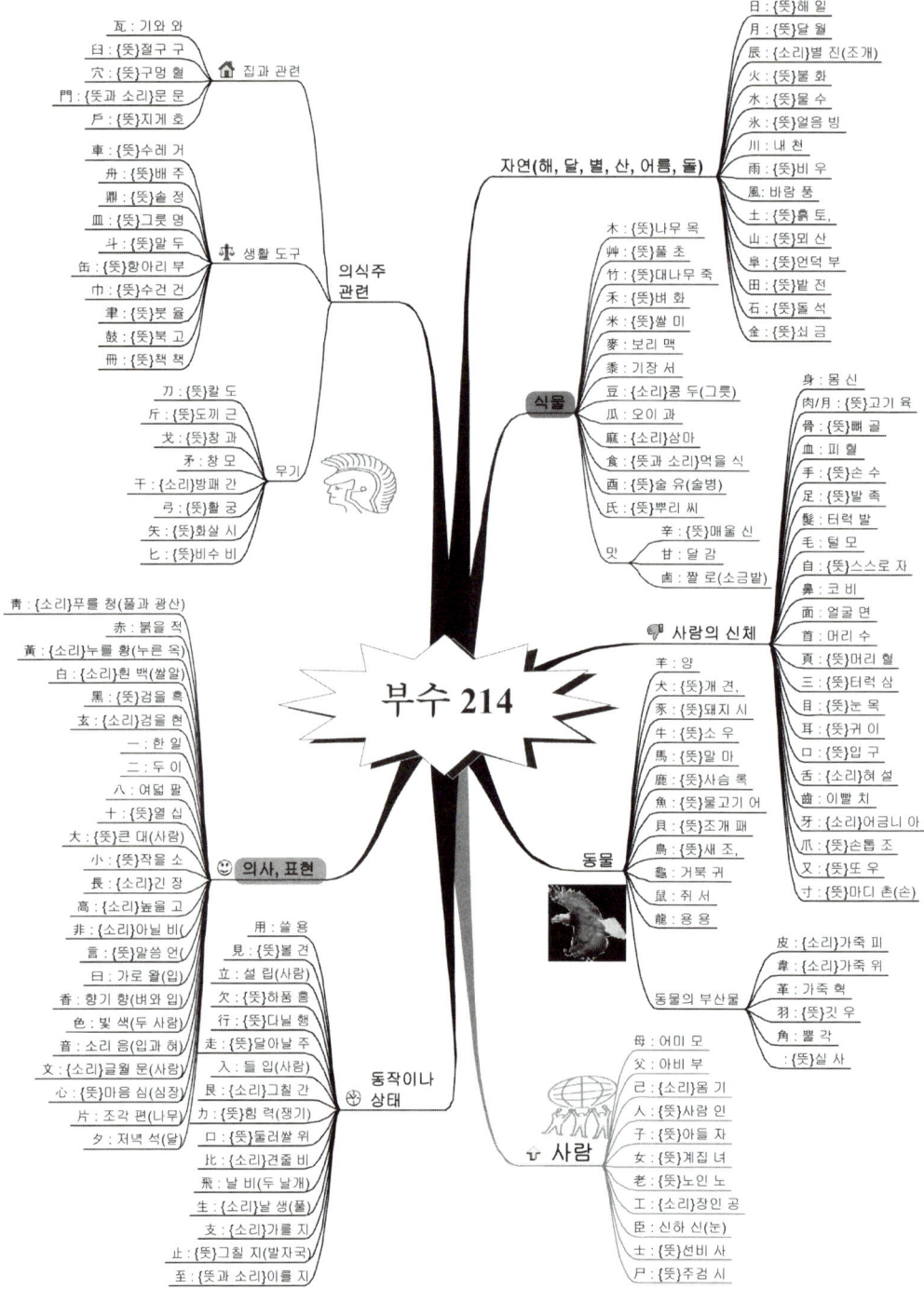

부록 1

속독용 훈련 쉬트 모음

파동 속독훈련(15줄 명시점이동훈련)
파동 속독 심상 훈련(15줄 명시점 이동훈련)
파동 속독훈련(30줄 명시점 이동 훈련 고급용)
파동속독을 위한 심상훈련 쉬트 (고급용)

파동 속독훈련(15줄 명시점이동훈련)1

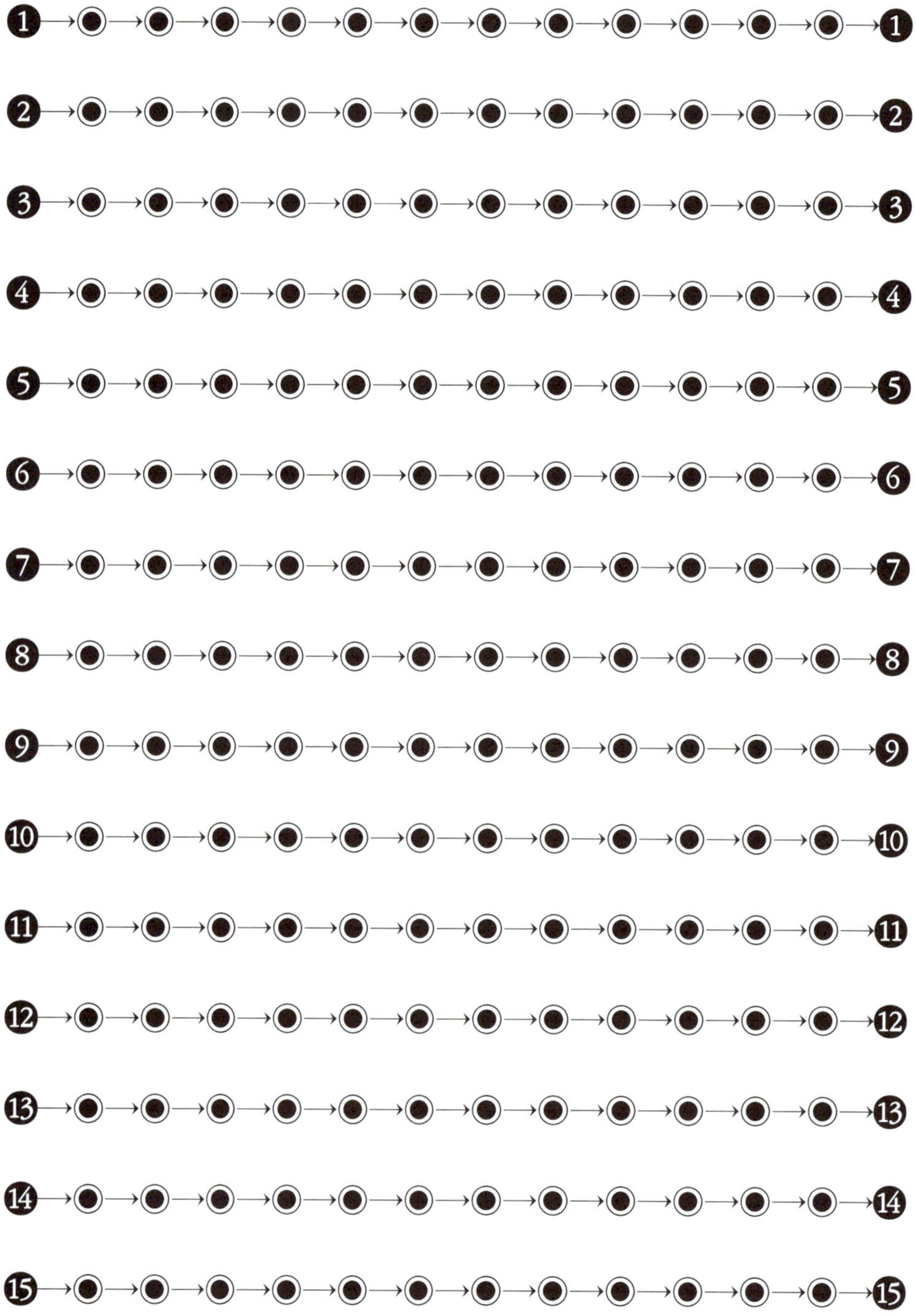

파동 속독훈련(15줄 명시점이동훈련)2

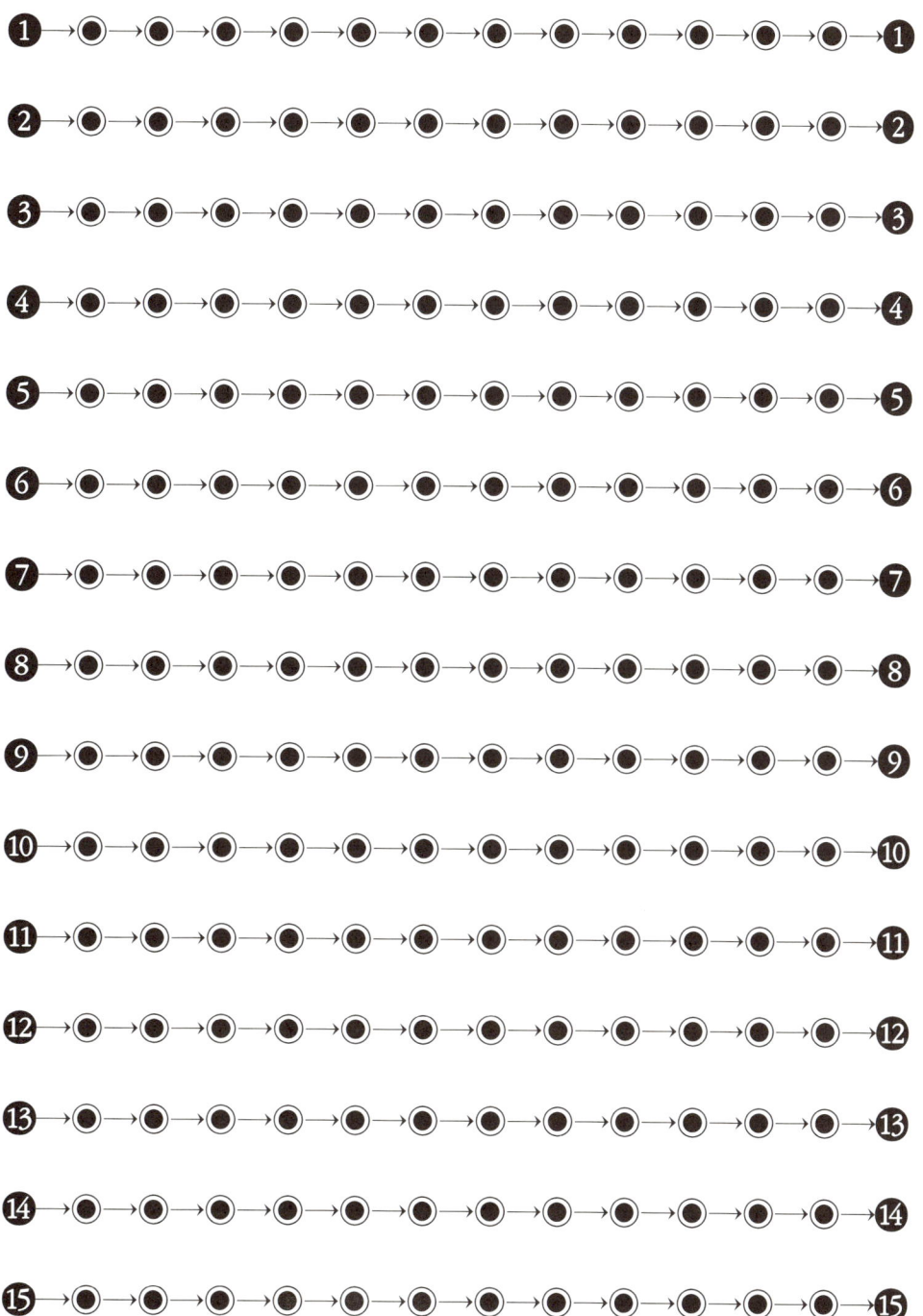

파동 속독 심상 훈련(15줄 명시점 이동훈련)

쏘 — ①
② — ②
③ — 오
④ — ④
오 — ⑤
⑥ — ⑥
⑦ — 오
⑧ — ⑧
오 — ⑨
⑩ — ⑩
⑪ — 오
⑫ — ⑫
오 — ⑬
⑭ — ⑭
⑮ — 옥

속독용 훈련 쉬트 모음

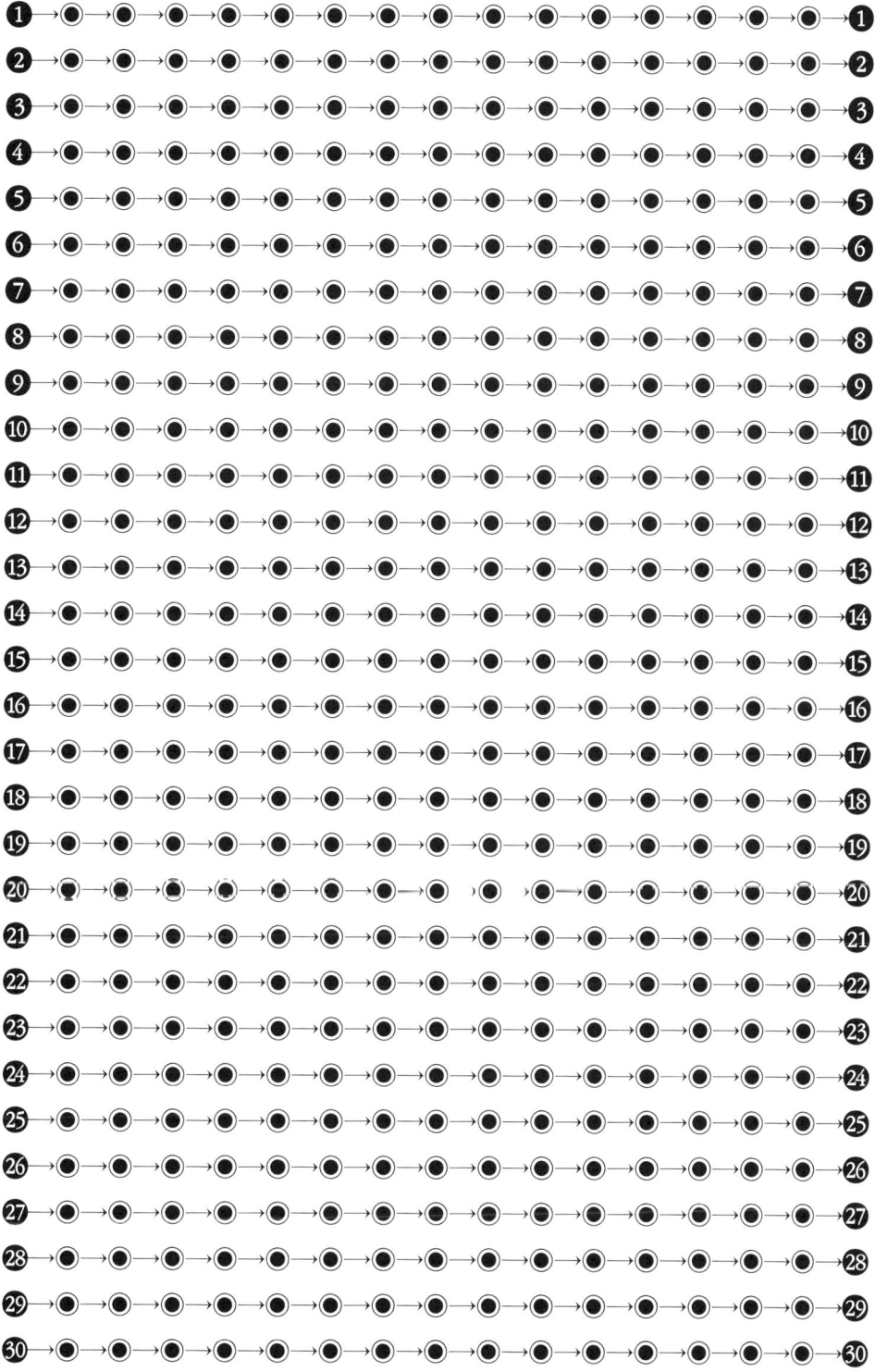

실용속독훈련

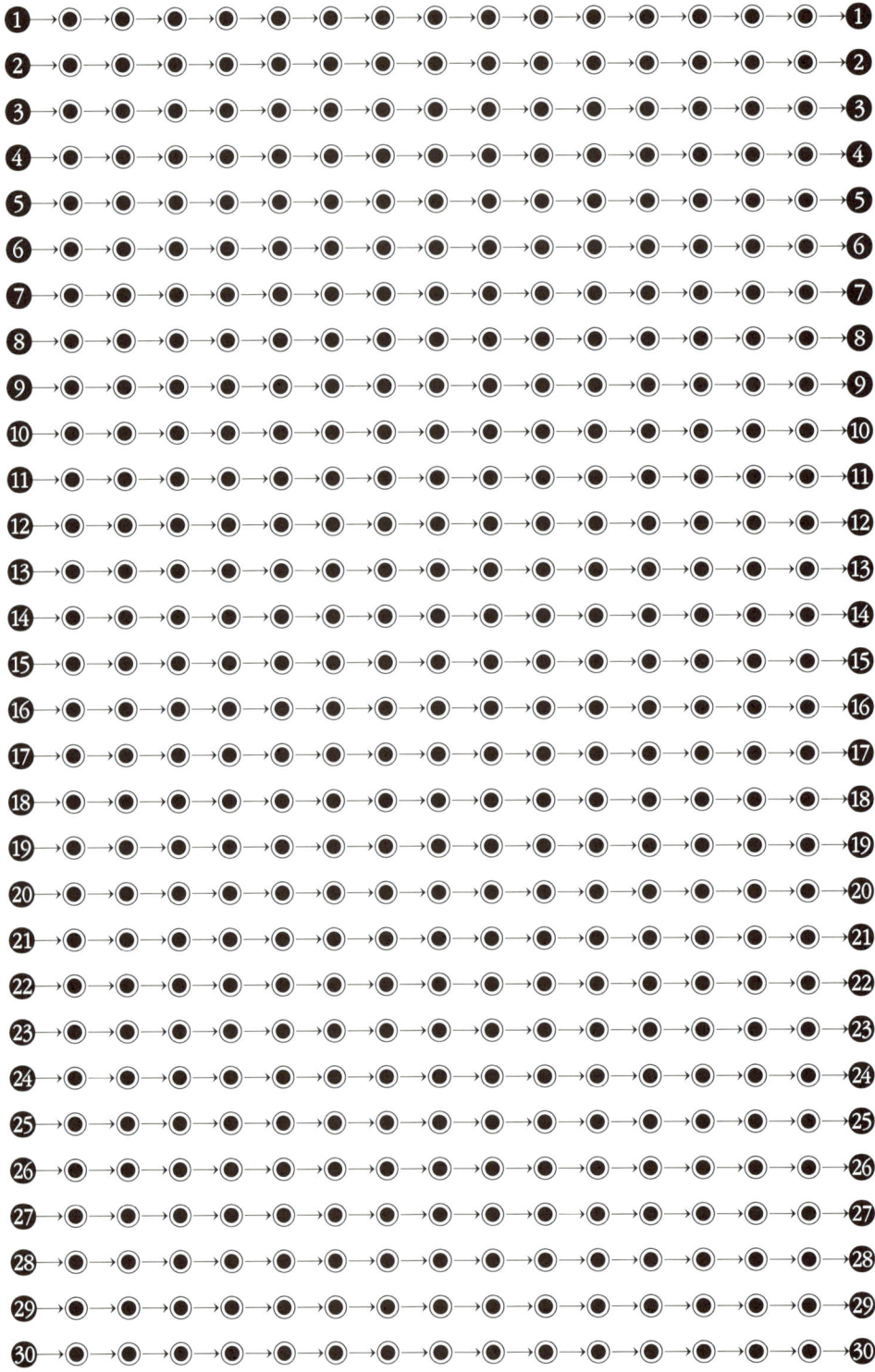

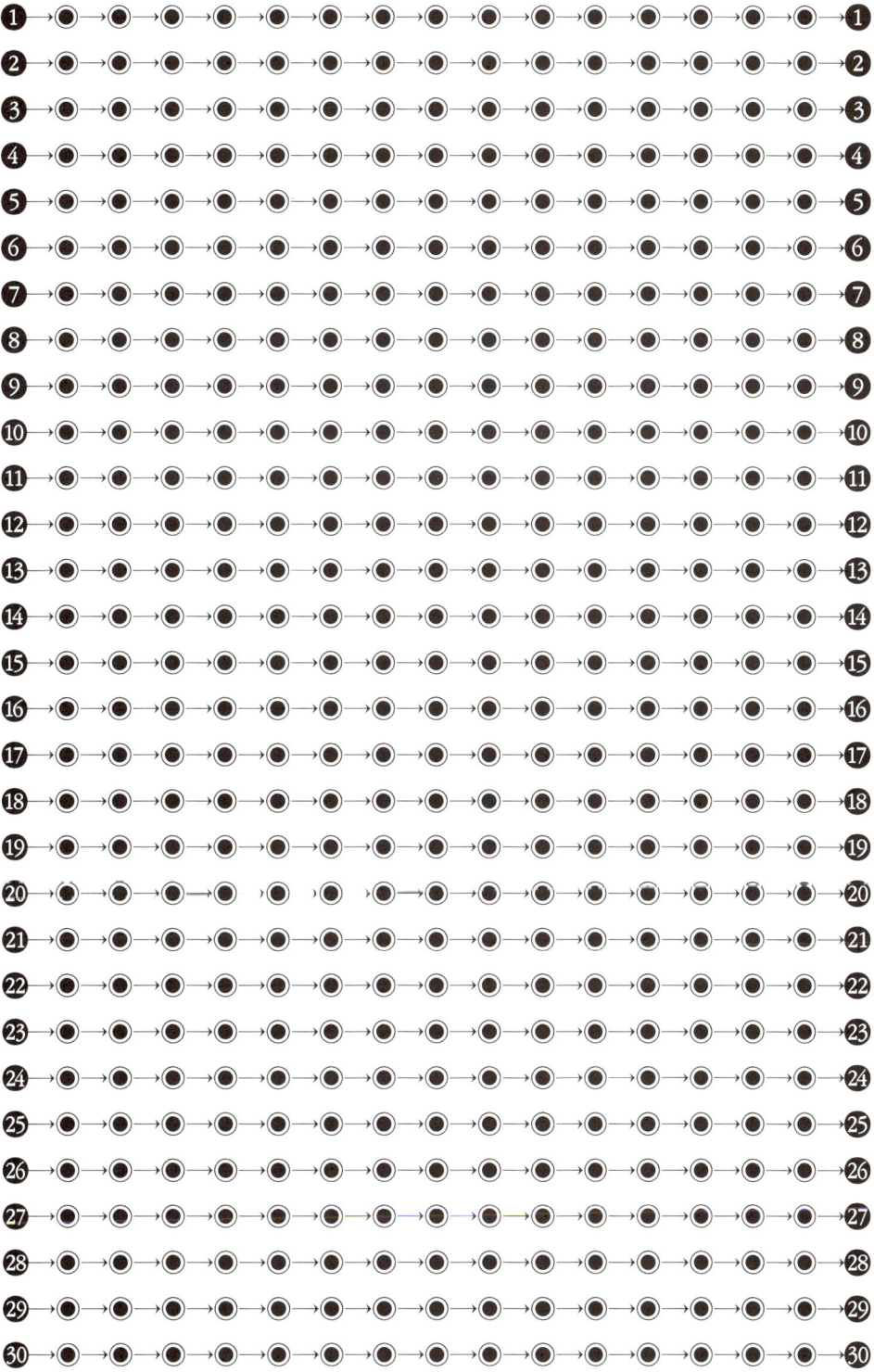

실용속독훈련

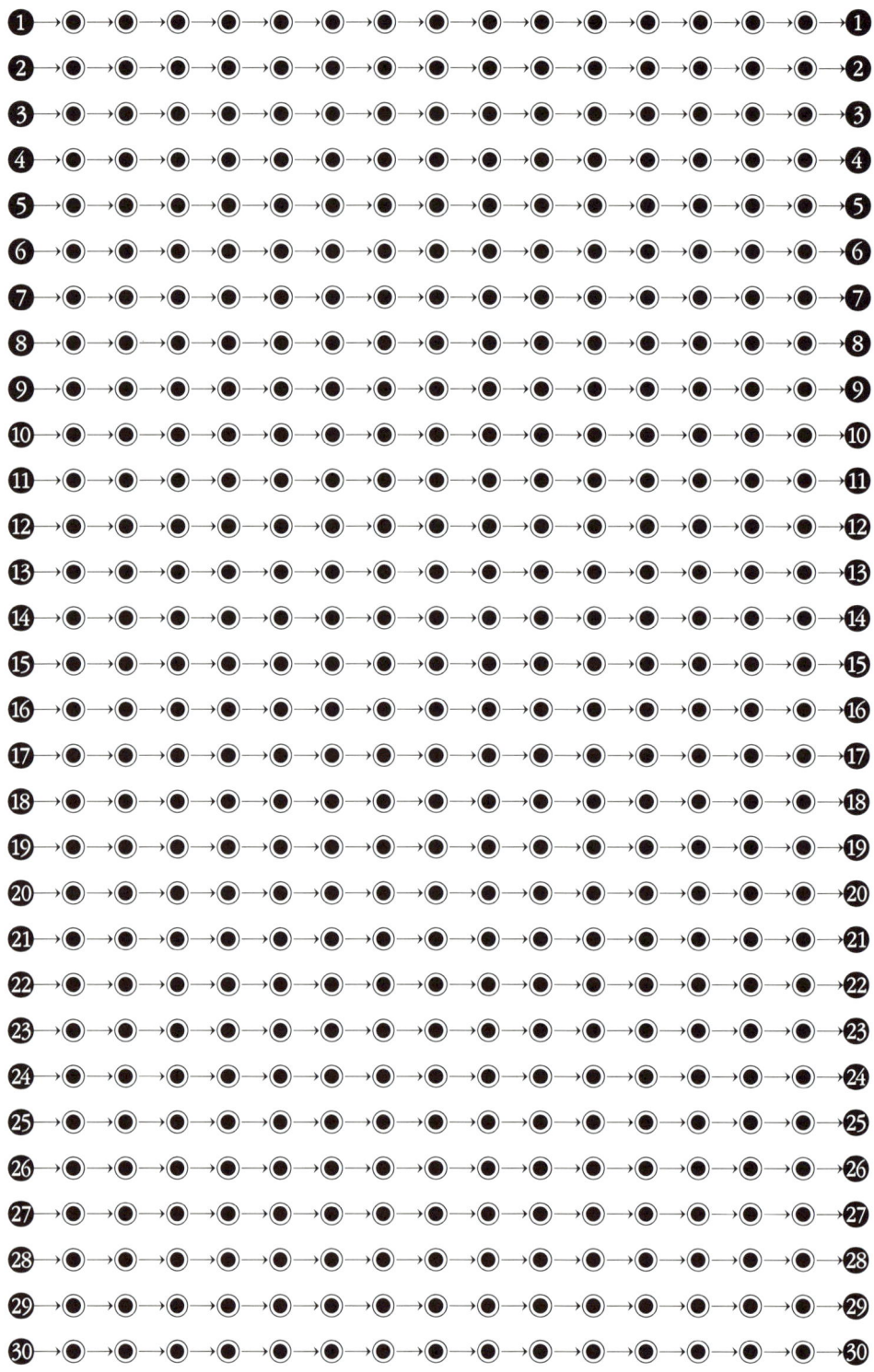

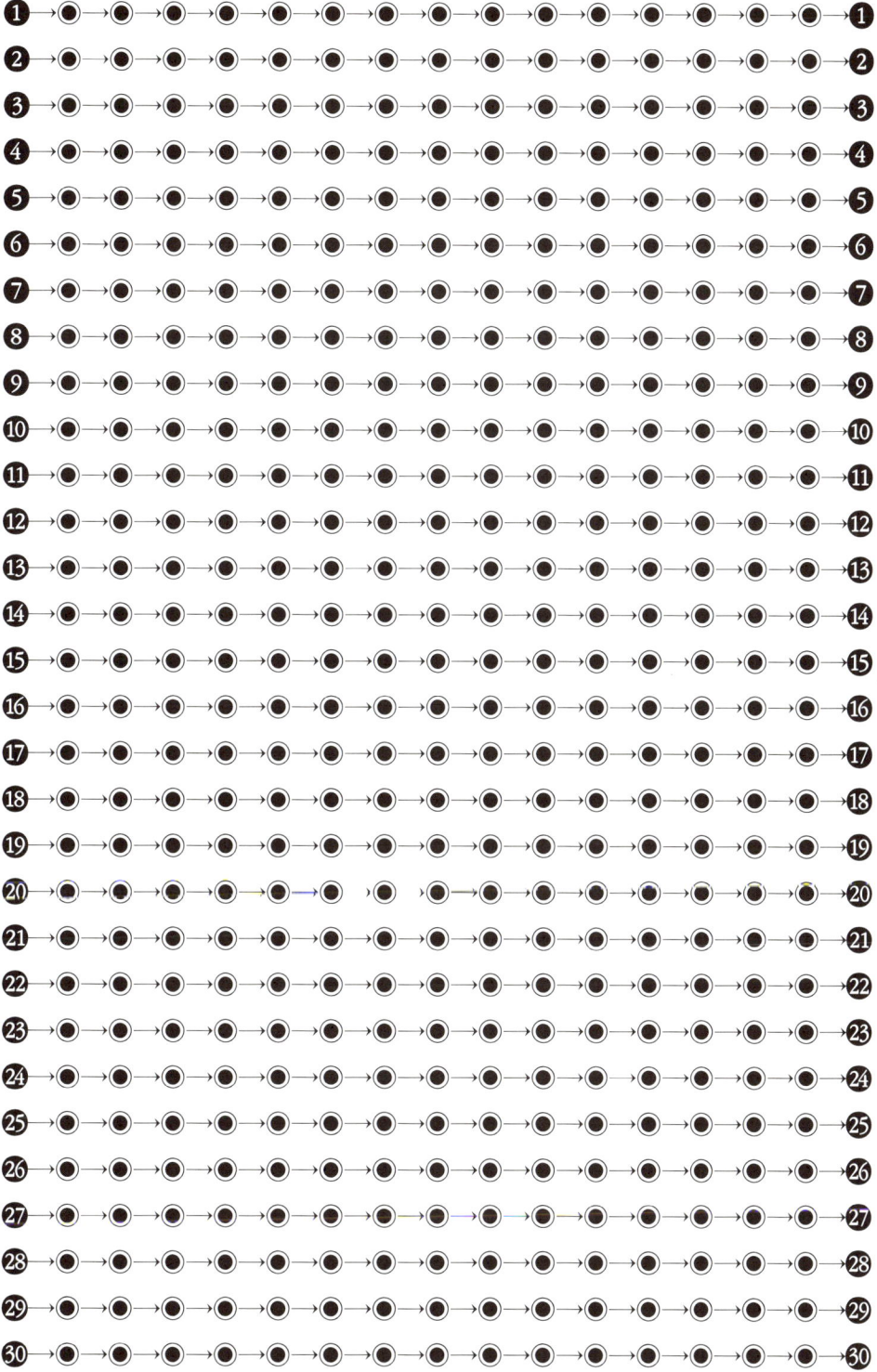

실용속독훈련

304

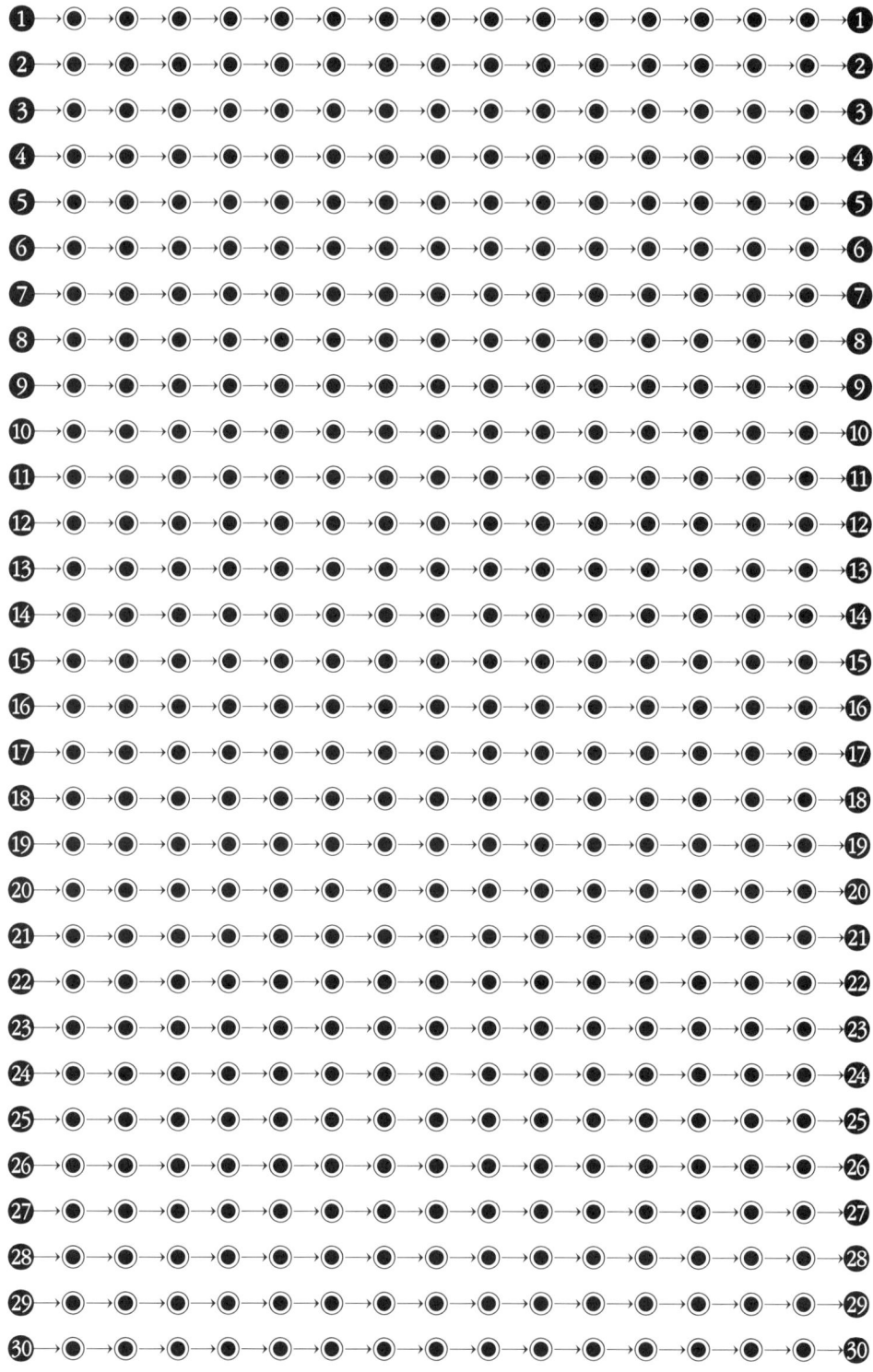

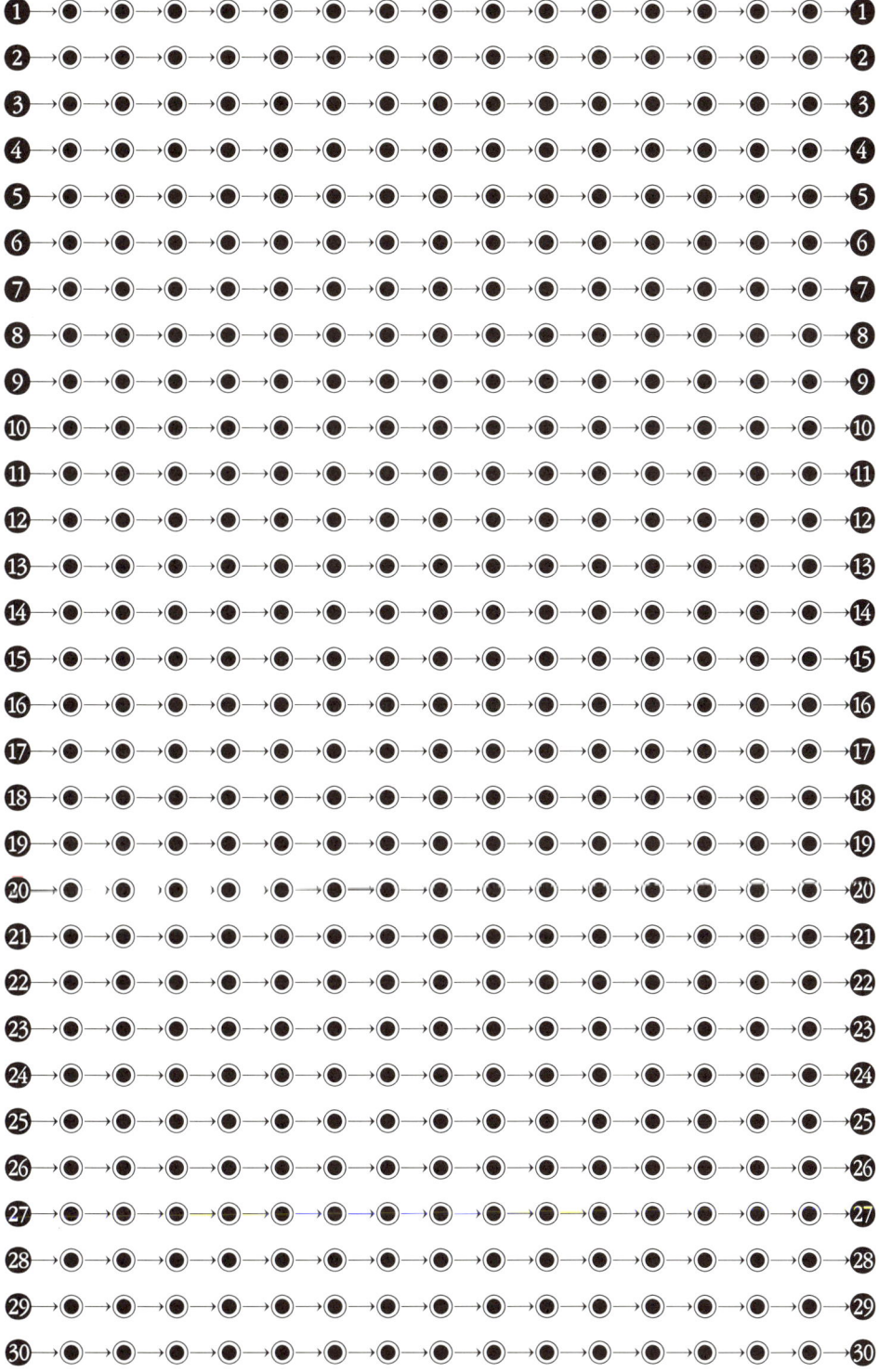

실용속독훈련

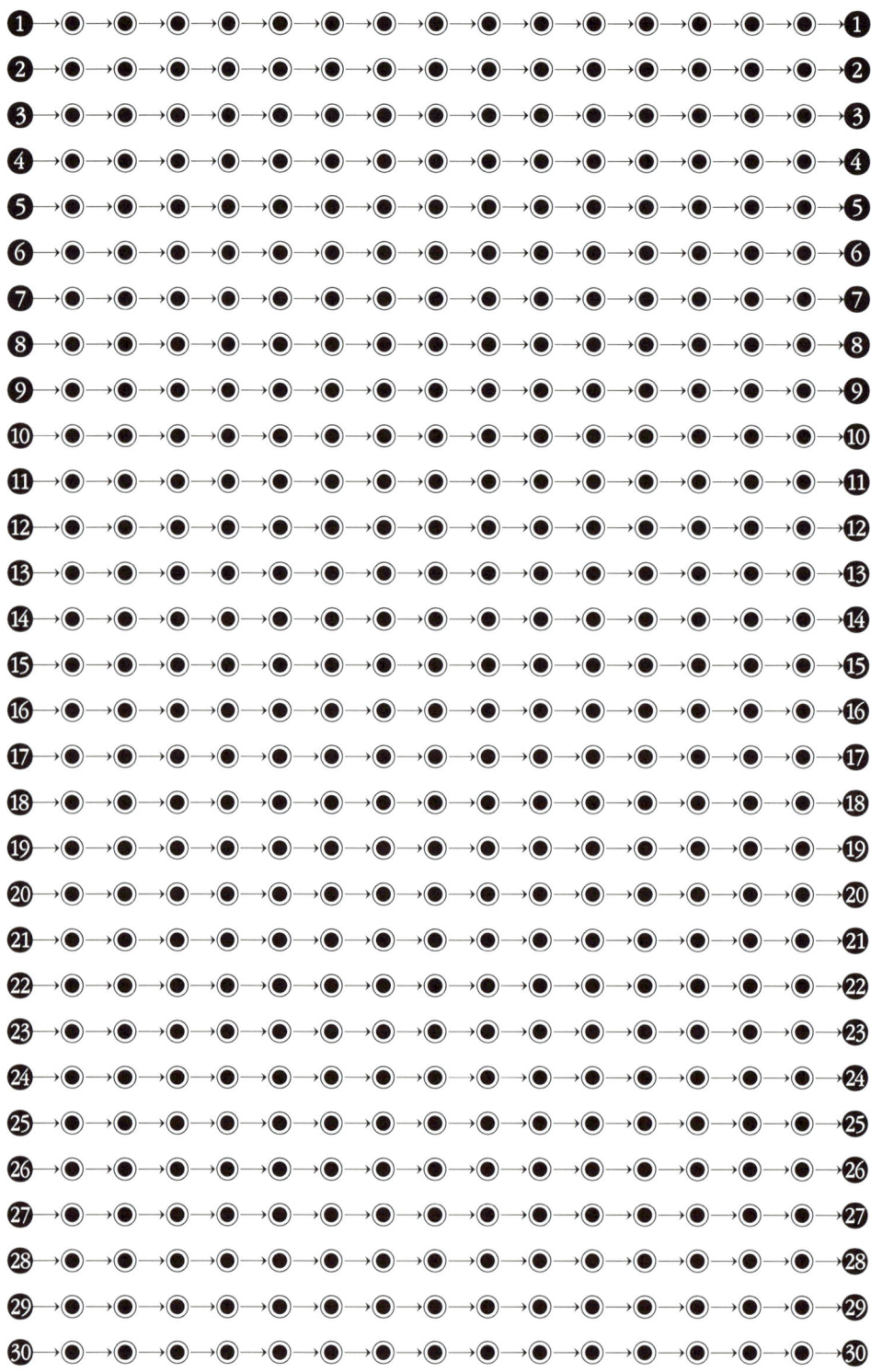

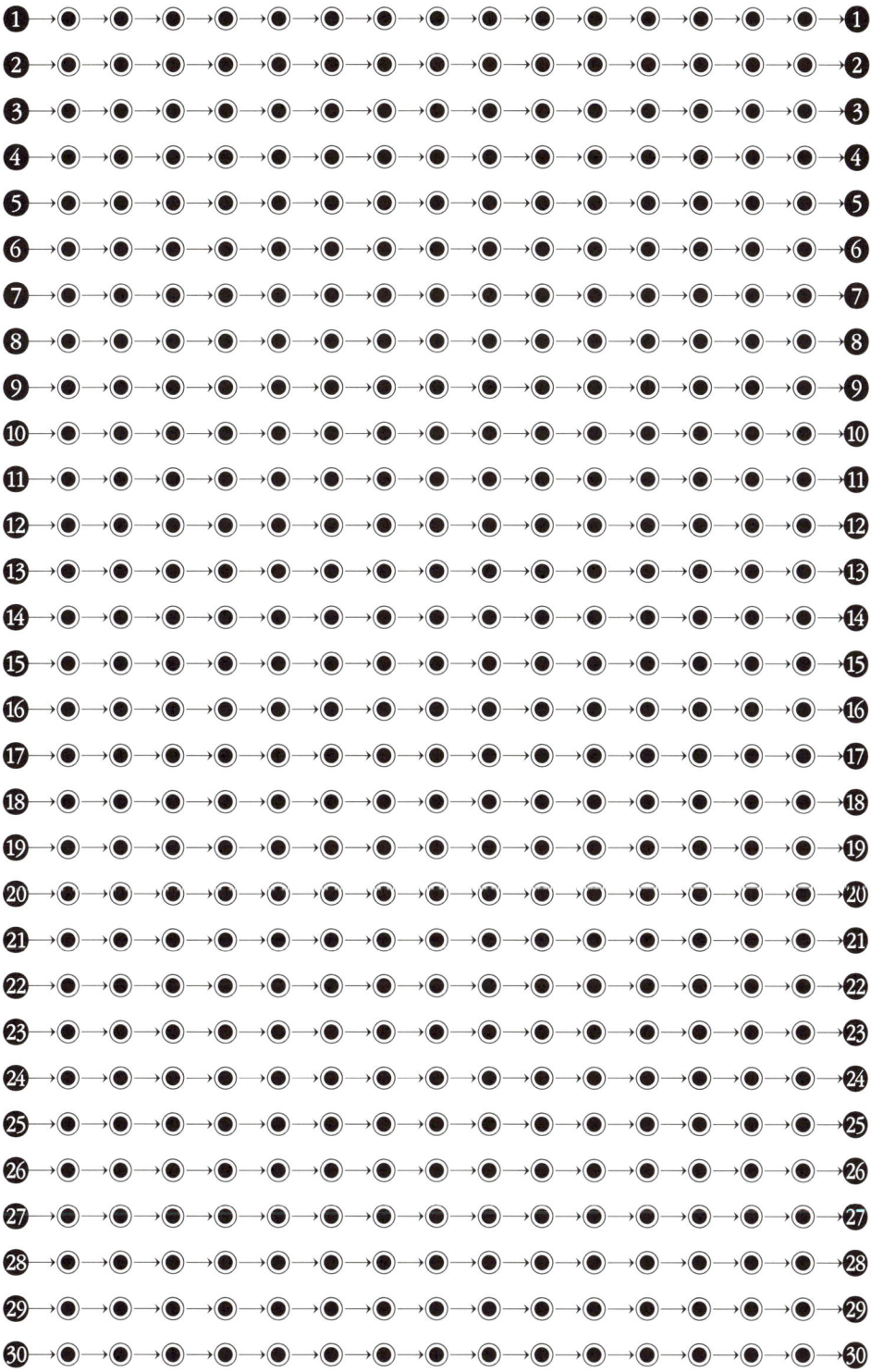

실용속독훈련

308

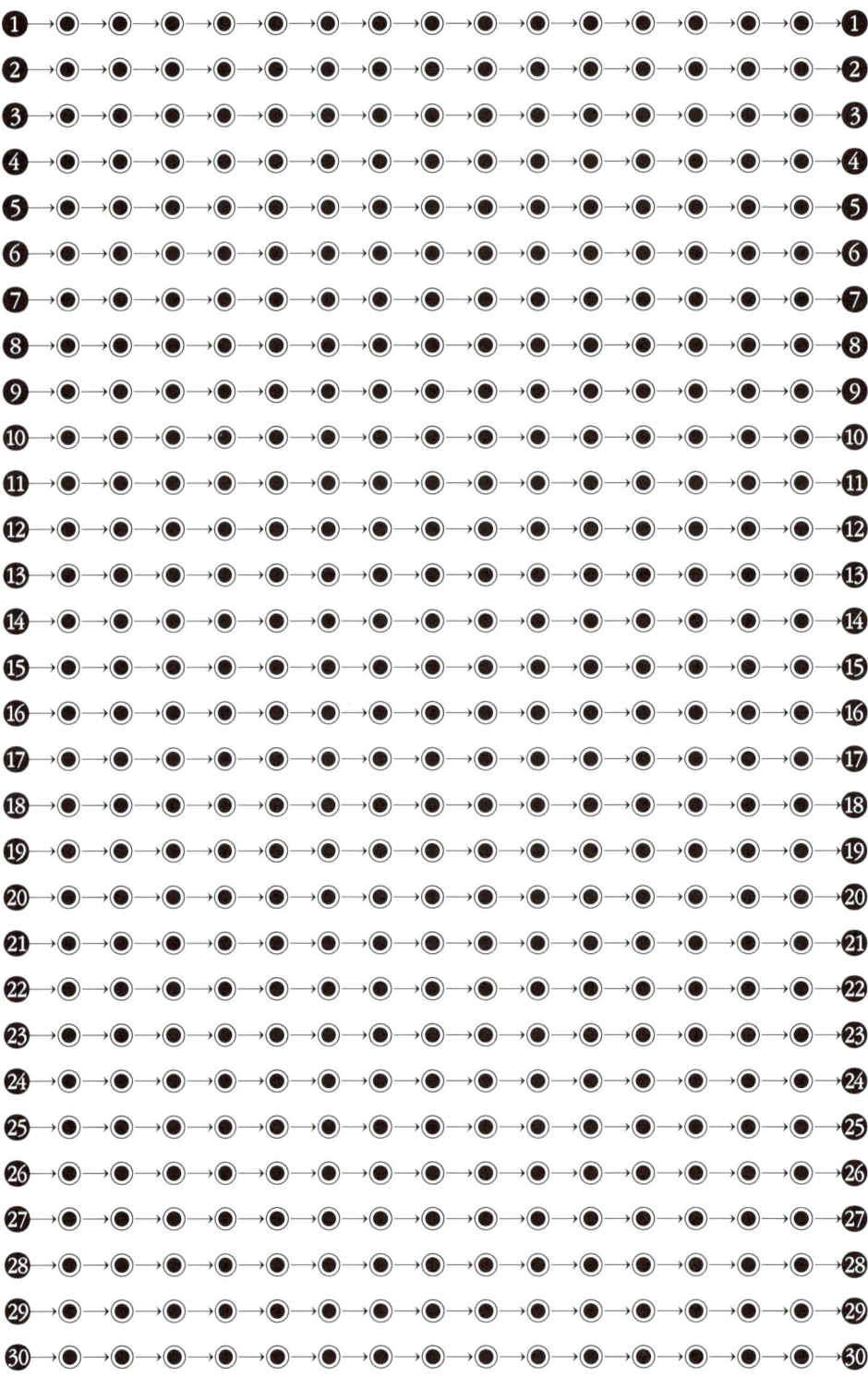

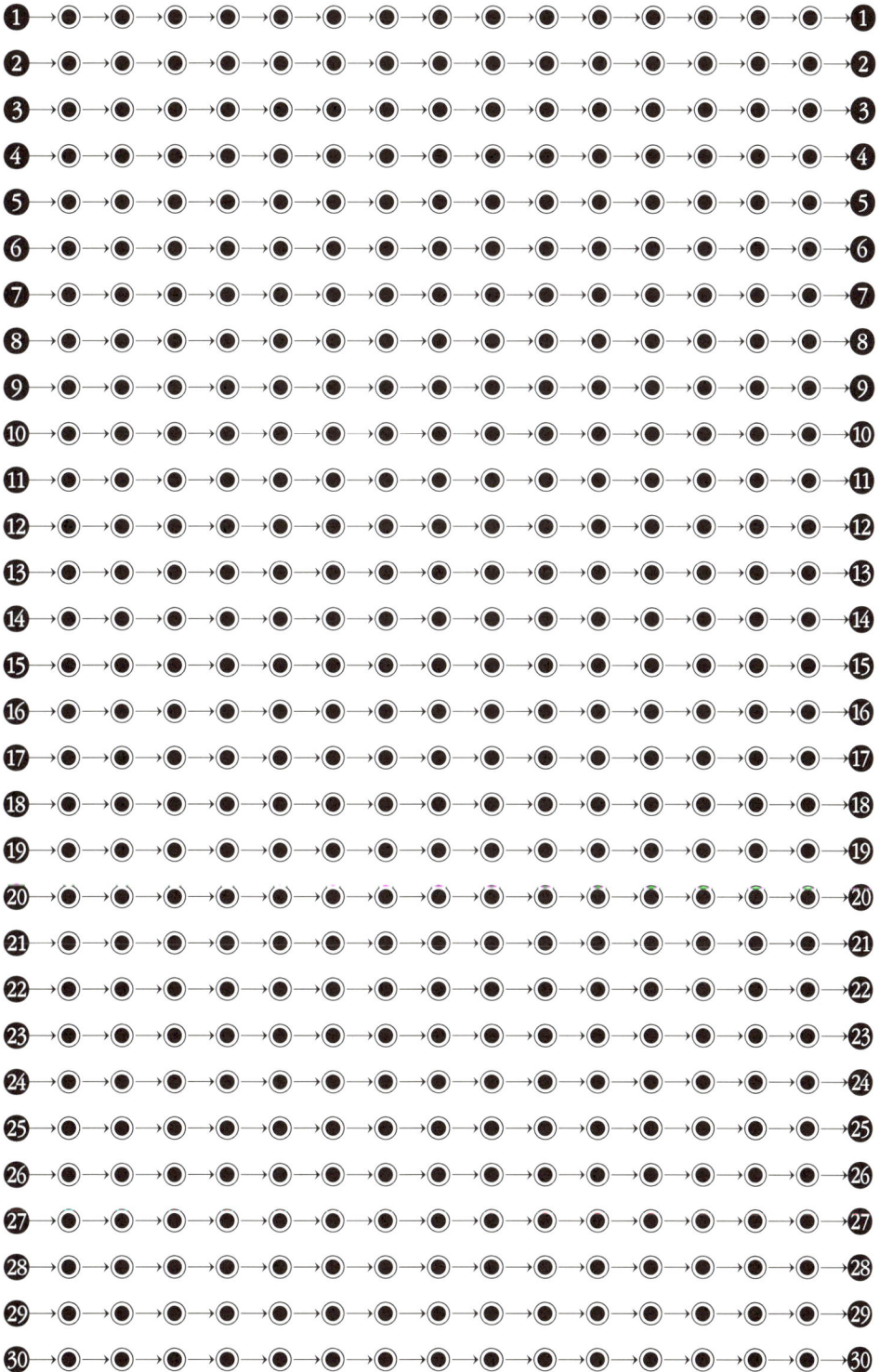

파동 속독을 위한 심상 훈련 쉬트(고급용)

부록 2

요한복음

성경을 읽기 전에 - (내 마음속에 나는 책을 이렇게 읽는다고 의식화해야 합니다)

1. 반드시 좌에서 우로 읽습니다.
2. 한줄 단위로 읽되, 숙달되면 절단위로, 문장단위로, 문단 단위로 한 번에 읽어 들입니다.
3. 물 흐르듯이 자연스럽게 줄이 이동되어야 하고 완벽하게 읽고 100% 이해해야 합니다.
4. 이미 읽은 것은 내 머릿속에 저장되어 있습니다.
실마리(인출단서)만 제공하면 언제든지 끄집어(기억)낼 수 있다는 자신감을 가져야 합니다.

요한복음 1장

1 태초에 말씀이 계시니라 이 말씀이 하나님과 함께 계셨으니 이 말씀은 곧 하나님이시니라

2 그가 태초에 하나님과 함께 계셨고

3 만물이 그로 말미암아 지은 바 되었으니 지은 것이 하나도 그가 없이는 된 것이 없느니라

4 그 안에 생명이 있었으니 이 생명은 사람들의 빛이라

5 빛이 어둠에 비치되 어둠이 깨닫지 못하더라

6 하나님께로부터 보내심을 받은 사람이 있으니 그의 이름은 요한이라

7 그가 증언하러 왔으니 곧 빛에 대하여 증언하고 모든 사람이 자기로 말미암아 믿게 하려 함이라

8 그는 이 빛이 아니요 이 빛에 대하여 증언하러 온 자라

9 참 빛 곧 세상에 와서 각 사람에게 비추는 빛이 있었나니

10 그가 세상에 계셨으며 세상은 그로 말미암아 지은 바 되었으되 세상이 그를 알지 못하였고

11 자기 땅에 오매 자기 백성이 영접하지 아니하였으나

12 영접하는 자 곧 그 이름을 믿는 자들에게는 하나님의 자녀가 되는 권세를 주셨으니

13 이는 혈통으로나 육정으로나 사람의 뜻으로 나지 아니하고 오직 하나님께로부터 난 자들이니라

14 말씀이 육신이 되어 우리 가운데 거하시매 우리가 그의 영광을 보니 아버지의 독생자의 영광이요 은혜와 진리가 충만하더라

15 요한이 그에 대하여 증언하여 외쳐 이르되 내가 전에 말하기를 내 뒤에 오시는 이가 나보다 앞선 것은 나보다 먼저 계심이라 한 것이 이 사람을 가리킴이라 하니라

16 우리가 다 그의 충만한 데서 받으니 은혜 위에 은혜러라

17 율법은 모세로 말미암아 주어진 것이요 은혜와 진리는 예수 그리스도로 말미암아 온 것이라

18 본래 하나님을 본 사람이 없으되 아버지 품 속에 있는 독생하신 하나님이 나타내셨느니라

19 유대인들이 예루살렘에서 제사장들과 레위인들을 요한에게 보내어 네가 누구냐 물을 때에 요한의 증언이 이러하니라

20 요한이 드러내어 말하고 숨기지 아니하니 드러내어 하는 말이 나는 그리스도가 아니라 한대

21 또 묻되 그러면 누구냐 네가 엘리야냐 이르되 나는 아니라 또 묻되 네가 그 선지자냐 대답하되 아니라

22 또 말하되 누구냐 우리를 보낸 이들에게 대답하게 하라 너는 네게 대하여 무엇이라 하느냐

23 이르되 나는 선지자 이사야의 말과 같이 주의 길을 곧게 하라고 광야에서 외치는 자의 소리로라 하니라

24 그들은 바리새인들이 보낸 자라

25 또 물어 이르되 네가 만일 그리스도도 아니요 엘리야도 아니요 그 선지자도 아닐진대 어찌하여 세례를 베푸느냐

26 요한이 대답하되 나는 물로 세례를 베풀거니와 너희 가운데 너희가 알지 못하는 한 사람이 섰으니

27 곧 내 뒤에 오시는 그이라 나는 그의 신발끈을 풀기도 감당하지 못하겠노라 하더라

28 이 일은 요한이 세례 베풀던 곳 요단 강 건너편 베다니에서 일어난 일이니라

29 이튿날 요한이 예수께서 자기에게 나아오심을 보고 이르되 보라 세상 죄를 지고 가는 하나님의 어린 양이로다

30 내가 전에 말하기를 내 뒤에 오는 사람이 있는데 나보다 앞선 것은 그가 나보다 먼저 계심이라 한 것이 이 사람을 가리킴이라

31 나도 그를 알지 못하였으나 내가 와서 물로 세례를 베푸는 것은 그를 이스라엘에 나타내려 함이라 하니라

32 요한이 또 증언하여 이르되 내가 보매 성령이 비둘기 같이 하늘로부터 내려와서 그의 위에 머물렀더라

33 나도 그를 알지 못하였으나 나를 보내어 물로 세례를 베풀라 하신 그이가 나에게 말씀하시되 성령이 내려서 누구 위에든지 머무는 것을 보거든 그가 곧 성령으로 세례를 베푸는 이인 줄 알라 하셨기에

34 내가 보고 그가 하나님의 아들이심을 증언하였노라 하니라

35 또 이튿날 요한이 자기 제자 중 두 사람과 함께 섰다가

36 예수께서 거니심을 보고 말하되 보라 하나님의 어린 양이로다

37 두 제자가 그의 말을 듣고 예수를 따르거늘

38 예수께서 돌이켜 그 따르는 것을 보시고 물어 이르시되 무엇을 구하느냐 이르되 랍비여 어디 계시오니이까 하니 (랍비는 번역하면 선생이라)

39 예수께서 이르시되 와서 보라 그러므로 그들이 가서 계신 데를 보고 그 날 함께 거하니 때가 열 시쯤 되었더라

40 요한의 말을 듣고 예수를 따르는 두 사람 중의 하나는 시몬 베드로의 형제 안드레라

41 그가 먼저 자기의 형제 시몬을 찾아 말하되 우리가 메시야를 만났다 하고 (메시야는 번역하면 그리스도라)

42 데리고 예수께로 오니 예수께서 보시고 이르시되 네가 요한의 아들 시몬이니 장차 게바라 하리라 하시니라 (게바는 번역하면 베드로라)

43 이튿날 예수께서 갈릴리로 나가려 하시다가 빌립을 만나 이르시되 나를 따르라 하시니

44 빌립은 안드레와 베드로와 한 동네 벳새다 사람이라

45 빌립이 나다나엘을 찾아 이르되 모세가 율법에 기록하였고 여러 선지자가 기록한 그이를 우리가 만났으니 요셉의 아들 나사렛 예수니라

46 나다나엘이 이르되 나사렛에서 무슨 선한 것이 날 수 있느냐 빌립이 이르되 와서 보라 하니라

47 예수께서 나다나엘이 자기에게 오는 것을 보시고 그를 가리켜 이르시되 보라 이는 참으로 이스라엘 사람이라 그 속에 간사한 것이 없도다

48 나다나엘이 이르되 어떻게 나를 아시나이까 예수께서 대답하여 이르시되 빌립이 너를 부르기 전에 네가 무화과나무 아래에 있을 때에 보았노라

49 나다나엘이 대답하되 랍비여 당신은 하나님의 아들이시요 당신은 이스라엘의 임금이로소이다

50 예수께서 대답하여 이르시되 내가 너를 무화과나무 아래에서 보았다 하므로 믿느냐 이보다 더 큰 일을 보리라

51 또 이르시되 진실로 진실로 너희에게 이르노니 하늘이 열리고 하나님의 사자들이 인자 위에 오르락 내리락 하는 것을 보리라 하시니라

요한복음 2장

1 사흘째 되던 날 갈릴리 가나에 혼례가 있어 예수의 어머니도 거기 계시고

2 예수와 그 제자들도 혼례에 청함을 받았더니

3 포도주가 떨어진지라 예수의 어머니가 예수에게 이르되 저들에게 포도주가 없다 하니

4 예수께서 이르시되 여자여 나와 무슨 상관이 있나이까 내 때가 아직 이르지 아니하였나이다

5 그의 어머니가 하인들에게 이르되 너희에게 무슨 말씀을 하시든지 그대로 하라 하니라

6 거기에 유대인의 정결 예식을 따라 두세 통 드는 돌항아리 여섯이 놓였는지라

7 예수께서 그들에게 이르시되 항아리에 물을 채우라 하신즉 아귀까지 채우니

8 이제는 떠서 연회장에게 갖다 주라 하시매 갖다 주었더니

9 연회장은 물로 된 포도주를 맛보고도 어디서 났는지 알지 못하되 물 떠온 하인들은 알더라 연회장이 신랑을 불러

10 말하되 사람마다 먼저 좋은 포도주를 내고 취한 후에 낮은 것을 내거늘 그대는 지금까지 좋은 포도주를 두었도다 하니라

11 예수께서 이 첫 표적을 갈릴리 가나에서 행하여 그의 영광을 나타내시매 제자들이 그를 믿으니라

12 그 후에 예수께서 그 어머니와 형제들과 제자들과 함께 가버나움으로 내려가셨으나 거기에 여러 날 계시지는 아니하시니라

13 유대인의 유월절이 가까운지라 예수께서 예루살렘으로 올라가셨더니

14 성전 안에서 소와 양과 비둘기 파는 사람들과 돈 바꾸는 사람들이 앉아 있는 것을 보시고

15 노끈으로 채찍을 만드사 양이나 소를 다 성전에서 내쫓으시고 돈 바꾸는 사람들의 돈을 쏟으시며 상을 엎으시고

16 비둘기 파는 사람들에게 이르시되 이것을 여기서 가져가라 내 아버지의 집으로 장사하는 집을 만들지 말라 하시니

17 제자들이 성경 말씀에 주의 전을 사모하는 열심이 나를 삼키리라 한 것을 기억하더라

18 이에 유대인들이 대답하여 예수께 말하기를 네가 이런 일을 행하니 무슨 표적을 우리에게 보이겠느냐

19 예수께서 대답하여 이르시되 너희가 이 성전을 헐라 내가 사흘 동안에 일으키리라

20 유대인들이 이르되 이 성전은 사십육 년 동안에 지었거늘 네가 삼 일 동안에 일으키겠느냐 하더라

21 그러나 예수는 성전된 자기 육체를 가리켜 말씀하신 것이라

22 죽은 자 가운데서 살아나신 후에야 제자들이 이 말씀하신 것을 기억하고 성경과 예수께서 하신 말씀을 믿었더라

23 유월절에 예수께서 예루살렘에 계시니 많은 사람이 그의 행하시는 표적을 보고 그의 이름을 믿었으나

24 예수는 그의 몸을 그들에게 의탁하지 아니하셨으니 이는 친히 모든 사람을 아심이요

25 또 사람에 대하여 누구의 증언도 받으실 필요가 없었으니 이는 그가 친히 사람의 속에 있는 것을 아셨음이니라

요한복음 3장

1 그런데 바리새인 중에 니고데모라 하는 사람이 있으니 유대인의 지도자라

2 그가 밤에 예수께 와서 이르되 랍비여 우리가 당신은 하나님께로부터 오신 선생

인 줄 아나이다 하나님이 함께 하시지 아니하시면 당신이 행하시는 이 표적을 아무도 할 수 없음이니이다

3 예수께서 대답하여 이르시되 진실로 진실로 네게 이르노니 사람이 거듭나지 아니하면 하나님의 나라를 볼 수 없느니라

4 니고데모가 이르되 사람이 늙으면 어떻게 날 수 있사옵나이까 두 번째 모태에 들어갔다가 날 수 있사옵나이까

5 예수께서 대답하시되 진실로 진실로 네게 이르노니 사람이 물과 성령으로 나지 아니하면 하나님의 나라에 들어갈 수 없느니라

6 육으로 난 것은 육이요 영으로 난 것은 영이니

7 내가 네게 거듭나야 하겠다 하는 말을 놀랍게 여기지 말라

8 바람이 임의로 불매 네가 그 소리는 들어도 어디서 와서 어디로 가는지 알지 못하나니 성령으로 난 사람도 다 그러하니라

9 니고데모가 대답하여 이르되 어찌 그러한 일이 있을 수 있나이까

10 예수께서 그에게 대답하여 이르시되 너는 이스라엘의 선생으로서 이러한 것들을 알지 못하느냐

11 진실로 진실로 네게 이르노니 우리는 아는 것을 말하고 본 것을 증언하노라 그러나 너희가 우리의 증언을 받지 아니하는도다

12 내가 땅의 일을 말하여도 너희가 믿지 아니하거든 하물며 하늘의 일을 말하면 어떻게 믿겠느냐

13 하늘에서 내려온 자 곧 인자 외에는 하늘에 올라간 자가 없느니라

14 모세가 광야에서 뱀을 든 것 같이 인자도 들려야 하리니

15 이는 그를 믿는 자마다 영생을 얻게 하려 하심이니라

16 하나님이 세상을 이처럼 사랑하사 독생자를 주셨으니 이는 그를 믿는 자마다 멸망하지 않고 영생을 얻게 하려 하심이라

17 하나님이 그 아들을 세상에 보내신 것은 세상을 심판하려 하심이 아니요 그로 말미암아 세상이 구원을 받게 하려 하심이라

18 그를 믿는 자는 심판을 받지 아니하는 것이요 믿지 아니하는 자는 하나님의 독생자의 이름을 믿지 아니하므로 벌써 심판을 받은 것이니라

19 그 정죄는 이것이니 곧 빛이 세상에 왔으되 사람들이 자기 행위가 악하므로 빛보다 어둠을 더 사랑한 것이니라

20 악을 행하는 자마다 빛을 미워하여 빛으로 오지 아니하나니 이는 그 행위가 드러날까 함이요

21 진리를 따르는 자는 빛으로 오나니 이는 그 행위가 하나님 안에서 행한 것임을 나타내려 함이라 하시니라

22 그 후에 예수께서 제자들과 유대 땅으로 가서 거기 함께 유하시며 세례를 베푸시더라

23 요한도 살렘 가까운 애논에서 세례를 베푸니 거기 물이 많음이라 그러므로 사람들이 와서 세례를 받더라

24 요한이 아직 옥에 갇히지 아니하였더라

25 이에 요한의 제자 중에서 한 유대인과 더불어 정결예식에 대하여 변론이 되었더니

26 그들이 요한에게 가서 이르되 랍비여 선생님과 함께 요단 강 저편에 있던 이 곧 선생님이 증언하시던 이가 세례를 베풀매 사람이 다 그에게로 가더이다

27 요한이 대답하여 이르되 만일 하늘에서 주신 바 아니면 사람이 아무 것도 받을 수 없느니라

28 내가 말한 바 나는 그리스도가 아니요 그의 앞에 보내심을 받은 자라고 한 것을 증언할 자는 너희니라

29 신부를 취하는 자는 신랑이나 서서 신랑의 음성을 듣는 친구가 크게 기뻐하나니 나는 이러한 기쁨으로 충만하였노라

30 그는 흥하여야 하겠고 나는 쇠하여야 하리라 하니라

31 위로부터 오시는 이는 만물 위에 계시고 땅에서 난 이는 땅에 속하여 땅에 속한 것을 말하느니라 하늘로부터 오시는 이는 만물 위에 계시나니

32 그가 친히 보고 들은 것을 증언하되 그의 증언을 받는 자가 없도다

33 그의 증언을 받는 자는 하나님이 참되시다는 것을 인쳤느니라

34 하나님이 보내신 이는 하나님의 말씀을 하나니 이는 하나님이 성령을 한량 없이 주심이니라

35 아버지께서 아들을 사랑하사 만물을 다 그의 손에 주셨으니
36 아들을 믿는 자에게는 영생이 있고 아들에게 순종하지 아니하는 자는 영생을 보지 못하고 도리어 하나님의 진노가 그 위에 머물러 있느니라

요한복음 4장

1 예수께서 제자를 삼고 세례를 베푸시는 것이 요한보다 많다 하는 말을 바리새인들이 들은 줄을 주께서 아신지라
2 (예수께서 친히 세례를 베푸신 것이 아니요 제자들이 베푼 것이라)
3 유대를 떠나사 다시 갈릴리로 가실새
4 사마리아를 통과하여야 하겠는지라
5 사마리아에 있는 수가라 하는 동네에 이르시니 야곱이 그 아들 요셉에게 준 땅이 가깝고
6 거기 또 야곱의 우물이 있더라 예수께서 길 가시다가 피곤하여 우물 곁에 그대로 앉으시니 때가 여섯 시쯤 되었더라
7 사마리아 여자 한 사람이 물을 길으러 왔으매 예수께서 물을 좀 달라 하시니
8 이는 제자들이 먹을 것을 사러 그 동네에 들어갔음이러라
9 사마리아 여자가 이르되 당신은 유대인으로서 어찌하여 사마리아 여자인 나에게 물을 달라 하나이까 하니 이는 유대인이 사마리아인과 상종하지 아니함이러라
10 예수께서 대답하여 이르시되 네가 만일 하나님의 선물과 또 네게 물 좀 달라 하는 이가 누구인 줄 알았더라면 네가 그에게 구하였을 것이요 그가 생수를 네게 주었으리라
11 여자가 이르되 주여 물 길을 그릇도 없고 이 우물은 깊은데 어디서 당신이 그 생수를 얻겠사옵나이까
12 우리 조상 야곱이 이 우물을 우리에게 주셨고 또 여기서 자기와 자기 아들들과 짐승이 다 마셨는데 당신이 야곱보다 더 크니이까
13 예수께서 대답하여 이르시되 이 물을 마시는 자마다 다시 목마르려니와
14 내가 주는 물을 마시는 자는 영원히 목마르지 아니하리니 내가 주는 물은 그 속에서 영생하도록 솟아나는 샘물이 되리라

15 여자가 이르되 주여 그런 물을 내게 주사 목마르지도 않고 또 여기 물 길으러 오지도 않게 하옵소서
16 이르시되 가서 네 남편을 불러 오라
17 여자가 대답하여 이르되 나는 남편이 없나이다 예수께서 이르시되 네가 남편이 없다 하는 말이 옳도다
18 너에게 남편 다섯이 있었고 지금 있는 자도 네 남편이 아니니 네 말이 참되도다
19 여자가 이르되 주여 내가 보니 선지자로소이다
20 우리 조상들은 이 산에서 예배하였는데 당신들의 말은 예배할 곳이 예루살렘에 있다 하더이다
21 예수께서 이르시되 여자여 내 말을 믿으라 이 산에서도 말고 예루살렘에서도 말고 너희가 아버지께 예배할 때가 이르리라
22 너희는 알지 못하는 것을 예배하고 우리는 아는 것을 예배하노니 이는 구원이 유대인에게서 남이라
23 아버지께 참되게 예배하는 자들은 영과 진리로 예배할 때가 오나니 곧 이 때라 아버지께서는 자기에게 이렇게 예배하는 자들을 찾으시느니라
24 하나님은 영이시니 예배하는 자가 영과 진리로 예배할지니라
25 여자가 이르되 메시야 곧 그리스도라 하는 이가 오실 줄을 내가 아노니 그가 오시면 모든 것을 우리에게 알려 주시리이다
26 예수께서 이르시되 네게 말하는 내가 그라 하시니라
27 이 때에 제자들이 돌아와서 예수께서 여자와 말씀하시는 것을 이상히 여겼으나 무엇을 구하시나이까 어찌하여 그와 말씀하시나이까 묻는 자가 없더라
28 여자가 물동이를 버려 두고 동네로 들어가서 사람들에게 이르되
29 내가 행한 모든 일을 내게 말한 사람을 와서 보라 이는 그리스도가 아니냐 하니
30 그들이 동네에서 나와 예수께로 오더라
31 그 사이에 제자들이 청하여 이르되 랍비여 잡수소서
32 이르시되 내게는 너희가 알지 못하는 먹을 양식이 있느니라
33 제자들이 서로 말하되 누가 잡수실 것을 갖다 드렸는가 하니
34 예수께서 이르시되 나의 양식은 나를 보내신 이의 뜻을 행하며 그의 일을 온전

히 이루는 이것이니라

35 너희는 넉 달이 지나야 추수할 때가 이르겠다 하지 아니하느냐 그러나 나는 너희에게 이르노니 너희 눈을 들어 밭을 보라 희어져 추수하게 되었도다

36 거두는 자가 이미 삯도 받고 영생에 이르는 열매를 모으나니 이는 뿌리는 자와 거두는 자가 함께 즐거워하게 하려 함이라

37 그런즉 한 사람이 심고 다른 사람이 거둔다 하는 말이 옳도다

38 내가 너희로 노력하지 아니한 것을 거두러 보내었노니 다른 사람들은 노력하였고 너희는 그들이 노력한 것에 참여하였느니라

39 여자의 말이 내가 행한 모든 것을 그가 내게 말하였다 증언하므로 그 동네 중에 많은 사마리아인이 예수를 믿는지라

40 사마리아인들이 예수께 와서 자기들과 함께 유하시기를 청하니 거기서 이틀을 유하시매

41 예수의 말씀으로 말미암아 믿는 자가 더욱 많아

42 그 여자에게 말하되 이제 우리가 믿는 것은 네 말로 인함이 아니니 이는 우리가 친히 듣고 그가 참으로 세상의 구주신 줄 앎이라 하였더라

43 이틀이 지나매 예수께서 거기를 떠나 갈릴리로 가시며

44 친히 증언하시기를 선지자가 고향에서는 높임을 받지 못한다 하시고

45 갈릴리에 이르시매 갈릴리인들이 그를 영접하니 이는 자기들도 명절에 갔다가 예수께서 명절중 예루살렘에서 하신 모든 일을 보았음이더라

46 예수께서 다시 갈릴리 가나에 이르시니 전에 물로 포도주를 만드신 곳이라 왕의 신하가 있어 그의 아들이 가버나움에서 병들었더니

47 그가 예수께서 유대로부터 갈릴리로 오셨다는 것을 듣고 가서 청하되 내려오셔서 내 아들의 병을 고쳐 주소서 하니 그가 거의 죽게 되었음이라

48 예수께서 이르시되 너희는 표적과 기사를 보지 못하면 도무지 믿지 아니하리라

49 신하가 이르되 주여 내 아이가 죽기 전에 내려오소서

50 예수께서 이르시되 가라 네 아들이 살아 있다 하시니 그 사람이 예수께서 하신 말씀을 믿고 가더니

51 내려가는 길에서 그 종들이 오다가 만나서 아이가 살아 있다 하거늘

52 그 낫기 시작한 때를 물은즉 어제 일곱 시에 열기가 떨어졌나이다 하는지라
53 그의 아버지가 예수께서 네 아들이 살아 있다 말씀하신 그 때인 줄 알고 자기와 그 온 집안이 다 믿으니라
54 이것은 예수께서 유대에서 갈릴리로 오신 후에 행하신 두 번째 표적이니라

요한복음 5장

1 그 후에 유대인의 명절이 되어 예수께서 예루살렘에 올라가시니라
2 예루살렘에 있는 양문 곁에 히브리 말로 베데스다 하는 못이 있는데 거기 행각 다섯이 있고
3 그 안에 많은 병자, 맹인, 다리 저는 사람, 혈기 마른 사람들이 누워 [물의 움직임을 기다리니
4 이는 천사가 가끔 못에 내려와 물을 움직이게 하는데 움직인 후에 먼저 들어가는 자는 어떤 병에 걸렸든지 낫게 됨이러라]
5 거기 서른여덟 해 된 병자가 있더라
6 예수께서 그 누운 것을 보시고 병이 벌써 오래된 줄 아시고 이르시되 네가 낫고자 하느냐
7 병자가 대답하되 주여 물이 움직일 때에 나를 못에 넣어 주는 사람이 없어 내가 가는 동안에 다른 사람이 먼저 내려가나이다
8 예수께서 이르시되 일어나 네 자리를 들고 걸어가라 하시니
9 그 사람이 곧 나아서 자리를 들고 걸어가니라 이 날은 안식일이니
10 유대인들이 병 나은 사람에게 이르되 안식일인데 네가 자리를 들고 가는 것이 옳지 아니하니라
11 대답하되 나를 낫게 한 그가 자리를 들고 걸어가라 하더라 하니
12 그들이 묻되 너에게 자리를 들고 걸어가라 한 사람이 누구냐 하되
13 고침을 받은 사람은 그가 누구인지 알지 못하니 이는 거기 사람이 많으므로 예수께서 이미 피하셨음이라
14 그 후에 예수께서 성전에서 그 사람을 만나 이르시되 보라 네가 나았으니 더 심한 것이 생기지 않게 다시는 죄를 범하지 말라 하시니

15 그 사람이 유대인들에게 가서 자기를 고친 이는 예수라 하니라
16 그러므로 안식일에 이러한 일을 행하신다 하여 유대인들이 예수를 박해하게 된지라
17 예수께서 그들에게 이르시되 내 아버지께서 이제까지 일하시니 나도 일한다 하시매
18 유대인들이 이로 말미암아 더욱 예수를 죽이고자 하니 이는 안식일을 범할 뿐만 아니라 하나님을 자기의 친 아버지라 하여 자기를 하나님과 동등으로 삼으심이러라
19 그러므로 예수께서 그들에게 이르시되 내가 진실로 진실로 너희에게 이르노니 아들이 아버지께서 하시는 일을 보지 않고는 아무 것도 스스로 할 수 없나니 아버지께서 행하시는 그것을 아들도 그와 같이 행하느니라
20 아버지께서 아들을 사랑하사 자기가 행하시는 것을 다 아들에게 보이시고 또 그보다 더 큰 일을 보이사 너희로 놀랍게 여기게 하시리라
21 아버지께서 죽은 자들을 일으켜 살리심 같이 아들도 자기가 원하는 자들을 살리느니라
22 아버지께서 아무도 심판하지 아니하시고 심판을 다 아들에게 맡기셨으니
23 이는 모든 사람으로 아버지를 공경하는 것 같이 아들을 공경하게 하려 하심이라 아들을 공경하지 아니하는 자는 그를 보내신 아버지도 공경하지 아니하느니라
24 내가 진실로 진실로 너희에게 이르노니 내 말을 듣고 또 나 보내신 이를 믿는 자는 영생을 얻었고 심판에 이르지 아니하나니 사망에서 생명으로 옮겼느니라
25 진실로 진실로 너희에게 이르노니 죽은 자들이 하나님의 아들의 음성을 들을 때가 오나니 곧 이 때라 듣는 자는 살아나리라
26 아버지께서 자기 속에 생명이 있음 같이 아들에게도 생명을 주어 그 속에 있게 하셨고
27 또 인자됨으로 말미암아 심판하는 권한을 주셨느니라
28 이를 놀랍게 여기지 말라 무덤 속에 있는 자가 다 그의 음성을 들을 때가 오나니
29 선한 일을 행한 자는 생명의 부활로, 악한 일을 행한 자는 심판의 부활로 나오리라

30 내가 아무 것도 스스로 할 수 없노라 듣는 대로 심판하노니 나는 나의 뜻대로 하려 하지 않고 나를 보내신 이의 뜻대로 하려 하므로 내 심판은 의로우니라
31 내가 만일 나를 위하여 증언하면 내 증언은 참되지 아니하되
32 나를 위하여 증언하시는 이가 따로 있으니 나를 위하여 증언하시는 그 증언이 참인 줄 아노라
33 너희가 요한에게 사람을 보내매 요한이 진리에 대하여 증언하였느니라
34 그러나 나는 사람에게서 증언을 취하지 아니하노라 다만 이 말을 하는 것은 너희로 구원을 받게 하려 함이니라
35 요한은 켜서 비추이는 등불이라 너희가 한때 그 빛에 즐거이 있기를 원하였거니와
36 내게는 요한의 증거보다 더 큰 증거가 있으니 아버지께서 내게 주사 이루게 하시는 역사 곧 내가 하는 그 역사가 아버지께서 나를 보내신 것을 나를 위하여 증언하는 것이요
37 또한 나를 보내신 아버지께서 친히 나를 위하여 증언하셨느니라 너희는 아무 때에도 그 음성을 듣지 못하였고 그 형상을 보지 못하였으며
38 그 말씀이 너희 속에 거하지 아니하니 이는 그가 보내신 이를 믿지 아니함이라
39 너희가 성경에서 영생을 얻는 줄 생각하고 성경을 연구하거니와 이 성경이 곧 내게 대하여 증언하는 것이니라
40 그러나 너희가 영생을 얻기 위하여 내게 오기를 원하지 아니하는도다
41 나는 사람에게서 영광을 취하지 아니하노라
42 다만 하나님을 사랑하는 것이 너희 속에 없음을 알았노라
43 나는 내 아버지의 이름으로 왔으매 너희가 영접하지 아니하나 만일 다른 사람이 자기 이름으로 오면 영접하리라
44 너희가 서로 영광을 취하고 유일하신 하나님께로부터 오는 영광은 구하지 아니하니 어찌 나를 믿을 수 있느냐
45 내가 너희를 아버지께 고발할까 생각하지 말라 너희를 고발하는 이가 있으니 곧 너희가 바라는 자 모세니라
46 모세를 믿었더라면 또 나를 믿었으리니 이는 그가 내게 대하여 기록하였음이라

47 그러나 그의 글도 믿지 아니하거든 어찌 내 말을 믿겠느냐 하시니라

요한복음 6장

1 그 후에 예수께서 디베랴의 갈릴리 바다 건너편으로 가시매

2 큰 무리가 따르니 이는 병자들에게 행하시는 표적을 보았음이러라

3 예수께서 산에 오르사 제자들과 함께 거기 앉으시니

4 마침 유대인의 명절인 유월절이 가까운지라

5 예수께서 눈을 들어 큰 무리가 자기에게로 오는 것을 보시고 빌립에게 이르시되 우리가 어디서 떡을 사서 이 사람들을 먹이겠느냐 하시니

6 이렇게 말씀하심은 친히 어떻게 하실지를 아시고 빌립을 시험하고자 하심이라

7 빌립이 대답하되 각 사람으로 조금씩 받게 할지라도 이백 데나리온의 떡이 부족하리이다

8 제자 중 하나 곧 시몬 베드로의 형제 안드레가 예수께 여짜오되

9 여기 한 아이가 있어 보리떡 다섯 개와 물고기 두 마리를 가지고 있나이다 그러나 그것이 이 많은 사람에게 얼마나 되겠사옵나이까

10 예수께서 이르시되 이 사람들로 앉게 하라 하시니 그 곳에 잔디가 많은지라 사람들이 앉으니 수가 오천 명쯤 되더라

11 예수께서 떡을 가져 축사하신 후에 앉아 있는 자들에게 나눠 주시고 물고기도 그렇게 그들의 원대로 주시니라

12 그들이 배부른 후에 예수께서 제자들에게 이르시되 남은 조각을 거두고 버리는 것이 없게 하라 하시므로

13 이에 거두니 보리떡 다섯 개로 먹고 남은 조각이 열두 바구니에 찼더라

14 그 사람들이 예수께서 행하신 이 표적을 보고 말하되 이는 참으로 세상에 오실 그 선지자라 하더라

15 그러므로 예수께서 그들이 와서 자기를 억지로 붙들어 임금으로 삼으려는 줄 아시고 다시 혼자 산으로 떠나 가시니라

16 저물매 제자들이 바다에 내려가서

17 배를 타고 바다를 건너 가버나움으로 가는데 이미 어두웠고 예수는 아직 그들에

게 오시지 아니하셨더니

18 큰 바람이 불어 파도가 일어나더라

19 제자들이 노를 저어 십여 리쯤 가다가 예수께서 바다 위로 걸어 배에 가까이 오심을 보고 두려워하거늘

20 이르시되 내니 두려워하지 말라 하신대

21 이에 기뻐서 배로 영접하니 배는 곧 그들이 가려던 땅에 이르렀더라

22 이튿날 바다 건너편에 서 있던 무리가 배 한 척 외에 다른 배가 거기 없는 것과 또 어제 예수께서 제자들과 함께 그 배에 오르지 아니하시고 제자들만 가는 것을 보았더니

23 (그러나 디베랴에서 배들이 주께서 축사하신 후 여럿이 떡 먹던 그 곳에 가까이 왔더라)

24 무리가 거기에 예수도 안 계시고 제자들도 없음을 보고 곧 배들을 타고 예수를 찾으러 가버나움으로 가서

25 바다 건너편에서 만나 랍비여 언제 여기 오셨나이까 하니

26 예수께서 대답하여 이르시되 내가 진실로 진실로 너희에게 이르노니 너희가 나를 찾는 것은 표적을 본 까닭이 아니요 떡을 먹고 배부른 까닭이로다

27 썩을 양식을 위하여 일하지 말고 영생하도록 있는 양식을 위하여 하라 이 양식은 인자가 너희에게 주리니 인자는 아버지 하나님께서 인치신 자니라

28 그들이 묻되 우리가 어떻게 하여야 하나님의 일을 하오리이까

29 예수께서 대답하여 이르시되 하나님께서 보내신 이를 믿는 것이 하나님의 일이니라 하시니

30 그들이 묻되 그러면 우리가 보고 당신을 믿도록 행하시는 표적이 무엇이니이까, 하시는 일이 무엇이니이까

31 기록된 바 하늘에서 그들에게 떡을 주어 먹게 하였다 함과 같이 우리 조상들은 광야에서 만나를 먹었나이다

32 예수께서 이르시되 내가 진실로 진실로 너희에게 이르노니 모세가 너희에게 하늘로부터 떡을 준 것이 아니라 내 아버지께서 너희에게 하늘로부터 참 떡을 주시나니

33 하나님의 떡은 하늘에서 내려 세상에 생명을 주는 것이니라

34 그들이 이르되 주여 이 떡을 항상 우리에게 주소서

35 예수께서 이르시되 나는 생명의 떡이니 내게 오는 자는 결코 주리지 아니할 터이요 나를 믿는 자는 영원히 목마르지 아니하리라

36 그러나 내가 너희에게 이르기를 너희는 나를 보고도 믿지 아니하는도다 하였느니라

37 아버지께서 내게 주시는 자는 다 내게로 올 것이요 내게 오는 자는 내가 결코 내쫓지 아니하리라

38 내가 하늘에서 내려온 것은 내 뜻을 행하려 함이 아니요 나를 보내신 이의 뜻을 행하려 함이니라

39 나를 보내신 이의 뜻은 내게 주신 자 중에 내가 하나도 잃어버리지 아니하고 마지막 날에 다시 살리는 이것이니라

40 내 아버지의 뜻은 아들을 보고 믿는 자마다 영생을 얻는 이것이니 마지막 날에 내가 이를 다시 살리리라 하시니라

41 자기가 하늘에서 내려온 떡이라 하시므로 유대인들이 예수에 대하여 수군거려

42 이르되 이는 요셉의 아들 예수가 아니냐 그 부모를 우리가 아는데 자기가 지금 어찌하여 하늘에서 내려왔다 하느냐

43 예수께서 대답하여 이르시되 너희는 서로 수군거리지 말라

44 나를 보내신 아버지께서 이끌지 아니하시면 아무도 내게 올 수 없으니 오는 그를 내가 마지막 날에 다시 살리리라

45 선지자의 글에 그들이 다 하나님의 가르치심을 받으리라 기록되었은즉 아버지께 듣고 배운 사람마다 내게로 오느니라

46 이는 아버지를 본 자가 있다는 것이 아니니라 오직 하나님에게서 온 자만 아버지를 보았느니라

47 진실로 진실로 너희에게 이르노니 믿는 자는 영생을 가졌나니

48 내가 곧 생명의 떡이니라

49 너희 조상들은 광야에서 만나를 먹었어도 죽었거니와

50 이는 하늘에서 내려오는 떡이니 사람으로 하여금 먹고 죽지 아니하게 하는 것이니라

51 나는 하늘에서 내려온 살아 있는 떡이니 사람이 이 떡을 먹으면 영생하리라 내가 줄 떡은 곧 세상의 생명을 위한 내 살이니라 하시니라
52 그러므로 유대인들이 서로 다투어 이르되 이 사람이 어찌 능히 자기 살을 우리에게 주어 먹게 하겠느냐
53 예수께서 이르시되 내가 진실로 진실로 너희에게 이르노니 인자의 살을 먹지 아니하고 인자의 피를 마시지 아니하면 너희 속에 생명이 없느니라
54 내 살을 먹고 내 피를 마시는 자는 영생을 가졌고 마지막 날에 내가 그를 다시 살리리니
55 내 살은 참된 양식이요 내 피는 참된 음료로다
56 내 살을 먹고 내 피를 마시는 자는 내 안에 거하고 나도 그의 안에 거하나니
57 살아 계신 아버지께서 나를 보내시매 내가 아버지로 말미암아 사는 것 같이 나를 먹는 그 사람도 나로 말미암아 살리라
58 이것은 하늘에서 내려온 떡이니 조상들이 먹고도 죽은 그것과 같지 아니하여 이 떡을 먹는 자는 영원히 살리라
59 이 말씀은 예수께서 가버나움 회당에서 가르치실 때에 하셨느니라
60 제자 중 여럿이 듣고 말하되 이 말씀은 어렵도다 누가 들을 수 있느냐 한대
61 예수께서 스스로 제자들이 이 말씀에 대하여 수군거리는 줄 아시고 이르시되 이 말이 너희에게 걸림이 되느냐
62 그러면 너희는 인자가 이전에 있던 곳으로 올라가는 것을 본다면 어떻게 하겠느냐
63 살리는 것은 영이니 육은 무익하니라 내가 너희에게 이른 말은 영이요 생명이라
64 그러나 너희 중에 믿지 아니하는 자들이 있느니라 하시니 이는 예수께서 믿지 아니하는 자들이 누구며 자기를 팔 자가 누구인지 처음부터 아심이러라
65 또 이르시되 그러므로 전에 너희에게 말하기를 내 아버지께서 오게 하여 주지 아니하시면 누구든지 내게 올 수 없다 하였노라 하시니라
66 그 때부터 그의 제자 중에서 많은 사람이 떠나가고 다시 그와 함께 다니지 아니하더라
67 예수께서 열두 제자에게 이르시되 너희도 가려느냐

68 시몬 베드로가 대답하되 주여 영생의 말씀이 주께 있사오니 우리가 누구에게로 가오리이까

69 우리가 주는 하나님의 거룩하신 자이신 줄 믿고 알았사옵나이다

70 예수께서 대답하시되 내가 너희 열둘을 택하지 아니하였느냐 그러나 너희 중의 한 사람은 마귀니라 하시니

71 이 말씀은 가룟 시몬의 아들 유다를 가리키심이라 그는 열둘 중의 하나로 예수를 팔 자러라

요한복음 7장

1 그 후에 예수께서 갈릴리에서 다니시고 유대에서 다니려 아니하심은 유대인들이 죽이려 함이러라

2 유대인의 명절인 초막절이 가까운지라

3 그 형제들이 예수께 이르되 당신이 행하는 일을 제자들도 보게 여기를 떠나 유대로 가소서

4 스스로 나타나기를 구하면서 묻혀서 일하는 사람이 없나니 이 일을 행하려 하거든 자신을 세상에 나타내소서 하니

5 이는 그 형제들까지도 예수를 믿지 아니함이러라

6 예수께서 이르시되 내 때는 아직 이르지 아니하였거니와 너희 때는 늘 준비되어 있느니라

7 세상이 너희를 미워하지 아니하되 나를 미워하나니 이는 내가 세상의 일들을 악하다고 증언함이라

8 너희는 명절에 올라가라 내 때가 아직 차지 못하였으니 나는 이 명절에 아직 올라가지 아니하노라

9 이 말씀을 하시고 갈릴리에 머물러 계시니라

10 그 형제들이 명절에 올라간 후에 자기도 올라가시되 나타내지 않고 은밀히 가시니라

11 명절중에 유대인들이 예수를 찾으면서 그가 어디 있느냐 하고

12 예수에 대하여 무리 중에서 수군거림이 많아 어떤 사람은 좋은 사람이라 하며 어

떤 사람은 아니라 무리를 미혹한다 하나

13 그러나 유대인들을 두려워하므로 드러나게 그에 대하여 말하는 자가 없더라

14 이미 명절의 중간이 되어 예수께서 성전에 올라가사 가르치시니

15 유대인들이 놀랍게 여겨 이르되 이 사람은 배우지 아니하였거늘 어떻게 글을 아느냐 하니

16 예수께서 대답하여 이르시되 내 교훈은 내 것이 아니요 나를 보내신 이의 것이니라

17 사람이 하나님의 뜻을 행하려 하면 이 교훈이 하나님께로부터 왔는지 내가 스스로 말함인지 알리라

18 스스로 말하는 자는 자기 영광만 구하되 보내신 이의 영광을 구하는 자는 참되니 그 속에 불의가 없느니라

19 모세가 너희에게 율법을 주지 아니하였느냐 너희 중에 율법을 지키는 자가 없도다 너희가 어찌하여 나를 죽이려 하느냐

20 무리가 대답하되 당신은 귀신이 들렸도다 누가 당신을 죽이려 하나이까

21 예수께서 대답하여 이르시되 내가 한 가지 일을 행하매 너희가 다 이로 말미암아 이상히 여기는도다

22 모세가 너희에게 할례를 행했으니 (그러나 할례는 모세에게서 난 것이 아니요 조상들에게서 난 것이라) 그러므로 너희가 안식일에도 사람에게 할례를 행하느니라

23 모세의 율법을 범하지 아니하려고 사람이 안식일에도 할례를 받는 일이 있거든 내가 안식일에 사람의 전신을 건전하게 한 것으로 너희가 내게 노여워하느냐

24 외모로 판단하지 말고 공의롭게 판단하라 하시니라

25 예루살렘 사람 중에서 어떤 사람이 말하되 이는 그들이 죽이고자 하는 그 사람이 아니냐

26 보라 드러나게 말하되 그들이 아무 말도 아니하는도다 당국자들은 이 사람을 참으로 그리스도인 줄 알았는가

27 그러나 우리는 이 사람이 어디서 왔는지 아노라 그리스도께서 오실 때에는 어디서 오시는지 아는 자가 없으리라 하는지라

28 예수께서 성전에서 가르치시며 외쳐 이르시되 너희가 나를 알고 내가 어디서 온

것도 알거니와 내가 스스로 온 것이 아니니라 나를 보내신 이는 참되시니 너희는 그를 알지 못하나

29 나는 아노니 이는 내가 그에게서 났고 그가 나를 보내셨음이라 하시니

30 그들이 예수를 잡고자 하나 손을 대는 자가 없으니 이는 그의 때가 아직 이르지 아니하였음이러라

31 무리 중의 많은 사람이 예수를 믿고 말하되 그리스도께서 오실지라도 그 행하실 표적이 이 사람이 행한 것보다 더 많으랴 하니

32 예수에 대하여 무리가 수군거리는 것이 바리새인들에게 들린지라 대제사장들과 바리새인들이 그를 잡으려고 아랫사람들을 보내니

33 예수께서 이르시되 내가 너희와 함께 조금 더 있다가 나를 보내신 이에게로 돌아가겠노라

34 너희가 나를 찾아도 만나지 못할 터이요 나 있는 곳에 오지도 못하리라 하시니

35 이에 유대인들이 서로 묻되 이 사람이 어디로 가기에 우리가 그를 만나지 못하리요 헬라인 중에 흩어져 사는 자들에게로 가서 헬라인을 가르칠 터인가

36 나를 찾아도 만나지 못할 터이요 나 있는 곳에 오지도 못하리라 한 이 말이 무슨 말이냐 하니라

37 명절 끝날 곧 큰 날에 예수께서 서서 외쳐 이르시되 누구든지 목마르거든 내게로 와서 마시라

38 나를 믿는 자는 성경에 이름과 같이 그 배에서 생수의 강이 흘러나오리라 하시니

39 이는 그를 믿는 자들이 받을 성령을 가리켜 말씀하신 것이라 (예수께서 아직 영광을 받지 않으셨으므로 성령이 아직 그들에게 계시지 아니하시더라)

40 이 말씀을 들은 무리 중에서 어떤 사람은 이 사람이 참으로 그 선지자라 하며

41 어떤 사람은 그리스도라 하며 어떤 이들은 그리스도가 어찌 갈릴리에서 나오겠느냐

42 성경에 이르기를 그리스도는 다윗의 씨로 또 다윗이 살던 마을 베들레헴에서 나오리라 하지 아니하였느냐 하며

43 예수로 말미암아 무리 중에서 쟁론이 되니

44 그 중에는 그를 잡고자 하는 자들도 있으나 손을 대는 자가 없었더라

45 아랫사람들이 대제사장들과 바리새인들에게로 오니 그들이 묻되 어찌하여 잡아 오지 아니하였느냐

46 아랫사람들이 대답하되 그 사람이 말하는 것처럼 말한 사람은 이 때까지 없었나이다 하니

47 바리새인들이 대답하되 너희도 미혹되었느냐

48 당국자들이나 바리새인 중에 그를 믿는 자가 있느냐

49 율법을 알지 못하는 이 무리는 저주를 받은 자로다

50 그 중의 한 사람 곧 전에 예수께 왔던 니고데모가 그들에게 말하되

51 우리 율법은 사람의 말을 듣고 그 행한 것을 알기 전에 심판하느냐

52 그들이 대답하여 이르되 너도 갈릴리에서 왔느냐 찾아 보라 갈릴리에서는 선지자가 나지 못하느니라 하였더라

53 다 각각 집으로 돌아가고

요한복음 8장

1 예수는 감람 산으로 가시니라

2 아침에 다시 성전으로 들어오시니 백성이 다 나아오는지라 앉으사 그들을 가르치시더니

3 서기관들과 바리새인들이 음행중에 잡힌 여자를 끌고 와서 가운데 세우고

4 예수께 말하되 선생이여 이 여자가 간음하다가 현장에서 잡혔나이다

5 모세는 율법에 이러한 여자를 돌로 치라 명하였거니와 선생은 어떻게 말하겠나이까

6 그들이 이렇게 말함은 고발할 조건을 얻고자 하여 예수를 시험함이라 예수께서 몸을 굽히사 손가락으로 땅에 쓰시니

7 그들이 묻기를 마지 아니하는지라 이에 일어나 이르시되 너희 중에 죄 없는 자가 먼저 돌로 치라 하시고

8 다시 몸을 굽혀 손가락으로 땅에 쓰시니

9 그들이 이 말씀을 듣고 양심에 가책을 느껴 어른으로 시작하여 젊은이까지 하나씩 하나씩 나가고 오직 예수와 그 가운데 섰는 여자만 남았더라

10 예수께서 일어나사 여자 외에 아무도 없는 것을 보시고 이르시되 여자여 너를 고발하던 그들이 어디 있느냐 너를 정죄한 자가 없느냐
11 대답하되 주여 없나이다 예수께서 이르시되 나도 너를 정죄하지 아니하노니 가서 다시는 죄를 범하지 말라 하시니라]
12 예수께서 또 말씀하여 이르시되 나는 세상의 빛이니 나를 따르는 자는 어둠에 다니지 아니하고 생명의 빛을 얻으리라
13 바리새인들이 이르되 네가 너를 위하여 증언하니 네 증언은 참되지 아니하도다
14 예수께서 대답하여 이르시되 내가 나를 위하여 증언하여도 내 증언이 참되니 나는 내가 어디서 오며 어디로 가는 것을 알거니와 너희는 내가 어디서 오며 어디로 가는 것을 알지 못하느니라
15 너희는 육체를 따라 판단하나 나는 아무도 판단하지 아니하노라
16 만일 내가 판단하여도 내 판단이 참되니 이는 내가 혼자 있는 것이 아니요 나를 보내신 이가 나와 함께 계심이라
17 너희 율법에도 두 사람의 증언이 참되다 기록되었으니
18 내가 나를 위하여 증언하는 자가 되고 나를 보내신 아버지도 나를 위하여 증언하시느니라
19 이에 그들이 묻되 네 아버지가 어디 있느냐 예수께서 대답하시되 너희는 나를 알지 못하고 내 아버지도 알지 못하는도다 나를 알았더라면 내 아버지도 알았으리라
20 이 말씀은 성전에서 가르치실 때에 헌금함 앞에서 하셨으나 잡는 사람이 없으니 이는 그의 때가 아직 이르지 아니하였음이러라
21 다시 이르시되 내가 가리니 너희가 나를 찾다가 너희 죄 가운데서 죽겠고 내가 가는 곳에는 너희가 오지 못하리라
22 유대인들이 이르되 그가 말하기를 내가 가는 곳에는 너희가 오지 못하리라 하니 그가 자결하려는가
23 예수께서 이르시되 너희는 아래에서 났고 나는 위에서 났으며 너희는 이 세상에 속하였고 나는 이 세상에 속하지 아니하였느니라
24 그러므로 내가 너희에게 말하기를 너희가 너희 죄 가운데서 죽으리라 하였노라

너희가 만일 내가 그인 줄 믿지 아니하면 너희 죄 가운데서 죽으리라

25 그들이 말하되 네가 누구냐 예수께서 이르시되 나는 처음부터 너희에게 말하여 온 자니라

26 내가 너희에게 대하여 말하고 판단할 것이 많으나 나를 보내신 이가 참되시매 내가 그에게 들은 그것을 세상에 말하노라 하시되

27 그들은 아버지를 가리켜 말씀하신 줄을 깨닫지 못하더라

28 이에 예수께서 이르시되 너희가 인자를 든 후에 내가 그인 줄을 알고 또 내가 스스로 아무 것도 하지 아니하고 오직 아버지께서 가르치신 대로 이런 것을 말하는 줄도 알리라

29 나를 보내신 이가 나와 함께 하시도다 나는 항상 그가 기뻐하시는 일을 행하므로 나를 혼자 두지 아니하셨느니라

30 이 말씀을 하시매 많은 사람이 믿더라

31 그러므로 예수께서 자기를 믿은 유대인들에게 이르시되 너희가 내 말에 거하면 참으로 내 제자가 되고

32 진리를 알지니 진리가 너희를 자유롭게 하리라

33 그들이 대답하되 우리가 아브라함의 자손이라 남의 종이 된 적이 없거늘 어찌하여 우리가 자유롭게 되리라 하느냐

34 예수께서 대답하시되 진실로 진실로 너희에게 이르노니 죄를 범하는 자마다 죄의 종이라

35 종은 영원히 집에 거하지 못하되 아들은 영원히 거하나니

36 그러므로 아들이 너희를 자유롭게 하면 너희가 참으로 자유로우리라

37 나도 너희가 아브라함의 자손인 줄 아노라 그러나 내 말이 너희 안에 있을 곳이 없으므로 나를 죽이려 하는도다

38 나는 내 아버지에게서 본 것을 말하고 너희는 너희 아비에게서 들은 것을 행하느니라

39 대답하여 이르되 우리 아버지는 아브라함이라 하니 예수께서 이르시되 너희가 아브라함의 자손이면 아브라함이 행한 일들을 할 것이거늘

40 지금 하나님께 들은 진리를 너희에게 말한 사람인 나를 죽이려 하는도다 아브라

함은 이렇게 하지 아니하였느니라

41 너희는 너희 아비가 행한 일들을 하는도다 대답하되 우리가 음란한 데서 나지 아니하였고 아버지는 한 분뿐이시니 곧 하나님이시로다

42 예수께서 이르시되 하나님이 너희 아버지였으면 너희가 나를 사랑하였으리니 이는 내가 하나님께로부터 나와서 왔음이라 나는 스스로 온 것이 아니요 아버지께서 나를 보내신 것이니라

43 어찌하여 내 말을 깨닫지 못하느냐 이는 내 말을 들을 줄 알지 못함이로다

44 너희는 너희 아비 마귀에게서 났으니 너희 아비의 욕심대로 너희도 행하고자 하느니라 그는 처음부터 살인한 자요 진리가 그 속에 없으므로 진리에 서지 못하고 거짓을 말할 때마다 제 것으로 말하나니 이는 그가 거짓말쟁이요 거짓의 아비가 되었음이라

45 내가 진리를 말하므로 너희가 나를 믿지 아니하는도다

46 너희 중에 누가 나를 죄로 책잡겠느냐 내가 진리를 말하는데도 어찌하여 나를 믿지 아니하느냐

47 하나님께 속한 자는 하나님의 말씀을 듣나니 너희가 듣지 아니함은 하나님께 속하지 아니하였음이로다

48 유대인들이 대답하여 이르되 우리가 너를 사마리아 사람이라 또는 귀신이 들렸다 하는 말이 옳지 아니하냐

49 예수께서 대답하시되 나는 귀신 들린 것이 아니라 오직 내 아버지를 공경함이거늘 너희가 나를 무시하는도다

50 나는 내 영광을 구하지 아니하나 구하고 판단하시는 이가 계시니라

51 진실로 진실로 너희에게 이르노니 사람이 내 말을 지키면 영원히 죽음을 보지 아니하리라

52 유대인들이 이르되 지금 네가 귀신 들린 줄을 아노라 아브라함과 선지자들도 죽었거늘 네 말은 사람이 내 말을 지키면 영원히 죽음을 맛보지 아니하리라 하니

53 너는 이미 죽은 우리 조상 아브라함보다 크냐 또 선지자들도 죽었거늘 너는 너를 누구라 하느냐

54 예수께서 대답하시되 내가 내게 영광을 돌리면 내 영광이 아무 것도 아니거니와

내게 영광을 돌리시는 이는 내 아버지시니 곧 너희가 너희 하나님이라 칭하는 그이시라

55 너희는 그를 알지 못하되 나는 아노니 만일 내가 알지 못한다 하면 나도 너희 같이 거짓말쟁이가 되리라 나는 그를 알고 또 그의 말씀을 지키노라

56 너희 조상 아브라함은 나의 때 볼 것을 즐거워하다가 보고 기뻐하였느니라

57 유대인들이 이르되 네가 아직 오십 세도 못되었는데 아브라함을 보았느냐

58 예수께서 이르시되 진실로 진실로 너희에게 이르노니 아브라함이 나기 전부터 내가 있느니라 하시니

59 그들이 돌을 들어 치려 하거늘 예수께서 숨어 성전에서 나가시니라

요한복음 9장

1 예수께서 길을 가실 때에 날 때부터 맹인 된 사람을 보신지라

2 제자들이 물어 이르되 랍비여 이 사람이 맹인으로 난 것이 누구의 죄로 인함이니이까 자기니이까 그의 부모니이까

3 예수께서 대답하시되 이 사람이나 그 부모의 죄로 인한 것이 아니라 그에게서 하나님이 하시는 일을 나타내고자 하심이라

4 때가 아직 낮이매 나를 보내신 이의 일을 우리가 하여야 하리라 밤이 오리니 그 때는 아무도 일할 수 없느니라

5 내가 세상에 있는 동안에는 세상의 빛이로라

6 이 말씀을 하시고 땅에 침을 뱉어 진흙을 이겨 그의 눈에 바르시고

7 이르시되 실로암 못에 가서 씻으라 하시니 (실로암은 번역하면 보냄을 받았다는 뜻이라) 이에 가서 씻고 밝은 눈으로 왔더라

8 이웃 사람들과 전에 그가 걸인인 것을 보았던 사람들이 이르되 이는 앉아서 구걸하던 자가 아니냐

9 어떤 사람은 그 사람이라 하며 어떤 사람은 아니라 그와 비슷하다 하거늘 자기 말은 내가 그라 하니

10 그들이 묻되 그러면 네 눈이 어떻게 떠졌느냐

11 대답하되 예수라 하는 그 사람이 진흙을 이겨 내 눈에 바르고 나더러 실로암에

가서 씻으라 하기에 가서 씻었더니 보게 되었노라

12 그들이 이르되 그가 어디 있느냐 이르되 알지 못하노라 하니라

13 그들이 전에 맹인이었던 사람을 데리고 바리새인들에게 갔더라

14 예수께서 진흙을 이겨 눈을 뜨게 하신 날은 안식일이라

15 그러므로 바리새인들도 그가 어떻게 보게 되었는지를 물으니 이르되 그 사람이 진흙을 내 눈에 바르매 내가 씻고 보나이다 하니

16 바리새인 중에 어떤 사람은 말하되 이 사람이 안식일을 지키지 아니하니 하나님께로부터 온 자가 아니라 하며 어떤 사람은 말하되 죄인으로서 어떻게 이러한 표적을 행하겠느냐 하여 그들 중에 분쟁이 있었더니

17 이에 맹인되었던 자에게 다시 묻되 그 사람이 네 눈을 뜨게 하였으니 너는 그를 어떠한 사람이라 하느냐 대답하되 선지자니이다 하니

18 유대인들이 그가 맹인으로 있다가 보게 된 것을 믿지 아니하고 그 부모를 불러 묻되

19 이는 너희 말에 맹인으로 났다 하는 너희 아들이냐 그러면 지금은 어떻게 해서 보느냐

20 그 부모가 대답하여 이르되 이 사람이 우리 아들인 것과 맹인으로 난 것을 아나이다

21 그러나 지금 어떻게 해서 보는지 또는 누가 그 눈을 뜨게 하였는지 우리는 알지 못하나이다 그에게 물어 보소서 그가 장성하였으니 자기 일을 말하리이다

22 그 부모가 이렇게 말한 것은 이미 유대인들이 누구든지 예수를 그리스도로 시인하는 자는 출교하기로 결의하였으므로 그들을 무서워함이러라

23 이러므로 그 부모가 말하기를 그가 장성하였으니 그에게 물어 보소서 하였더라

24 이에 그들이 맹인이었던 사람을 두 번째 불러 이르되 너는 하나님께 영광을 돌리라 우리는 이 사람이 죄인인 줄 아노라

25 대답하되 그가 죄인인지 내가 알지 못하나 한 가지 아는 것은 내가 맹인으로 있다가 지금 보는 그것이니이다

26 그들이 이르되 그 사람이 네게 무엇을 하였느냐 어떻게 네 눈을 뜨게 하였느냐

27 대답하되 내가 이미 일렀어도 듣지 아니하고 어찌하여 다시 듣고자 하나이까 당

신들도 그의 제자가 되려 하나이까

28 그들이 욕하여 이르되 너는 그의 제자이나 우리는 모세의 제자라

29 하나님이 모세에게는 말씀하신 줄을 우리가 알거니와 이 사람은 어디서 왔는지 알지 못하노라

30 그 사람이 대답하여 이르되 이상하다 이 사람이 내 눈을 뜨게 하였으되 당신들은 그가 어디서 왔는지 알지 못하는도다

31 하나님이 죄인의 말을 듣지 아니하시고 경건하여 그의 뜻대로 행하는 자의 말은 들으시는 줄을 우리가 아나이다

32 창세 이후로 맹인으로 난 자의 눈을 뜨게 하였다 함을 듣지 못하였으니

33 이 사람이 하나님께로부터 오지 아니하였으면 아무 일도 할 수 없으리이다

34 그들이 대답하여 이르되 네가 온전히 죄 가운데서 나서 우리를 가르치느냐 하고 이에 쫓아내어 보내니라

35 예수께서 그들이 그 사람을 쫓아냈다 하는 말을 들으셨더니 그를 만나사 이르시되 네가 인자를 믿느냐

36 대답하여 이르되 주여 그가 누구시오니이까 내가 믿고자 하나이다

37 예수께서 이르시되 네가 그를 보았거니와 지금 너와 말하는 자가 그이니라

38 이르되 주여 내가 믿나이다 하고 절하는지라

39 예수께서 이르시되 내가 심판하러 이 세상에 왔으니 보지 못하는 자들은 보게 하고 보는 자들은 맹인이 되게 하려 함이라 하시니

40 바리새인 중에 예수와 함께 있던 자들이 이 말씀을 듣고 이르되 우리도 맹인인가

41 예수께서 이르시되 너희가 맹인이 되었더라면 죄가 없으려니와 본다고 하니 너희 죄가 그대로 있느니라

요한복음 10장

1 내가 진실로 진실로 너희에게 이르노니 문을 통하여 양의 우리에 들어가지 아니하고 다른 데로 넘어가는 자는 절도며 강도요

2 문으로 들어가는 이는 양의 목자라

3 문지기는 그를 위하여 문을 열고 양은 그의 음성을 듣나니 그가 자기 양의 이름을

각각 불러 인도하여 내느니라

4 자기 양을 다 내놓은 후에 앞서 가면 양들이 그의 음성을 아는 고로 따라오되

5 타인의 음성은 알지 못하는 고로 타인을 따르지 아니하고 도리어 도망하느니라

6 예수께서 이 비유로 그들에게 말씀하셨으나 그들은 그가 하신 말씀이 무엇인지 알지 못하니라

7 그러므로 예수께서 다시 이르시되 내가 진실로 진실로 너희에게 말하노니 나는 양의 문이라

8 나보다 먼저 온 자는 다 절도요 강도니 양들이 듣지 아니하였느니라

9 내가 문이니 누구든지 나로 말미암아 들어가면 구원을 받고 또는 들어가며 나오며 꼴을 얻으리라

10 도둑이 오는 것은 도둑질하고 죽이고 멸망시키려는 것뿐이요 내가 온 것은 양으로 생명을 얻게 하고 더 풍성히 얻게 하려는 것이라

11 나는 선한 목자라 선한 목자는 양들을 위하여 목숨을 버리거니와

12 삯꾼은 목자가 아니요 양도 제 양이 아니라 이리가 오는 것을 보면 양을 버리고 달아나나니 이리가 양을 물어 가고 또 헤치느니라

13 달아나는 것은 그가 삯꾼인 까닭에 양을 돌보지 아니함이나

14 나는 선한 목자라 나는 내 양을 알고 양도 나를 아는 것이

15 아버지께서 나를 아시고 내가 아버지를 아는 것 같으니 나는 양을 위하여 목숨을 버리노라

16 또 이 우리에 들지 아니한 다른 양들이 내게 있어 내가 인도하여야 할 터이니 그들도 내 음성을 듣고 한 무리가 되어 한 목자에게 있으리라

17 내가 내 목숨을 버리는 것은 그것을 내가 다시 얻기 위함이니 이로 말미암아 아버지께서 나를 사랑하시느니라

18 이를 내게서 빼앗는 자가 있는 것이 아니라 내가 스스로 버리노라 나는 버릴 권세도 있고 다시 얻을 권세도 있으니 이 계명은 내 아버지에게서 받았노라 하시니라

19 이 말씀으로 말미암아 유대인 중에 다시 분쟁이 일어나니

20 그 중에 많은 사람이 말하되 그가 귀신 들려 미쳤거늘 어찌하여 그 말을 듣느냐

하며

21 어떤 사람은 말하되 이 말은 귀신 들린 자의 말이 아니라 귀신이 맹인의 눈을 뜨게 할 수 있느냐 하더라

22 예루살렘에 수전절이 이르니 때는 겨울이라

23 예수께서 성전 안 솔로몬 행각에서 거니시니

24 유대인들이 에워싸고 이르되 당신이 언제까지나 우리 마음을 의혹하게 하려 하나이까 그리스도이면 밝히 말씀하소서 하니

25 예수께서 대답하시되 내가 너희에게 말하였으되 믿지 아니하는도다 내가 내 아버지의 이름으로 행하는 일들이 나를 증거하는 것이거늘

26 너희가 내 양이 아니므로 믿지 아니하는도다

27 내 양은 내 음성을 들으며 나는 그들을 알며 그들은 나를 따르느니라

28 내가 그들에게 영생을 주노니 영원히 멸망하지 아니할 것이요 또 그들을 내 손에서 빼앗을 자가 없느니라

29 그들을 주신 내 아버지는 만물보다 크시매 아무도 아버지 손에서 빼앗을 수 없느니라

30 나와 아버지는 하나이니라 하신대

31 유대인들이 다시 돌을 들어 치려 하거늘

32 예수께서 대답하시되 내가 아버지로 말미암아 여러 가지 선한 일로 너희에게 보였거늘 그 중에 어떤 일로 나를 돌로 치려 하느냐

33 유대인들이 대답하되 선한 일로 말미암아 우리가 너를 돌로 치려는 것이 아니라 신성모독으로 인함이니 네가 사람이 되어 자칭 하나님이라 함이로라

34 예수께서 이르시되 너희 율법에 기록된 바 내가 너희를 신이라 하였노라 하지 아니하였느냐

35 성경은 폐하지 못하나니 하나님의 말씀을 받은 사람들을 신이라 하셨거든

36 하물며 아버지께서 거룩하게 하사 세상에 보내신 자가 나는 하나님의 아들이라 하는 것으로 너희가 어찌 신성모독이라 하느냐

37 만일 내가 내 아버지의 일을 행하지 아니하거든 나를 믿지 말려니와

38 내가 행하거든 나를 믿지 아니할지라도 그 일은 믿으라 그러면 너희가 아버지께

서 내 안에 계시고 내가 아버지 안에 있음을 깨달아 알라 하시니

39 그들이 다시 예수를 잡고자 하였으나 그 손에서 벗어나 나가시니라

40 다시 요단 강 저편 요한이 처음으로 세례 베풀던 곳에 가사 거기 거하시니

41 많은 사람이 왔다가 말하되 요한은 아무 표적도 행하지 아니하였으나 요한이 이 사람을 가리켜 말한 것은 다 참이라 하더라

42 그리하여 거기서 많은 사람이 예수를 믿으니라

요한복음 11장

1 어떤 병자가 있으니 이는 마리아와 그 자매 마르다의 마을 베다니에 사는 나사로라

2 이 마리아는 향유를 주께 붓고 머리털로 주의 발을 닦던 자요 병든 나사로는 그의 오라버니더라

3 이에 그 누이들이 예수께 사람을 보내어 이르되 주여 보시옵소서 사랑하시는 자가 병들었나이다 하니

4 예수께서 들으시고 이르시되 이 병은 죽을 병이 아니라 하나님의 영광을 위함이요 하나님의 아들이 이로 말미암아 영광을 받게 하려 함이라 하시더라

5 예수께서 본래 마르다와 그 동생과 나사로를 사랑하시더니

6 나사로가 병들었다 함을 들으시고 그 계시던 곳에 이틀을 더 유하시고

7 그 후에 제자들에게 이르시되 유대로 다시 가자 하시니

8 제자들이 말하되 랍비여 방금도 유대인들이 돌로 치려 하였는데 또 그리로 가시려 하나이까

9 예수께서 대답하시되 낮이 열두 시간이 아니냐 사람이 낮에 다니면 이 세상의 빛을 보므로 실족하지 아니하고

10 밤에 다니면 빛이 그 사람 안에 없는 고로 실족하느니라

11 이 말씀을 하신 후에 또 이르시되 우리 친구 나사로가 잠들었도다 그러나 내가 깨우러 가노라

12 제자들이 이르되 주여 잠들었으면 낫겠나이다 하더라

13 예수는 그의 죽음을 가리켜 말씀하신 것이나 그들은 잠들어 쉬는 것을 가리켜 말

쓸하심인 줄 생각하는지라

14 이에 예수께서 밝히 이르시되 나사로가 죽었느니라

15 내가 거기 있지 아니한 것을 너희를 위하여 기뻐하노니 이는 너희로 믿게 하려 함이라 그러나 그에게로 가자 하시니

16 디두모라고도 하는 도마가 다른 제자들에게 말하되 우리도 주와 함께 죽으러 가자 하니라

17 예수께서 와서 보시니 나사로가 무덤에 있은 지 이미 나흘이라

18 베다니는 예루살렘에서 가깝기가 한 오 리쯤 되매

19 많은 유대인이 마르다와 마리아에게 그 오라비의 일로 위문하러 왔더니

20 마르다는 예수께서 오신다는 말을 듣고 곧 나가 맞이하되 마리아는 집에 앉았더라

21 마르다가 예수께 여짜오되 주께서 여기 계셨더라면 내 오라버니가 죽지 아니하였겠나이다

22 그러나 나는 이제라도 주께서 무엇이든지 하나님께 구하시는 것을 하나님이 주실 줄을 아나이다

23 예수께서 이르시되 네 오라비가 다시 살아나리라

24 마르다가 이르되 마지막 날 부활 때에는 다시 살아날 줄을 내가 아나이다

25 예수께서 이르시되 나는 부활이요 생명이니 나를 믿는 자는 죽어도 살겠고

26 무릇 살아서 나를 믿는 자는 영원히 죽지 아니하리니 이것을 네가 믿느냐

27 이르되 주여 그러하외다 주는 그리스도시요 세상에 오시는 하나님의 아들이신 줄 내가 믿나이다

28 이 말을 하고 돌아가서 가만히 그 자매 마리아를 불러 말하되 선생님이 오셔서 너를 부르신다 하니

29 마리아가 이 말을 듣고 급히 일어나 예수께 나아가매

30 예수는 아직 마을로 들어오지 아니하시고 마르다가 맞이했던 곳에 그대로 계시더라

31 마리아와 함께 집에 있어 위로하던 유대인들은 그가 급히 일어나 나가는 것을 보고 곡하러 무덤에 가는 줄로 생각하고 따라가더니

32 마리아가 예수 계신 곳에 가서 뵈옵고 그 발 앞에 엎드리어 이르되 주께서 여기 계셨더라면 내 오라버니가 죽지 아니하였겠나이다 하더라

33 예수께서 그가 우는 것과 또 함께 온 유대인들이 우는 것을 보시고 심령에 비통히 여기시고 불쌍히 여기사

34 이르시되 그를 어디 두었느냐 이르되 주여 와서 보옵소서 하니

35 예수께서 눈물을 흘리시더라

36 이에 유대인들이 말하되 보라 그를 얼마나 사랑하셨는가 하며

37 그 중 어떤 이는 말하되 맹인의 눈을 뜨게 한 이 사람이 그 사람은 죽지 않게 할 수 없었더냐 하더라

38 이에 예수께서 다시 속으로 비통히 여기시며 무덤에 가시니 무덤이 굴이라 돌로 막았거늘

39 예수께서 이르시되 돌을 옮겨 놓으라 하시니 그 죽은 자의 누이 마르다가 이르되 주여 죽은 지가 나흘이 되었으매 벌써 냄새가 나나이다

40 예수께서 이르시되 내 말이 네가 믿으면 하나님의 영광을 보리라 하지 아니하였느냐 하시니

41 돌을 옮겨 놓으니 예수께서 눈을 들어 우러러 보시고 이르시되 아버지여 내 말을 들으신 것을 감사하나이다

42 항상 내 말을 들으시는 줄을 내가 알았나이다 그러나 이 말씀 하옵는 것은 둘러선 무리를 위함이니 곧 아버지께서 나를 보내신 것을 그들로 믿게 하려 함이니이다

43 이 말씀을 하시고 큰 소리로 나사로야 나오라 부르시니

44 죽은 자가 수족을 베로 동인 채로 나오는데 그 얼굴은 수건에 싸였더라 예수께서 이르시되 풀어 놓아 다니게 하라 하시니라

45 마리아에게 와서 예수께서 하신 일을 본 많은 유대인이 그를 믿었으나

46 그 중에 어떤 자는 바리새인들에게 가서 예수께서 하신 일을 알리니라

47 이에 대제사장들과 바리새인들이 공회를 모으고 이르되 이 사람이 많은 표적을 행하니 우리가 어떻게 하겠느냐

48 만일 그를 이대로 두면 모든 사람이 그를 믿을 것이요 그리고 로마인들이 와서

우리 땅과 민족을 빼앗아 가리라 하니

49 그 중의 한 사람 그 해의 대제사장인 가야바가 그들에게 말하되 너희가 아무 것도 알지 못하는도다

50 한 사람이 백성을 위하여 죽어서 온 민족이 망하지 않게 되는 것이 너희에게 유익한 줄을 생각하지 아니하는도다 하였으니

51 이 말은 스스로 함이 아니요 그 해의 대제사장이므로 예수께서 그 민족을 위하시고

52 또 그 민족만 위할 뿐 아니라 흩어진 하나님의 자녀를 모아 하나가 되게 하기 위하여 죽으실 것을 미리 말함이러라

53 이 날부터는 그들이 예수를 죽이려고 모의하니라

54 그러므로 예수께서 다시 유대인 가운데 드러나게 다니지 아니하시고 거기를 떠나 빈 들 가까운 곳인 에브라임이라는 동네에 가서 제자들과 함께 거기 머무르시니라

55 유대인의 유월절이 가까우매 많은 사람이 자기를 성결하게 하기 위하여 유월절 전에 시골에서 예루살렘으로 올라갔더니

56 그들이 예수를 찾으며 성전에 서서 서로 말하되 너희 생각에는 어떠하냐 그가 명절에 오지 아니하겠느냐 하니

57 이는 대제사장들과 바리새인들이 누구든지 예수 있는 곳을 알거든 신고하여 잡게 하라 명령하였음이러라

요한복음 12장

1 유월절 엿새 전에 예수께서 베다니에 이르시니 이 곳은 예수께서 죽은 자 가운데서 살리신 나사로가 있는 곳이라

2 거기서 예수를 위하여 잔치할새 마르다는 일을 하고 나사로는 예수와 함께 앉은 자 중에 있더라

3 마리아는 지극히 비싼 향유 곧 순전한 나드 한 근을 가져다가 예수의 발에 붓고 자기 머리털로 그의 발을 닦으니 향유 냄새가 집에 가득하더라

4 제자 중 하나로서 예수를 잡아 줄 가룟 유다가 말하되

5 이 향유를 어찌하여 삼백 데나리온에 팔아 가난한 자들에게 주지 아니하였느냐 하니

6 이렇게 말함은 가난한 자들을 생각함이 아니요 그는 도둑이라 돈궤를 맡고 거기 넣는 것을 훔쳐 감이러라

7 예수께서 이르시되 그를 가만 두어 나의 장례할 날을 위하여 그것을 간직하게 하라

8 가난한 자들은 항상 너희와 함께 있거니와 나는 항상 있지 아니하리라 하시니라

9 유대인의 큰 무리가 예수께서 여기 계신 줄을 알고 오니 이는 예수만 보기 위함이 아니요 죽은 자 가운데서 살리신 나사로도 보려 함이러라

10 대제사장들이 나사로까지 죽이려고 모의하니

11 나사로 때문에 많은 유대인이 가서 예수를 믿음이러라

12 그 이튿날에는 명절에 온 큰 무리가 예수께서 예루살렘으로 오신다는 것을 듣고

13 종려나무 가지를 가지고 맞으러 나가 외치되 호산나 찬송하리로다 주의 이름으로 오시는 이 곧 이스라엘의 왕이시여 하더라

14 예수는 한 어린 나귀를 보고 타시니

15 이는 기록된 바 시온 딸아 두려워하지 말라 보라 너의 왕이 나귀 새끼를 타고 오신다 함과 같더라

16 제자들은 처음에 이 일을 깨닫지 못하였다가 예수께서 영광을 얻으신 후에야 이것이 예수께 대하여 기록된 것임과 사람들이 예수께 이같이 한 것인이 생각났더라

17 나사로를 무덤에서 불러내어 죽은 자 가운데서 살리실 때에 함께 있던 무리가 증언한지라

18 이에 무리가 예수를 맞음은 이 표적 행하심을 들었음이러라

19 바리새인들이 서로 말하되 볼지어다 너희 하는 일이 쓸 데 없다 보라 온 세상이 그를 따르는도다 하니라

20 명절에 예배하러 올라온 사람 중에 헬라인 몇이 있는데

21 그들이 갈릴리 벳새다 사람 빌립에게 가서 청하여 이르되 선생이여 우리가 예수를 뵈옵고자 하나이다 하니

22 빌립이 안드레에게 가서 말하고 안드레와 빌립이 예수께 가서 여쭈니

23 예수께서 대답하여 이르시되 인자가 영광을 얻을 때가 왔도다

24 내가 진실로 진실로 너희에게 이르노니 한 알의 밀이 땅에 떨어져 죽지 아니하면 한 알 그대로 있고 죽으면 많은 열매를 맺느니라

25 자기의 생명을 사랑하는 자는 잃어버릴 것이요 이 세상에서 자기의 생명을 미워하는 자는 영생하도록 보전하리라

26 사람이 나를 섬기려면 나를 따르라 나 있는 곳에 나를 섬기는 자도 거기 있으리니 사람이 나를 섬기면 내 아버지께서 그를 귀히 여기시리라

27 지금 내 마음이 괴로우니 무슨 말을 하리요 아버지여 나를 구원하여 이 때를 면하게 하여 주옵소서 그러나 내가 이를 위하여 이 때에 왔나이다

28 아버지여, 아버지의 이름을 영광스럽게 하옵소서 하시니 이에 하늘에서 소리가 나서 이르되 내가 이미 영광스럽게 하였고 또다시 영광스럽게 하리라 하시니

29 곁에 서서 들은 무리는 천둥이 울었다고도 하며 또 어떤 이들은 천사가 그에게 말하였다고도 하니

30 예수께서 대답하여 이르시되 이 소리가 난 것은 나를 위한 것이 아니요 너희를 위한 것이니라

31 이제 이 세상에 대한 심판이 이르렀으니 이 세상의 임금이 쫓겨나리라

32 내가 땅에서 들리면 모든 사람을 내게로 이끌겠노라 하시니

33 이렇게 말씀하심은 자기가 어떠한 죽음으로 죽을 것을 보이심이러라

34 이에 무리가 대답하되 우리는 율법에서 그리스도가 영원히 계신다 함을 들었거늘 너는 어찌하여 인자가 들려야 하리라 하느냐 이 인자는 누구냐

35 예수께서 이르시되 아직 잠시 동안 빛이 너희 중에 있으니 빛이 있을 동안에 다녀 어둠에 붙잡히지 않게 하라 어둠에 다니는 자는 그 가는 곳을 알지 못하느니라

36 너희에게 아직 빛이 있을 동안에 빛을 믿으라 그리하면 빛의 아들이 되리라 예수께서 이 말씀을 하시고 그들을 떠나가서 숨으시니라

37 이렇게 많은 표적을 그들 앞에서 행하셨으나 그를 믿지 아니하니

38 이는 선지자 이사야의 말씀을 이루려 하심이라 이르되 주여 우리에게서 들은 바를 누가 믿었으며 주의 팔이 누구에게 나타났나이까 하였더라

39 그들이 능히 믿지 못한 것은 이 때문이니 곧 이사야가 다시 일렀으되

40 그들의 눈을 멀게 하시고 그들의 마음을 완고하게 하셨으니 이는 그들로 하여금 눈으로 보고 마음으로 깨닫고 돌이켜 내게 고침을 받지 못하게 하려 함이라 하였음이더라

41 이사야가 이렇게 말한 것은 주의 영광을 보고 주를 가리켜 말한 것이라

42 그러나 관리 중에도 그를 믿는 자가 많되 바리새인들 때문에 드러나게 말하지 못하니 이는 출교를 당할까 두려워함이라

43 그들은 사람의 영광을 하나님의 영광보다 더 사랑하였더라

44 예수께서 외쳐 이르시되 나를 믿는 자는 나를 믿는 것이 아니요 나를 보내신 이를 믿는 것이며

45 나를 보는 자는 나를 보내신 이를 보는 것이니라

46 나는 빛으로 세상에 왔나니 무릇 나를 믿는 자로 어둠에 거하지 않게 하려 함이로라

47 사람이 내 말을 듣고 지키지 아니할지라도 내가 그를 심판하지 아니하노라 내가 온 것은 세상을 심판하려 함이 아니요 세상을 구원하려 함이로라

48 나를 저버리고 내 말을 받지 아니하는 자를 심판할 이가 있으니 곧 내가 한 그 말이 마지막 날에 그를 심판하리라

49 내가 내 자의로 말한 것이 아니요 나를 보내신 아버지께서 내가 말할 것과 이를 것을 친히 명령하여 주셨으니

50 나는 그의 명령이 영생인 줄 아노라 그러므로 내가 이르는 것은 내 아버지께서 내게 말씀하신 그대로니라 하시니라

요한복음 13장

1 유월절 전에 예수께서 자기가 세상을 떠나 아버지께로 돌아가실 때가 이른 줄 아시고 세상에 있는 자기 사람들을 사랑하시되 끝까지 사랑하시니라

2 마귀가 벌써 시몬의 아들 가룟 유다의 마음에 예수를 팔려는 생각을 넣었더라

3 저녁 먹는 중 예수는 아버지께서 모든 것을 자기 손에 맡기신 것과 또 자기가 하나님께로부터 오셨다가 하나님께로 돌아가실 것을 아시고

4 저녁 잡수시던 자리에서 일어나 겉옷을 벗고 수건을 가져다가 허리에 두르시고
5 이에 대야에 물을 떠서 제자들의 발을 씻으시고 그 두르신 수건으로 닦기를 시작하여
6 시몬 베드로에게 이르시니 베드로가 이르되 주여 주께서 내 발을 씻으시나이까
7 예수께서 대답하여 이르시되 내가 하는 것을 네가 지금은 알지 못하나 이 후에는 알리라
8 베드로가 이르되 내 발을 절대로 씻지 못하시리이다 예수께서 대답하시되 내가 너를 씻어 주지 아니하면 네가 나와 상관이 없느니라
9 시몬 베드로가 이르되 주여 내 발뿐 아니라 손과 머리도 씻어 주옵소서
10 예수께서 이르시되 이미 목욕한 자는 발밖에 씻을 필요가 없느니라 온 몸이 깨끗하니라 너희가 깨끗하나 다는 아니니라 하시니
11 이는 자기를 팔 자가 누구인지 아심이라 그러므로 다는 깨끗하지 아니하다 하시니라
12 그들의 발을 씻으신 후에 옷을 입으시고 다시 앉아 그들에게 이르시되 내가 너희에게 행한 것을 너희가 아느냐
13 너희가 나를 선생이라 또는 주라 하니 너희 말이 옳도다 내가 그러하다
14 내가 주와 또는 선생이 되어 너희 발을 씻었으니 너희도 서로 발을 씻어 주는 것이 옳으니라
15 내가 너희에게 행한 것 같이 너희도 행하게 하려 하여 본을 보였노라
16 내가 진실로 진실로 너희에게 이르노니 종이 주인보다 크지 못하고 보냄을 받은 자가 보낸 자보다 크지 못하나니
17 너희가 이것을 알고 행하면 복이 있으리라
18 내가 너희 모두를 가리켜 말하는 것이 아니니라 나는 내가 택한 자들이 누구인지 앎이라 그러나 내 떡을 먹는 자가 내게 발꿈치를 들었다 한 성경을 응하게 하려는 것이니라
19 지금부터 일이 일어나기 전에 미리 너희에게 일러 둠은 일이 일어날 때에 내가 그인 줄 너희가 믿게 하려 함이로라
20 내가 진실로 진실로 너희에게 이르노니 내가 보낸 자를 영접하는 자는 나를 영

접하는 것이요 나를 영접하는 자는 나를 보내신 이를 영접하는 것이니라

21 예수께서 이 말씀을 하시고 심령이 괴로워 증언하여 이르시되 내가 진실로 진실로 너희에게 이르노니 너희 중 하나가 나를 팔리라 하시니

22 제자들이 서로 보며 누구에게 대하여 말씀하시는지 의심하더라

23 예수의 제자 중 하나 곧 그가 사랑하시는 자가 예수의 품에 의지하여 누웠는지라

24 시몬 베드로가 머릿짓을 하여 말하되 말씀하신 자가 누구인지 말하라 하니

25 그가 예수의 가슴에 그대로 의지하여 말하되 주여 누구니이까

26 예수께서 대답하시되 내가 떡 한 조각을 적셔다 주는 자가 그니라 하시고 곧 한 조각을 적셔서 가룟 시몬의 아들 유다에게 주시니

27 조각을 받은 후 곧 사탄이 그 속에 들어간지라 이에 예수께서 유다에게 이르시되 네가 하는 일을 속히 하라 하시니

28 이 말씀을 무슨 뜻으로 하셨는지 그 앉은 자 중에 아는 자가 없고

29 어떤 이들은 유다가 돈궤를 맡았으므로 명절에 우리가 쓸 물건을 사라 하시는지 혹은 가난한 자들에게 무엇을 주라 하시는 줄로 생각하더라

30 유다가 그 조각을 받고 곧 나가니 밤이러라

31 그가 나간 후에 예수께서 이르시되 지금 인자가 영광을 받았고 하나님도 인자로 말미암아 영광을 받으셨도다

32 만일 하나님이 그로 말미암아 영광을 받으셨으면 하나님도 자기로 말미암아 그에게 영광을 주시리니 곧 주시리라

33 작은 자들아 내가 아직 잠시 너희와 함께 있겠노라 너희가 나를 찾을 것이나 일찍이 내가 유대인들에게 너희는 내가 가는 곳에 올 수 없다고 말한 것과 같이 지금 너희에게도 이르노라

34 새 계명을 너희에게 주노니 서로 사랑하라 내가 너희를 사랑한 것 같이 너희도 서로 사랑하라

35 너희가 서로 사랑하면 이로써 모든 사람이 너희가 내 제자인 줄 알리라

36 시몬 베드로가 이르되 주여 어디로 가시나이까 예수께서 대답하시되 내가 가는 곳에 네가 지금은 따라올 수 없으나 후에는 따라오리라

37 베드로가 이르되 주여 내가 지금은 어찌하여 따라갈 수 없나이까 주를 위하여

내 목숨을 버리겠나이다

38 예수께서 대답하시되 네가 나를 위하여 네 목숨을 버리겠느냐 내가 진실로 진실로 네게 이르노니 닭 울기 전에 네가 세 번 나를 부인하리라

요한복음 14장

1 너희는 마음에 근심하지 말라 하나님을 믿으니 또 나를 믿으라

2 내 아버지 집에 거할 곳이 많도다 그렇지 않으면 너희에게 일렀으리라 내가 너희를 위하여 거처를 예비하러 가노니

3 가서 너희를 위하여 거처를 예비하면 내가 다시 와서 너희를 내게로 영접하여 나 있는 곳에 너희도 있게 하리라

4 내가 어디로 가는지 그 길을 너희가 아느니라

5 도마가 이르되 주여 주께서 어디로 가시는지 우리가 알지 못하거늘 그 길을 어찌 알겠사옵나이까

6 예수께서 이르시되 내가 곧 길이요 진리요 생명이니 나로 말미암지 않고는 아버지께로 올 자가 없느니라

7 너희가 나를 알았더라면 내 아버지도 알았으리로다 이제부터는 너희가 그를 알았고 또 보았느니라

8 빌립이 이르되 주여 아버지를 우리에게 보여 주옵소서 그리하면 족하겠나이다

9 예수께서 이르시되 빌립아 내가 이렇게 오래 너희와 함께 있으되 네가 나를 알지 못하느냐 나를 본 자는 아버지를 보았거늘 어찌하여 아버지를 보이라 하느냐

10 내가 아버지 안에 거하고 아버지는 내 안에 계신 것을 네가 믿지 아니하느냐 내가 너희에게 이르는 말은 스스로 하는 것이 아니라 아버지께서 내 안에 계셔서 그의 일을 하시는 것이라

11 내가 아버지 안에 거하고 아버지께서 내 안에 계심을 믿으라 그렇지 못하겠거든 행하는 그 일로 말미암아 나를 믿으라

12 내가 진실로 진실로 너희에게 이르노니 나를 믿는 자는 내가 하는 일을 그도 할 것이요 또한 그보다 큰 일도 하리니 이는 내가 아버지께로 감이라

13 너희가 내 이름으로 무엇을 구하든지 내가 행하리니 이는 아버지로 하여금 아들

로 말미암아 영광을 받으시게 하려 함이라

14 내 이름으로 무엇이든지 내게 구하면 내가 행하리라

15 너희가 나를 사랑하면 나의 계명을 지키리라

16 내가 아버지께 구하겠으니 그가 또 다른 보혜사를 너희에게 주사 영원토록 너희와 함께 있게 하리니

17 그는 진리의 영이라 세상은 능히 그를 받지 못하나니 이는 그를 보지도 못하고 알지도 못함이라 그러나 너희는 그를 아나니 그는 너희와 함께 거하심이요 또 너희 속에 계시겠음이라

18 내가 너희를 고아와 같이 버려두지 아니하고 너희에게로 오리라

19 조금 있으면 세상은 다시 나를 보지 못할 것이로되 너희는 나를 보리니 이는 내가 살아 있고 너희도 살아 있겠음이라

20 그 날에는 내가 아버지 안에, 너희가 내 안에, 내가 너희 안에 있는 것을 너희가 알리라

21 나의 계명을 지키는 자라야 나를 사랑하는 자니 나를 사랑하는 자는 내 아버지께 사랑을 받을 것이요 나도 그를 사랑하여 그에게 나를 나타내리라

22 가룟인 아닌 유다가 이르되 주여 어찌하여 자기를 우리에게는 나타내시고 세상에는 아니하려 하시나이까

23 예수께서 대답하여 이르시되 사람이 나를 사랑하면 내 말을 지키리니 내 아버지께서 그를 사랑하실 것이요 우리가 그에게 가서 거처를 그와 함께 하리라

24 나를 사랑하지 아니하는 자는 내 말을 지키지 아니하나니 너희가 듣는 말은 내 말이 아니요 나를 보내신 아버지의 말씀이니라

25 내가 아직 너희와 함께 있어서 이 말을 너희에게 하였거니와

26 보혜사 곧 아버지께서 내 이름으로 보내실 성령 그가 너희에게 모든 것을 가르치고 내가 너희에게 말한 모든 것을 생각나게 하리라

27 평안을 너희에게 끼치노니 곧 나의 평안을 너희에게 주노라 내가 너희에게 주는 것은 세상이 주는 것과 같지 아니하니라 너희는 마음에 근심하지도 말고 두려워하지도 말라

28 내가 갔다가 너희에게로 온다 하는 말을 너희가 들었나니 나를 사랑하였더라면

내가 아버지께로 감을 기뻐하였으리라 아버지는 나보다 크심이라

29 이제 일이 일어나기 전에 너희에게 말한 것은 일이 일어날 때에 너희로 믿게 하려 함이라

30 이 후에는 내가 너희와 말을 많이 하지 아니하리니 이 세상의 임금이 오겠음이라 그러나 그는 내게 관계할 것이 없으니

31 오직 내가 아버지를 사랑하는 것과 아버지께서 명하신 대로 행하는 것을 세상이 알게 하려 함이로라 일어나라 여기를 떠나자 하시니라

요한복음 15장

1 나는 참포도나무요 내 아버지는 농부라

2 무릇 내게 붙어 있어 열매를 맺지 아니하는 가지는 아버지께서 그것을 제거해 버리시고 무릇 열매를 맺는 가지는 더 열매를 맺게 하려 하여 그것을 깨끗하게 하시느니라

3 너희는 내가 일러준 말로 이미 깨끗하여졌으니

4 내 안에 거하라 나도 너희 안에 거하리라 가지가 포도나무에 붙어 있지 아니하면 스스로 열매를 맺을 수 없음 같이 너희도 내 안에 있지 아니하면 그러하리라

5 나는 포도나무요 너희는 가지라 그가 내 안에, 내가 그 안에 거하면 사람이 열매를 많이 맺나니 나를 떠나서는 너희가 아무 것도 할 수 없음이라

6 사람이 내 안에 거하지 아니하면 가지처럼 밖에 버려져 마르나니 사람들이 그것을 모아다가 불에 던져 사르느니라

7 너희가 내 안에 거하고 내 말이 너희 안에 거하면 무엇이든지 원하는 대로 구하라 그리하면 이루리라

8 너희가 열매를 많이 맺으면 내 아버지께서 영광을 받으실 것이요 너희는 내 제자가 되리라

9 아버지께서 나를 사랑하신 것 같이 나도 너희를 사랑하였으니 나의 사랑 안에 거하라

10 내가 아버지의 계명을 지켜 그의 사랑 안에 거하는 것 같이 너희도 내 계명을 지키면 내 사랑 안에 거하리라

11 내가 이것을 너희에게 이름은 내 기쁨이 너희 안에 있어 너희 기쁨을 충만하게 하려 함이라

12 내 계명은 곧 내가 너희를 사랑한 것 같이 너희도 서로 사랑하라 하는 이것이니라

13 사람이 친구를 위하여 자기 목숨을 버리면 이보다 더 큰 사랑이 없나니

14 너희는 내가 명하는 대로 행하면 곧 나의 친구라

15 이제부터는 너희를 종이라 하지 아니하리니 종은 주인이 하는 것을 알지 못함이라 너희를 친구라 하였노니 내가 내 아버지께 들은 것을 다 너희에게 알게 하였음이라

16 너희가 나를 택한 것이 아니요 내가 너희를 택하여 세웠나니 이는 너희로 가서 열매를 맺게 하고 또 너희 열매가 항상 있게 하여 내 이름으로 아버지께 무엇을 구하든지 다 받게 하려 함이라

17 내가 이것을 너희에게 명함은 너희로 서로 사랑하게 하려 함이라

18 세상이 너희를 미워하면 너희보다 먼저 나를 미워한 줄을 알라

19 너희가 세상에 속하였으면 세상이 자기의 것을 사랑할 것이나 너희는 세상에 속한 자가 아니요 도리어 내가 너희를 세상에서 택하였기 때문에 세상이 너희를 미워하느니라

20 내가 너희에게 종이 주인보다 더 크지 못하다 한 말을 기억하라 사람들이 나를 박해하였은즉 너희도 박해할 것이요 내 말을 지켰은즉 너희 말도 지킬 것이라

21 그러나 사람들이 내 이름으로 말미암아 이 모든 일을 너희에게 하리니 이는 나를 보내신 이를 알지 못함이라

22 내가 와서 그들에게 말하지 아니하였더라면 죄가 없었으려니와 지금은 그 죄를 핑계할 수 없느니라

23 나를 미워하는 자는 또 내 아버지를 미워하느니라

24 내가 아무도 못한 일을 그들 중에서 하지 아니하였더라면 그들에게 죄가 없었으려니와 지금은 그들이 나와 내 아버지를 보았고 또 미워하였도다

25 그러나 이는 그들의 율법에 기록된 바 그들이 이유 없이 나를 미워하였다 한 말을 응하게 하려 함이라

26 내가 아버지께로부터 너희에게 보낼 보혜사 곧 아버지께로부터 나오시는 진리

의 성령이 오실 때에 그가 나를 증언하실 것이요

27 너희도 처음부터 나와 함께 있었으므로 증언하느니라

요한복음 16장

1 내가 이것을 너희에게 이름은 너희로 실족하지 않게 하려 함이니

2 사람들이 너희를 출교할 뿐 아니라 때가 이르면 무릇 너희를 죽이는 자가 생각하기를 이것이 하나님을 섬기는 일이라 하리라

3 그들이 이런 일을 할 것은 아버지와 나를 알지 못함이라

4 오직 너희에게 이 말을 한 것은 너희로 그 때를 당하면 내가 너희에게 말한 이것을 기억나게 하려 함이요 처음부터 이 말을 하지 아니한 것은 내가 너희와 함께 있었음이라

5 지금 내가 나를 보내신 이에게로 가는데 너희 중에서 나더러 어디로 가는지 묻는 자가 없고

6 도리어 내가 이 말을 하므로 너희 마음에 근심이 가득하였도다

7 그러나 내가 너희에게 실상을 말하노니 내가 떠나가는 것이 너희에게 유익이라 내가 떠나가지 아니하면 보혜사가 너희에게로 오시지 아니할 것이요 가면 내가 그를 너희에게로 보내리니

8 그가 와서 죄에 대하여, 의에 대하여, 심판에 대하여 세상을 책망하시리라

9 죄에 대하여라 함은 그들이 나를 믿지 아니함이요

10 의에 대하여라 함은 내가 아버지께로 가니 너희가 다시 나를 보지 못함이요

11 심판에 대하여라 함은 이 세상 임금이 심판을 받았음이라

12 내가 아직도 너희에게 이를 것이 많으나 지금은 너희가 감당하지 못하리라

13 그러나 진리의 성령이 오시면 그가 너희를 모든 진리 가운데로 인도하시리니 그가 스스로 말하지 않고 오직 들은 것을 말하며 장래 일을 너희에게 알리시리라

14 그가 내 영광을 나타내리니 내 것을 가지고 너희에게 알리시겠음이라

15 무릇 아버지께 있는 것은 다 내 것이라 그러므로 내가 말하기를 그가 내 것을 가지고 너희에게 알리시리라 하였노라

16 조금 있으면 너희가 나를 보지 못하겠고 또 조금 있으면 나를 보리라 하시니

17 제자 중에서 서로 말하되 우리에게 말씀하신 바 조금 있으면 나를 보지 못하겠고 또 조금 있으면 나를 보리라 하시며 또 내가 아버지께로 감이라 하신 것이 무슨 말씀이냐 하고

18 또 말하되 조금 있으면이라 하신 말씀이 무슨 말씀이냐 무엇을 말씀하시는지 알지 못하노라 하거늘

19 예수께서 그 묻고자 함을 아시고 이르시되 내 말이 조금 있으면 나를 보지 못하겠고 또 조금 있으면 나를 보리라 하므로 서로 문의하느냐

20 내가 진실로 진실로 너희에게 이르노니 너희는 곡하고 애통하겠으나 세상은 기뻐하리라 너희는 근심하겠으나 너희 근심이 도리어 기쁨이 되리라

21 여자가 해산하게 되면 그 때가 이르렀으므로 근심하나 아기를 낳으면 세상에 사람 난 기쁨으로 말미암아 그 고통을 다시 기억하지 아니하느니라

22 지금은 너희가 근심하나 내가 다시 너희를 보리니 너희 마음이 기쁠 것이요 너희 기쁨을 빼앗을 자가 없으리라

23 그 날에는 너희가 아무 것도 내게 묻지 아니하리라 내가 진실로 진실로 너희에게 이르노니 너희가 무엇이든지 아버지께 구하는 것을 내 이름으로 주시리라

24 지금까지는 너희가 내 이름으로 아무 것도 구하지 아니하였으나 구하라 그리하면 받으리니 너희 기쁨이 충만하리라

25 이것을 비유로 너희에게 일렀거니와 때가 이르면 다시는 비유로 너희에게 이르지 않고 아버지에 대한 것을 밝히 이르리라

26 그 날에 너희가 내 이름으로 구할 것이요 내가 너희를 위하여 아버지께 구하겠다 하는 말이 아니니

27 이는 너희가 나를 사랑하고 또 내가 하나님께로부터 온 줄 믿었으므로 아버지께서 친히 너희를 사랑하심이라

28 내가 아버지에게서 나와 세상에 왔고 다시 세상을 떠나 아버지께로 가노라 하시니

29 제자들이 말하되 지금은 밝히 말씀하시고 아무 비유로도 하지 아니하시니

30 우리가 지금에야 주께서 모든 것을 아시고 또 사람의 물음을 기다리시지 않는 줄 아나이다 이로써 하나님께로부터 나오심을 우리가 믿사옵나이다

31 예수께서 대답하시되 이제는 너희가 믿느냐
32 보라 너희가 다 각각 제 곳으로 흩어지고 나를 혼자 둘 때가 오나니 벌써 왔도다 그러나 내가 혼자 있는 것이 아니라 아버지께서 나와 함께 계시느니라
33 이것을 너희에게 이르는 것은 너희로 내 안에서 평안을 누리게 하려 함이라 세상에서는 너희가 환난을 당하나 담대하라 내가 세상을 이기었노라

요한복음 17장

1 예수께서 이 말씀을 하시고 눈을 들어 하늘을 우러러 이르시되 아버지여 때가 이르렀사오니 아들을 영화롭게 하사 아들로 아버지를 영화롭게 하게 하옵소서
2 아버지께서 아들에게 주신 모든 사람에게 영생을 주게 하시려고 만민을 다스리는 권세를 아들에게 주셨음이로소이다
3 영생은 곧 유일하신 참 하나님과 그가 보내신 자 예수 그리스도를 아는 것이니이다
4 아버지께서 내게 하라고 주신 일을 내가 이루어 아버지를 이 세상에서 영화롭게 하였사오니
5 아버지여 창세 전에 내가 아버지와 함께 가졌던 영화로써 지금도 아버지와 함께 나를 영화롭게 하옵소서
6 세상 중에서 내게 주신 사람들에게 내가 아버지의 이름을 나타내었나이다 그들은 아버지의 것이었는데 내게 주셨으며 그들은 아버지의 말씀을 지키었나이다
7 지금 그들은 아버지께서 내게 주신 것이 다 아버지로부터 온 것인 줄 알았나이다
8 나는 아버지께서 내게 주신 말씀들을 그들에게 주었사오며 그들은 이것을 받고 내가 아버지께로부터 나온 줄을 참으로 아오며 아버지께서 나를 보내신 줄도 믿었사옵나이다
9 내가 그들을 위하여 비옵나니 내가 비옵는 것은 세상을 위함이 아니요 내게 주신 자들을 위함이니이다 그들은 아버지의 것이로소이다
10 내 것은 다 아버지의 것이요 아버지의 것은 내 것이온데 내가 그들로 말미암아 영광을 받았나이다
11 나는 세상에 더 있지 아니하오나 그들은 세상에 있사옵고 나는 아버지께로 가옵

나니 거룩하신 아버지여 내게 주신 아버지의 이름으로 그들을 보전하사 우리와 같이 그들도 하나가 되게 하옵소서

12 내가 그들과 함께 있을 때에 내게 주신 아버지의 이름으로 그들을 보전하고 지키었나이다 그 중의 하나도 멸망하지 않고 다만 멸망의 자식뿐이오니 이는 성경을 응하게 함이니이다

13 지금 내가 아버지께로 가오니 내가 세상에서 이 말을 하옵는 것은 그들로 내 기쁨을 그들 안에 충만히 가지게 하려 함이니이다

14 내가 아버지의 말씀을 그들에게 주었사오매 세상이 그들을 미워하였사오니 이는 내가 세상에 속하지 아니함 같이 그들도 세상에 속하지 아니함으로 인함이니이다

15 내가 비옵는 것은 그들을 세상에서 데려가시기를 위함이 아니요 다만 악에 빠지지 않게 보전하시기를 위함이니이다

16 내가 세상에 속하지 아니함 같이 그들도 세상에 속하지 아니하였사옵나이다

17 그들을 진리로 거룩하게 하옵소서 아버지의 말씀은 진리니이다

18 아버지께서 나를 세상에 보내신 것 같이 나도 그들을 세상에 보내었고

19 또 그들을 위하여 내가 나를 거룩하게 하오니 이는 그들도 진리로 거룩함을 얻게 하려 함이니이다

20 내가 비옵는 것은 이 사람들만 위함이 아니요 또 그들의 말로 말미암아 나를 믿는 사람들도 위함이니

21 아버지여, 아버지께서 내 안에, 내가 아버지 안에 있는 것 같이 그들도 다 하나가 되어 우리 안에 있게 하사 세상으로 아버지께서 나를 보내신 것을 믿게 하옵소서

22 내게 주신 영광을 내가 그들에게 주었사오니 이는 우리가 하나가 된 것 같이 그들도 하나가 되게 하려 함이니이다

23 곧 내가 그들 안에 있고 아버지께서 내 안에 계시어 그들로 온전함을 이루어 하나가 되게 하려 함은 아버지께서 나를 보내신 것과 또 나를 사랑하심 같이 그들도 사랑하신 것을 세상으로 알게 하려 함이로소이다

24 아버지여 내게 주신 자도 나 있는 곳에 나와 함께 있어 아버지께서 창세 전부터

나를 사랑하시므로 내게 주신 나의 영광을 그들로 보게 하시기를 원하옵나이다

²⁵ 의로우신 아버지여 세상이 아버지를 알지 못하여도 나는 아버지를 알았사옵고 그들도 아버지께서 나를 보내신 줄 알았사옵나이다

²⁶ 내가 아버지의 이름을 그들에게 알게 하였고 또 알게 하리니 이는 나를 사랑하신 사랑이 그들 안에 있고 나도 그들 안에 있게 하려 함이니이다

요한복음 18장

¹ 예수께서 이 말씀을 하시고 제자들과 함께 기드론 시내 건너편으로 나가시니 그 곳에 동산이 있는데 제자들과 함께 들어가시니라

² 그 곳은 가끔 예수께서 제자들과 모이시는 곳이므로 예수를 파는 유다도 그 곳을 알더라

³ 유다가 군대와 대제사장들과 바리새인들에게서 얻은 아랫사람들을 데리고 등과 횃불과 무기를 가지고 그리로 오는지라

⁴ 예수께서 그 당할 일을 다 아시고 나아가 이르시되 너희가 누구를 찾느냐

⁵ 대답하되 나사렛 예수라 하거늘 이르시되 내가 그니라 하시니라 그를 파는 유다도 그들과 함께 섰더라

⁶ 예수께서 그들에게 내가 그니라 하실 때에 그들이 물러가서 땅에 엎드러지는지라

⁷ 이에 다시 누구를 찾느냐고 물으신대 그들이 말하되 나사렛 예수라 하거늘

⁸ 예수께서 대답하시되 너희에게 내가 그니라 하였으니 나를 찾거든 이 사람들이 가는 것은 용납하라 하시니

⁹ 이는 아버지께서 내게 주신 자 중에서 하나도 잃지 아니하였사옵나이다 하신 말씀을 응하게 하려 함이러라

¹⁰ 이에 시몬 베드로가 칼을 가졌는데 그것을 빼어 대제사장의 종을 쳐서 오른편 귀를 베어버리니 그 종의 이름은 말고라

¹¹ 예수께서 베드로더러 이르시되 칼을 칼집에 꽂으라 아버지께서 주신 잔을 내가 마시지 아니하겠느냐 하시니라

¹² 이에 군대와 천부장과 유대인의 아랫사람들이 예수를 잡아 결박하여

13 먼저 안나스에게로 끌고 가니 안나스는 그 해의 대제사장인 가야바의 장인이라

14 가야바는 유대인들에게 한 사람이 백성을 위하여 죽는 것이 유익하다고 권고하던 자러라

15 시몬 베드로와 또 다른 제자 한 사람이 예수를 따르니 이 제자는 대제사장과 아는 사람이라 예수와 함께 대제사장의 집 뜰에 들어가고

16 베드로는 문 밖에 서 있는지라 대제사장을 아는 그 다른 제자가 나가서 문 지키는 여자에게 말하여 베드로를 데리고 들어오니

17 문 지키는 여종이 베드로에게 말하되 너도 이 사람의 제자 중 하나가 아니냐 하니 그가 말하되 나는 아니라 하고

18 그 때가 추운 고로 종과 아랫사람들이 불을 피우고 서서 쬐니 베드로도 함께 서서 쬐더라

19 대제사장이 예수에게 그의 제자들과 그의 교훈에 대하여 물으니

20 예수께서 대답하시되 내가 드러내 놓고 세상에 말하였노라 모든 유대인들이 모이는 회당과 성전에서 항상 가르쳤고 은밀하게는 아무 것도 말하지 아니하였거늘

21 어찌하여 내게 묻느냐 내가 무슨 말을 하였는지 들은 자들에게 물어 보라 그들이 내가 하던 말을 아느니라

22 이 말씀을 하시매 곁에 섰던 아랫사람 하나가 손으로 예수를 쳐 이르되 네가 대제사장에게 이같이 대답하느냐 하니

23 예수께서 대답하시되 내가 말을 잘못하였으면 그 잘못한 것을 증언하라 바른 말을 하였으면 네가 어찌하여 나를 치느냐 하시더라

24 안나스가 예수를 결박한 그대로 대제사장 가야바에게 보내니라

25 시몬 베드로가 서서 불을 쬐더니 사람들이 묻되 너도 그 제자 중 하나가 아니냐 베드로가 부인하여 이르되 나는 아니라 하니

26 대제사장의 종 하나는 베드로에게 귀를 잘린 사람의 친척이라 이르되 네가 그 사람과 함께 동산에 있는 것을 내가 보지 아니하였느냐

27 이에 베드로가 또 부인하니 곧 닭이 울더라

28 그들이 예수를 가야바에게서 관정으로 끌고 가니 새벽이라 그들은 더럽힘을 받

지 아니하고 유월절 잔치를 먹고자 하여 관정에 들어가지 아니하더라

29 그러므로 빌라도가 밖으로 나가서 그들에게 말하되 너희가 무슨 일로 이 사람을 고발하느냐

30 대답하여 이르되 이 사람이 행악자가 아니었더라면 우리가 당신에게 넘기지 아니하였겠나이다

31 빌라도가 이르되 너희가 그를 데려다가 너희 법대로 재판하라 유대인들이 이르되 우리에게는 사람을 죽이는 권한이 없나이다 하니

32 이는 예수께서 자기가 어떠한 죽음으로 죽을 것을 가리켜 하신 말씀을 응하게 하려 함이러라

33 이에 빌라도가 다시 관정에 들어가 예수를 불러 이르되 네가 유대인의 왕이냐

34 예수께서 대답하시되 이는 네가 스스로 하는 말이냐 다른 사람들이 나에 대하여 네게 한 말이냐

35 빌라도가 대답하되 내가 유대인이냐 네 나라 사람과 대제사장들이 너를 내게 넘겼으니 네가 무엇을 하였느냐

36 예수께서 대답하시되 내 나라는 이 세상에 속한 것이 아니니라 만일 내 나라가 이 세상에 속한 것이었더라면 내 종들이 싸워 나로 유대인들에게 넘겨지지 않게 하였으리라 이제 내 나라는 여기에 속한 것이 아니니라

37 빌라도가 이르되 그러면 네가 왕이 아니냐 예수께서 대답하시되 네 말과 같이 내가 왕이니라 내가 이를 위하여 태어났으며 이를 위하여 세상에 왔나니 곧 진리에 대하여 증언하려 함이로라 무릇 진리에 속한 자는 내 음성을 듣느니라 하신대

38 빌라도가 이르되 진리가 무엇이냐 하더라 이 말을 하고 다시 유대인들에게 나가서 이르되 나는 그에게서 아무 죄도 찾지 못하였노라

39 유월절이면 내가 너희에게 한 사람을 놓아 주는 전례가 있으니 그러면 너희는 내가 유대인의 왕을 너희에게 놓아 주기를 원하느냐 하니

40 그들이 또 소리 질러 이르되 이 사람이 아니라 바라바라 하니 바라바는 강도였더라

요한복음 19장

1 이에 빌라도가 예수를 데려다가 채찍질하더라

2 군인들이 가시나무로 관을 엮어 그의 머리에 씌우고 자색 옷을 입히고

3 앞에 가서 이르되 유대인의 왕이여 평안할지어다 하며 손으로 때리더라

4 빌라도가 다시 밖에 나가 말하되 보라 이 사람을 데리고 너희에게 나오나니 이는 내가 그에게서 아무 죄도 찾지 못한 것을 너희로 알게 하려 함이로라 하더라

5 이에 예수께서 가시관을 쓰고 자색 옷을 입고 나오시니 빌라도가 그들에게 말하되 보라 이 사람이로다 하매

6 대제사장들과 아랫사람들이 예수를 보고 소리 질러 이르되 십자가에 못 박으소서 십자가에 못 박으소서 하는지라 빌라도가 이르되 너희가 친히 데려다가 십자가에 못 박으라 나는 그에게서 죄를 찾지 못하였노라

7 유대인들이 대답하되 우리에게 법이 있으니 그 법대로 하면 그가 당연히 죽을 것은 그가 자기를 하나님의 아들이라 함이니이다

8 빌라도가 이 말을 듣고 더욱 두려워하여

9 다시 관정에 들어가서 예수께 말하되 너는 어디로부터냐 하되 예수께서 대답하여 주지 아니하시는지라

10 빌라도가 이르되 내게 말하지 아니하느냐 내가 너를 놓을 권한도 있고 십자가에 못 박을 권한도 있는 줄 알지 못하느냐

11 예수께서 대답하시되 위에서 주지 아니하셨더라면 나를 해할 권한이 없었으리니 그러므로 나를 네게 넘겨 준 자의 죄는 더 크다 하시니라

12 이러하므로 빌라도가 예수를 놓으려고 힘썼으나 유대인들이 소리 질러 이르되 이 사람을 놓으면 가이사의 충신이 아니니이다 무릇 자기를 왕이라 하는 자는 가이사를 반역하는 것이니이다

13 빌라도가 이 말을 듣고 예수를 끌고 나가서 돌을 깐 뜰(히브리 말로 가바다)에 있는 재판석에 앉아 있더라

14 이 날은 유월절의 준비일이요 때는 제육시라 빌라도가 유대인들에게 이르되 보라 너희 왕이로다

15 그들이 소리 지르되 없이 하소서 없이 하소서 그를 십자가에 못 박게 하소서 빌

라도가 이르되 내가 너희 왕을 십자가에 못 박으랴 대제사장들이 대답하되 가이사 외에는 우리에게 왕이 없나이다 하니

16 이에 예수를 십자가에 못 박도록 그들에게 넘겨 주니라

17 그들이 예수를 맡으매 예수께서 자기의 십자가를 지시고 해골(히브리 말로 골고다)이라 하는 곳에 나가시니

18 그들이 거기서 예수를 십자가에 못 박을새 다른 두 사람도 그와 함께 좌우편에 못 박으니 예수는 가운데 있더라

19 빌라도가 패를 써서 십자가 위에 붙이니 나사렛 예수 유대인의 왕이라 기록되었더라

20 예수께서 못 박히신 곳이 성에서 가까운 고로 많은 유대인이 이 패를 읽는데 히브리와 로마와 헬라 말로 기록되었더라

21 유대인의 대제사장들이 빌라도에게 이르되 유대인의 왕이라 쓰지 말고 자칭 유대인의 왕이라 쓰라 하니

22 빌라도가 대답하되 내가 쓸 것을 썼다 하니라

23 군인들이 예수를 십자가에 못 박고 그의 옷을 취하여 네 깃에 나눠 각각 한 깃씩 얻고 속옷도 취하니 이 속옷은 호지 아니하고 위에서부터 통으로 짠 것이라

24 군인들이 서로 말하되 이것을 찢지 말고 누가 얻나 제비 뽑자 하니 이는 성경에 그들이 내 옷을 나누고 내 옷을 제비 뽑나이다 한 것을 응하게 하려 함이러라 군인들은 이런 일을 하고

25 예수의 십자가 곁에는 그 어머니와 이모와 글로바의 아내 마리아와 막달라 마리아가 섰는지라

26 예수께서 자기의 어머니와 사랑하시는 제자가 곁에 서 있는 것을 보시고 자기 어머니께 말씀하시되 여자여 보소서 아들이니이다 하시고

27 또 그 제자에게 이르시되 보라 네 어머니라 하신대 그 때부터 그 제자가 자기 집에 모시니라

28 그 후에 예수께서 모든 일이 이미 이루어진 줄 아시고 성경을 응하게 하려 하사 이르시되 내가 목마르다 하시니

29 거기 신 포도주가 가득히 담긴 그릇이 있는지라 사람들이 신 포도주를 적신 해

면을 우슬초에 매어 예수의 입에 대니

30 예수께서 신 포도주를 받으신 후에 이르시되 다 이루었다 하시고 머리를 숙이니 영혼이 떠나가시니라

31 이 날은 준비일이라 유대인들은 그 안식일이 큰 날이므로 그 안식일에 시체들을 십자가에 두지 아니하려 하여 빌라도에게 그들의 다리를 꺾어 시체를 치워 달라 하니

32 군인들이 가서 예수와 함께 못 박힌 첫째 사람과 또 그 다른 사람의 다리를 꺾고

33 예수께 이르러서는 이미 죽으신 것을 보고 다리를 꺾지 아니하고

34 그 중 한 군인이 창으로 옆구리를 찌르니 곧 피와 물이 나오더라

35 이를 본 자가 증언하였으니 그 증언이 참이라 그가 자기의 말하는 것이 참인 줄 알고 너희로 믿게 하려 함이니라

36 이 일이 일어난 것은 그 뼈가 하나도 꺾이지 아니하리라 한 성경을 응하게 하려 함이라

37 또 다른 성경에 그들이 그 찌른 자를 보리라 하였느니라

38 아리마대 사람 요셉은 예수의 제자이나 유대인이 두려워 그것을 숨기더니 이 일 후에 빌라도에게 예수의 시체를 가져가기를 구하매 빌라도가 허락하는지라 이에 가서 예수의 시체를 가져가니라

39 일찍이 예수께 밤에 찾아왔던 니고데모도 몰약과 침향 섞은 것을 백 리트라쯤 가지고 온지라

40 이에 예수의 시체를 가져다가 유대인의 장례 법대로 그 향품과 함께 세마포로 쌌더라

41 예수께서 십자가에 못 박히신 곳에 동산이 있고 동산 안에 아직 사람을 장사한 일이 없는 새 무덤이 있는지라

42 이 날은 유대인의 준비일이요 또 무덤이 가까운 고로 예수를 거기 두니라

요한복음 20장

1 안식 후 첫날 일찍이 아직 어두울 때에 막달라 마리아가 무덤에 와서 돌이 무덤에서 옮겨진 것을 보고

2 시몬 베드로와 예수께서 사랑하시던 그 다른 제자에게 달려가서 말하되 사람들이 주님을 무덤에서 가져다가 어디 두었는지 우리가 알지 못하겠다 하니

3 베드로와 그 다른 제자가 나가서 무덤으로 갈새

4 둘이 같이 달음질하더니 그 다른 제자가 베드로보다 더 빨리 달려가서 먼저 무덤에 이르러

5 구부려 세마포 놓인 것을 보았으나 들어가지는 아니하였더니

6 시몬 베드로는 따라와서 무덤에 들어가 보니 세마포가 놓였고

7 또 머리를 쌌던 수건은 세마포와 함께 놓이지 않고 딴 곳에 쌌던 대로 놓여 있더라

8 그 때에야 무덤에 먼저 갔던 그 다른 제자도 들어가 보고 믿더라

9 (그들은 성경에 그가 죽은 자 가운데서 다시 살아나야 하리라 하신 말씀을 아직 알지 못하더라)

10 이에 두 제자가 자기들의 집으로 돌아가니라

11 마리아는 무덤 밖에 서서 울고 있더니 울면서 구부려 무덤 안을 들여다보니

12 흰 옷 입은 두 천사가 예수의 시체 뉘었던 곳에 하나는 머리 편에, 하나는 발 편에 앉았더라

13 천사들이 이르되 여자여 어찌하여 우느냐 이르되 사람들이 내 주님을 옮겨다가 어디 두었는지 내가 알지 못함이니이다

14 이 말을 하고 뒤로 돌이켜 예수께서 서 계신 것을 보았으나 예수이신 줄은 알지 못하더라

15 예수께서 이르시되 여자여 어찌하여 울며 누구를 찾느냐 하시니 마리아는 그가 동산지기인 줄 알고 이르되 주여 당신이 옮겼거든 어디 두었는지 내게 이르소서 그리하면 내가 가져가리이다

16 예수께서 마리아야 하시거늘 마리아가 돌이켜 히브리 말로 랍오니 하니 (이는 선생님이라는 말이라)

17 예수께서 이르시되 나를 붙들지 말라 내가 아직 아버지께로 올라가지 아니하였노라 너는 내 형제들에게 가서 이르되 내가 내 아버지 곧 너희 아버지, 내 하나님 곧 너희 하나님께로 올라간다 하라 하시니

18 막달라 마리아가 가서 제자들에게 내가 주를 보았다 하고 또 주께서 자기에게

이렇게 말씀하셨다 이르니라

19 이 날 곧 안식 후 첫날 저녁 때에 제자들이 유대인들을 두려워하여 모인 곳의 문들을 닫았더니 예수께서 오사 가운데 서서 이르시되 너희에게 평강이 있을지어다

20 이 말씀을 하시고 손과 옆구리를 보이시니 제자들이 주를 보고 기뻐하더라

21 예수께서 또 이르시되 너희에게 평강이 있을지어다 아버지께서 나를 보내신 것 같이 나도 너희를 보내노라

22 이 말씀을 하시고 그들을 향하사 숨을 내쉬며 이르시되 성령을 받으라

23 너희가 누구의 죄든지 사하면 사하여질 것이요 누구의 죄든지 그대로 두면 그대로 있으리라 하시니라

24 열두 제자 중의 하나로서 디두모라 불리는 도마는 예수께서 오셨을 때에 함께 있지 아니한지라

25 다른 제자들이 그에게 이르되 우리가 주를 보았노라 하니 도마가 이르되 내가 그의 손의 못 자국을 보며 내 손가락을 그 못 자국에 넣으며 내 손을 그 옆구리에 넣어 보지 않고는 믿지 아니하겠노라 하니라

26 여드레를 지나서 제자들이 다시 집 안에 있을 때에 도마도 함께 있고 문들이 닫혔는데 예수께서 오사 가운데 서서 이르시되 너희에게 평강이 있을지어다 하시고

27 도마에게 이르시되 네 손가락을 이리 내밀어 내 손을 보고 네 손을 내밀어 내 옆구리에 넣어 보라 그리하여 믿음 없는 자가 되지 말고 믿는 자가 되라

28 도마가 대답하여 이르되 나의 주님이시요 나의 하나님이시니이다

29 예수께서 이르시되 너는 나를 본 고로 믿느냐 보지 못하고 믿는 자들은 복되도다 하시니라

30 예수께서 제자들 앞에서 이 책에 기록되지 아니한 다른 표적도 많이 행하셨으나

31 오직 이것을 기록함은 너희로 예수께서 하나님의 아들 그리스도이심을 믿게 하려 함이요 또 너희로 믿고 그 이름을 힘입어 생명을 얻게 하려 함이니라

요한복음 21장

1 그 후에 예수께서 디베랴 호수에서 또 제자들에게 자기를 나타내셨으니 나타내신 일은 이러하니라

2 시몬 베드로와 디두모라 하는 도마와 갈릴리 가나 사람 나다나엘과 세베대의 아들들과 또 다른 제자 둘이 함께 있더니

3 시몬 베드로가 나는 물고기 잡으러 가노라 하니 그들이 우리도 함께 가겠다 하고 나가서 배에 올랐으나 그 날 밤에 아무 것도 잡지 못하였더니

4 날이 새어갈 때에 예수께서 바닷가에 서셨으나 제자들이 예수이신 줄 알지 못하는지라

5 예수께서 이르시되 얘들아 너희에게 고기가 있느냐 대답하되 없나이다

6 이르시되 그물을 배 오른편에 던지라 그리하면 잡으리라 하시니 이에 던졌더니 물고기가 많아 그물을 들 수 없더라

7 예수께서 사랑하시는 그 제자가 베드로에게 이르되 주님이시라 하니 시몬 베드로가 벗고 있다가 주님이라 하는 말을 듣고 겉옷을 두른 후에 바다로 뛰어 내리더라

8 다른 제자들은 육지에서 거리가 불과 한 오십 칸쯤 되므로 작은 배를 타고 물고기 든 그물을 끌고 와서

9 육지에 올라보니 숯불이 있는데 그 위에 생선이 놓였고 떡도 있더라

10 예수께서 이르시되 지금 잡은 생선을 좀 가져오라 하시니

11 시몬 베드로가 올라가서 그물을 육지에 끌어 올리니 가득히 찬 큰 물고기가 백쉰세 마리라 이같이 많으나 그물이 찢어지지 아니하였더라

12 예수께서 이르시되 와서 조반을 먹으라 하시니 제자들이 주님이신 줄 아는 고로 당신이 누구냐 감히 묻는 자가 없더라

13 예수께서 가셔서 떡을 가져다가 그들에게 주시고 생선도 그와 같이 하시니라

14 이것은 예수께서 죽은 자 가운데서 살아나신 후에 세 번째로 제자들에게 나타나신 것이라

15 그들이 조반 먹은 후에 예수께서 시몬 베드로에게 이르시되 요한의 아들 시몬아

네가 이 사람들보다 나를 더 사랑하느냐 하시니 이르되 주님 그러하나이다 내가 주님을 사랑하는 줄 주님께서 아시나이다 이르시되 내 어린 양을 먹이라 하시고

16 또 두 번째 이르시되 요한의 아들 시몬아 네가 나를 사랑하느냐 하시니 이르되 주님 그러하나이다 내가 주님을 사랑하는 줄 주님께서 아시나이다 이르시되 내 양을 치라 하시고

17 세 번째 이르시되 요한의 아들 시몬아 네가 나를 사랑하느냐 하시니 주께서 세 번째 네가 나를 사랑하느냐 하시므로 베드로가 근심하여 이르되 주님 모든 것을 아시오매 내가 주님을 사랑하는 줄을 주님께서 아시나이다 예수께서 이르시되 내 양을 먹이라

18 내가 진실로 진실로 네게 이르노니 네가 젊어서는 스스로 띠 띠고 원하는 곳으로 다녔거니와 늙어서는 네 팔을 벌리리니 남이 네게 띠 띠우고 원하지 아니하는 곳으로 데려가리라

19 이 말씀을 하심은 베드로가 어떠한 죽음으로 하나님께 영광을 돌릴 것을 가리키심이러라 이 말씀을 하시고 베드로에게 이르시되 나를 따르라 하시니

20 베드로가 돌이켜 예수께서 사랑하시는 그 제자가 따르는 것을 보니 그는 만찬석에서 예수의 품에 의지하여 주님 주님을 파는 자가 누구오니이까 묻던 자더라

21 이에 베드로가 그를 보고 예수께 여짜오되 주님 이 사람은 어떻게 되겠사옵나이까

22 예수께서 이르시되 내가 올 때까지 그를 머물게 하고자 할지라도 네게 무슨 상관이냐 너는 나를 따르라 하시더라

23 이 말씀이 형제들에게 나가서 그 제자는 죽지 아니하겠다 하였으나 예수의 말씀은 그가 죽지 않겠다 하신 것이 아니라 내가 올 때까지 그를 머물게 하고자 할지라도 네게 무슨 상관이냐 하신 것이러라

24 이 일들을 증언하고 이 일들을 기록한 제자가 이 사람이라 우리는 그의 증언이 참된 줄 아노라

25 예수께서 행하신 일이 이 외에도 많으니 만일 낱낱이 기록된다면 이 세상이라도 이 기록된 책을 두기에 부족할 줄 아노라

개역개정판 요한복음
글자수 35,121, 공백포함 46,454, 단어수 12,212

자신의 독서능력을 측정하고 싶으면 본문을 복사한 후 글자 수 세기 (Char Counter Tool) 프로그램을 이용하거나 해당 사이트로 가면 (http://mwultong.blogspot.com/2008/02/char-counter-tool.html) 쉽게 알 수 있습니다. 아님 영재교육원 사이트로 접속 글을 남기면 올려 놓겠습니다.

부록 3

속독 점검표 - (25회 2개씩)

자신에게 가장 알맞은 독서의 방법을 찾아내어서 실천에 옮기시고,
자녀들에게, 그리고 아끼는 동료나 후배들에게 가르치면 정말로 내게 유익합니다.
(물론 가르치기 위해서는 본인이 먼저 실천에 옮겨야 합니다)

제목:				
점검	횟수	소요시간	이해	언제
	1		%	월 일
	2			
	3			
	4			
	5			
	6			
	7			
	8			
	9			
	10			
	11			
	12			
	13			
	14			
	15			
	16			
	17			
	18			
	19			
	20			
	21			
	22			
	23			
	24			
	25			

1. 시선이 가는 곳에 내 마음도 간다!
2. 절단위, 문장단위로 읽어들인다!
3. 문장단위로 의미가 파악된다!
4. 완전하게 읽고, 완벽하게 이해한다!
5. 몰입하고 즐겨라!
6. 다 읽은 다음에는 내용을 떠올려라!
기억의 실마리를 잡고 계속 기억해 내라!

제목:				
점검	횟수	소요시간	이해	언제
	1		%	월 일
	2			
	3			
	4			
	5			
	6			
	7			
	8			
	9			
	10			
	11			
	12			
	13			
	14			
	15			
	16			
	17			
	18			
	19			
	20			
	21			
	22			
	23			
	24			
	25			

사랑과 믿음으로 충만한 내 마음은
바다같이 넓고 깊어 다 담지 못할 것이 없도다.
시선은 정확하고 분명하여 밝은 태양 같고
마음은 집중하고 몰입하니 명경지수 같아라!
이 마음이 시선과 함께 하나의 초점이 되어
한 줄, 두 줄, 열다섯 줄을 한 번에 정독하고
한 문장이, 한 단락이 의미로 파악되어
한 쪽, 두 쪽 책전부가 내 안에 쏘옥들어왔도다.

제목:				
점검	횟수	소요시간	이해	언제
	1		%	월 일
	2			
	3			
	4			
	5			
	6			
	7			
	8			
	9			
	10			
	11			
	12			
	13			
	14			
	15			
	16			
	17			
	18			
	19			
	20			
	21			
	22			
	23			
	24			
	25			

1. 시선이 가는 곳에 내 마음도 간다!
2. 절단위, 문장단위로 읽어들인다!
3. 문장단위로 의미가 파악된다!
4. 완전하게 읽고, 완벽하게 이해한다!
5. 몰입하고 즐겨라!
6. 다 읽은 다음에는 내용을 떠올려라!
기억의 실마리를 잡고 계속 기억해 내라!

제목:				
점검	횟수	소요시간	이해	언제
	1		%	월 일
	2			
	3			
	4			
	5			
	6			
	7			
	8			
	9			
	10			
	11			
	12			
	13			
	14			
	15			
	16			
	17			
	18			
	19			
	20			
	21			
	22			
	23			
	24			
	25			

사랑과 믿음으로 충만한 내 마음은
바다같이 넓고 깊어 다 담지 못할 것이 없도다.
시선은 정확하고 분명하여 밝은 태양 같고
마음은 집중하고 몰입하니 명경지수 같아라!
이 마음이 시선과 함께 하나의 초점이 되어
한 줄, 두 줄, 열다섯 줄을 한 번에 정독하고
한 문장이, 한 단락이 의미로 파악되어
한 쪽, 두 쪽 책전부가 내 안에 쏘옥들어왔도다.

점검	횟수	소요시간	이해	언제
		제목:		
	1		%	월 일
	2			
	3			
	4			
	5			
	6			
	7			
	8			
	9			
	10			
	11			
	12			
	13			
	14			
	15			
	16			
	17			
	18			
	19			
	20			
	21			
	22			
	23			
	24			
	25			

1. 시선이 가는 곳에 내 마음도 간다!
2. 절단위, 문장단위로 읽어들인다!
3. 문장단위로 의미가 파악된다!
4. 완전하게 읽고, 완벽하게 이해한다!
5. 몰입하고 즐겨라!
6. 다 읽은 다음에는 내용을 떠올려라!

기억의 실마리를 잡고 계속 기억해 내라!

점검	횟수	소요시간	이해	언제
		제목:		
	1		%	월 일
	2			
	3			
	4			
	5			
	6			
	7			
	8			
	9			
	10			
	11			
	12			
	13			
	14			
	15			
	16			
	17			
	18			
	19			
	20			
	21			
	22			
	23			
	24			
	25			

사랑과 믿음으로 충만한 내 마음은
바다같이 넓고 깊어 다 담지 못할 것이 없도다.
시선은 정확하고 분명하여 밝은 태양 같고
마음은 집중하고 몰입하니 명경지수 같아라!
이 마음이 시선과 함께 하나의 초점이 되어
한 줄, 두 줄, 열다섯 줄을 한 번에 정독하고
한 문장이, 한 단락이 의미로 파악되어
한 쪽, 두 쪽 책전부가 내 안에 쏘옥들어왔도다.

제목:				
점검	횟수	소요시간	이해	언제
	1		%	월 일
	2			
	3			
	4			
	5			
	6			
	7			
	8			
	9			
	10			
	11			
	12			
	13			
	14			
	15			
	16			
	17			
	18			
	19			
	20			
	21			
	22			
	23			
	24			
	25			

1. 시선이 가는 곳에 내 마음도 간다!
2. 절단위, 문장단위로 읽어들인다!
3. 문장단위로 의미가 파악된다!
4. 완전하게 읽고, 완벽하게 이해한다!
5. 몰입하고 즐겨라!
6. 다 읽은 다음에는 내용을 떠올려라!
기억의 실마리를 잡고 계속 기억해 내라!

제목:				
점검	횟수	소요시간	이해	언제
	1		%	월 일
	2			
	3			
	4			
	5			
	6			
	7			
	8			
	9			
	10			
	11			
	12			
	13			
	14			
	15			
	16			
	17			
	18			
	19			
	20			
	21			
	22			
	23			
	24			
	25			

사랑과 믿음으로 충만한 내 마음은
바다같이 넓고 깊어 다 담지 못할 것이 없도다.
시선은 정확하고 분명하여 밝은 태양 같고
마음은 집중하고 몰입하니 명경지수 같아라!
이 마음이 시선과 함께 하나의 초점이 되어
한 줄, 두 줄, 열다섯 줄을 한 번에 정독하고
한 문장이, 한 단락이 의미로 파악되어
한 쪽, 두 쪽 책전부가 내 안에 쏘옥들어왔도다.

실용속독훈련

제목:				
점검	횟수	소요시간	이해	언제
	1		%	월 일
	2			
	3			
	4			
	5			
	6			
	7			
	8			
	9			
	10			
	11			
	12			
	13			
	14			
	15			
	16			
	17			
	18			
	19			
	20			
	21			
	22			
	23			
	24			
	25			

1. 시선이 가는 곳에 내 마음도 간다!
2. 절단위, 문장단위로 읽어들인다!
3. 문장단위로 의미가 파악된다!
4. 완전하게 읽고, 완벽하게 이해한다!
5. 몰입하고 즐겨라!
6. 다 읽은 다음에는 내용을 떠올려라!
기억의 실마리를 잡고 계속 기억해 내라!

제목:				
점검	횟수	소요시간	이해	언제
	1		%	월 일
	2			
	3			
	4			
	5			
	6			
	7			
	8			
	9			
	10			
	11			
	12			
	13			
	14			
	15			
	16			
	17			
	18			
	19			
	20			
	21			
	22			
	23			
	24			
	25			

사랑과 믿음으로 충만한 내 마음은
바다같이 넓고 깊어 다 담지 못할 것이 없도다.
시선은 정확하고 분명하여 밝은 태양 같고
마음은 집중하고 몰입하니 명경지수 같아라!
이 마음이 시선과 함께 하나의 초점이 되어
한 줄, 두 줄, 열다섯 줄을 한 번에 정독하고
한 문장이, 한 단락이 의미로 파악되어
한 쪽, 두 쪽 책전부가 내 안에 쏘옥들어왔도다.

제목:				
점검	횟수	소요시간	이해	언제
	1		%	월 일
	2			
	3			
	4			
	5			
	6			
	7			
	8			
	9			
	10			
	11			
	12			
	13			
	14			
	15			
	16			
	17			
	18			
	19			
	20			
	21			
	22			
	23			
	24			
	25			

1. 시선이 가는 곳에 내 마음도 간다!
2. 절단위, 문장단위로 읽어들인다!
3. 문장단위로 의미가 파악된다!
4. 완전하게 읽고, 완벽하게 이해한다!
5. 몰입하고 즐겨라!
6. 다 읽은 다음에는 내용을 떠올려라!
기억의 실마리를 잡고 계속 기억해 내라!

제목:				
점검	횟수	소요시간	이해	언제
	1		%	월 일
	2			
	3			
	4			
	5			
	6			
	7			
	8			
	9			
	10			
	11			
	12			
	13			
	14			
	15			
	16			
	17			
	18			
	19			
	20			
	21			
	22			
	23			
	24			
	25			

사랑과 믿음으로 충만한 내 마음은
바다같이 넓고 깊어 다 담지 못할 것이 없도다.
시선은 정확하고 분명하여 밝은 태양 같고
마음은 집중하고 몰입하니 명경지수 같아라!
이 마음이 시선과 함께 하나의 초점이 되어
한 줄, 두 줄, 열다섯 줄을 한 번에 정독하고
한 문장이, 한 단락이 의미로 파악되어
한 쪽, 두 쪽 책전부가 내 안에 쏘옥들어왔도다.

참고도서

1. 개역개정판 성경, 예장출판사
2. 4차원 속독법, 김 영철, 한비
3. 브래인 리딩, 김영철, 비젼플러스
4. 성경속독, 오 효권, 성림문화사, 1987
5. 성경속독법, 이 윤, 골드닷컴
6. 최강 속독법, 사이토 에이지, 폴라북스
7. 독서의 기술, 모티머 J.애들러 외 지음, 민병덕 옮김, 범우사
8. 책 읽는 방법을 바꾸면 인생이 바뀐다, 백금산, 부흥과 개혁사
9. 온라인상의 다양한 관련자료(본문에 출처를 밝힘 -
   더 자세한 자료는 해당 사이트를 참고 하시기 바랍니다.)